GIOVANNI
VERINI SUPPLIZI

LABIRINTO BOSÉ

Secondo me, secondo loro, secondo "ÉL"

crac
EDIZIONI

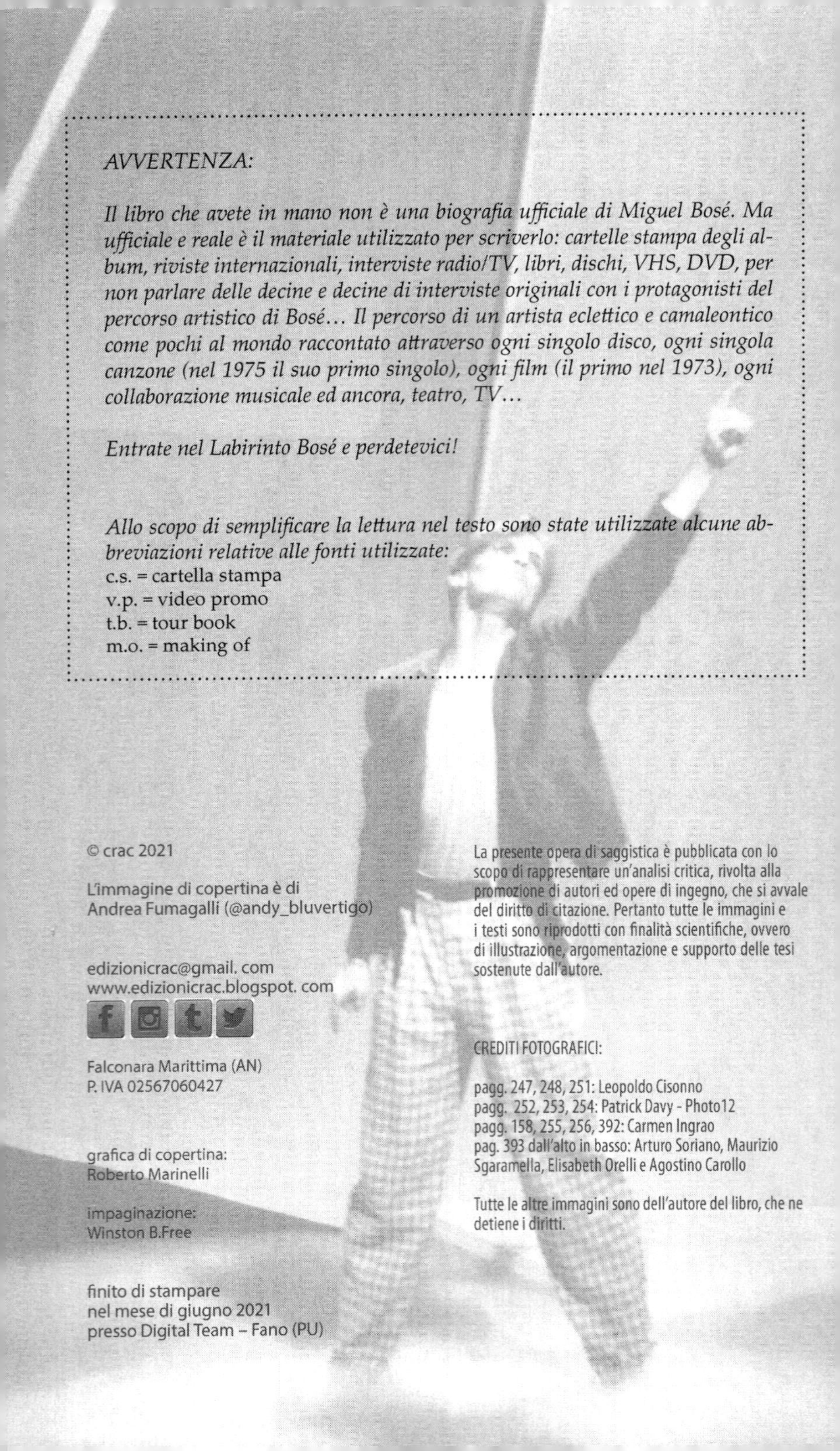

AVVERTENZA:

Il libro che avete in mano non è una biografia ufficiale di Miguel Bosé. Ma ufficiale e reale è il materiale utilizzato per scriverlo: cartelle stampa degli album, riviste internazionali, interviste radio/TV, libri, dischi, VHS, DVD, per non parlare delle decine e decine di interviste originali con i protagonisti del percorso artistico di Bosé… Il percorso di un artista eclettico e camaleontico come pochi al mondo raccontato attraverso ogni singolo disco, ogni singola canzone (nel 1975 il suo primo singolo), ogni film (il primo nel 1973), ogni collaborazione musicale ed ancora, teatro, TV…

Entrate nel Labirinto Bosé e perdetevici!

Allo scopo di semplificare la lettura nel testo sono state utilizzate alcune abbreviazioni relative alle fonti utilizzate:
c.s. = cartella stampa
v.p. = video promo
t.b. = tour book
m.o. = making of

L'immagine di copertina è di
Andrea Fumagalli (@andy_bluvertigo)

edizionicrac@gmail. com
www.edizionicrac.blogspot. com

Falconara Marittima (AN)
P. IVA 02567060427

grafica di copertina:
Roberto Marinelli

impaginazione:
Winston B.Free

finito di stampare
nel mese di giugno 2021
presso Digital Team – Fano (PU)

CREDITI FOTOGRAFICI:

pagg. 247, 248, 251: Leopoldo Cisonno
pagg. 252, 253, 254: Patrick Davy - Photo12
pagg. 158, 255, 256, 392: Carmen Ingrao
pag. 393 dall'alto in basso: Arturo Soriano, Maurizio Sgaramella, Elisabeth Orelli e Agostino Carollo

Tutte le altre immagini sono dell'autore del libro, che ne detiene i diritti.

INDICE

Miguel Bosé ieri e oggi

di Enzo Gentile .... p. 7

Por vos nací .... p. 11

El hijo del capitán trueno .... p. 12

Gli anni Settanta

London Calling p. 17; Gli eroi (film) p. 18; Vera, un cuento cruel (film) p. 19; Yo soy p. 20; (No) es tan fácil p. 21; Giovannino (film) p. 23; Garofano rosso (film) p. 23; *Intervista a Luigi Faccini p. 25*; Retrato de familia (film) p. 28; Oedipus Orca (film) p. 28; Suspiria (film) p. 29; La gabbia (sceneggiato) p. 32; California (film) p. 33; Linda, il primo album p. 34; *Intervista a Red Canzian p. 43;* Il secondo, omonimo album p. 44; *Intervista a Janis Ian p. 49;* Sentados al borde de la mañana, con los pies colgando (film) p. 50; Superman Bosé p. 51; Chicas! p. 52; La Misa Campesina p. 59

Gli anni Ottanta

Voy a ganar p. 61; Miguel p. 65; Tour '80 p. 71; *Intervista a Lindsay Kemp p. 77;* Cosas de Niños p. 77; Cosas de Locos (film) p. 78; Il ragazzo del mondo p. 79; Más Alla p. 83; Il tour p. 88; *Intervista a Danilo Vaona p. 89*; Bravo ragazzo del '56 p. 91; Bravo Muchachos p. 92; Il tour p. 94; *Intervista a Mauro Sabbione p. 95;* Pillole, curiosità... dagli anni '60 agli anni '80 p. 96; Milano-Nueva York p. 99; Made in Spain / Milano-Madrid p. 100; Il tour p. 104; *Intervista a Oscar Gómez p. 106; Intervista a Russ Ballard p. 109; Intervista a Graham Preskett p. 109; Intervista a Maurizio Fabrizio p. 111; Intervista a Steve Kipner p. 113;* Ciclo "Bosé" p. 114; Bandido p. 119; Premiatissima '84 p. 123; *Intervista a Davide Rampello p. 124; Intervista a Peter Hammill p. 127; Intervista a Guido Ha-*

rari p. 128; Intervista a Sergio Cossu p. 129; En Penumbra (film) p. 132; El caballero del dragon (film) p. 132; Nel regno della Salamandra p. 134; Salamandra p. 138; Il tour p. 140; *Intervista a Paolo Gianolio p. 142; Intervista a Daniele Tedeschi p. 143;* XXX p. 159; Il tour p. 164; Il segreto del Sahara (sceneggiato) p. 165; Sanremo 1988 p. 167; *Intervista a Carlo Massarini p. 169; Intervista a Luisa Corna p. 171; Intervista a Gary Clark p. 172; Intervista a Martin Ansell p. 172; Intervista a Carlo Marrale p. 174; Intervista a Alan Childs p. 175; Intervista a Arturo Soriano p. 175; Intervista a Larry Mitchell p. 178.*

Gli anni Novanta

Boys don't cry p. 180; Los chicos no Lloran p. 181; Il tour p. 183; Directo '90 p. 184; *Intervista a Graziano Accinni p. 185; Intervista a Luca Vittori p. 186;* L'avaro (film) p. 188; Lo más Natural (film) p. 189; Shangai Lilly (serie TV) p. 189; Tacchi a spillo (film) p. 190; Una noche a Sevilla p. 193; Sotto il segno di Bosé p. 194; Bajo el signo de Caín p. 197; Il tour p. 200; *Intervista a Simon Toulson-Clarke p. 203;* Mazeppa (film) p. 205; La nuit sacrée (film) p. 206; La Regina Margot (film) p. 206; Enciende mi pasión (film) p. 208; Laberinto, il capolavoro p. 208; Il tour p. 218; *Intervista a Emilio Farina p. 219;* Detras del dinero (serie TV) p. 220; Peccato che sia femmina (film) p. 220; Amor Digital (corto) p. 221; Oui (il n'y a pas que le sexe dans la vie) (film) p. 222; Libertarias (film) p. 223; Mordre dans ton coeur p. 224; Le Martyre de Saint-Sébastien p. 224; Once maneras de quitarse un sombrero p. 226; *Intervista a Giovanni Boscariol p. 233;* Lorca (corto) p. 235; Lo sguardo dell'altro (film) p. 236; Séptimo de Caballería p. 237; Lo mejor de p. 238; Best of p. 240; Pillole, curiosità… anni '90 p. 240.

Gli anni Duemila

Girados p. 244; Girados en concierto p. 246; 7 vidas (serie TV) p. 246; Sereno p. 257; Il tour p. 260; *Intervista a Paolo Costa p. 261*; El Forastero (film) p. 265; Operazione Trionfo p. 265; Por Vos Muero p. 267; Il tour p. 272; *Intervista a Maurizio Sgaramella p. 273;* Velvetina, il capolavoro "elettronico" p. 276; Il tour p. 285; Papito p. 286; Papitour p. 297; Speciale "Billboard" p. 299; *Intervista a Pedro Andrea p. 302; Intervista a Noa p. 302;* Cardio p. 303; Il tour p. 309; Papitwo p. 309; Il tour p. 316; *Intervista a Spankox p. 317;* Person of the year p. 318; Amo p. 320; Il tour p. 324; MTV Unplugged p. 325; Il tour p. 327; *Intervista a Nicolás Sorin p. 328;* Bimba Bosé p. 329; "Premio Ícono", dieci volte Viña del Mar p. 330; "There is a light that never goes out" p. 331; La casa de las flores (serie TV) p. 331; Guerra de likes (serie TV) p. 331; Pillole, curiosità... anni Duemila p. 332.

Bosé AID, oltre l'artista... un uomo........p. 339

Spot of the Pops!........p. 343

NonsoloPapito: Duets
(tutti i duetti prima e dopo Papito)........p. 353

Coverin'...........p. 359

Sintesi: Discografia, Videografia, Filmografia........p. 363

Analisi: Discografia dettagliata per collezionisti........p. 365

Finale: L'unicità di essere Miguel Bosé........p. 390

MIGUEL BOSÉ IERI E OGGI

di Enzo Gentile

Essere adulti certe volte può servire (se si ha memoria).
La prima occasione di incontro con Miguel Bosé risale all'estate del 1980.
Eravamo molto giovani, lui navigava sull'onda di un successo clamoroso, l'anno prima aveva sbancato con "Super Superman", adesso trionfava con "Olympic Games": io da cronista e critico alle prime armi venni richiesto dalla rivista con cui collaboravo, "Rolling Stone", di seguire il fenomeno tracimante, incontenibile di questo ragazzo che spopolava nelle classifiche e avrebbe vinto proprio quell'anno il Festivalbar. Si trattava di intercettare Bosé nella sua data allo stadio di Napoli, accolto e affettuosamente soffocato da migliaia di ragazzine irretite e facilmente invaghite del bel Miguel.
Il servizio diede la copertina a "Rolling Stone" - di quella edizione italiana uscirono diversi numeri per poi interrompere bruscamente le pubblicazioni -, raccontando la mia full immersion nel fanatismo di adolescenti molto motivate: nel sommario anche i Devo, che personalmente ascoltavo, apprezzavo e conoscevo ben più dei dischi di Miguel Bosé. Il quale, in quella circostanza, nonostante la gran folla che assediava e presidiava ogni passo, anche lontani dal palco, dall'hotel al ristorante, si mostrò di squisita cortesia: in fondo eravamo praticamente coetanei e che una testata "di parte" come "Rolling Stone" si occupasse, senza pregiudizio, di un artista pop-leggero come lui, doveva quantomeno incuriosirlo. In effetti, va ammesso, quella fu una scelta davvero spiazzante.
Non si può dire che ci si sia frequentati molto, successivamente, ma ogni volta che Miguel Bosé tornerà in Italia, per presentazioni o conferenze stampa, sarà come ritrovare con uno sguardo una piccola lampadina intermittente di saluto, di intesa, il sentore di antiche radici.
Qui di seguito ho voluto dare conto di alcune altre circostanze in cui i fili si sono temporaneamente riannodati. Con Bosé risulta facile parlare a 360 gradi, di tutto, politica compresa.
11 maggio 2007: esce *Papito*, con cui festeggiare i trent'anni di carriera.

«In Spagna Aznar è sinonimo della destra, un personaggio che corrisponde all'involuzione del paese, mentre Zapatero ha dimostrato di saper e di voler cambiare molto. La destra non crede alla cultura, per cui l'avvento di un nuovo governo è una piccola rivoluzione. In democrazia, per fortuna, le alternative esistono. E che la Chiesa non suggerisca e non interferisca nella politica economica... Il cinema? Non è il mio mondo. Mi sono arrivate proposte per progetti importanti, ma io non sopporto le attese per girare, non ho pazienza. Gli attori ai miei occhi sono eroici, io invece non sono nato per stare sul set, anche se prima o poi, forse, ci riproverò...»
16 aprile 2010: segna il ritorno con un nuovo album di inediti, *Cardio*.
«Il concerto che ho fatto a Cuba, insieme a Juanes, lo scorso settembre, è stato il terzo più affollato della storia mondiale della musica, un milione e seicentomila persone all'Avana. Sono molto felice e orgoglioso. Un modo per essere al fianco della gente, ora che forse l'embargo sta per essere tolto. Ci sono state nei nostri confronti pressioni politiche, minacce e molti artisti si sono ritirati. Ma l'iniziativa è andata in porto lo stesso, ed è questo che conta... Non sono un uomo di destra, non è nel mio DNA: credo che in una società civile serva una destra moderna e dialogante, ma dico no a un ritorno al passato... La Spagna sta cominciando ad accogliere le differenze dei sessi e dell'amore: che non deve discriminare, Dio ce l'ha donato, come può qualcuno alzarsi e dire cosa fare e cosa è proibito?!... Nell'ultimo anno ho fatto una dieta ayurvedica, passando da centoquattro a ottantuno chili e acquistando molta energia».
2 ottobre 2012: il varo di *Papitwo*, un disco di duetti con Penelope Cruz, Jovanotti, Tiziano Ferro...
«Prima di lavorare a questo progetto mi sono preso un anno sabbatico, per ricaricarmi e fare un po' di decompressione. Mi sono guardato intorno, ho studiato, fatto ricerche, composto nuovi pezzi. E mi sono occupato di capire meglio la società, la vita pubblica, vedere cosa non funziona nelle istituzioni, intossicate da corruzione e incompetenza. Bisogna resettare, riconquistare e restituire il potere alla gente, che interessa solo quando deve votare. Non credo alle ideologie e meno ancora alla destra cattolica e ultraconservatrice. La gente riprenderà a scendere in piazza. Le promesse dei

politici equivalgono a bugie... In TV mi chiamano spesso, mi hanno anche cercato da "X Factor", come giudice, ma non avevo tempo».
27 gennaio 2015: arriva nei negozi *Amo*.
«A quanto pare questo è il "più Bosé" che abbia fatto da tanti anni a questa parte, così dicono. E poiché non so bene quello che vogliono dire, bene, allora mi fido.... Conta moltissimo la famiglia. Se non vedo i miei figli per qualche giorno mi sento male. Devo organizzare bene i miei viaggi e gli spostamenti: mi sono trasferito a Panama city, *[in seguito si è trasferito a Città del Messico dove tuttora vive, nda]* molto tranquilla, non succede niente... L'infanzia è importantissima: ricordo bene la mia, c'era Franco al potere, e con lui la censura, una vita in bianco e nero. Ebbi da subito la sensazione di vivere in un mondo da cui scappare».

Post Scriptum

In queste ultime stagioni le presenze di Miguel Bosé nel circuito dell'informazione si sono moltiplicate, suo malgrado, e soprattutto fuori dallo stretto contesto artistico-musicale.
Basta una facile verifica per constatare tutte le notizie in circolazione, dal gossip familiare agli interventi nel dibattito sulla pandemia e sul Covid-19.
Ancora un fenomeno mediatico, pur se da differente lunghezza d'onda.
Miguel ha spiegato a più riprese la sua posizione, sollevando un vivace scambio dialettico con i fan e il mondo dei mass media, venendo oscurato anche da Twitter per aver diffuso fake news, con la resistenza e l'opposizione, tra l'altro, all'uso delle mascherine. A 65 anni la parabola dell'artista si completa anche sul fronte della cronaca più scottante e mi sarebbe piaciuto chiedergli qualcosa in merito...

Interview
July $2.
07
73361 64593
Miquel Bos

POR VOS NACÍ

Factory, New York. 26 aprile 1983 ore 13,00. Martedì.

Andy Warhol: «Parlami della tua vita».
Miguel Bosé: «Sono nato il 3 aprile 1956 a Panama. Non dovevo nascere lì inizialmente, ma mia madre era incinta mentre era in viaggio con mio padre, impegnato in una lunga serie di corride in Sudamerica. Credo fosse previsto che nascessi in Colombia perché mio padre ha vissuto lì per anni durante la guerra e ha molti amici che gli avranno detto: "Vieni in Colombia e porta Lucia così il bambino nasce qui". Ma l'aereo era fermo a Panama per qualche ora e Miguel voleva nascere. Tra due mari, il Pacifico e l'Atlantico. Sono nato lì. Ho avuto una nascita difficile. Con un parto cesareo, dopo trentotto ore di travaglio. Sono uscito con una testa enorme, un aspetto terribile. Ero davvero brutto. Credevano che potessi morire. Così, siamo stati quindici giorni in Colombia e dopo ci siamo spostati a Madrid.
Sono cresciuto in Spagna, in campagna, in città ci trasferimmo tempo dopo.
Ho vissuto tra Cuenca e Jaen.
Quando mio padre dovette viaggiare nuovamente per lavoro, mia madre andò con lui, così ci trasferimmo in Francia, a Cannes, con Picasso. Ho vissuto lì per molto tempo e ci andavo successivamente ogni estate.
Vivemmo lì, Lucia, la tata ed io. Ho iniziato le scuole lì in Francia. Picasso mi accompagnava a scuola ogni mattina e mi veniva a prendere.
Fu lui per primo ad insegnarmi a ballare, mi regalò il primo paio di calzamaglie, io non sapevo cosa fossero e la notte lo indossai come pigiama. Mi disse: "Tu diventerai un ballerino, devi prendere lezioni di danza, ti iscrivo io".
Avevo quattro anni. Così ho iniziato a danzare fino a che mio padre si oppose, perché a suo giudizio non era una cosa naturale per un ragazzo, tipico della mentalità spagnola dell'epoca.
Ma io amavo danzare, amavo dipingere, spesso andavo nello studio di Picasso e dipingevo con lui, ci scambiavamo i disegni. Ricordo che ci dava carta e matita e ci diceva: "Dovete imparare a distruggere qualsiasi cosa non vi piac-

cia, perché questo potrebbe bloccare un domani la vostra evoluzione". Avevo sette anni».

Così inizia l'intervista che Andy Warhol realizzò per il numero di luglio 1983 di "Interview", rivista statunitense di cui egli stesso fu fondatore nel 1969. Numero che dedica la copertina a Miguel, con un ritratto ad opera di William Garrett. Curioso notare il costo della rivista, soli $ 2.00, oggi invece oggetto di collezione, come molti altri numeri della stessa che riportano copertine celebri con artisti del calibro di Jack Nicholson, Michael Jackson, Silvester Stallone, Robin Williams, Madonna, John Travolta, Mick Jagger, Sting e tantissimi altri.

EL HIJO DEL CAPITÁN TRUENO

«De Pablo aprendí muchas cosas pero sobre todo que Miguelito eres y con Miguel acabarás. Con nadie más. Cuídale mucho. Escúchale siempre. No le cambias nunca. Y así sigo. Eso se llama arte. Arte de vivir.» (Miguel Bosé, da *Facebook official* del 31 ottobre 2017).

Luis Miguel Luchino González Bosé nasce quindi sotto il segno dell'ariete, ascendente leone, all'Hospital di San Fernando, a Panama, da madre milanese, Lucia Bosé, famosa attrice italiana, e padre spagnolo, Luis Miguel Dominguín, uno dei più importanti toreri spagnoli, grandissima figura a livello mondiale, una vera star in Spagna.
Doveroso dedicare un piccolo spazio a queste due celebrità prima di arrivare alla vita e soprattutto alla carriera di Miguel Bosé.
La madre, Lucia Bosé, nasce a Milano il 28 gennaio 1931. Vive con i genitori, Domenico Bosé e Lucia Borloni, e il fratello in una periferia milanese.
Da giovanissima lavora in una sartoria e, poco più tardi, diventa commessa della pasticceria Giovanni Galli, in via Victor Hugo a Milano; qui, per caso, è notata da Luchino Visconti che, entrato lì per comprare alcuni marron glacé, si trovò a dirle: «Ma cosa ci fai qui in una pasticceria, con quel viso dovresti fare cinema!»
Lei sorrise, ma non diede peso alla cosa.

Per gioco, nel 1947, partecipa alle selezioni di Miss Italia che si tengono a Stresa, con parte della sua famiglia (quella maschile soprattutto) totalmente contraria, ma lei caparbia va avanti per la sua strada e si presenta vincendo il titolo, nonostante le avversarie non siano di poco conto, infatti il terzo posto se lo aggiudica niente poco di meno che Gina Lollobrigida e il secondo Gianna Maria Canale. A seguire troviamo anche Silvana Mangano ed Eleonora Rossi Drago.
Tutte faranno strada nel mondo del cinema e dello spettacolo.
Due anni dopo, sempre per opposizione della famiglia, manca il debutto nel mondo del cinema in *Riso amaro* di Giuseppe De Santis, dove il ruolo di protagonista è invece quello di Silvana Mangano; ma dopo solo un anno arriva finalmente il suo momento. È la volta di *Non c'è pace tra gli ulivi*, filmato sempre da De Santis. Al fianco della Bosé c'è Raf Vallone.
Da lì inizia una serie di successi: da *Cronaca di un amore*, di Giancarlo Antonioni, alle *Ragazze di Piazza di Spagna*, di Luciano Emmer. E ancora: *La signora senza camelie*, sempre di Antonioni, *Accadde al commissariato*, di Giorgio Simonelli e altri ancora fino ad arrivare a *Gli egoisti* (*Muerte de un ciclista*, titolo originale in spagnolo), di Juan Antonio Bardem, che la porta in Spagna per le riprese. È proprio questa l'occasione che la porta a conoscere il famoso torero Dominguín e che le fa lasciare alle spalle, in Italia, la storia con Walter Chiari, attore italiano di grande successo, con il quale si vociferava che nel 1954 stesse per convolare a nozze. In realtà, molti anni dopo, esattamente il 23 ottobre 2019 alla festa del Cinema a Roma, presenziando alla presentazione del libro a lei dedicato *Una biografia*, scritta da Roberto Liberatori per le Edizioni Sabinae, la Bosé dichiarò che, pur essendo stata molto amica e molto legata a Walter Chiari, il loro non fu altro che un fidanzamento tra ragazzini e di non essere mai stata innamorata di lui.
La conoscenza del torero più noto e amato di Spagna le cambia la vita, nonostante gli "avvertimenti" ricevuti prima di partire per il paese iberico; pare infatti che tutti le dicessero «Attenta al torero!», nel senso che era noto fosse molto difficile, se non impossibile, resistere al fascino di Dominguín.
Il torero Luis Miguel Gonzales Lucas, per tutti Dominguín, nato a Madrid il 9 novembre 1926, da famiglia di toreri, è

uno dei più grandi ed acclamati toreri di Spagna di sempre, ma non solo. «Dominguín è un nome d'arte, vuol dire "piccolo domingo", i tre fratelli infatti si chiamavano "Dominguínes", adesso è diventato il cognome, perché il padre si chiamava Domingo» (Miguel Bosé, da *Speciale Minà* Rai TV, 1981).
Nel momento in cui Dominguín conosce la Bosé è fidanzato con Ava Gardner, ma l'incontro con la bellissima attrice italiana non lo lascia per nulla indifferente, stravolgendo la vita di entrambi, tanto che pochi mesi dopo, il 1° marzo 1955, i due si sposano a Las Vegas con rito civile; successivamente, il 19 ottobre dello stesso anno, celebrano il matrimonio in chiesa. La stessa Lucia Bosé spesso ha raccontato con molta ironia che persino la madre venne a sapere del matrimonio dalla stampa, non sapendo lei stessa come riferirle una tale notizia.
Dall'unione con Dominguín nascono tre figli: Miguel nel 1956, Lucia (che porta lo stesso nome della mamma) nel 1958 e Paola nel 1960, alla quale fece da padrino Picasso, grande amico di famiglia.
La famiglia vive dapprima a Villa Paz a Cuenca e in seguito, il 15 maggio 1960, si trasferisce a Somosaguas, periferia di Madrid, nella Villa Los Cardos. Il matrimonio, però, non dura molto: il 19 novembre 1968, quando Miguel ha solo dodici anni, avviene la separazione.
Miguel ha un'infanzia privilegiata, o quantomeno non molto comune. Sin dai primi giorni della sua esistenza respira profumo d'arte all'interno della sua casa; realmente neanche si accorge di tutto ciò, per lui è tutto così... normale. Ernest Hemingway (diceva che "puzzava sempre di tabacco"), Pablo Picasso (lo chiamava "il nonno"), Luchino Visconti (suo padrino di battesimo), Salvador Dalí, Orson Wells, Jacqueline de Ribes, Jacques Prevert, Jean Cocteau, Sofia Loren, Franco Zeffirelli insieme a tantissimi altri sono tutti personaggi noti che frequentavano la casa di Somosaguas della famiglia Dominguín. Egli è quindi cresciuto a contatto con gente che ha fatto la storia di quel periodo, ma come dirà lo stesso Miguel in più di un'intervista, gente "normale e dal profilo basso". Nonostante fossero tutti artisti immensi, "si comportavano ed erano persone come tante altre, comuni". Miguel fa anche notare che all'epoca non c'era questa "ossessione per il vip" che è andata aumentando negli anni,

fino a non concedere più vita privata, a cui invece Miguel tiene più di ogni altra cosa.
In questo percorso biografico tratteremo prevalentemente il "Miguel Bosé artista": della sua vita privata, gossip, e delle tante chiacchiere che si son dette negli anni, la maggior parte anche false, non ci interessa, né siamo qui a riportarle: l'intento è quello di mostrarvi come un "ragazzo del '56" nasce e cresce in una famiglia agiata ma mai si ferma, nello scoprire, nello sperimentare e nell'evolversi, come persona e come artista, cosa questa più unica che rara.
«Per me e le mie sorelle [*gli artisti* habitueé *della casa, nda*] erano soltanto degli amici, ci facevano giocare e ci tenevano sulle ginocchia. Però, senza che ce ne accorgessimo, ci forgiavano al gusto per le cose belle, per certi valori della vita, come la poesia e la musica.
D'estate andavamo in vacanza sulla Costa Azzurra, in Francia, e lì il nostro più caro amico era Pablo Picasso. Solo io e mia sorella potevamo entrare nel suo studio. Una grande stanza senza mobili, con una sola branda. Picasso, a letto, in mutandoni bianchi leggeva montagne di giornali e beveva cioccolata. Si alzava alle due del pomeriggio, ci dava una matita, dei colori, dei fogli di carta e ci insegnava a dipingere. Qualche volta faceva delle bamboline di cartone per Lucia, mia sorella le distruggeva perché non le piacevano. Da grande si è data della pazza, oggi quelle bamboline avrebbero un valore immenso» (Miguel Bosé, da *Boy Music*, n. 42 del 1979).
È abbastanza noto (e si evince dall'intervista d'apertura effettuata da Warhol), che a soli quattro anni Miguel andò a vivere insieme con la sorella Lucia per qualche mese a Cannes a casa di Pablo Picasso, una villa chiamata "La Californie", dove il pittore spagnolo risiedette dal 1955 al 1961.
«Chi ha influito di più nella mia educazione è stato Picasso, il suo modo di affrontare la vita mi affascinava. Fu lui per primo a spingermi verso una carriera artistica. Un giorno (io ero poco più che bambino) mi vide mimare una musica che stava ascoltando. Dopo avermi osservato a lungo, si alzò e si mise a ballare con me urlando di gioia. Mi iscrisse alla scuola più famosa di danza classica di Cannes, frequentai tutto il primo corso e fui scelto per il saggio finale, durante il quale però l'emozione mi giocò un brutto scherzo: in scena

mi feci la pipì addosso. Il trauma fu così sconvolgente che abbandonai la scuola» (Miguel Bosé, da *Max*, maggio 1988). Il padre non voleva che lui danzasse. Lucia Bosé pare che abbia dichiarato in un'intervista che il marito disse: «Togliti quella calzamaglia, bruciatela!»
Si dice che Visconti lo avesse reclutato per recitare la parte di Tadzio in *Morte a Venezia*, film del 1971.
Indiscrezioni varie forniscono due spiegazioni del motivo per cui Miguel non prese parte a questo film: una è relativa al padre, che pare non volesse assolutamente la sua partecipazione, tanto che la sua rinuncia spinse poi il regista ad affidare la parte all'allora giovanissimo attore svedese Björn Andrésen; l'altra, sempre da confermare, è che Miguel, seppur giovanissimo, era più alto di Dirk Bogarde, il protagonista del film. Ritroveremo questa curiosità in merito all'altezza anche poco più avanti, in occasione di un altro film, grazie alla testimonianza diretta di un altro grande regista italiano. A Miguel le chances per esordire nel mondo del cinema non mancano, si tratta di attendere un paio d'anni ancora. La sua infanzia è invidiabile: a Picasso mostrava i suoi disegni, a Cocteau leggeva i propri temi, a Visconti mostrava le recite che metteva in scena con le due sorelle. Da qui la passione per l'arte e i grandi artisti, che lo correggevano e gli davano consigli. Come poteva non nascere la stella di cui ora stiamo parlando? Pochi possono vantare una giovinezza come quella di Miguel, ancor meno quelli che hanno saputo viverla come lui. Figli d'arte si nasce, artisti si diventa. Qui parliamo di un ragazzo per nulla cullato dalla famiglia "vip", con i suoi agi e i suoi pregi, che ha assorbito arte da ogni dove, facendola propria. La curiosità lo ha portato a interessarsi sempre di tutto, tanto da leggere libri di notte con la lucina sotto le coperte, un bambino, poi adolescente, poi ragazzo, ora uomo, sempre alla scoperta di sé e del mondo. Quanti figli d'arte hanno fatto la loro prima apparizione TV e poi sono finiti nel dimenticatoio? Quanti figli d'arte hanno avuto una carriera di oltre quarant'anni quasi mettendo "in ombra" persino quella dei loro genitori, perché lui è riuscito a superare persino se stesso? Miguel ha dimostrato che, a parte il cognome già presente nel firmamento delle stelle, stella lo è, lo sarà e brillerà sempre di più.

Come disse ironicamente in un'intervista a LA7 da "Cristina Parodi Live" nel 2012: «Tagliare si impara, diamante si nasce!»

LONDON CALLING

Intorno ai quindici/sedici anni Miguel esordisce nella compagnia madrilena Teatro Giovane che rappresenta opere di Molière e in poco tempo ne diventa primo attore.
A parte un paio di piccole parti in film di cui parleremo a breve, principalmente il 1973 e il 1974 sono anni di viaggi e di esperienze per Miguel.
«Mio padre voleva che studiassi per fare carriera. Temeva per il mio futuro, non voleva che ballassi, né credeva in me come attore. Il suo interesse era incentrato in questa maledetta carriera. Però a me non interessava, io volevo essere libero, studiare, conoscere. Dovevo rendermi indipendente, parlai con mia madre, che non mi ha mai detto cosa fare, né mi ha mai impedito di fare qualcosa, e lei mi disse: "Lì c'è la porta, vai!", proprio perché voleva che i figli capissero da soli cosa volessero fare e che riuscissero a cavarsela anche da soli, senza il privilegio dei genitori benestanti, al contrario di quello che insinuavano già le malelingue» (Miguel Bosé, dal libro *Miguel Bosé; Una biografía*, di Jordi Sierra i Fabra del 1980, edizioni A.T.E.).
All'età di sedici anni infatti Miguel prese la decisione di andare a vivere a Londra per qualche mese, con sua sorella Lucia, dalla quale era inseparabile.
«Poco prima di decidere di andare a Londra, stavo per andare in Svizzera a studiare alla scuola di danza di Maurice Bejart [*danzatore e coreografo francese, nda*], la più importante scuola del paese, però mi chiesi: "E se dopo qualche mese o anno non mi dovesse piacere o soddisfare come credo?".
Lo stesso quando pensai di studiare oceanografia. Alla fine, scelsi Londra. Siamo stati lì nove mesi, nel 1973. Io e mia sorella arrivammo lì con cinquemila pesetas. La prima settimana la vivemmo da re, vedendo concerti, andando ovunque, divertendoci in ogni modo. Poi i soldi finirono e iniziarono i primi tempi duri. Non volevamo chiedere i soldi a casa, ma non fu facilissimo trovare subito un lavoro. Io dopo un

po' di tempo riuscii a trovarlo in un'hamburgheria [*a South Kensington, nda*].
In seguito, oltre al lavoro, iniziai a studiare al Dance Center, lì studiavo danza, mimica, canto, recitazione, una sorta di "Saranno Famosi - Fame".
Nell'autunno del 1973 Londra cessò di essere un paradiso, iniziò la prima crisi dovuta alla guerra tra Israele e l'Egitto. Quando ci andai a quattordici anni per la prima volta in vacanza, tutto era bello e paradisiaco, diverso era a sedici/diciassette anni, lavorando, studiando e in un periodo di piena crisi. A gennaio 1974 tornammo a Madrid».
Infatti, il 28 gennaio 1974 rientrano da Londra a Madrid per il compleanno della madre Lucia.
Ma Londra non fu un viaggio inutile per Miguel, che in quel periodo fu allievo del grande maestro Lindsay Kemp, coreografo, ballerino, attore e mimo britannico, scomparso il 25 agosto 2018, nella sua dimora a Livorno, che oltre a Bosé vanta di esser stato maestro di Kate Bush, Peter Gabriel e aver lavorato con David Bowie.
Rientrato in Spagna, il buon Miguel non cessò di viaggiare, curioso com'era. Poco dopo, sempre con la sorella dimorò a Parigi per circa quattro mesi, dopo di che si dedicò al marketing, lavorando per le imprese del padre, dopo aver studiato economia aziendale, come quest'ultimo aveva sempre desiderato, ma questo lavoro non era adatto a uno come lui, che aveva assorbito arte da ogni poro della sua pelle e tutto ciò che aveva assimilato doveva esplodere in qualche direzione a breve.

GLI EROI (FILM, 1973)

Il 1973 è il momento dell'esordio cinematografico di Miguel, in un film diretto da Duccio Tessari, prodotto in Italia, in cui interpreta un soldato tedesco, Emmerich, durante la Seconda guerra mondiale.
Basato sulla novella omonima di René Havard e Albert Kantof, con le musiche di Riz Ortolani, il film è ambientato nel 1943 a Orano (Algeria), ma è girato ad Almería (Spagna), e descrive la storia di quattro soldati che si recano in Nord Africa per rubare due milioni di sterline.

Tra gli altri attori troviamo Rod Steiger, Rosanna Schiaffino, Aldo Giuffrè, Claude Brasseur e, in un cameo, la mamma Lucia Bosé. È un esordio senza infamia né lode. Miguel, appena diciassettenne, recita una piccola parte e lo fa dignitosamente. «La mia parte è quella di un giovane soldato tedesco che muore durante la battaglia. Non è una parte molto lunga, ma ho voluto assistere a tutta la lavorazione del film perché per me è tutto nuovo, ogni giorno imparo qualcosa» (Miguel Bosé, da *Grazia* n. 1657 del 26 novembre 1972).
Distribuito in Italia in VHS dalla Domovideo, esiste anche una versione VHS e Beta per il mercato spagnolo il cui titolo è *Los héroes millonairos* (*The heroes* per il mercato inglese). Versioni digitali non ne risultano.
A causa della difficoltà nel segnalare le uscite dei film in tutti i formati, segnaleremo in questa sede quelle principali dal punto di vista informativo e collezionistico.

VERA, UN CUENTO CRUEL (FILM, 1973)

Passa pochissimo tempo e Miguel viene subito richiamato dal mondo del cinema, stavolta prendendo parte a un film spagnolo diretto da Josefina Molina, basato su un racconto di Conde de Villiers D'Isle-Adam.
Tra gli attori, Fernando Fernán Goméz, Mel Humphreys, Victor Valverde e Julieta Serrano. Le musiche sono affidate a Román Alís.
Ambientato nel 1840, a Montjoie, comune francese del dipartimento del Lot e Garonna, nel sud della Francia, parla del cavaliere spagnolo in esilio Alfredo de Quiroga che, non accettando l'idea di essere rimasto vedovo dopo solo un anno di matrimonio con la moglie Vera, con la complicità del suo maggiordomo continua a vivere come se lei fosse ancora in vita, condividendo alcune abitudini quotidiane come, ad esempio, farsi servire il pranzo sempre allo stesso orario.
Un giorno Alfredo conosce la figlia del notaio che, invano, tenta di farlo tornare alla vita reale.
Miguel e la sorella Lucia interpretano una piccola parte, vestendo i panni dei due fratelli Enrique e Cecilia, figli di un amico del cavaliere.

La parte di Miguel è davvero piccola e abbastanza "muta" ma, per la richiesta che gli viene fatta, anche qui interpreta il tutto con onestà e lode.
Del film sarà probabilmente uscita una versione VHS al tempo, di certo esiste una versione molto rara in DVD della Filmax Home Video, uscita in edizione limitata. È possibile vederlo tutt'oggi trasmesso da alcune emittenti spagnole, mentre in Italia il film sembra sia totalmente inedito.

YO SOY

La prima svolta a livello discografico arriva nel 1975, ad opera di Camilo Sesto, già noto cantante, ma anche produttore e compositore, molto amico della madre Lucia, la quale scrisse per lui anche il testo di alcune canzoni, quali "Amor Amar" e "Mi verdad", rispettivamente del 1972 e del 1974. Miguel potrebbe avere anche, qualche volta, prestato la sua voce in qualche coro nei dischi di Camilo, ma sono solo *rumors*, non suffragati da ufficialità.
In occasione di un compleanno di Miguel, il suo diciannovesimo, Camilo regala al giovanissimo una canzone che Miguel accetta e va a registrare a Londra.
Il testo è firmato da Miguel, scritto proprio mentre in aereo volava verso la città britannica.
Il brano si intitola "Soy" e a produrre il tutto è ovviamente Camilo Sesto, sotto l'etichetta discografica Ariola.
Arrangiato da Tom Parker e Alejandro Monroy, ha come ingegnere del suono Alan Florence.
«Ho scelto di registrare qui in Inghilterra perché qui registrai il mio primo disco e mi portò fortuna, mi piacerebbe che lo stesso accada per Miguel. Ma soprattutto la qualità che si ottiene qui è eccezionale» (Camilo Sesto, da un'intervista su *Diez Minutos* del 1975).
«Prima di Camilo ad inserirmi nel mondo musicale ci avevano pensato Régine, la famosa cantante francese, e successivamente Juan Pardo. Ma non se ne fece più nulla. Quando tornai a Madrid da Londra, Camilo mi diede questa opportunità e accettai subito. La prima canzone si intitola "Be" e la registrerò in inglese e spagnolo, mentre l'altra, "For

ever for you" ha un assetto più ritmato e sarà solo in inglese» (Miguel Bosé, *Diez Minutos*, 1975).

Il disco non fu dovutamente promosso, avrebbe potuto meritare di più, probabilmente in un altro momento, o se incluso in uno dei futuri album di Miguel, avrebbe avuto maggior fortuna. Probabilmente la versione in inglese di cui parla Miguel non è stata più pubblicata, dato il poco successo riscosso già in Spagna.

TRACK BY TRACK

"Soy" (M. González Bosé/C. Blanes)
Brano dal ritornello molto orecchiabile per questo esordio di Miguel, che ricorda un po' la produzione di Sesto con un sax predominante. Ha un'enfasi che sarebbe stata perfetta per una colonna sonora.

"For ever for you" (M. González Bosé/C. Blanes)
Il lato B del 45 giri, con lo stesso team al lavoro, è un brano più scanzonato, più ballabile e forse più commerciale, cantato in inglese: "For ever for you".

(NO) ES TAN FÁCIL

Miguel non demorde e nello stesso anno registra il secondo singolo, che sarà pubblicato l'anno seguente, dal titolo "Es tan fácil...", sempre sotto contratto Ariola.

A dispetto del nome, non fu affatto facile. Anche qui troviamo la mano di Camilo Sesto, che firma il lato A del 45 giri, mentre sul lato B, per "Who", le liriche furono scritte da Miguel.
Il disco fu notato ancora meno di "Soy", godette di pochissimi passaggi radiofonici e scarsa promozione da parte dell'etichetta che, probabilmente, non lavorò molto sulla diffusione dello stesso; in ogni caso il pubblico non lo prese bene, forse considerando Miguel ancora solo il figlio di due grandi divi che incideva un disco grazie alla sua notorietà.

TRACK BY TRACK

"Es tan fácil..." (C. Blanes)
Un pezzo molto "easy", ma neanche male, sulla scia di quelli incisi l'anno precedente, che rispecchiavano un po' i tempi, con dei ritornelli accattivanti e molto semplici.

"Who" (C. Blanes/M. González Bosé)
Forse il meno convincente dei quattro incisi, includendo entrambi i singoli, anche questo in linea con i tempi e con un ritornello molto radiofonico.

Singoli pubblicati:
Soy - 1975; **Es tan fácil...** - 1976

Note alla discografia

Sono abbastanza rari questi due primi singoli di Miguel, ma non impossibili da reperire in rete. "Es tan fácil..." esce in Spagna anche in un'edizione promo con la sola scritta su copertina e con la didascalia *"que este disco sea éxito"*, al contrario in verità, dei reali risultati sperati. Ma sarà solo questione di tempo.
Infatti, successivamente, nel 1977, l'Ariola, evidentemente sulla scia del successo del primo album (vedremo), ristamperà un 45 giri con i due singoli su entrambi i lati, mantenendo la copertina del secondo. Lo stesso prodotto uscirà per il mercato cileno, con la medesima foto e la copertina con colori decisamente più chiari.
"Es tan fácil...", ha un titolo in spagnolo, ma come entrambi i brani di questo singolo, era cantato in inglese.
Per i puristi del CD e i collezionisti, *Voces de los setenta*, CD editoriale a cura del Planeta-Agostini contenente successi di artisti vari degli anni '70, è l'unico CD che contiene la canzone "Soy" su formato compact disc. In nessun CD di Miguel Bosé ad oggi è stato mai incluso.

Deluso quindi dall'esperienza discografica, Miguel decide di tornare al cinema. Diverse sono infatti le pellicole in programma nei due anni a venire.

GIOVANNINO (FILM, 1976)

Tratto dal romanzo omonimo di Ercole Patti del 1954, il film, diretto da Paolo Nuzzi, racconta la vita oziosa di un ragazzo del sud, Giovannino, durante il periodo del fascismo: figlio di una famiglia borghese, padre notaio che fa molte pressioni sul figlio, tanto che quest'ultimo decide di partire per Roma per poi, tempo dopo, tornare per colpa dello stesso padre che non lo vuole lontano da casa, riferendogli come scusa quella di non far soffrire la madre.
Troviamo pertanto molti cliché e luoghi comuni della Sicilia e del classico ragazzo che dal sud cerca fortuna altrove.
Miguel interpreta il marchese Ignazio Leotta, amico di avventure di Giovannino, interpretato da Christian De Sica.
Tra gli altri attori della pellicola ricordiamo: Tina Aumont, Jenny Tamburi e Carole André.
La colonna sonora è affidata a Franco Micalizzi, all'epoca già autore di quella di *Lo chiamavano Trinità,* film che segnerà l'inizio della sua grande carriera. Quentin Tarantino, infatti, fan accanito del compositore romano, inserirà nel film *Grindhouse* il tema musicale di *Italia a mano armata* dello stesso Micalizzi (uscito curiosamente nello stesso anno di *Giovannino*), e nel più famoso *Django Unchained* riprende nel finale il tema del già citato *Lo chiamavano Trinità,* storico film interpretato da Terence Hill, diretto da E.B. Clucher.
Giovannino è tutto sommato un buon film, una commedia che rispecchia quel periodo cinematografico, "leggero" ma godibile, quelli che venivano chiamati "film da cassetta", riscontra però una buona recitazione da parte del Nostro.
Nelle stesse emittenti italiane, anche quelle private, manca da molto tempo come emissione, salvo qualche rarissima eccezione.
Difficile reperire la VHS pubblicata dalla Cine Lux, mentre non è mai stato pubblicato in digitale. Uscito al tempo anche in Spagna, pare sia stato pubblicato su Betamax.

GAROFANO ROSSO (FILM, 1976)

Film di Luigi Faccini ispirato liberamente all'omonimo libro di Elio Vittorini, edito da Mondadori nel 1948.

Ambientato a Siracusa nel 1924, il film narra la vicenda di un giovane diciottenne, Alessio Mainardi (Miguel), che proviene da una famiglia ricca che vive in un paesino della Sicilia e che studia invece in un liceo della città.
La storia verte sugli amori adolescenziali di alcuni studenti che frequentano il ginnasio e le prime lotte tra fascisti e comunisti.
Il titolo dell'opera deriva dal fatto che Alessio porta sempre con sé un garofano rosso regalatogli da una sua una compagna di scuola, Giovanna, di cui è innamorato, che però dopo questo gesto scompare, lasciandolo solo, innamorato e alla sua ricerca, e per questo motivo spesso irriso dai suoi compagni.
Nel film troviamo la classica scena di iniziazione sessuale di un giovane ragazzo in un bordello ad opera di una prostituta più grande di età, scena spesso utilizzata in altri film riguardanti questo periodo storico, una reale consuetudine dei tempi.
Il cast annovera, tra gli attori: Elsa Martinelli, Denis Karvil, Isa Barzizza, Maria Monti.
La colonna sonora è affidata magistralmente al Banco del Mutuo Soccorso, gruppo progressive italiano famosissimo anche all'estero, amatissimo in particolare in Giappone, e ormai band di culto del genere, che con questo lavoro firma il suo quinto album ufficiale. Nel 2017, in pieno boom di ritorno al vinile, l'album in questione è stato scelto dalla BTF nella serie di ristampe di classici e/o dischi di culto ormai irreperibili in un'edizione in vinile rosso a tiratura limitata. La versione compact disc della colonna sonora invece è facilmente reperibile.
Esiste anche, a beneficio dei collezionisti più incalliti, un'edizione in cassetta Stereo8, edita per la Ricordi/Manticore.
Il film invece, uscito in VHS per la Deltavideo, ha anche l'unica versione in DVD, reperibile nel sito ufficiale del regista stesso.
Nello stesso anno di uscita del film vi è un riconoscimento a Miguel Bosé al festival di San Sebastián.
Alberto Moravia commentò su "L'Espresso": «Film elegante, nel quale il fascismo è visto come totale alienazione...».
Morando Morandini scrisse invece per "Il Giorno": «suggestivo, armonioso, personale. Il bordello ricorda l'organizzazione dello spazio di Losey e un sinuoso gusto figurativo evoca Stemberg. Un'opera prima che lascia il segno...»; e ancora Morandini, dal *Dizionario dei Film*: «In bilico tra ti-

midezza e spavalderia, Miguel Bosé riesce a essere un eroe del suo tempo in questo romanzo di formazione».
A febbraio 2018 Luigi Faccini ricevette il "Nastro d'Argento Speciale", deciso dal Direttivo dei Giornalisti Cinematografici, per i suoi cinquant'anni di cinema compiuti in quell'anno.
Il film ha una storia decisamente più interessante rispetto agli altri menzionati, forse avrebbe meritato maggior successo e importanza storica e Miguel, seppur giovanissimo, interpreta la sua parte egregiamente.
Sono stati pubblicati diversi libri anche postumi al film: segnalo un'edizione "Euroclub" per la Mondadori del 1977 con Miguel in copertina, in una foto tratta da una scena del film.

Intervista a Luigi Faccini, regista

(raccolta via mail il 30 luglio 2017)

Ci può raccontare qualche ricordo e aneddoto riguardo il film "Garofano rosso" e come fu scelto Miguel Bosé?
La gestazione del film fu lunghissima, ispirato dal romanzo di Vittorini dal quale trassi il film molto liberamente. Il tutto va di pari passo con la mia vita di allora, giovane regista appena trentenne che arrivò a girare il film dopo cinque anni. Spesso nessuno sa quanta passione e quanta merda ingoiata, sorridendo lo dico, bisogna investire e sopportare per il primo ciak. Comunque le dirò che Miguel Bosé fu una scelta felice ma casuale, avendolo incontrato tra le centinaia di immagini che l'agenzia William Morris mi consentì di spulciare nel 1974, un anno prima dell'inizio delle riprese. Vidi una faccia dai lineamenti brevi e netti, lo sguardo era attento, intenzionato, con un sorriso appena accennato, come trattenuto. La somiglianza con Lucia Bosé era impressionante. La titolare dell'agenzia, la mitica Lou Leone, bellissima donna che aveva fatto la Resistenza, ritratta con il fucile sull'avambraccio credo il 25 aprile giorno della Liberazione, gli telefonò e ci mise in contatto. Miguel aveva diciassette anni e non aveva fatto che una particina in un film di cui non so nulla. Quando lo incontrai scoprii che era molto alto, filiforme. Tutto troppo per il mio Alessio. Ma il ragazzo era spigliato, intelligente, arguto, figlio, nipote e protetto di un mondo cosmopolita che annoverava Picasso e Visconti, oltre al padre torero, Dominguín, che gli garantiva ricchezza, sicurezze e destino. Parlandogli e ascoltandolo sentivo vibrazioni molto buone. Era troppo alto, certo, e quella statura mi creò problemi enormi nella scelta della ragazza Giovanna con cui avrebbe dovuto scambiare un bacio, alta e bella anche lei, intensa anche lei. Non fu uno scherzo. Vidi decine di sciaguratelle che volevano far cinema senza possedere quel carisma segreto che ti fa bucare lo schermo. E non fu una scelta memorabile quella che ne venne fuori. Ma era un personaggio che doveva scomparire e con le luci e il taglio delle inquadrature ne facemmo qualcosa di sopportabile. Ma

Miguel era davvero troppo alto. La sua statura mi condizionò anche nella scelta dell'amico del cuore, Tarquinio. Lo pescai in Francia. Si chiamava e chiama Denis Karvil. Intelligente, bruno, mediterraneo e macho, fece un bell'assortimento con Miguel. Perfetta in altezza e stilizzazione fisica fu Elsa Martinelli, come Zobeida, la puttana di alto bordo, forse una spia, forse antifascista, come io la disegnai contrariamente alla creatura carnosa e un po' convenzionale com'era la Zobeida di Vittorini. Fecero scintille i due quando dovettero recitare nudi. Non si piacevano ed Elsa, sapendolo figlio di Lucia Bosé e Dominguín, ne provocava la sessualità acerba, maliziosamente. Ma recitava, Elsa, sapeva che il personaggio di Zobeida io volevo che fosse anche un po' cameratesco, non materno, dentro un erotismo che poteva anche fare a meno della copula per attingere i segreti dell'iniziazione e dell'amore intriso di nostalgia per l'abbandono che avrebbe concluso la loro storia. C'era molta infanzia in quell'incontro, dolcezza, sfida, dolore. Non a caso i critici migliori dissero che il bordello di *Garofano rosso* era il più bello di tutta la storia del cinema. Ho molto amato quella coppia di persone e di attori. Il film gli deve molto.

Avrebbe mai immaginato all'epoca una carriera così importante, adesso quarantennale (e anche più) di Miguel Bosé?
Non mi posi mai il problema se Miguel avrebbe percorso una carriera nell'ambito dello spettacolo. Non mi pareva nato per il cinema. Io avevo, con lui, ingaggiato una persona, non un attore, quantunque si porti bene addosso il personaggio di Alessio proprio in senso attoriale. Quando l'esito fu la musica e nell'accezione pop internazionale non ne fui favorevolmente impressionato. Miguel aveva talenti che potevano essere coltivati anche nell'ambito della scrittura. Ma lì i percorsi sono labirintici e incerti, l'investimento di sé che bisogna fare diventa estremo e non necessariamente destinato al successo. Comunque: contento lui! A volte leggo frammenti di sue interviste e riconosco quel brillio che me lo fece scegliere nel lontano 1974. E ricordo bene la pazienza con cui aspettò, coltivando il personaggio che gli avevo affidato per lunghi mesi, l'inizio delle riprese. Di lui non si può dire altro che fu bravo. Il film lo dimostra.

Su Wikipedia risulta tra le attrici Lucia Bosé, mi conferma che è un errore? Non mi risulta di averla notata nel film.
Che appaia il nome di Lucia Bosé da qualche parte è frutto di annunci iniziali. Miguel aveva promesso di coinvolgere la madre, come madre di Alessio. Lucia gli dette una buca enorme, e anche a noi, ovviamente. L'aspettavamo a Siracusa per le scene in cui sarebbe stata implicata e ricordo ancora benissimo la faccia desolata di Miguel quando ci dette la notizia del suo mancato arrivo. Si sentiva in colpa tremendamente. Ma, a causa del film e della sua accettazione di misurarsi con la stessa professione della madre, Miguel aveva avuto problemi molto grossi con il padre torero, che per lui voleva altri percorsi. Ignoro quali. Lou Leone ci risolse il problema mandandoci la splendida Marina Berti, che fu una madre perfetta.

Colonna sonora prestigiosa, come furono scelti i Banco del Mutuo Soccorso? Sa che ultimamente molti stanno ristampando classiche colonne sonore in vinile e da pochi mesi hanno ristampato in una edizione limitata colorata proprio quella di *Garofano Rosso*? È bello che ci sia questo documento importante oltre al film stesso, no?
Che sia stata rieditata non è solo evento recente, di cui mi fa piacere. Oltre il vinile originario la colonna sonora divenne presto CD, più volte ristampato. Della mia relazione con il Banco trova tracce forti nel nostro www.pipernofaccini.it al link "Banco Live", concerti che filmai nel 1981 e nel cui DVD risulta la bravura del gruppo ma anche un'esecuzione bellissima del tema del film, *Garofano rosso* appunto.

Ha rivisto Miguel successivamente?
Miguel non lo vedo dagli anni 80, da quando era candidato a fare con me un *Billy Budd* di Melville in una versione musical. Gli piaceva molto ma con la Rai non andò più in porto il progetto, avevo coinvolto anche il coreografo Bejart.

Due parole sulla purtroppo recente scomparsa Elsa Martinelli *[l'intervista fu fatta meno di un mese dopo la morte dell'attrice, avvenuta l'8 luglio dello stesso anno, nda].*
Per Elsa Martinelli e la sua spiacevole morte recente le mando il pensiero che ho consegnato alla stampa. Elsa ha sempre considerato *Garofano rosso* uno dei film più belli che avesse mai fatto, se non il più bello, quello che sentiva più vicino alla percezione di sé stessa che un autore avesse avuto… Il comunicato: «Quando la bellezza è mistero e l'androginia è il crogiolo di ogni femminilità: questo fu Elsa quando la conobbi, stilizzata e carnale, mentre faceva evaporare champagne dalla coppa che impugnava, fissandomi, come a decifrare il labirinto cinema di cui, in quel momento, ero il portatore. È o non è cinema vero?! Si chiedeva, palesemente, sul mio proporle la Zobeida di *Garofano rosso*, per nulla puttana di quindicina come quella del romanzo di Vittorini al quale mi ispiravo, ma una fascinosa e incognita figura spionistica, giocosa messaggera di un tempo a venire. Fu l'ultima volta che un'attrice, una diva, mi offrì champagne durante un incontro preliminare (non ci furono provini…). Veniva da un altro mondo, Elsa. Passata per le mani di Orson Welles e Howard Hawks. Del lungo bacio nell'acqua corrente tra lei e Kirk Douglas le parlai, come bella e selvatica indiana approdata a Hollywood dalla provinciale Italia. Le dissi che la pensavo come una figura liberty disegnata da Erté. E direi che ci volemmo palesemente bene, tanto da prendersi il film, denudandosi volentieri e perfino facendo flebo intensive perché il suo piccolo seno, dal capezzolo scuro, maschile, tornasse desiderabile allo sguardo. Elsa ha sempre amato il film che facemmo insieme e un grande dispiacere fu quando mi fu scippato il progetto da *Fosca* di Tarchetti privandomi del piacere di regalarle una protagonista assoluta. Elsa non era soltanto quella che indossava clamorosi anelli di Bulgari, Elsa era una persona intelligente il cui glamour, per fortuna, resta imprigionato nei film interpretati. Ti sei presa l'eternità, Elsa, seppure con la e minuscola, l'eternità del cinema. *Con mucho amor, querida*. Luigi Faccini».

RETRATO DE FAMILIA (FILM, 1976)

Film di produzione spagnola del 1976 basato sulla novella *Mi idrolatrado hijo Sisí* di Miguel Delibes, membro della Real Academia Espanola, diretto da Antonio Giménez-Rico, prodotto da José Sámano e interpretato, tra gli altri, da: Antonio Ferrandis, Monica Randall, Amparo Soler Leal.
Le musiche sono di Carmelo Bernaola.
La storia è ambientata nel 1936 a Castilla, in Spagna.
Miguel interpreta un giovane ventenne, Cécil Rubes, figlio di una famiglia borghese, che purtroppo è costretto a partire per la guerra civile spagnola del 1936.
Miguel sfodera un'ottima interpretazione, considerata la sua giovane età, e mostra già una certa stoffa e una certa familiarità davanti alla cinepresa.
Il film in questione, oltre all'uscita in VHS di molti anni fa, è stato rieditato in DVD negli anni 2000. Sul mercato spagnolo è attualmente facile da reperire, distribuito da Vellavision; negli extra potrete trovare diversi commenti della stampa spagnola che accolse più che bene questo film. In Italia credo non sia mai arrivato, neanche tradotto per la televisione.
«Fui impressionato da Miguel Bosé in questo film perché il ragazzo giovane che avevo conosciuto era maturato in un giovanotto e nella sua parte rispose con una certa dignità, semplicità e buon gusto al di sopra delle mie aspettative» (Tomás Muñoz, dalla sua autobiografia *Memoria banal*, edizioni Multiprensa y más).

OEDIPUS ORCA (FILM, 1977)

Film di produzione italiana di Eriprando Visconti del 1977, séguito de *La Orca* dell'anno precedente.
Miguel Bosé interpreta la parte di Humberto, fidanzato della protagonista, Alice.
A differenza degli altri attori principali, quali Michele Placido, Rena Niehaus e Carmen Scarpitta, Miguel non fa parte del cast del precedente film, anche se alcuni siti on line lo danno erroneamente presente in entrambi i film.
Le musiche di *Oedipus Orca* sono firmate da James Dashow, la cui soundtrack è stata pubblicata dalla Cinevox.

Il film è la storia di una ragazza che viene rapita nel primo atto del film e che nel secondo, restituita alla famiglia, ha serie difficoltà a tornare ad una vita normale.
L'attrice Rena Niehaus riceve grazie a questo film il premio al "Globo D'oro" come miglior attrice rivelazione. Per intenderci, la prima a vincere questo premio fu Monica Vitti nel 1961 per il film *L'avventura*, di Michelangelo Antonioni.
La VHS è distribuita da Avofilm, il DVD è uscito in Italia per la Cecchi Gori, per la serie "CineKult" della Nocturno. Esiste anche un'edizione speciale doppia che comprende entrambi i DVD della *Orca*.
Una precisazione: sulla retrocopertina del DVD è scritto 1989 come anno di produzione, chiaramente è un errore, infatti nel cartone che avvolge i due DVD, che sono identici a quelli venduti singolarmente, viene riportata la data esatta, 1977.
In Spagna il film si trova in VHS sia per la Pat Films che la M&V, ed anche in versione Betamax con il titolo *Peregrina de Hombres*. Non c'è invece la versione tradotta in digitale come da noi.
L'errore di menzionarlo anche nel precedente film, purtroppo, non è il solo a riscontrasi on line, su siti anche noti e persino su qualche filmografia "ufficiale", ad esempio negli extra del DVD L*o más natural* (edizione Vella Vision) danno Miguel nel cast di *El macho*, film sempre del 1977 di Marcello Andrei, ma del Nostro qui non vi è traccia.
Altre fonti lo danno anche nel film *La borgata dei sogni*, datato 1978, di Daniele Pettinari. Probabilmente è così, ma dalle pochissime fonti trovate del film, annunciato al tempo, sembrano essersi perse poi le tracce. Evidentemente non fu più distribuito.

SUSPIRIA (FILM, 1977)

Debutta nelle sale in Italia il 1° febbraio 1977 il film ispirato dal romanzo di Thomas de Quincey *Suspiria de Profundis* (*Sospiri dal profondo*) del 1845, séguito di *Le confessioni di un mangiatore d'oppio* del 1821, in Italia tradotto anche come *Confessioni di un oppiomane*.
Il film, diretto dal maestro Dario Argento, è il primo capitolo della trilogia delle tre madri: seguono *Inferno* e *La terza madre*, rispettivamente del 1980 e 2007.

Miguel interpreta Mark, ballerino dell'Accademia di danza a Friburgo, in Germania. Con lui nel cast Jessica Harper, Alida Valli, Stefania Casini, Flavio Bucci.
La pellicola in Italia si piazza molto bene, al numero undici della classifica degli incassi cinematografici 1976-1977, ma non raggiunge il successo commerciale di *Profondo Rosso*, che resta il film di Argento più famoso in patria, ottenendo invece grande successo in Germania, Francia, Inghilterra e, particolarmente, in Giappone.
Il 1° febbraio 2017, esattamente quarant'anni dopo, il film torna nelle sale restaurato in 4k.
Per l'occasione di questo quarantennale, il 27 aprile alla Masterclass, al teatro Petruzzelli di Bari tenutasi per il Bifest Dario Argento disse: «Il film riscosse molto successo all'estero più che in Italia, soprattutto in Giappone, dove fu proiettato in uno stadio davanti a un pubblico di migliaia di persone e amplificato attraverso un impianto audio enorme della Sony, che ne aveva acquistato i diritti. Tanto fu il successo del film, che i distributori giapponesi dello stesso importarono *Profondo Rosso*, che era precedente come uscita, e lo misero sul mercato con il nome di *Suspiria 2*, anche se non aveva niente a che fare con quel film, tra l'altro neanche davvero seguente a livello cronologico. *Suspiria* è il film più importante della mia carriera, è tuttora il mio film più famoso in tutto il mondo, mentre in Italia lo è *Profondo Rosso*».
La colonna sonora fu affidata ai Goblin, mitico gruppo il cui leader è Claudio Simonetti, conosciutissimo per le tante soundtrack di cui sono i titolari, tra le tante la ancor più leggendaria appunto *Profondo Rosso*. Il suono principale utilizzato per questa soundtrack è quello del bouzuki, uno strumento a corde greco, comprato dallo stesso Argento durante un viaggio ad Atene.
Tante sono le edizioni della celebre colonna sonora, tra le varie segnalerei quella realizzata per i quarant'anni del film, pubblicata in due cofanetti limitatissimi e contenente l'album, un vinile 10", la musicassetta, un CD della colonna sonora, un DVD con interviste ai Goblin e Dario Argento e un pugnale, il tutto incluso in un cofanetto ultra-limitato a centocinquanta pezzi e numerato.
Di versioni e formati riguardanti il film invece, dato il successo ottenuto, potremmo parlarne per pagine e pagine.

Dalla VHS al Super 8, fino al Laserdisc e alle attuali più fruibili edizioni in DVD, svariate anche doppie commemorative e in Blu-ray.
Da menzionare la versione uscita nel 2017 restaurata in 4K per il quarantennale del film.
Curiosamente ancora oggi Claudio Simonetti porta in giro degli spettacoli di sonorizzazione live a tema su *Suspiria* e altri capolavori scritti insieme ai Goblin.
Una curiosità riguardante la pellicola: le maniglie nel film sono poste più in alto rispetto alle porte per far sembrare le ragazze più piccole rispetto alla loro reale età.
«Non potete sapere cosa è girare con Dario Argento. È uno molto bravo a creare ambienti. Non avvisa gli attori, né gli dà copione, niente. In *Suspiria* vi erano vari attori, e io ero l'unico uomo. Dario ci aveva detto che dovevamo entrare in un corridoio di cristalli, molto oscuro, e che alla fine di questo corridoio avremmo incontrato una donna che puliva. Avevamo paura, immagina cosa è andare per un corridoio di cristallo al buio sentendo il nostro stesso respiro. Ci impaurivano le nostre stesse immagini riflesse nel cristallo. Alla fine, in effetti, c'era una donna che stava facendo pulizie, che all'improvviso si volta verso di noi e non sai che orrore. L'avevano truccata in maniera spaventosa e Dario ottenne l'effetto desiderato, noi urlammo spaventati. Ricordo che una delle attrici si arrabbiò molto con lui, perché quasi ebbe un infarto e gli disse che non era professionale e che non si trattavano così gli attori. Successivamente ci fece entrare in una stanza oscura, illuminata solo da una candela. Puzzava di cadavere che non ti dico, e i piedi iniziarono a scivolare. Stavo pestando vermi!!! Milioni di vermi vivi che Dario aveva sparso per terra e, non contento, dal soffitto ce ne tirava altri sulla testa. Infine, durante la scena della morte di Stefania Casini, tra filo spinato e rasoi, dove le usciva sangue dalla bocca, senza che lei se lo aspettasse, le tira un gatto nero addosso. Immaginatevi cosa è lavorare con quest'uomo» (Miguel Bosé, estratto dalla biografia del 1981 di Marisa Ares *Él*, Puntual Ediciones).
Anni dopo ribadisce, tornando sul tema:
«La prima cosa che mi viene in mente è la scena dove io e Alida Valli camminavamo mentre dal soffitto piovevano migliaia di vermi...non era un trucco di scena, erano vermi

veri! Ad allevarli era lo stesso Dario Argento. Aveva preso in affitto una stanza in un albergo di Roma dove aveva portato delle teste di montone putrefatte che teneva dentro la vasca da bagno. A un certo punto l'albergo era invaso da una puzza tremenda e nessuno capiva da dove venisse. A noi Dario non diceva niente perchè gli piaceva vedere la nostra reazione davanti alla macchina da presa. Così, a un certo punto, ci siamo ritrovati ricoperti da questi vermi che cadevano dal soffitto. Dario era come un bambino. Ed era una persona adorabile, come anche Daria Nicolodi, la moglie *[Daria Nicolodi è stata moglie di Dario Argento fino al 1985, è scomparsa il 26 novembre 2020, nda]*. Di Dario ho un ricordo tenerissimo, con me sul set è stato di una pazienza e di una dolcezza infinita. Ho lavorato tanti anni dopo anche con Asia, per *La Regina Margot*, con lei è nata una straordinaria amicizia» (Miguel Bosé, da *TV sorrisi e canzoni*, n. 25, 2015). Nel 2018 il regista Luca Guadagnino lavora ad una propria versione del film, che uscirà nelle sale il 1° gennaio del 2019. Il film, la cui colonna sonora è firmata da Thom Yorke, leader dei Radiohead, è un sogno da bambino del regista di *Chiamami col tuo nome*, tanto da dichiarare al "Giornale" del 2 settembre 2018: «Vidi il poster del film a undici anni. Poi a quattordici il film. E lì cominciai subito a sognare di fare la mia versione. È il sogno della megalomania adolescenziale più nitido che abbia. E l'omaggio all'incredibile emozione che provai quando lo vidi».

LA GABBIA (SCENEGGIATO TV, 1977)

Sceneggiato trasmesso dalla Rai il 6 e l'8 di aprile su Rete 2, diretto da Carlo Tuzii in due puntate da circa settanta minuti l'una. Il film si ispira al noto esperimento carcerario di Stanford, in California, in cui dei volontari scelti furono divisi in prigionieri e guardie all'interno di un carcere simulato. In una vecchia villa di campagna un professore americano ha trasformato i sotterranei nelle celle di una prigione, allo scopo di seguire un esperimento sul comportamento delle persone recluse. Vengono selezionati tramite inserzioni sui giornali una ventina di uomini che si trovano a vivere un mese come guardie e ladri.

Tutti volontari, seguiranno il regolamento molto rigido della prigione. Non sapevano però al momento della selezione a cosa sarebbero andati incontro realmente.
Il professore e i due suoi assistenti seguono attraverso telecamere e microfoni installati ovunque il comportamento di detenuti e guardie, le quali arrivano a compiere gesti impensabili, tanto che nell'esperimento di Stanford (quello realmente effettuato) entrarono così tanto nella parte (come nel film del resto) da far degenerare il tutto, e infatti l'esperimento fu sospeso dopo qualche giorno.
L'esperimento, a carattere psicologico, voleva dimostrare come ragazzi, studenti, uomini, anche di un certo livello sociale, in una situazione così "ristretta" e a volte "umiliante" arrivano a cambiare il proprio comportamento.
Nel film Miguel interpreta uno studente di legge dal nome Carlo Mecci, che suona il sassofono e che aderisce a questo esperimento, come tutti gli altri, per la buona retribuzione promessa.
La colonna sonora è affidata ai Pooh, che pubblicarono per l'occasione il 45 giri "Risveglio/La gabbia".
Tra gli attori, oltre a Miguel, abbiamo John Steiner, Enrico Papa, Paolo Malco.
Non risultano esserci supporti fisici messi in commercio di questo sceneggiato.

CALIFORNIA (FILM, 1977)

La regia di questo western tipico all'italiana è di Michele Lupo. Il film è ambientato nell'America del 1865, appena finita la guerra di Secessione.
Miguel interpreta Willy Preston, ragazzo reduce di guerra che fa amicizia con il riservato e chiuso Michael Random, detto "California" (Giuliano Gemma), mentre torna a casa dai suoi. Verrà ucciso a fucilate mentre è a cavallo e dopo sarà anche impiccato. California raggiunge i genitori del ragazzo per avvisarli della tragica notizia. Questi, nella disperazione, accolgono il nuovo arrivato come un figlio e California finisce per restare in casa un po' con loro, avendo del tenero con la sorella di Willy, Helen (interpretata dalla sorella di Miguel anche nella vita reale, Paola).
Le musiche sono di Gianni Ferrio.

Il film ha un discreto successo di pubblico e di critica. Tuttora nelle reti italiane viene spesso trasmesso (talvolta con il titolo *California addio*) e oltre alla VHS d'epoca è reperibile il DVD uscito per la serie "Nocturno". Tra le varie traduzioni troviamo una in DVD in edizione greca e la versione VHS per il mercato spagnolo. Esiste anche una versione in SUPER 8 di questo film.
«L'ultimo grande western, perché *Sella d'argento* e *Tex e il Signore degli Abissi*, che vengono tra l'altro dopo, guarda caso sempre con Giuliano Gemma, sono nettamente inferiori. Infatti *California* ha queste atmosfere molto decadenti, è molto drammatico e ha una grandissima interpretazione di Miguel Bosé, un Giuliano Gemma classico e una regia, direi, fantastica» (Roger A. Fratter, regista cinematografico, tratto da un'intervista all'interno del DVD del film stesso, edizione Nocturno).
«La struggente bellezza del tramonto del western all'italiana, in un film che finisce per diventare simbolo della morte stessa di un'epoca» (*Nocturno Cinema*, citazione tratta dal retro del DVD).
Terminate le riprese, un piccolo aereo aspettava Miguel sul set ad Almería per andare di corsa a Madrid a registrare il suo primo lavoro, *Linda*. Curioso come dichiarò la paura di farsi male nell'ultima scena, quella in cui cade da cavallo: se qualcosa fosse andato storto, avrebbe dovuto rinviare le registrazioni del disco che iniziavano quello stesso giorno alle ore 15 e che furono fondamentali per la carriera a venire. Gli stessi piloti dell'aereo saranno citati tra i ringraziamenti della retrocopertina dell'album.

LINDA, IL PRIMO ALBUM

Il 1977 è un anno fondamentale per Miguel, un anno fitto d'impegni, protagonista sul grande schermo con titoli importanti, ma a breve finalmente arriverà anche la svolta musicale, e da lì, è … e sarà storia. Ma come si arrivò a *Linda*? Come tornò Miguel alla canzone?
Gran parte del merito è da attribuire a Tomás Muñoz, direttore della CBS Discos, che si definisce colui che lo ha sco-

perto, musicalmente parlando, nonostante all'inizio fosse molto scettico, per la popolarità di cui Miguel già godeva grazie alle origini familiari. In un'intervista effettuata nel 1980 per il libro *Él* dice: «Miguel significa molto per me. In primis, è una mia scoperta, aiutato da altri, certo.
Tutti sanno che ha un gran carisma, una magia fuori dal normale e una cultura speciale data la sua età. Un senso critico molto sviluppato, passa da esser un tipo dalla gran tenerezza a uno dalla mano ferma. È persino magico il fatto che sia il figlio di Dominguín e Lucia Bosé.
Del primo perché quando ero piccolo, lui era il trionfatore, il playboy. Quando si sposò, le ragazze arrivarono a suicidarsi dalla disperazione e quando sei molto giovane, come me all'epoca, avevo circa diciassette anni, fece un certo effetto. Lucia Bosé invece perché mi piacque molto il film *Gli egoisti*. Successivamente conobbi Miguel ad una festa della CBS che demmo per Neil Diamond a casa del ballerino Antonio *[si promuoveva* Beautiful noise, *album del 1976 del cantautore statunitense. A questa festa erano presenti tantissimi invitati prestigiosi, tra i tanti, Cecilia, amica di Miguel, che cantò quella sera oltre allo stesso Diamond - nda]*. Lo avevo già visto a Madrid qualche volta e spesso nelle riviste come il figlio di Lucia e Luis Miguel, però non avevo alcuna curiosità nel conoscerlo perché ho sempre odiato la pubblicità gratuita e al tempo lui ebbe molta visibilità grazie alla sua fama e per questo non avevo voglia di simpatizzare con lui, fino a che non gli parlai quella sera alla festa. Non mi era sembrato affatto il tipo frivolo che mi ero immaginato dalle riviste. Gli chiesi perché non registrasse qualcosa con noi e lui mi rispose che era già sotto contratto con l'Ariola.
Gli chiesi anche del fatto che avevo letto che stava studiando marketing e lui mi rispose che gli piaceva apprendere più cose possibili.
Un giorno, in una riunione di direttori discografici, ad Amsterdam, uno di questi mi disse che a Madrid aveva visto questo ragazzo, molto giovane, con un certo carisma e che tutti lo ammiravano. Io risposi perché "era figlio di personaggi famosi" e lui mi rispose "invece no, credo che abbia una certa luce..."

Gli dissi che Gil *[José Luis Gil, membro dell'équipe esecutivo della CBS al tempo, nda]* era suo amico ed era a Roma, quindi potevamo incontrarlo.
Tornato in Spagna vidi il film *Retrato de familia* e devo ammettere che mi colpì molto, sia per la maturità che per l'umiltà con cui affrontò il tutto e che la critica verso di lui fu molto ingiusta. Gli scrissi, dicendogli che mi era piaciuto molto il film. Gil continuò il tutto chiedendogli una demo, lui cantava bene, aveva un bel timbro, diverso dal solito e decidemmo la firma del contratto. Ci vedemmo a Roma con il produttore (Danilo Vaona) e in un ristorante *[a Trastevere, lo sottolinea in altra sede, nella sua autobiografia, nda]* firmammo il contratto.
Canta bene, molto bene e canterà ancora meglio in futuro. Potrebbe diventare il numero uno del mondo.
Secondo me è un artista che può ambire a una lunga carriera, anche trentennale…». E qui il trio Muñoz/Gil/Vaona inizia il suo consolidamento.
Durante i mesi di febbraio e marzo del 1977 si registra il primo long playing. Come si evince dalle note di retrocopertina l'album è registrato tra Milano e Madrid (nello studio CBS e GRS in Italia e negli studi Sonoland in Spagna) sotto la produzione di Danilo Vaona (anche nel ruolo di direttore artistico) e José Luis Gil. Il 1° aprile si lancia il singolo "Linda", e prima della pubblicazione del disco intero a maggio, il 26 aprile 1977, una serata che poteva essere una come tante altre, in realtà diventa un vero e proprio inizio e trampolino di lancio per Miguel. Invitato a "Esta noche ... Fiesta", programma di José María Iñigo su TVE dal Florida Park di Madrid, Miguel presenta tre brani dal disco in uscita: "Linda", "Mi libertad" e "Eres todo para mí".
A questo importante esordio televisivo sono presenti in platea, oltre a personaggi illustri come Raffaella Carrà, Niki Lauda e tanti altri, Paola, la sorella di Miguel, e i genitori. Tanto che il conduttore si intrattiene con Dominguín chiedendogli:
- «Perché sei nervoso?»
- «Perché questa professione richiede molta responsabilità e per questo non posso evitare di essere nervoso»
Invece a Lucia chiese:

- «Crede che suo figlio lo faccia seriamente questo mestiere?»
- «Credo lo faccia molto seriamente, altrimenti credo non lo farebbe»
E così fu.
La performance lascia trasparire tutta l'emozione di Miguel, che ce la mette tutta.
Quella sera sono tantissimi gli spagnoli incollati alla TV che rimangono davvero impressionati. Il giorno dopo è "follia-Miguel" in Spagna. Già si avvertono i primi segni di delirio dei fan, ma soprattutto scatta già la moda "Miguel Bosé".
«È stato davvero un caso, ero a Madrid in uno studio televisivo, e stavo aspettando il mio turno per entrare in scena. Faceva caldo e le luci erano troppo forti: per questo ho tolto il fazzoletto di tasca, per asciugarmi un po' le mani. Poi son dovuto uscire di corsa e il fazzoletto è finito nella tasca posteriore dei pantaloni, cacciatoci in fretta e mal messo. Il giorno dopo la diretta molti ragazzi indossavano il fazzoletto alla stessa maniera e ho capito che era nata una moda. Ma, ripeto, è stato solo un caso» (Miguel Bosé, da *Boy Music* n. 27, 1979).
Il giorno dopo infatti tutti parlavano di Miguel come cantante e non più solo del figlio di una coppia di artisti famosi. Miguel ha talento. Lo si evince subito dalle prime performance televisive. Se più di uno ha creduto in lui per questo progetto, un motivo deve esserci. Questo primo album *Linda,* è, sì, un album che rispecchia i tempi, ascoltandolo oggi potrebbe sembrare un tantino "datato", come suoni e produzione, è un album adolescenziale che riflette il periodo storico in cui è uscito. Come spesso dirà lo stesso Miguel negli anni a seguire, «facevo la musica di un ragazzo di vent'anni». Un album fatto quasi interamente di cover, dove uno dei pochi reali inediti, "Amiga", è tuttora il brano-capolavoro dell'intero disco. Tra le cover, "Linda" dei Pooh, Miguel la farà sua, e diventerà un classico, con un successo strepitoso a cui sarà sempre grato. In quanto questo disco servirà a Miguel come trampolino di lancio, per entrare a far parte di un mondo, quello musicale, dove forse ci è entrato "quasi per gioco", ma che è suo a tutti gli effetti. I numeri lo dimostreranno.

LINDA (ALBUM, 1977)

Linda / Mi libertad / Eres todo para mí / Pequeño amor / Luna park / Never gonna fall in love again / Amiga / Nada de nada / Que viva el gran amor / Ana

extra tracks:
No more cane / Linda (in inglese e portoghese)

Singoli estratti:
[sono elencati, anche per gli album a seguire, i singoli estratti in tutto il mondo, nda]
Linda / Amiga / Eres todo para mí

TRACK BY TRACK:

"Linda" (Facchinetti/Negrini/L. Gómez Escolar)
*altre versioni: **"Linda"** (Facchinetti/Negrini/Melrose/Roseblatt) in inglese; **"Linda"** (Facchinetti/Negrini/L. Gómez Escolar/Julia Graciela) in portoghese.*

Brano originariamente composto dai Pooh l'anno precedente, e inserito nel loro album *Poohlover*, "Linda" è scritto da Roby Facchinetti, tastierista e cantante della stessa band e Valerio Negrini, co-fondatore e autore dei testi di moltissimi dei loro brani.
Miguel ne fa una cover in spagnolo, il cui adattamento è curato da Luis Gómez Escolar.
Anche i Pooh ne fecero una versione in spagnolo, ma non riuscirono a bissare il successo che ottennero in Italia, dove il singolo nella sua versione originale invece andò molto bene.
In Spagna, e a seguire nei paesi dell'America Latina, la versione di Miguel ha subito un successo non indifferente. Diventò il pezzo forte dell'album e singolo a 45 giri per il lancio promozionale anche per l'estero.
Nello stesso anno il brano con l'adattamento in spagnolo di Luis Gómez Escolar fu utlizzato per altri artisti latini, Los Carabineros, gruppo venezuelano, e un certo Nino Paletti, sassofonista stile Fausto Papetti. Ed ancora, fu incisa anche da Martha y Tony con La Brigada.
«"Linda" è la canzone con la quale iniziai la mia carriera discografica e che servì ad aprirmi tante porte. Il brano che ricordo con maggior affetto» (Miguel Bosé, c.s. *Bravo muchachos*).

"Mi libertad" (C. Baglioni/A. Coggio/M. Bosé)
L'album prosegue con un altro brano "Made in Italy" sempre rivisitato in spagnolo, nonostante questo primo lavoro di Bosé non sia mai stato pubblicato nel nostro Paese.
È la volta di "Mia Libertà" di Claudio Baglioni, tratto dal suo terzo lavoro *Questo piccolo grande amore* del 1972, uno dei dischi più venduti della sua carriera, pietra miliare della discografia italiana.
Il brano originale è composto dallo stesso cantautore romano insieme ad Antonio Coggio, noto compositore, arrangiatore e produttore discografico. Bosé ne adatta la sua versione in lingua castigliana, abbastanza fedele al testo originale, canzone che Miguel sembra aver scelto personalmente per questo lavoro.

Il brano in questione diventa il lato B del singolo per il mercato spagnolo, "Linda".

"Eres todo para mí" (Ken Gold/Micky Denne/C. Toro)
Anche il terzo brano della tracklist è una cover, stavolta dei The Real Thing, si tratta di "You to me are everything", hit di gran successo nel 1976. Il brano, scritto da Ken Gold e Michael Denne, fu adattato per la versione ispanica da Carlos Toro Montoro, che ha collaborato con tantissimi artisti nella sua vita, tra cui Mango, Dalida e che vanta, tra i suoi successi, un brano scritto per il suo gruppo, Dúo Dinámico, intitolato "Resistiré" e utilizzato anche per la colonna sonora di *Legami*, film di Pedro Almodóvar, diventato un inno durante il periodo del lockdown spagnolo nel 2020 a causa della pandemia dovuta al Covid-19. "You to me are everything", invece, oltre a esser molto noto per la sua versione originale è stato coverizzato, oltre che da Bosé, da tanti altri artisti e gruppi: Public Enemy, Frankie Valli e non ultima la nostra Marina Rei, che con la sua "Primavera" ottenne un ottimo successo in Italia.

"Pequeño amor" (S. Giacobbe/L. Malvica/M. Bosé)
Sandro Giacobbe aveva da tempo nel cassetto un brano dal titolo "E lo sai" che pubblicherà soltanto l'anno successivo nel suo album *Lenti a contatto*. Prima però lo "cede" a Miguel, che lo fa suo adattandone personalmente il testo in spagnolo e nasce "Pequeño amor".

"Luna park" (D. Vaona/M. Bosé)
Primo vero inedito del disco composto da Danilo Vaona con testo di Miguel che commenta: «Brano che non inserimmo nella setlist generale dei concerti ma spesso la cantavo nei bis, era un pezzo che mi piaceva molto, Vaona la scrisse appositamente per me» (Miguel Bosé, dal libro *Miguel Bosé; una biografía*).

"Never gonna fall in love again" (E. Carmen)
*altre versioni: **"Eu não quero mais me apaixonar"** (E. Carmen/P. Coelho) in portoghese*

Unica traccia del long playing in inglese, un brano di Eric Carmen, tratto dal primo omonimo album del 1975 del cantante statunitense, dopo aver fatto parte della rock band Raspberries.
Sembra che Miguel scelse personalmente questo pezzo, in maniera tale da abituare il suo pubblico al cantato anglosassone per i lavori successivi.

"Amiga" (L. Gómez Escolar)
Sicuramente la chicca dell'album, il brano più bello e profondo del disco, ancora oggi classico immancabile (insieme a "Linda") nei suoi set live e sicuramente uno dei momenti più intimi degli stessi.
Scritto da Luis Gómez Escolar e dedicato a Cecilia (Evangelina Sobredo Galanes), cantante deceduta alla giovane età di ventisette anni il 2 agosto 1976 in un incidente stradale. La cantante, il cui nome d'arte deriva dall'omonima canzone di Simon & Garfunkel del 1970, aveva una relazione con Escolar, che la vuole ricordare in modo particolarmente toccante in questo brano.

«Ogni volta che la canto sento qualcosa muoversi dentro di me...» (Miguel Bosé, c.s. EP promozionale dell'album *Linda*).
Il brano viene lanciato come singolo in Sudamerica riscuotendo un ottimo successo da subito.

"Nada de nada" (E. Sobredo)
Continua il tributo a Cecilia da parte di Miguel, che sceglie proprio un brano dal primo omonimo LP della cantante del 1972.

"Que viva el gran amor" (Mogol/S. Rizzi/ M. Bosé)
"Evviva il grande amore", brano cantato da Ron, uscito come singolo nel 1976 con Ivan Graziani alle chitarre. Accreditato a Mogol e Gianluigi Rizzi, Miguel ne adatta la versione del testo in spagnolo. Nel 2008 Ron riarrangierà il brano, inserendolo nell'album *Quando sarò capace di amare*.

"Ana" (Lopez/Vistarini/M. Bosé)
Chiude l'album un brano scritto da Carla Vistarini e Luigi Lopez interpretato originariamente da Riccardo Fogli che, con il titolo "Mondo", lo include nel suo album omonimo del 1976, il secondo da solista dopo la fuoriuscita dai Pooh. Opera di Miguel è ancora l'adattamento del testo in spagnolo.

"No more cane" (T. Eyers)
Unico pezzo fuori album che trova posto come lato B del singolo "Linda" per il mercato europeo, quello cantato in inglese. "No more cane" è una canzone folk di protesta nordamericana, il cui titolo originale è "No more cane on the brazos", coverizzato negli anni anche da Ian Gillan dei Deep Purple, Black Crowes, Bob Dylan e tanti altri. Il brano è scritto da Tony Eyers, che ne ha curato anche la produzione, così come quella della versione di "Linda" in inglese, e che aveva prodotto la versione di "No more cane", interpretata da Danny Williams, utilizzata come b-side per il suo singolo "Dancin' easy", sempre nel 1978.

Linda è un album che parla molto di Italia, nato in Italia, ma in Italia non verrà mai pubblicato. In Europa invece, verrà distribuito in Francia, Svizzera, Belgio, Olanda, Germania, Finlandia, Norvegia oltre Spagna e tutti i paesi latino americani. All'epoca era abbastanza comune lanciare le nuove promesse con brani di cover, per questo in definitiva qui di "veri inediti" ne abbiamo pochi, anche se Miguel fece subito suoi tutti i brani.
La copia promozionale dell'album, distribuita per la stampa e le radio, contiene solo sei dei dieci brani che formano l'intero lavoro, forse per promuovere il brano "Amiga", che apre il mini-LP. Manca persino "Linda", ormai già hit, infatti nelle note di copertina la produzione tiene a precisare

come in poco tempo Bosé sia già diventato un idolo, menzionando proprio il 26 aprile come data di lancio dell'artista: «*Linda* non è un capriccio, né un colpo di fortuna. Questo LP ne è la conferma. A un album, un singolo di successo può aprire molte porte, ma il grande risultato che sta riscuotendo questo qui, lo raggiunge solo un vero artista. Miguel Bosé. Questo è il suo nome».

L'album ottiene grande successo anche in Sudamerica, raggiunge posizioni altissime in classifica in Messico, Argentina, Ecuador, Perù e Colombia, dove addirittura diventa n.1. Lo stesso dicasi per il singolo "Amiga" che in Colombia spopola ma va benissimo anche in Ecuador e Cile.
Alla fine del '77 tra i vari riconoscimenti Bosé viene definito come la rivelazione dell'anno dal referendum "Record-world".

Note alla discografia
L'edizione in vinile dell'album in Colombia esce con un doppio titolo riportato in copertina, *Linda-Amiga*, forse per incentrare l'attenzione sul singolo che lì riscosse molto successo. Di questa edizione colombiana fu editata anche un'edizione color vinile rosso, molto difficile da reperire.
Il 45 giri di "Linda/Mi libertad" pubblicato in Spagna, riporta sulla retrocopertina i testi di entrambi i brani (scelta parecchio comune in quel periodo), tuttavia il testo del lato B riporta alcuni errori rispetto a quello effettivamente cantato.
Di "Linda" Miguel registra una versione in inglese per il mercato olandese ed europeo in generale, che viene pubblicata su un 45 giri nel 1978, con una copertina differente rispetto al singolo ispanico. La versione inglese uscirà anche come singolo per il mercato brasiliano e sudafricano, in Spagna invece, solo come 45 giri promozionale, con una versione e un arrangiamento leggermente differente. Questi singoli sono molto difficili da reperire. Della stessa "Linda" verrà registrata una versione in portoghese, probabilmente registrata al tempo e poi ripescata insieme a "Eu não quero mais me apaixonar" (altro brano in portoghese) che compariranno successivamente nel 1981 nell'album *Miguel Bosé* (CBS 138215) pubblicato per il mercato brasiliano e che contiene dieci brani del repertorio di Miguel dal '77 all'80, otto dei quali in portoghese e due nelle originali versioni in spagnolo.

L'EP promozionale a sei tracce, oltre ai testi dei brani contiene anche un inserto con foto e info varie sull'artista, più le date del tour. Le note informano che la versione di "Amiga" contenuta in questo formato ha un nuovo missaggio leggermente differente rispetto a quello contenuto nell'album, più sfumato. Il brano infatti, dura circa venti secondi in meno rispetto all'altra versione.
Curiosità: al tempo, in Sudamerica i 45 giri venivano immessi sul mercato senza la copertina fotografica, come è avvenuto anche in Europa per un periodo. Soprattutto nei paesi latinoamericani, è molto facile trovare 45 giri risalenti a questo periodo con copertine non fotografiche, che spesso riportano il logo della casa discografica.
Linda in formato CD in Spagna esce in tre edizioni. Quella classica, fedele al vinile originale, sia come copertina che tracklist, stampata nel 2008, di non facile reperibilità, quella pubblicata nel 1994 che include anche l'album *Chicas!* (in cui per problemi di durata del supporto l'album del 1979 risulta sacrificato di due brani, ma poco importa in quanto è reperibile l'edizione completa a parte) e quella distribuita sempre nel 2008 nelle edicole da "El País", che si occupò di pubblicare tutti gli album di Bosé fino a *Papito* (più due CD di rarità e remix) in confezioni digibook con nuovo artwork (a cura di David Delfín) e contenuti fotografici all'interno. La versione CD messicana, invece, stampata nel 1994, riportava un ordine dei brani leggermente diverso rispetto all'originale in vinile.

Prima tournée. Le date spagnole.

[Stilare oltre quarant'anni di date dei concerti di Miguel Bosé non è facile. In questa sede privilegeremo le date italiane (tranne qualche raro caso, come quello che segue), anche per evidenziare la diversa presenza tra il periodo di grande successo italiano e il successivo, in cui le apparizioni nel nostro paese sono diventate sempre più sporadiche. Importante: le fonti utilizzate sono soprattutto vecchie riviste, per cui è possibile che alcune date siano state rinviate o annullate, o che, per mancanza di informazioni, siano incomplete, per questi possibili errori chiedo scusa sin da ora. Lo stesso dicasi per le setlist dei concerti.]

Luglio 1977
1-2: Valencia; 3: Murcia; 8-9-10: Alicante; 12: La Coruña; 13-14: Vigo; 16: Bagur; 17: Cullera; 21: Alcira; 23: San Adrian (Navarra); 24: Gandia; 31: Madrid – El Gran Musical – Teatro Alcala Palace

Agosto 1977
1: Candas (Asturias); 2: Algeciras (Cadiz); 6: Marbella (Malaga); 14: Torrevieja; 16: Valencia; 19: Playa de Aro; 20: La Caña (Tarragona); 28: Cieza; 31: Linares (Jaen)

Intervista a Red Canzian, musicista, bassista e cantante

(raccolta via mail il 7 agosto 2017)

Ciao Red, pensavo a come sono differenti i mercati a volte. È curioso come la versione spagnola di Bosé della vostra "Linda" abbia spopolato e tuttora è un classico in Spagna e in molti paesi dell'America Latina e non solo, lo dico ovvio con tutto rispetto. La vostra andò meno bene, però, lui "giocava in casa". Tuttora stavo curiosando su YouTube e "sorridevo" al fatto che la gente replichi o si scanni per stabilire quale sia la miglior versione, chiaramente non deve necessariamente prevalere nessuna delle due. Che ne pensi oggi di questa versione di Miguel a distanza di anni?
La musica non è sport, competizione, non c'è chi arriva primo e chi secondo. La musica è una gara dove chiunque può arrivare al traguardo, ma a modo suo. Per cui la nostra "Linda" era una cosa e quella di Miguel un'altra. Lui, giustamente era popolare nel suo paese anche per "meriti familiari" e quindi ha avuto molta più penetrazione di noi. Per noi che, a parte il 1976, quando uscì, non abbiamo mai suonato, e forse nemmeno amato, quel brano.

Ve lo sareste aspettato che quel Bosé che vi coverizzava giovanissimo oggi avrebbe avuto questa carriera ormai quarantennale? Che idea avevate di lui all'epoca, come prendeste questa cover?
Che Miguel fosse uno forte lo si capiva, a prescindere da quello che cantava. Aveva la faccia e il carisma di chi è nato per stare sul palco, piaceva a tutti, uomini e donne, e che lui cantasse un nostro brano ci fece solo che un gran piacere!

Hai qualche aneddoto a riguardo, data la tua vicinanza ai tuoi colleghi di band e non solo, ormai amici?
Per un certo periodo, ci siamo frequentati con Miguel, e sua sorella Paola, donna fortissima di grande temperamento, è stata la fidanzata del nostro manager, Maurizio Salvadori, che era anche il manager di Bosé. Il ricordo che ho di lui è quello di una persona per bene, un ragazzo educato e gentile, sempre pronto a sorridere o ad alzarsi per far sedere una signora a tavola. La stessa impressione che ho ritrovato qualche anno fa (nel 2007, nda), quando andai a sentire un suo concerto al Forum di Assago, e poi, all'after show, ci abbracciammo, come se ci fossimo lasciati la sera prima. Ora è diventato grande anche lui, ma il signore che ha nel DNA, è rimasto tutto. E poi, musicalmente ha fatto delle cose davvero belle e interessanti, è cresciu-

to in ogni senso!

Tra i tuoi tanti lavori hai pubblicato un po' di tempo fa, un libro interessantissimo sulla dieta vegana.
Il libro sull'etica vegana, che ho scritto con Chiara, mia figlia, sta andando molto bene ed è stato ristampato diverse volte, ma la cosa che più mi rende felice è il fatto che molte persone hanno messo in discussione il loro modo di nutrirsi e stanno seriamente valutando la possibilità di cambiare! (*Sano vegano, italiano*, Rizzoli Editore).

IL SECONDO, OMONIMO ALBUM

1978. La fama e il successo di Miguel cresce.
Il 1° febbraio si forma a Madrid un club di fan ufficiale, il primo di tanti che ne verranno a seguire in tutto il mondo, ufficiali e non.
Si torna in studio di registrazione per dare seguito al già fortunato *Linda*. E lo si fa in quattro studi differenti: nuovamente tra Milano (al GRS) e a Madrid (al Sonoland) come per il precedente, ma anche in due studi di Monaco: all'Arco Studios e al celeberrimo Musicland di Giorgio Moroder.
La produzione e gli arrangiamenti sono affidati quasi tutti nuovamente a Danilo Vaona, tranne che per i due brani in inglese ("Anna" e "Lucky guy") che saranno affidati a Ferndando Arbex (alla produzione) e Harold Faltermeier (agli arrangiamenti).
Tra i musicisti troviamo: alle chitarre M. Luca, Peter Felisatti, E. Giuffre, E. Bjorklund; al basso M. Fabiano e R. Unwin; alla batteria G. Harrison, G. D'Aquila e B. Forsey; alle tastiere A. Zonca, insieme allo stesso Vaona e Harold Faltermeir; ai cori Andrea Bronston, Linda Wesley e il trio Las Guarrotas.
Nei crediti del disco, Miguel ringrazia oltre ai due produttori anche Ele Juárez, per la pazienza e le idee sviluppate insieme per questo lavoro.
Disco che come suoni e melodie non si discosta molto dal precedente, tranne per i due brani firmati da Ferndando Arbex, due brani che iniziano a mettere le prime basi per un Miguel Bosé più internazionale in cui Miguel sembra essere perfettamente a proprio agio.

MIGUEL BOSÉ (ALBUM, 1978)

Amor mío, ¿cómo estás? / El juego del amor / Niño de palo / Lucky Guy / Decir adiós / Anna / Ternura / Jinete del apocalipsis (Jacqueline) / ...y ya no queda nada

Singoli estratti:

Amor mío, ¿cómo estás? / Anna / El juego del amor / Decir adiós / Lucky Guy

TRACK BY TRACK:

"Amor mío, ¿cómo estás?" (Facchinetti/D'Orazio/M. Bosé)
Nuovo album, nuovo contatto con la band italiana, i Pooh: il batterista Stefano D'Orazio insieme al tastierista e cantante Roby Facchinetti, già tra gli autori di "Linda", regalano questo brano a Miguel che ne scrive il testo.
Diventa il primo singolo dell'album, uscendo il 13 febbraio 1978 sul mercato spagnolo. Ad esser sincero, non fu una scelta ottimale, il disco si muovicchia bene sul mercato, arriva nei primi posti in classifica in Spagna ma non coglie nel segno. Il brano, del resto, pare mai tanto amato da Miguel stesso insieme ad "Ana" del disco precedente. Voci?
Si tratta di un brano molto romantico e sdolcinato, che in Sudamerica riscuote però maggior successo che in Spagna, scalando le classifiche di quasi tutti i paesi.
«Ho scelto un brano italiano dei Pooh perché mi piaceva tutta la loro produzione e il loro modo di lanciarla; colta quell'occasione, infatti, mi son fatto scrivere su misura "Amor mío, ¿ cómo estás?"» (Miguel Bosé, da *Nuovo Sound* n. 9, settembre 1978).

"El juego del amor" (S. Giacobbe/M. Bosé)
Ritroviamo in questo lavoro anche Sandro Giacobbe, amico e collega di Miguel di etichetta discografica, e che al tempo godeva di un discreto successo in Spagna.
Miguel si occupa del testo.

"Niño de palo" (A. Hammond/O. Gómez)
Brano scritto da Oscar Gómez e Albert Hammond. Lato B del primo singolo spagnolo "Amor mío, ¿cómo estás?". L'anno successivo Hammond la inciderà per il suo album solista *Al otro lado del sol*.

"Lucky Guy" (F. Arbex)
Inizia qui "ufficialmente" la collaborazione con Fernando Arbex, musicista e compositore di Madrid che ha collaborato con tanti altri artisti, tra cui Harry Belafonte e José Feliciano.
Il brano, in inglese, è un pezzo per nulla commerciale ma di buon ritmo, che spezza il lato "romantico" e "lento" dell'album. Un pezzo non di facile ascolto, che supera i cinque minuti di durata. Devo ammettere che Arbex ha firmato i due pezzi più belli del long playing, facendo da apripista a quello che sarà il Miguel dell'anno a venire.

"Decir adiós" (E. Sobredo)
altre versioni; ***"Dizer adeus"*** *(E. Sobredo/Paulo Coelho) in portoghese*

Miguel rende tributo a Cecilia anche in questo lavoro, cantandone questo pezzo che originariamente era incluso nell'album della sfortunata cantante *Un ramito de violetas* del 1975.

"Anna" (F. Arbex)
Ed è il momento del secondo pezzo scritto e composto da Arbex, a cui si dà il compito arduo di uscire come secondo singolo in terra spagnola. Il pezzo è fortissimo, un pezzo dance ballabile, cantabile, dall'ottimo ritornello, e che ha un riscontro immediato rispetto all'altro singolo e "salva" l'album.
Anche se i primi 45 giri pubblicati con l'Ariola non avevano avuto il giusto consenso, nonostante fossero cantati in inglese, in Spagna il singolo va benissimo, Miguel comincia a imporsi sempre più "fuori casa". Con questo singolo infatti si affaccia all'Europa, vendendo benissimo ovunque. Un ottimo pezzo dance-pop. Una grandissima rivelazione.
«Questo brano aprì le porte al mercato internazionale e fu il mio primo successo in Italia. Nacque una fantastica e creativa collaborazione con Fernando Arbex. Il titolo del brano lo dobbiamo ad Ana Obregón. Con Fernando stavamo lavorando al pezzo, mancava solo il titolo, quando all'improvviso, sulla porta dello studio dove stavamo registrando, entrò Ana e decidemmo di utilizzare quel nome, per cui dedicammo la canzone a lei. Ci portò molta fortuna» (Miguel Bosé, c.s. *Bravo muchachos*).

"Ternura" (Oscar Gómez)
Composto interamente da Oscar Gómez, uno dei più grandi produttori internazionali. Oltre che con Miguel, nella sua carriera ha collaborato anche con Bonnie Tyler, Julio Iglesias, Placido Domingo, Miliki, Celia Cruz, Albert Hammond, Mocedades, Camilo Sesto, Roberto Carlos, il nostro Umberto Tozzi e molti altri.

"Jinete del apocalipsis (Jacqueline)" (J. Ian/M. Bosé)
Questo pezzo ha una storia dietro da raccontare. Miguel, al tempo era fan di una cantante statunitense dal nome Janis Ian, che faceva parte della sua stessa casa discografica. Decise di scriverle di suo pugno una lettera per chiederle il permesso di incidere un suo brano e di scegliere quale. Miguel, ovviamente, non si aspetta una celere risposta da una superstar, invece gli arriva una cassetta con ben quattro pezzi inediti. Dovendo sceglierne uno, nacque questo brano, il cui titolo originale era "Jacqueline".
Si tratta di un pezzo molto intenso, forse il migliore tra quelli cantati in spagnolo di questo lavoro.

"...y ya no queda nada" (L. Gómez Escolar)
Luis Gómez Escolar quando compose "Amiga" scrisse anche questo pezzo, ma non fu incluso nel primo album *Linda* come previsto. Tenuto nel cassetto un anno, in questo lavoro trova la sua collocazione.

La "febbre Miguel" ormai è scoppiata, sia in Spagna, sia in Europa, e già si azzardano i primi paragoni. Bosé è definito "la risposta europea a John Travolta".
In realtà Miguel è Miguel: ha molto di sé, di personale, ma nella musica e nell'arte in genere si deve sempre etichettare qualcosa e/o renderlo vicino o simile a qualcos'altro o qualcuno. Per cui la stampa si sbizzarrisce. Del resto, egli è un fenomeno fortissimo, lo dimostrano i numeri.
Il primo singolo non ottiene il successo sperato, l'album ha altri pezzi in verità molto più forti, e infatti a maggio del 1978 esce il singolo "Anna", che spopola anche fuori dal suolo ispanico e quindi in tutta Europa, Italia compresa.
Acclamatissimo infatti a "Saint Vincent" il 1° luglio (suo debutto italiano come cantante) e ancora al "Festivalbar" e alla "Mostra internazionale di musica leggera di Venezia" poco tempo dopo.
Sul nostro mercato fu pubblicato solo il singolo 45 giri, con lato B "Lucky guy". Evidentemente la casa discografica volle proporlo "in punta di piedi" sul suolo italico, avendo in mente altro per gli anni a venire.
Il successo in ogni caso fu immediato: "Anna" vendette oltre 400.000 copie solamente in Italia.
Il tutto destò molta curiosità e stupore e produsse già i primi segni di delirio dei fan, che si chiesero da dove venisse fuori questo giovane artista, famoso per essere il figlio della Bosé, ma capace di ballare e cantare già come una rockstar.
Grazie a questo successo, Miguel vince il premio "Vota la Voce", trasmissione musicale televisiva italiana, come miglior cantante straniero, a pari merito con i Bee Gees.
Propone diversi show dal vivo in Spagna per promuovere questo lavoro, tra cui quelli al Parque de Atracciones di Madrid il 5 e 6 settembre 1978.
Purtroppo, proprio quando tutto stava andando a gonfie vele, Miguel dovette sospendere tutto e fermarsi.
«Ero a Parigi per un set fotografico per promuovere il mio secondo album e iniziai a sentire i primi sintomi di malore, acidità di stomaco e sudore freddo. Dopo la sessione fotografica rientrai subito a Madrid, perché dovevo continuare il tour in Spagna, e al rientro mia madre mi vide pallido, il giorno dopo confermarono che avevo l'epatite virale. Era stato quasi certamente un mollusco mangiato tempo prima

a Tortosa (Tarragona) prima di un concerto. Ho passato mesi nella stanza senza mai uscire, mangiando quel poco che potevo, intanto lessi di tutto, libri di ogni genere, guardai molta TV, ma soprattutto pensai a scrivere il mio nuovo album, che diventò *Chicas*!» (Miguel Bosé, da *OKS salud*, rivista spagnola, n. 5, 2007).
«Ho avuto tutto il tempo per scegliermi le musiche, gli accordi, le parole di ogni canzone» (Miguel Bosé, da *Boy Music* n. 27, 1979). Infatti, durante questi mesi Fernando Arbex gli faceva spesso visita per lavorare sui brani per il prossimo lavoro.
Un brutto periodo per Miguel, un ragazzo giovanissimo sempre alla ricerca del nuovo, ma un periodo forse meditativo per iniziare a pensare all'imminente percorso musicale da intraprendere prossimamente, e non solo.
Purtroppo, sempre a causa dell'epatite virale, saltò la sua partecipazione fissa al programma italiano condotto da Pippo Baudo "Luna Park", di cui sarebbe dovuto essere anche il protagonista della sigla. Il suo posto fu preso da Heater Parisi, la quale avrebbe comunque partecipato al programma come una delle ballerine di Bosé.
«Mi è spiaciuto soprattutto per lo spettacolo del sabato di Pippo Baudo e per i dirigenti della TV italiana, fino all'ultimo momento avevo creduto di potermela cavare con un paio di settimane di degenza e le prime cure avevano indotto tutti all'ottimismo. Invece ho avuto una ricaduta e posso solo scusarmi per il ritardo che involontariamente ho causato alle riprese di "Luna Park", sarebbe stata un'occasione d'oro per me» (Miguel Bosé, da *TV Sorrisi e Canzoni* n. 2, gennaio 1979).

Note alla discografia
Anche di questo disco esce una versione EP promozionale con sei brani all'interno con copertina differente e note della produzione sulle note di copertina, che ne decantano la bellezza.
In Ecuador l'album esce con una copertina completamente diversa, che ritrae Miguel durante un'esibizione. La tracklist rimane invariata.
In Messico invece esce su formato 7" un EP con quattro tracce, contenente la nuova "Amor mío, ¿cómo estás?" e tre

brani dal lavoro precedente, tra cui "Amiga" in una versione sfumata di quasi due minuti in meno rispetto all'originale. "Anna" esce come singolo in vari paesi: Francia, Regno Unito, Olanda, Germania, Australia, Italia e molti paesi latini. A seconda del paese di pubblicazione troviamo b-side differenti e, a volte, anche la stessa copertina. Si tratta di scelte commerciali che variano a seconda dei gusti stessi di alcuni paesi, o di metodi di promozione decisi dalla casa discografica. Molteplici saranno gli esempi nella variegata ed estesa discografia di Miguel.
"Anna" uscirà in Italia anche in 45 giri edizione per i juke-box, mentre in Spagna e Francia viene pubblicato anche come maxi-single 12".
La versione di "Decir adiós" in portoghese sarà disponibile come per gli altri due brani, sempre in portoghese, dell'album precedente, nella medesima lingua, nel greatest hits che uscirà in Brasile nel 1981.
In Sudafrica è uscito un 45 giri di "Lucky guy" con il brano diviso in due parti sulle due facciate del disco.

Intervista a Janis Ian, musicista, cantante

(raccolta via mail il 16 dicembre 2018)

Ciao Janis, ci puoi raccontare come è andata veramente quando Miguel ti chiese una canzone?
Certo. Avevo una canzone che amavo molto, si chiamava "Jacqueline". Nella versione originale inglese parlava di una "signora della strada", e credevo fosse una delle cose migliori che avessi mai scritto. Sfortunatamente, non era adatta all'album che stavo registrando in quel momento, così chiesi all'editore di cercare se c'era qualcun altro disposto a registrarlo. Allo stesso tempo, ricevetti una fantastica lettera da Miguel Bosé, del quale avevo conosciuto il lavoro attraverso altri artisti europei con cui ero in contatto in quel periodo. Scusami ma non ricordo esattamente chi, ero in contatto con quattro o cinque artisti molto conosciuti, tra cui Charles Aznavour, Conny Vandenbos e Nana Mouskouri, che aveva registrato alcuni dei miei lavori, ma non riesco a ricordare se fosse uno di loro.
In ogni caso, il management di Miguel inviò una copia della traduzione che avevano fatto ed è stato sorprendente. In effetti, vorrei averla ancora, ma non avevamo l'e-mail al tempo e l'editore ne conservò la copia. Ricordo che era rimasto fedele all'intenzione del testo, che fu un'impresa immensa. Sono così felice di sentirla di nuovo *[Non avendo la canzone le inviai il link tramite YouTube e in seguito su sua richiesta il file mp3, nda]*!
Se ti capita di parlare con Miguel Bosé, ti prego di ringraziarlo da parte mia!

SENTADOS AL BORDE DE LA MAÑANA, CON LOS PIES COLGANDO (FILM, 1978)

Nonostante i primi successi a livello discografico, Miguel non abbandona l'idea del cinema, con cui aveva esordito ufficialmente, ed eccolo protagonista in questo film di produzione spagnola del 1978, diretto da Antonio José Betancor. Tra gli altri attori, il trio comico Martes y Trece (Josema Yuste, Fernando Conde, Millán Salcedo), Beatriz Elorrieta e la cugina di Miguel, Bettina Bosé.
Le musiche sono a cura di Carlos Viziello, reperibili su LP CBS. L'anno di produzione del film è il 1978, anche se la prima visione è proiettata al cinema Capitol di Madrid il 22 gennaio 1979. Purtroppo, il successo al botteghino non rispecchia le aspettative di Miguel e di chi ha voluto fortemente questo film. «Non voglio mischiare le cose, io sono un uomo di spettacolo, posso cantare, ballare, recitare. Però ogni cosa al suo momento» (Miguel Bosé, da *Super Pop* del 1979, a proposito del film). «Il pubblico si aspettava un prodotto molto più commerciale, basato sul "Boom Bosé", ma era tutto il contrario, era un film fatto in cooperativa tra amici, l'anticinema, niente che potesse essere mandato da un cinema della Gran Via *[una delle strade principali di Madrid, nda]*, piuttosto in un piccolo cinema e lo realizzai perché sono molto cavia di me stesso, mi piace vestire altri panni e sperimentare tutto. Mi piacque come lavorammo, si trattava di rompere gli schemi, fa nulla se è piaciuto o no. Sono cosciente del fatto che il film piacque più a noi che l'abbiamo realizzato che al pubblico in generale» (Miguel Bosé, da un'intervista tratta da c.s. *Chicas!*).
L'unica edizione commerciale ufficiale del film, risulta la versione Betamax, edita dalla Layons Video, questo non esclude totalmente l'esistenza di altri formati, anche se dubitiamo che ci siano.

SUPERMAN BOSÉ

Il nuovo anno inizia quindi con una grande delusione cinematografica per Miguel, al cui progetto teneva molto, ma il 1979 sarà l'anno della consacrazione del successo in ambito discografico. La pausa forzata permetterà a Miguel di riflettere sul suo futuro e decidere quale indirizzo intraprendere. In questo periodo scrive e legge molto e, appena rimesso un po' in sesto, si mette operosamente al lavoro per il terzo album.
Grazie alle direttive della casa discografica, con questo lavoro si puntò a realizzare un album internazionale a tutti gli effetti, e lo riscontreremo nei suoni, negli arrangiamenti e nelle varie pubblicazioni e versioni che usciranno nel mondo.
Il successo è alle porte. Escludendo Julio Iglesias, non era mai successo che un artista spagnolo vendesse milioni di copie.
Nell'album è nuovamente presente il duo Vaona/Arbex, che prosegue la collaborazione con Miguel, dividendosi i compiti: "Vota Juan 26/Super superman/Sí...piensa en mí/Mamma, mamma" il primo, "Shoot me in the back/Noche blanca en Munich/Seventeen/Winter butterfly/Perdon, señor", il secondo, con la collaborazione agli arrangiamenti di Brian Gascoigne. Le restanti "Creo en ti" e "Perdon, Señor" sono arrangiate da Graham Preskett.
Una parte del lavoro viene registrato nello studio Eurosonic di Madrid, un'altra negli studi della CBS britannica a Londra (i brani di Arbex) e un'altra ancora nuovamente al GRS di Milano (quelli di Vaona). Il missaggio fu eseguito in seguito a Monaco, allo Musicland.
Vennero registrati ventisette brani, destinati ai vari paesi e alle relative edizioni.
Nei crediti del disco non sono riportati tutti i musicisti che hanno preso parte al progetto, ma c'è un lungo elenco di coristi: Andrea Bronston, i Laredo, Anne Clayton, Paula Narea, Mary Jamison, Raquel Ramírez, Linda Wesley, Guzmán, Judy Clericuzio e Jack Jamison dei Guns & Butter, Jim Kashishian, Jaques Landry, Eduardo Ramírez e Miguel Morales.
Chicas!, il titolo, fu scelto perché si potesse facilmente pronunciare in varie lingue.
L'album contiene delle ballate nello stile finora proposto da Miguel di cui la più nota è senz'altro "Creo en ti". Prose-

gue però il lavoro iniziato con "Anna" l'anno precedente, e la maggior parte dei brani sono molto ballabili e ritmati. Siamo in pieno 1979, la discomusic è il genere che va per la maggiore, e brani come "Super Superman", "Vota Juan 26" e "Shoot me in the back" faranno ballare i giovani di tutto il mondo e permetteranno a Miguel di accedere a territori nuovi. L'Italia risponderà benissimo a questa pubblicazione contribuendo in maniera importante al successo. Un disco fresco, pieno di energia, dove traspare tutta la volontà di Miguel Bosé di dimostrare il suo talento.

[Da questo lavoro a seguire, gli album saranno realizzati quasi sempre anche in altre lingue e in molteplici edizioni, con varie versioni e pubblicazioni. Dato che le produzioni nascono quasi tutte in spagnolo, abbiamo preso come riferimento "base" la discografia spagnola. Da lì evidenziamo, album per album, canzone per canzone, le varie versioni pubblicate in tutto il mondo, elencando le tracklist degli album più importanti. Per questo motivo si troveranno nel testo denominazioni diverse dello stesso album o del singolo brano, in riferimento alla lingua e/o al contesto da cui è tratto. Ad esempio: troverete a volte scritto "Morenamía" (versione in spagnolo) e altre "Morenamia" (versione in italiano). Oppure Laberinto e Labirinto. "La auto-radio canta" (versione in spagnolo) e "L'autoradio" (versione in italiano). Non considerateli quindi errori di battitura. Si è cercato piuttosto di mantenere il più possibile l'integrità delle citazioni a seconda del contesto e di rispettare il riferimento delle versioni dei brani o degli album di cui si parla in quel momento.]

CHICAS! (ALBUM, 1979)

Edizione spagnola:
Vota Juan 26 / Super Superman / Si... piensa en mí / Mamma, Mamma / Creo en ti / Perdon, señor / Shoot me in the back / Noche blanca en Munich / Seventeen / Winter butterfly / Deja que...

Edizione italiana:
Vote Johnny 23 / Super Superman / Mamma, Mamma / Pensa a me così / Credo in te / Shoot me in the back / Friday night in Munich / Seventeen / Winter butterfly / Piccolo cigno

Edizione inglese:
Vote Johnny 23 / Super Superman / Please... think on me / Omni padme um / Creo en ti / Yes Ma'am / Shoot me in the back / Friday night in Munich / Seventeen / Winter butterfly / Angel of the night

extra tracks:
Super Supermán / Creio em ti / Adiós / Gata y gallo

Singoli estratti:
Super Superman / Creo en ti / Credo in te / Creio em ti / Shoot me in the back

TRACK BY TRACK:

"Vota Juan 26" (M. Bosé/ G.P. Felisatti/ D. Vaona)
altre versioni: **"Vote Johnny 23"** (M. Bosé/ G.P. Felisatti/ D. Vaona) in inglese

Sono due le versioni sull'orgine di questo brano: "Vote Johnny 23" (il titolo del brano in inglese pare fosse anche quello pensato in origine), che si pensava fosse dedicata a Papa Giovanni XXIII. Si tratta di un adattamento, con testo proprio in inglese di Miguel, di un canto sacro popolare cattolico scritto dal Monsignor Guido Maria Conforti con ispirazione alla liturgia mariana, precisamente del canto dal titolo "Mira al tuo popolo" (titolo originale "Sancta Virgo"), usato spesso per feste patronali e processioni. Sembra infatti che lo stesso Miguel, avendolo sentito molte volte durante l'infanzia, un giorno preso dall'ispirazione cominciò a cantarci sopra, prese appunti e ne nacque il brano.
Lo stesso canto popolare fu riproposto in italiano da Al Bano nel 2005, in un suo album dedicato a brani natalizi religiosi dal titolo *Buon Natale - Religio – L'anima del mondo*.
La cartella stampa dell'album ufficiale delinea un'altra ipotesi circa l'origine del brano. Vi si legge, infatti, che fu ispirato al personaggio letterario di William Burroughs chiamato "Johnny 23", che starebbe a significare l'idea del leader giovane che tutti noi abbiamo dentro. Sull'argomento Miguel disse: «Non so proprio come sia nato questo equivoco. Johnny, e non Giovanni, è un personaggio che ho preso da un libro dello scrittore William Burroughs» (Miguel Bosé, da *TV Sorrisi e Canzoni* n. 31, agosto 1979).
Certo è che la musica riprende le melodie del canto sacro, per cui probabilmente sono vere entrambe le versioni, o quantomeno una per la musica e l'altra per le liriche.

"Super Superman" (M. Bosé/ G.P. Felisatti/ D. Vaona)
altre versioni: **"Super Supermán"** (M. Bosé/ G.P. Felisatti/ D. Vaona) in spagnolo

Il brano esce in inglese in quasi tutto il mondo, tranne una versione cantata in spagnolo, relegata solo per alcuni paesi in America. Persino in Spagna puntarono sulla versione inglese, di maggiore impatto e di successo assicurato. Difatti il brano riscosse enorme successo. Si sente molto l'influenza di band glam come i T. Rex, il brano un po' ricorda "Telegram Sam" della band di Marc Bolan, in versione disco music.
Dalla cartella stampa del disco: «Un tema che gioca con l'opportunità e non con l'opportunismo, grazie a un'allegra demistificazione del mito del momento in versione disco con un ritmo molto contagioso».

Si pensa che Paola, la sorella di Miguel, tornando da Parigi portò in regalo al fratello, ancora convalescente, un pupazzo grande raffigurante Superman. Era infatti da poco uscito il film con Christopher Reeve, diretto da Richard Donner che ebbe un grandissimo successo. Può darsi che da lì possa esser nata l'ispirazione per questo pezzo. «Un pezzo giovane. Disco music, se vuoi, ma all'aria aperta» (Miguel Bosé, da *TV Sorrisi e Canzoni*, n. 31, agosto 1979).
«Canzone ironica, comica, che finisce per invitare questo personaggio di fantasia affinché scenda in terra e balli con me» (Miguel Bosé, c.s. *Bravo muchachos*).

"Si... piensa en mí" (M. Bosé/ G.P. Felisatti/ D. Vaona)
altre versioni: **"Pensa a me così"** (A. Cogliati/M. Bosé/ G.P Felisatti/ D. Vaona) in italiano / **"Please... think on me"** (M. Bosé/ G.P. Felisatti/ D. Vaona) in inglese

Brano scelto tra alcuni che Danilo Vaona propose al tempo a Bosé tramite l'invio di una musicassetta. Un pezzo lento e decisamente sdolcinato, ma che fa presa e riscuote un discreto successo. Dalla cartella stampa dell'album: «Una ballata ingenua come un naïf, pulita come una fotografia antica. Suona molto à la Cecilia, non è altro che un brano d'amore con un Bosé super-romantico».

"Mamma, Mamma" (M. Bosé/ G.P. Felisatti/ D. Vaona)
Il trio Bosé/Felisatti/Vaona sforna il quarto pezzo di fila per questo lavoro, stavolta un pezzo rock-dance tutto in inglese.
Dalla cartella stampa dell'album: «Rock molto duro, molto heavy *à la* americana, che parla dell'angoscia dello svegliarsi al mattino, il brano più urbano e stradaiolo dell'album».

"Creo en ti" (J. L. Perales/M. Bosé)
altre versioni: **"Credo in te"** (A. Cogliati/M. Bosé/ J. L. Perales) in italiano / **"Creio em ti"** (J. L. Perales/M. Bosé/Paulo Coelho) in portoghese

Dalla cartella stampa dell'album: «Grande canzone d'amore, piena di vitalità, frutto della collaborazione di Miguel con José Luis Perales». Si dice che a Miguel piacesse molto la base del brano, ma che volle cambiare a tutti i costi il testo perché quello scritto da Perales non lo convinceva. E di grande successo parliamo anche in questo caso. Secondo singolo sia in Spagna che in Italia, in entrambi i casi divenne una vera e propria hit radiofonica.In Italia per l'adattamento del testo c'è la mano di Adelio Cogliati.
«"Creo en ti" è una canzone che mi regalai per darmi forza e autoconvincermi che potevo uscire da quel periodo buio. Fu molto terapeutica» (Miguel Bosé, da *OKS salud*, n. 5, 2007).
«Una sorta di preghiera all'amore. Io quando sono innamorato vivo questo sentimento in modo molto religioso, spirituale» (Miguel Bosé, c.s. *Bravo muchachos*).
«Una preghiera d'amore, tutta su un piano spirituale» (Miguel Bosé, da *TV Sorrisi e Canzoni* n. 31, agosto 1979).
"Perdon, señor" (F. Arbex/M. Bosé)
altre versioni: **"Piccolo cigno"** (A. Cogliati/M. Bosé/F. Arbex) in italiano / **"Yes Ma'am"** (F. Arbex) in inglese

Inizia qui la parte con la collaborazione con Fernando Arbex. Testo di Miguel. Un pezzo che musicalmente si discosta molto dallo standard a cui Arbex ci aveva abituato. Un pezzo lento, con un testo quasi sussurrato molto romantico che ebbe un ottimo successo anche in Italia. Anche qui Cogliati dà il suo contributo per la versione italiana. Dalla cartella stampa dell'album: «Come un carillon, si apre, suona la melodia e si chiude».

"Shoot me in the back" (F. Arbex)
Secondo molti, il pezzo più forte dell'album. Brano dance in inglese che in tutte le discoteche ebbe il suo meritato successo, uscito come singolo solo in paesi come Francia, Olanda, Germania e Italia, dove esce solo come 45 giri edizione per i juke-box. Pezzo molto ritmato, dance, ballabile, scritto e composto da Arbex che conferma il suo talento dopo il successo di "Anna".
Dalla cartella stampa dell'album: «Dinamite pura, ideale per ballare, ha una magnifica sezione ritmica e delle parti vocali incredibili. Parla di una coppia che ha da poco chiuso una relazione e a nessuno dei due importa più nulla, ecco il "puoi colpirmi alle spalle"».

"Noche blanca en Munich" (F. Arbex/M. Bosé)
altre versioni: **"Friday night in Munich"** (F. Arbex) in inglese

Altro pezzo di Arbex, stavolta in spagnolo. Il testo è di Bosé, mentre nella versione inglese è dello stesso Fernando, che dà dimostrazione della varietà nella composizione dei pezzi non tralasciandone la qualità. Dalla cartella stampa dell'album: «Nacque a Monaco, mentre Arbex e Miguel registrarono "Anna". Una storia ambigua riguardante un fatto realmente accaduto nella città tedesca».
Dallo stesso comunicato stampa si evince che è uno dei probabili singoli previsti per la pubblicazione, ma non vedrà la luce come tale.

"Seventeen" (F. Arbex)
Altro pezzo forte di Arbex, gran ritmo, rock e dance insieme. Fondamentale il suo contributo in questo album.
Dalla cartella stampa dell'album: «Dedicato alle adolescenti sexy di tutto il mondo con un suono à la West Coast, gran bel pezzo, molto forte, adatto anche per le discoteche».

"Winter butterfly" (F. Arbex)
Una chicca, una perla. Sempre firmata da Arbex. Il classico capolavoro che spesso si trova "negli angoli" dei long-playing e che non uscirà mai come singolo, ma un brano riuscitissimo. Sentirlo ancora oggi emoziona non poco.
Dalla cartella stampa dell'album: «Il brano più difficile all'ascolto, ideale per aprire un concerto per il suo crescendo progressivo».

"Deja que..." (S. Giacobbe/M. Bosé)
Terzo album, terzo "omaggio" di Sandro Giacobbe. Testo in spagnolo di Miguel.
Dalla cartella stampa dell'album: «Preziosa canzone di Sandro Giacobbe, circa la relazione che Miguel ha con la sua famiglia, gli amici e l'amore».

"Adiós" (L. G. Escolar)
Brano scritto da Luis Gómez Escolar per il mercato sudamericano. Una melodia molto triste, tipica dello stile Escolar.

"Gata y gallo" (Facchinetti/D'orazio/M. Bosé)
Qui torna il team dei Pooh, come Giacobbe è presente in ognuno dei primi tre dischi, così lo sono i Pooh. Il duo Facchinetti/D'Orazio torna al lavoro per Bosé con un brano il cui testo in spagnolo è di Miguel.
Pare che Miguel volesse includere questo brano nell'edizione del proprio paese, ma vi erano state incluse già troppe canzoni e il pezzo vide la luce solo per il mercato americano. D'Orazio ci lascerà il 6 novembre 2020.

"Angel of the night" (Oscar Gómez)
Oscar Gómez, il "responsabile" di questo pezzo molto ritmato, che ricorda molto i musical anni 70, gran bel pezzo, peccato inedito da noi.

"Omni padme um" (M. Bosé/G.P. Felisatti/D. Vaona)
Pezzo cantato in inglese, scritto prevalentemente da un team italiano, ma che manca nella nostra edizione, così come in quella per il paese spagnolo. In effetti si tratta di un brano molto sdolcinato, adatto maggiormente al Sudamerica, dove a quei tempi l'inglese faticava ad entrare nella testa della gente e dove i brani più "easy" avevano certamente la meglio, a differenza di quel che accade adesso.

Il disco è pronto, e Miguel ha una voglia tremenda di promuoverlo. Ci ha lavorato tanto.
«L'album è nato durante la mia convalescenza e si sente. C'è dentro un'atmosfera lieve, ci sono i colori della speranza, la fiducia, la freschezza di chi si riaffaccia alla vita e riconquista il valore delle cose, almeno di quelle che contano. I testi sono miei, scrivo poesie da quando avevo sei anni» (Miguel Bosé, da *TV Sorrisi e Canzoni* n. 31, agosto 1979).
Purtroppo deve rinunciare ai concerti a cui teneva tanto, ma dopo i problemi di salute avuti recentemente, deve stare a riposo, non sforzarsi, per questo *Chicas!* non avrà un suo tour, è meglio prendere il tutto con cautela e rinviare al prossimo anno. Diverse saranno invece le apparizioni TV in Spagna tra cui "Aplauso", "Fantastico", "300 millones", e tante altre, mentre la sua prima apparizione dopo la malattia in Italia sarà il 27 maggio a "Discoring" e, di seguito, il 23 giugno a "Saint Vincent Estate".
Vince nuovamente il premio "Vota la Voce" come miglior cantante straniero.
In gara con lui al "Festivalbar" ci sono tanti altri artisti, i cui brani proposti negli anni diverranno veri e propri classici:

da "Je so' pazzo" di Pino Daniele a "Electric delight" dei Rockets, al tempo gettonatissima, ed ancora Alan Sorrenti con "Tu sei l'unica donna per me", Donna Summer con la famosissima "Hot stuff", Earth Wind & Fire con "Boogie Wonderland" e tanti tanti altri. Che annata a pensarci oggi! Miguel li scalza via tutti, è lui il vincitore morale della kermesse di Vittorio Salvetti, ma il trono ufficialmente lo conquista Sorrenti l'8 settembre all'Arena di Verona. In Italia il singolo "Super Superman" è il terzo 45 giri più venduto dell'anno. Prima di lui i Bee Gees con "Tragedy" e Alan Sorrenti con la canzone vincitrice del "Festivalbar". Ma in Italia, e non solo, è "febbre Miguel"! In tutta Europa il disco va benissimo e in Sudamerica Bosé si consolida sempre di più come divo.

«Ammetto che rispetto ad altri colleghi io ho una fortuna che non è tanto quella di avere un cognome famoso, ma soprattutto quella di essere abituato al successo. Mi spiego meglio: mia madre è sempre stata una vera star del cinema e mio padre uno dei toreri più acclamati. Avendo due genitori del genere, ho sempre respirato in casa il profumo del successo, per questo ora non mi dà alla testa, come spesso capita ad altri. Ed è anche per questo che non ho intenzione di adagiarmi, fermarmi in un clichè, anzi, voglio continuamente cambiarmi e migliorarmi, perché non ho da difendere niente, senza fossilizzarmi mai» (Miguel Bosé, da *Boy Music* n. 27, 1979).

Note alla discografia

Chicas! in Spagna esce con la sua copertina originale, un poster incluso e testi all'interno. La stessa copertina sarà usata per tutti i paesi senza poster e testi, però con differenze tra un paese e l'altro di tracklist. In Spagna esce anche un'altra edizione con copertina differente, ad opera di una cassa di risparmio per i propri clienti. Il contenuto del disco è uguale, così come è uguale quello con la sigla "Lo que esta soñando", ad opera della Fondazione Domecq, che ne pubblica anche un singolo in 45 giri con la medesima copertina: si tratta di "Creo en ti".

Alcune curiosità: la canzone "Mamma, Mamma" nell'edizione del disco argentina è intitolata semplicemente "Mamma".

In Sudamerica vengono pubblicati due brani che da noi in Europa, Spagna compresa, saranno inediti: "Gata y gallo" e "Adiós". Mentre in Spagna l'album è perfettamente equilibrato, metà in inglese e metà in spagnolo, così come in Italia, metà in inglese e metà in italiano, in America, si puntò meno sui brani in inglese, tanto che la stessa hit "Super, Superman", uscita in inglese persino in Spagna, lì fu tradotta, cantata in spagnolo e inserita solo in alcune pubblicazioni, come ad esempio quella messicana e americana.
In Argentina invece l'album contiene questo brano in inglese, ma nello stesso paese uscì un singolo sotto forma di 45 giri sui cui due lati sono riportate entrambe le versioni. In quella cilena, ad esempio, è stata lasciata la versione inglese; una strana edizione questa, perfettamente divisa in un lato tutto in spagnolo e uno tutto in inglese, contenendo otto brani del progetto *Chicas!* e due dai precedenti lavori, rispettivamente "Amiga" e "Anna". Inoltre, sulla copertina del disco vediamo che alcuni brani hanno il titolo in spagnolo ("Mariposa de invierno", "Disparame por la espalda" e "Diecisiete"), pur essendo cantati in inglese. In alcuni paesi latini al tempo c'era spesso l'abitudine di scrivere i titoli tradotti, anche se cantati in altra lingua.
La versione europea invece punta ovviamente quasi tutto sull'inglese, la sola "Creo en ti" mantiene la sua versione originale. La ritroveremo in portoghese pochi anni dopo, sempre nel greatest destinato al mercato brasiliano.
"Super, Superman" esce come singolo in quasi tutto il mondo, persino in Giappone.
"Shoot me in the back" spopola in Europa, in Francia in particolare viene pubblicato sia come 7" che come maxi-single 12". Un 12" promo esce anche in Spagna. L'edizione su 12" francese contiene una versione estesa nell'intro di circa venti secondi rispetto alla versione originale. Nello stesso paese invece, il 45 giri ha un'edizione "edit" inferiore all'originale di quasi un minuto e mezzo. Il 45 giri italiano invece, uscito nella sola edizione per i juke-box, contiene il brano così come è contenuto nell'album. Sempre di "Shoot me in the back" esiste un rarissimo sampler con una versione differente con un arrangiamento differente, probabilmente una versione, tra le tante, registrate, poi scartate, scegliendone un'altra evidentemente più convincente.

In Russia nel 1981 viene pubblicato un magazine con all'interno un set di sei 45 giri flexi e uno di questi è dedicato per un solo lato a Miguel, contenendo i brani "Pensa a me così" e "Friday night in Munich". Allegata una piccola bio scritta in russo.
Anche per questo lavoro esce un EP promozionale, stavolta a quattro tracce, chiamato *Especial discoteca*. La copertina, differente da quella dell'album, vede Miguel spalle al muro e la mano di una donna che lo graffia. Sembra che questa fosse l'idea iniziale della copertina dell'album, ma poi risultò troppo forte come impatto, per cui la casa discografica puntò su qualcosa di più "sobrio".
La musicassetta italiana ha una tracklist leggermente differente rispetto al vinile, iniziando con "Shoot me in the back", anziché con "Vote Johnny 23", che prende il posto dell'altra canzone.
Le edizioni in CD dell'album contengono l'album "base" in spagnolo. Le altre edizioni non sono mai state pubblicate su compact disc. Per avere alcuni brani del progetto Chicas! in lingue differenti su supporto compact, bisogna ricorrere ai vari best of pubblicati nei vari paesi (così sarà anche per altri lavori). Ad esempio, da segnalare "Super Supermán" in spagnolo, reperibile su alcuni greatest usciti in Sudamerica, quali *14 autenticos éxitos*, *Leyendas solamentes los mejores* e *30 grandes éxitos de oro*.

LA MISA CAMPESINA

Nel corso degli anni Miguel prenderà spesso parte a progetti paralleli, collaborazioni e/o duetti con altri artisti. Uno di questi è *La Misa campesina*, progetto e idea di Oscar Gómez sotto la direzione di Danilo Vaona, pubblicato nella primavera del 1979.
Le basi musicali sono state registrate a Londra, nello studio della CBS UK, mentre le voci negli studi Kyrios di Madrid. Qui Miguel è presente in due brani, come voce solista su "Santo", e nel brano di gruppo, "Canto de despedida".
Il 26 marzo, al Monumental di Madrid, fu effettuata una presentazione dell'opera con un palco con sfondo nero e tre schermi che proiettavano diapositive riguardanti il Nica-

ragua. Fece seguito un mini-tour per la Spagna, in cui non potè mancare la tappa a Barcellona.
Miguel fu molto entusiasta di parteciparvi, sarà difatti questa una delle poche attività live per lui quest'anno. A fine anno si editò una versione in francese dell'album, a cui Miguel prese parte.

«Un'esperienza emozionante, da un lato una struttura molto naïf, molto ingenua, però con una musica e dei testi impressionanti. Dall'altro lato, un lavoro d'équipe fondamentale per la realizzazione, con un'atmosfera di amicizia incredibile» (Miguel Bosé, c.s. *Chicas!*).

TRACK BY TRACK

"Santo" (Carlos Mejia Godoy)
altre versioni: ***"A nous la liberté"*** (Carlos Mejia Godoy/Pierre Grosz) in francese

Un canto di libertà, non solo religioso, perché la libertà non ha colori, né bandiere. «Non sono cattolico, ma il brano che interpreto è un inno di libertà e credo che ci accomuni tutti, di qualsiasi religione facciamo parte». (Miguel Bosé, da *Super Pop* n. 27, 1979)

"Canto de despedida" (Carlos Mejia Godoy)
altre versioni: **"Chanson d'au revoir"** (Carlos Mejia Godoy/Pierre Grosz) in francese

Brano di punta dell'intero lavoro uscito anche come 45 giri, cantato da tutto il team.

Note alla discografia

L'edizione spagnola di questo progetto viene pubblicata sia in vinile che in musicassetta e successivamente, nel 1988, anche in CD. Per i collezionisti più incalliti esiste anche la versione in Stereo8 e il 45 giri singolo estratto del brano di gruppo "Canto de despedida".
In Francia il vinile non è mai stato stampato in CD. Fu, invece, estratto un 45 giri, stavolta del cantante francese Gérard Palaprat, di "Jesus dans ma rue" ("Canto de entrada" nella versione ispanica cantata dai Laredo), contenente sul lato B il brano di gruppo "Chanson d'au revoir".

VOY A GANAR

E siamo al famigerato 1980. Un anno fondamentale per Miguel. L'anno dell'apertura al mercato discografico giapponese e australiano, cui la CBS internazionale puntava, subito dopo i tanto acclamati Stati Uniti. In Italia è il momento della consacrazione. Miguel deve confermare ciò che ha fatto finora, se non superarsi, deve pianificare la realizzazione del suo quarto lavoro ma, cosa ancor più importante, del primo vero grande tour mondiale. È lì che Miguel vuole giocarsi tutte le sue carte.
Non contento di quanto appreso sinora, con il desiderio costante di conoscere, esplorare, migliorarsi, va a studiare a New York per due mesi, secondo fonti abbastanza certe dal 15 ottobre al 15 dicembre, vivendo in un monolocale della 58ª strada, nella zona portuale di Manhattan.
Studia agli Actor's Studio, scuola con sede sulla 44ª, che vanta allievi famosissimi tra cui Sean Penn, Marlon Brando, Robert De Niro, Gene Wilder, Robin Williams, per citarne solo alcuni. Ma sembra che lui lì fosse in cerca di altro, tanto che dichiarò: «Non dico che non fosse buona come scuola, è che io volevo e preferivo approfondire altre materie. L'idea iniziale era quella di una fuga a New York, una meravigliosa vacanza, ma ti immagini otto settimane di vacanza dopo tre anni che non ne facevo una? Volevo riposarmi, rilassarmi, solo questo, solo che io, dopo già quattro giorni di relax, divento isterico, così mi decisi a continuare i miei studi e imparare e seguire altre tecniche di ballo e canto. Mi iscrissi a due scuole: la American Dance Theater di Alvin Ailley, una scuola di jazz sia bianco che nero, due stili molto differenti tra loro, e la compagnia di Martha Graham, dove ho imparato la tecnica "Graham" *[considerata la "madre" della danza moderna, oltre a molti danzatori famosi ovviamente, anche alcuni attori e cantanti ebbero il privilegio di apprendere da lei, tra cui Woody Allen e Madonna prima che diventasse la superstar che oggi conosciamo, nda]*.
E poi c'era Erik Thorendhal, un professore di canto, norvegese. Lì il livello è molto alto, anche qui lo è, ma lì è così differente che devi cominciare da zero, a una velocità vertiginosa, però fu molto interessante perché studi con un'altra ottica. La mia "giornata tipo" era: mi alzavo alle otto e mezza, alle dieci avevo la prima lezione da Graham, dopo due

ore di lavoro andavo a pranzare e poi di corsa a studiare jazz e canto. Dopo, per terminare, di nuovo dalla Graham. Avevo poco tempo libero, solo la sera andavo in giro per locali, al cinema o a vedere spettacoli vari. Appena potevo andavo ad un concerto, Police, Santana, ne ho visti tanti, ricordo che una mattina agli uffici della CBS mi chiesero: "Vuoi andare a vedere Stevie Wonder? Ma certo!, risposi!"» (Miguel Bosé, da *Miguel Bosé 80's*, Ediciones R.O.).
«Quello che mi ha impressionato maggiormente è stato quello dei Police, credo che la loro musica sia quella del futuro. In tre riescono a trasmettere una carica di sensualità incredibile, affascinante. Un film che mi è piaciuto molto invece è *The Rose* con Bette Midler. A parte la sua estrema passionalità e bravura, il film narra la vita di Janis Joplin, uno dei miei idoli giovanili, non potevo non entusiasmarmi» (Miguel Bosé, da *Boy Music* n. 18, 1980).
«A New York conobbi Steve Kipner *[produttore di fama internazionale, nda]* che a parte l'aver scritto tre canzoni per il disco nuovo, di cui una però non fu più utilizzata, ha scritto tutte le liriche dei brani in inglese. Steve è australiano, iniziò a suonare con i Bee Gees, e quando questi si trasferirono a Los Angeles si stabilizzò lì. Ora lavora con Jay Graydon, un membro degli Airplay».
Tra i collaboratori e i musicisti di questo lavoro ci sono nomi di alto livello. «Il giorno prima di registrare ricevetti la lista dei nomi: non potevo crederci! Jeff Baxter dei Doobie Brothers *[e Steely Dan, nda]*, Mike Porcaro dei Toto *[purtroppo scomparso il 15 Marzo 2015, dopo una lunga battaglia contro la Sla durata circa cinque anni, nda]*, Lenny Castro, percussionista dei Toto *[successivamente ha lavorato anche con una miriade di artisti tra cui Simply Red, Rolling Stones, Adele, Avenged Sevenfold, Red Hot Chili Peppers e tantissimi altri, nda]*, Lee Sklar, bassista di James Taylor *[successivamente, tra i tantissimi progetti, nel 2007 ha sostituito lo stesso Porcaro nei Toto, nda]*, Mike Baird, batterista degli Airplay e Andy Gibb *[il più piccolo dei fratelli Bee Gees, morto successivamente per problemi cardiaci il 10 marzo 1988, nda]*. E ancora Jai Winding al piano, al sintetizzatore Hans Zimmer, che ha suonato nella famosa "Video killed the radio stars" *[e anche con Ultravox e Krisma, per poi dedicarsi negli anni a venire alle colonne sonore di grandissimo successo quali* Il gladiatore, *nda]* e infine, non

dimentichiamo tra i coristi Valerie Carter, Linda Ronstadt, Deniece Williams. Insieme suonavano perfettamente, avevano un'alchimia assoluta, e quando mi hanno detto "Per favore Miguel, puoi venire a cantare insieme a noi, altrimenti non riusciamo a suonare", immaginati come potevo sentirmi! E alla fine registrammo "Buona notte Fiorellino" *[cover di Francesco De Gregori, nda]*. Gli ingegneri del suono posizionarono microfoni ovunque, io chiesi "Per cosa?" e loro "Per registrare, no?" E registrammo il finale, come una vera e propria festa, festeggiando con delle bottiglie di champagne. Io avevo le lacrime agli occhi, te lo giuro, queste cose mi emozionano, non so, sono fatto così, questa semplicità, questa naturalezza... Dai loro gli accordi del brano e te lo suonano non una ma sino a sei versioni, una più bella dell'altra.
In questo lavoro ho partecipato a tutto, integralmente. Produzione, missaggio, tutto. Tra due o tre album mi piacerebbe autoprodurmi, ma prima credo non sarà possibile. Come abbiamo selezionato i brani? Come sempre, alcuni autori avevano già lavorato con me in passato, altri sono entrati per mezzo della casa discografica. Tra i quali Perales, Calderón, Vaona e Toto Cutugno per un solo brano. Tutti i testi sono scritti da me, tranne, come detto, quelli in inglese da Steve Kipner. Arriverà il giorno però che comporrò tutto da solo».
Il produttore di questo lavoro è Oscar Gómez. «Inizialmente decidemmo di prendere un produttore, un arrangiatore e una terza persona per il missaggio, perché per il disco precedente *Chicas!* avevamo tre persone per ogni ruolo tanto da avere come prodotto finale un album con brani molto differenti fra loro (opera di Arbex, Vaona e lo stesso Gómez). Tra gli arrangiatori abbiamo Graham Preskett *[che ha lavorato in seguito anche con Deep Purple, Bon Jovi, Cher, Tom Jones, Paul McCartney ecc., nda]*, Tom Saviano e Ivor Raymonde. Con quest'ultimo abbiamo arrangiato "Sin amor"» [*realmente il titolo è "Morir de amor", errore di battitura della testata o titolo originale del brano durante le registrazioni? nda]* (Miguel Bosé, da *Miguel Bosé 80's*).
Ivor Raymonde, scomparso il 4 giugno 1990, era il padre di quattro figli, tra i quali il più famoso Simon, dei Cocteau Twins.

Dice Rex Smith, cantante e attore americano: «Miguel diventerà un numero uno come Michael Jackson o Prince, è latino e questo qui piace molto, dovrebbe trasferirsi qui a New York o a Los Angeles» *[tratto da una rivista spagnola del 1980 dal nome non identificato di cui ho solo il ritaglio, probabilmente* SuperPop, *nda].*
Tomas Muñoz non ha dubbi su questo: «Vende in piccoli paesi europei come la Grecia e la Finlandia, in Sudamerica è già idolo...» (dal libro *Miguel Bosé; una biografía*).
Per un artista latino era molto. Non tutti godevano di questo privilegio, soprattutto se ne contestualizziamo il periodo.
L'album si intitolerà semplicemente *Miguel*. Le sue basi musicali sono registrate a Los Angeles, al Westlake Studios, da Eric Zobler e Eddie Cherney, nomi illustri della scena americana. Le chitarre a Londra, negli studi della CBS da Walter Samuel, mentre voci e cori a Madrid, presso Kirios Studios, ad opera di Enrique Rielo.
I missaggi sono realizzati a Los Angeles, sempre al Westlake Studios, Juergen Koppers e a Monaco negli Union Studios da Zeke Lund.
Musicalmente è un'evoluzione del precedente lavoro. Anche questo ben equilibrato tra ballate, "Te amaré" ad esempio, e brani ballabili e molto ritmati come "Voy a ganar" e "Give me your love". Certamente un album più maturo che consacra ancora una volta il successo di Miguel laddove lo aveva già ottenuto sinora, in Italia ad esempio, l'album venderà tantissimo, ma aprirà nuovi orizzonti e porte ad altri mercati, come ad esempio quello giapponese. Per Miguel il momento è dei migliori, e il sacrificio dei suoi ultimi studi americani vedranno presto i propri frutti. Vuole dimostrare che è possibile uscire dal cliché del bel ragazzo da copertina e che sa calcare il palcoscenico da professionista. La sua grinta arriva anche ai più scettici, come dimostrerà nel primo grande tour in arrivo per lui organizzato. Il tour'80.

MIGUEL (ALBUM, 1980)

Edizione spagnola:
Morir de amor / Give me your love / Te amaré / Señor Padre /
Ensayo / Voy a ganar / Girls, girls, girls / Amante y perdedor / Teorema / Don Diablo / Buona notte fiorellino

Edizione italiana:
Give me your love / Ti amerò / Signor Padre / Crying all night / Triangle / Olympic Games / Girls, girls, girls / Get alone without you / Invito a cena / Morire no

Edizione inglese:
Girls, girls, girls / Crying all night / Triangle / Señor Padre /
Morir de amor / Olympic Games / Give me your love / Get alone without you / Teorema / Te amaré

Edizione giapponese** – EP **Miguel Bosé
Give me your love / Get alone without you / Olympic Games / Crying all night / Girls, girls, girls / Morir de amor

***Edizione giapponese** – LP **Madrid** - 1981*
Super Superman / Omni padme um / Shoot me in the back / Angel of the night / Winter butterfly / Please... think on me /
Give me your love / Triangle / Morir de amor / Te amaré / Señor Padre / Teorema / Creo en ti

***Edizione brasiliana – Miguel Bosé** - 1981*
Morrer de amor / Vou te amar / Dizer adeus / Niño de palo / Me dá seu amor / Creio em ti / Linda / Seu Diabo / Eu não quero mais me apaixonar / Noche blanca en Munich

extra tracks:
Mourir d'amour / Je vais gagner

Singoli estratti:
Morir de amor / Morrer de amor / Te amaré / Ti amerò / Olympic Games / Je vais gagner / Give me your love / Ensayo / Don Diablo / Teorema

TRACK BY TRACK:

"Morir de amor" (J. L. Perales/M. Bosé)
altre versioni: **"Morire no"** (J. L. Perales/M. Bosé/A. Cogliati) in italiano / **"Morrer de amor"** (J. L. Perales/M. Bosé/Julia Graciela) in portoghese / **"Mourir d'amour"** (J. L. Perales/M. Bosé/T. Reut) in francese

«Un brano mio e di Perales. A differenza delle altre canzoni, qui composi il testo una volta ascoltata la base. Una canzone in origine un po' folkloristica, i musicisti gli hanno dato un tocco molto orecchiabile, anzi, Lee Sklar al basso suona una parte di pasodoble incredibile, da qui presi l'idea per un testo de "plan cuplé". Gli ultimi versi sono quelli che ci cantavano le nostre nonne: "no me quedan más / que dos o tres recuerdos / una carta alguna flor / un adiós muy corto y un te quiero..." molto pasodoble molto spagnola, commerciale» (Miguel Bosé, *Miguel Bosé 80's*).

"Give me your love" (D. Vaona/G. P. Felisatti/Charles Cutter)
altre versioni: **"Me dá seu amor"** (D. Vaona/G. P. Felisatti/Charles Cutter/Paulo Coelho) in portoghese

«È il pezzo più forte del duo Vaona/Felisatti. Inizialmente era un pezzo disco più lungo, con una costruzione che ricordava molto gli Abba. Registrammo due versioni, una con Preskett e l'altra con Vaona di otto minuti, nello stesso giorno, una dopo l'altra. Un brano che ha qualcosa di misterioso, potrebbe essere tranquillamente un singolo dell'album» (Miguel Bosé, *Miguel Bosé 80's*).

"Te amaré" (J. C. Calderón/M. Bosé)
altre versioni: **"Ti amerò"** (J. C. Calderón/M. Bosé/A. Cogliati) in italiano / **"Vou te amar"** (J. C. Calderón/M. Bosé/Paulo Coelho) in portoghese

«Fino ad ora mi ero sempre rifiutato di registrare qualcosa di Calderón, perché ha uno stile ben definito e troppo sfruttato da gruppi come Mocedades, invece Oscar dice che è la cosa migliore che io abbia cantato sino ad ora. Non so. Registrammo sei versioni differenti, una solo chitarra, una con piano, una con tutta la base. Veniva fuori sempre una bella canzone, questo dimostrava che era vero» (Miguel Bosé, *Miguel Bosé 80's*).
«Oggi credo che questa canzone contenga uno dei testi più belli che abbia mai scritto. Quando la scrissi ero crollato in una crisi molto forte a causa dei problemi legati ai sentimenti» (Miguel Bosé, c.s. *Bravo muchachos*). Difatti tuttora è uno dei brani più rappresentativi della carriera di Miguel, immancabile durante i concerti. Grande intuizione di Gómez.

"Señor Padre" (J. L. Perales/M. Bosé)
altre versioni: **"Signor Padre"** (J. C. Calderón/M. Bosé/A. Cogliati) in italiano

«Anche questa è di Perales. Inizialmente credevo gli mancasse qualcosa, forse un ritornello, invece è una canzone che dà molto al disco. L'arrangiamento è molto bello, con poca base strumentale, solo cori e strumenti a corda. Venne bene la prima versione e lasciammo quella. Ho pensato di dedicare queste parole a mio padre, con cui da qualche anno siamo più vicini come rapporto. È stata un'assenza molto forte per me, mio padre» (Miguel Bosé, *Miguel Bosé 80's*).

"Ensayo" (S. Kipner/M. Bosé)
altre versioni: **"Crying all night"** (S. Kipner) in inglese

«Kipner aveva composto un brano per una band americana, gli Airplay, che mi piaceva molto. La nostra versione in spagnolo è molto fedele all'originale, parla di un ragazzo che telefona alla sua ragazza per dirle che la loro relazione è stato come un ottimo test e la lascia.

Musicalmente è bestiale, Jai Winding al piano è fortissimo, inoltre è il brano che mi piace più cantare, anche dal vivo» (Miguel Bosé, *Miguel Bosé 80's*).
La versione in inglese invece è molto simile all'originale degli Airplay, leggermente meno rock, considerato che negli Airplay, oltre ai già citati Graydon, Steve e Jeff Porcaro, suonava anche un certo Steve Lukather.

"Voy a ganar" (T. Cutugno/M. Bosé)
altre versioni: **"Olympic games"** (T. Cutugno/M. Bosé/S. Kipner) in inglese / **"Je vais gagner"** (T. Cutugno/M. Bosé/T. Reut) in francese

«In inglese è "Olympic games", un brano composto da Toto Cutugno, va molto forte in Italia e Francia. Un pezzo molto sulla linea "Anna", il break musicale di Tom Saviano con le trombe è come un inno olimpico. Il testo è quello che ho scritto più velocemente, però credo sia uscito molto bene, molto semplice, d'impatto» (Miguel Bosé, *Miguel Bosé 80's*).
«Io e Toto Cutugno abbiamo scritto "Olympic games" prima della crisi, senza che potessimo prevederlo, è una difesa dello sport e degli sportivi. Il testo parla di un atleta che si prepara ai giochi. Non ci sono alternative: deve arrivare primo se vuol davvero realizzare se stesso. La morale del barone De Coubertin ("l'importante non è vincere ma partecipare") è sovvertita» (Miguel Bosé, da *TV Sorrisi e Canzoni* n. 20, 1980).

"Girls, girls, girls" (D. Vaona/G. P. Felisatti/S. Kipner)
«Altra canzone Vaona/Felisatti. Molto funky, americana e sexy, forse la più sorprendente dell'album. Con questa apriremo gli show. Alla registrazione parteciparono due musicisti della band di Stevie Wonder» (Miguel Bosé, *Miguel Bosé 80's*).

"Amante y perdedor" (S. Kipner/M. Bosé)
altre versioni: **"Triangle"** (S. Kipner) in inglese

«L'originale si intitola "Triangle", è una delle due canzoni di Kipner che abbiamo incluso nell'album. La storia parla di due fidanzati che giocano la loro relazione alle carte: se lui vince, perde realmente la ragazza, e viceversa. Un po' una beffa, una strada senza uscita. Forse il pezzo più strano dell'album, poco commerciale, inizia con un reggae bianco, con una copertura d'orchestra tipo Barry Ryan, molto swing, poco commerciale» (Miguel Bosé, *Miguel Bosé 80's*).

"Teorema" (J. L. Perales/M. Bosé)
altre versioni: **"Invito a cena"** (J. L. Perales/M. Bosé/A. Cogliati) in italiano

«La terza traccia scritta da Perales, parla di un ragazzo che lavora in un luogo dove c'è una signora che lo ha notato, fissandolo in continuazione, ma lui non si avvicina. Sa che è venuta per lui, ma essendo molto timido non accade nulla. Però dopo non riesce a dormire la notte pensando a lei, diventando un'ossessione, la cosa importante per lui, un vero teorema d'amore. È il brano di cui tutti ci innamorammo prima delle registrazioni.
Volevo dare questo titolo anche all'intero album, però "Teorema",

oltre che essere una parola "da donna", è anche molto intellettuale e suggestiva, per questo la scartammo» (Miguel Bosé, *Miguel Bosé 80's*).

"Don Diablo" (M. Bosé/Sandy Linzer/L. Rosell Brown)
altre versioni: **"Seu Diabo"** (M. Bosé/Sandy Linzer/L. Rosell Brown/Paulo Coelho) in portoghese

«Un calypso molto mediterraneo e spensierato pensato per scatenarsi, per esempio durante gli show. Don Diablo potrebbe essere chiunque, e trovarsi in qualsiasi luogo» (Miguel Bosé, *Miguel Bosé 80's*).

"Buona notte fiorellino" (F. De Gregori)
«Una canzone che già avrei voluto registrare l'anno scorso per il precedente album. È una cover di De Gregori. È come un "happy end", tutti abbiamo partecipato a questo disco e lo dimostriamo in questo pezzo cantando tutti insieme come una festa» (Miguel Bosé, *Miguel Bosé 80's*).
Tra gli invitati al coro ci sono anche Camillo Sesto e Lucia Bosé. Quest'ultima, a fine registrazione, deliziò tutti con una grande spaghettata.

"Get alone without you" (G. Preskett)
Brano in inglese firmato Preskett. Davvero bello, un ritmo funky dance molto interessante.

Curiosità: su una rivista spagnola d'epoca, "SuperPop", viene pubblicato un servizio riportante un'intervista effettuata a Londra mentre Miguel stava ultimando le registrazioni del disco, in cui svela in anteprima la seguente tracklist:

Don Diablo (un calypso) / Juegos Olympicos (Olympic Games) / Go, go, go / Morir de Amor / Dame tu amor / Te amaré / Buenas Noches / Wiggle and Giggle / Sin ti / Llorando toda la noche.

Una lista provvisoria evidentemente, dato che, come da sua dichiarazione, alcuni brani non trovarono più posto nel long playing, mentre altri cambiarono titolo e, probabilmente, anche lingua.
«Ci sono altri brani registrati non inclusi nell'LP. "Go, go, go" (una canzone molto strana di un cantante francese), "Tal como tu" (un brano leggero ma molto debole), e "A well respected man" dei The Kinks adattata in spagnolo)» (Miguel Bosé, *Miguel Bosé 80's*).

Riguardo la copertina dell'album: «Ho sempre pensato che uno dei vestiti più belli dello spettacolo, che ha qualcosa di ballerino e un po' di pop-star, sia quello del torero. Potrebbe essere uno dei vestiti che potrebbe utilizzare un David Bowie ad esempio» (Miguel Bosé, *Miguel Bosé 80's*).

Note alla discografia

Per tutti i mercati latini, sia la tracklist che la copertina dell'album (quella in cui è vestito da torero) rimangono invariate. Le tracce sono quasi tutte in spagnolo, eccetto due in inglese e una in italiano, la cover di De Gregori "Buonanotte fiorellino", che stranamente invece viene omessa per il nostro mercato, dove l'album è perfettamente bilanciato, metà in inglese e metà in italiano (contenendo anche un superposter). Lo stesso dicasi per il mercato europeo. La curiosità sta nel fatto che queste due stampe, italiana ed europea, presentano due copertine differenti rispetto a quello "base" uscito in Spagna. Dagli stessi set fotografici saranno scelte e utilizzate altre foto per promuovere i singoli emessi nei vari paesi.
L'album italiano sarà ristampato in vinile nel 1988, senza il poster, con il barcode sulla retrocopertina e una label con grafica differente rispetto all'originale del 1980, ed in CD (e musicassetta) nel 1990, una vera chicca, oggi, per i collezionisti. Solo in Costa Rica l'album ha una piccola variazione nella tracklist, le tre canzoni cantate in lingua diversa dallo spagnolo sono eliminate, sostituite da due brani tratti da lavori precedenti di Miguel, si tratta di "Amor mío, ¿cómo estás?" e "Creo en ti". Inoltre l'album invece del titolo *Miguel* come per gli altri paesi, si intitola *Morir de amor*. A scopo promozionale in Spagna esce il 12" di "Don diablo" e un EP omonimo a quattro tracce, che con diverse copertine e tracklist simili sarà pubblicato anche in Messico e Cile. Il 21 agosto 1980 in Giappone esce un EP su formato 10" a sei tracce con brani quasi tutti in inglese ad eccezione fatta per "Morir de amor". Un annuncio pubblicitario su una rivista giapponese dell'epoca, dava come titolo del disco *Matador of the sun*, forse in seguito tramutato semplicemente in *Miguel Bosé*. L'anno successivo, nel 1981, viene pubblicato un album, dal titolo *Madrid* con tredici brani, ripartiti su due lati, uno interamente dedicato a *Chicas!*, l'altro al più recente lavoro *Miguel*. Quasi un "best of". Anche questa edizione contiene un poster. Per il mercato nipponico esce

anche "Give me your love" come 7" e come promozionale un EP su 12".
Preannunciato nelle schede degli album precedenti, nel 1981 in Brasile, viene emesso una *best of* di brani dal '77 all'80, di cui otto brani su dieci sono cantanti in portoghese. L'album porta come titolo semplicemente *Miguel Bosé*.
In Francia esce un singolo in lingua francese, che contiene "Je vais gagner" e "Mourir d'amour". Qualcosa mi fa pensare che fosse prevista una pubblicazione su LP con altri pezzi in francese appositamente per il mercato transalpino, un'idea probabilmente in seguito scartata, in quanto esiste una lacca su vinile della CBS, un vero e proprio disco provino, forse copia unica o in ogni caso limitatissimo, con sole quattro tracce in francese: due, quelle prima citate e pubblicate, e due, mai viste su alcuna pubblicazione, ossia, le versioni in francese di "Te amaré" e "Teorema". Una simile chicca, sempre su lacca come la precedente, datata 15 maggio 1980, contiene otto brani su dieci di quelli che andranno a formare il disco nell'edizione italiana, ma qui non vi è alcun inedito da menzionare particolarmente.
Invece, sempre per rimanere in tema rarità e lacche dello stesso periodo, circola un'altra vera chicca, contenente le seguenti cinque tracce:

Give me your love (versión larga) / Follin' love (versión larga) / Give me your love (versión corta) / Follin' love (versión corta) / Dedicato a ti (versión corta).

La prima, "Give me your love" è presente sia nella versione regolare che in quella maxi, e ha arrangiamenti diversi rispetto a quella poi effettivamente pubblicata. "Follin' love", invece, più correttamente scritto "Falling in love", ma sul disco è scritto così e così lo riporto, non è altro che "Girls, girls, girls", anche questa in una versione arrangiata in maniera molto diversa con il suo probabile titolo originale. "Dedicato a ti", invece, è un pezzo molto sdolcinato e romantico, completamente inedito. Chissà quante di queste chicche girano nel mondo del collezionismo o nei cassetti dei vari addetti ai lavori.
Il 45 giri spagnolo di "Te amaré" contiene una versione leggermente differente da quella inclusa nell'album sia nell'arrangiamento che in alcune parti cantate.

Anche il 45 giri promozionale argentino di "Don Diablo" ha la sua particolarità, contiene nel ritornello delle parole differenti rispetto alla versione comune del brano che tutti conosciamo. Nello stesso paese però, la versione contenuta sull'album invece corrisponde alle altre.

TOUR '80

E siamo a questo attesissimo tour del 1980. Non si vedeva Miguel calcare i palchi dal vivo dal 1978, dall'ultima data a Granollers in Spagna, provincia di Barcellona. Per questo, e anche per la fama conseguita grazie al precedente lavoro *Chicas!*, cresciuta a dismisura con il nuovo album *Miguel*, è stato preparato uno spettacolo con tutti gli attributi. Il vero e proprio esordio dal vivo sarà in Italia. «Miguel Bosé – Tour '80 diventa un grandissimo show per tutti. La dimostrazione che Miguel è un fenomeno universale, la gente vedrà il Miguel showman, il mimo, l'attore, il romantico, ce ne sarà per tutti i gusti» (Rosa Lagarrigue, sua manager storica, da *Miguel Bosé 80's*).
Solo tra Italia e Spagna sono previsti oltre un milione di spettatori.
«Miguel è il massimo. In Italia tutti aspettano i suoi concerti. Sarà impossibile accontentare tutti, per quante sono le richieste. È un fenomeno come non succedeva da tanto tempo» (Maurizio Salvadori, fondatore nel 1970 della Trident Agency, da *Miguel Bosé 80's*).
Bosé lavorerà in questo tour affiancato dall'assistente Christina Kumi Kimball (che quattro anni dopo reciterà nel famoso film *Cotton Club*) e da Edward Love, il coreografo e direttore di questo tour, un artista completo: attore, ballerino, cantante, coreografo e direttore di scena, purtroppo deceduto molto giovane all'età di quarantatré anni nel 1991.

La band:
chitarra: Juan Cerro
chitarra: Juan Cimarro
batteria: Juan Antonio Cánovas
basso: Manuel Toro
piano / tastiere: Oscar de la Arena
sintetizzatore: Josemy Estebanez
percussioni: George Aghedo
ballerini: Christina Kumi Kimball, Patrice Alino, Marcial Gonzales, David Scala

coreografo: Edward Love
assistente coreografa: Christina Kumi Kimball
costumista-assistente scenica: Annie Von Kursell
cori: Paola Narea, Maria Lar, Linda Wesley
25 tecnici italiani

Il tour '80 fu il primo di un artista spagnolo ad essere così "grande" e ad avere dietro una grossa produzione sia economica sia di palco, con dei numeri mai visti prima. Il solo Julio Iglesias poteva vantare un successo di simile portata.
Il 31 maggio 1980, alla Bussola di Viareggio, il locale più in voga del momento, si assiste a una gran serata che battezzerà un doppio debutto: quello del Tour '80 di Miguel, il suo primo lungo tour mondiale che si protrarrà sino ai primi mesi dell'81, e il debutto della stagione del Bussoladomani, che come ogni anno tende a partire già dalla prima serata al top con un nome di grido; Sergio Bernardini, il "padrone" del teatro, per l'occasione pubblicò uno speciale cartaceo.
«Nemmeno con Mina e Renato Zero l'esaurimento dei biglietti è stato così rapido. Bosé ha battuto tutti gli altri e questa è una sorpresa perché sinceramente un successo così non ce lo aspettavamo» (Sergio Bernardini, da *Ciao 2001* n. 22, giugno 1980).
Inutile dire che il concerto fu un successo assoluto. Il teatro fu gremito di gente in delirio, per la sicurezza non fu facile tenere a bada i tantissimi giovani, letteralmente impazziti, accorsi per Miguel, e la stessa cosa accade per la data seguente a Torino, dove ad attenderlo ci furono circa venticinquemila persone, come del resto anche a Milano e a Genova.
Le date e gli impegni sono tantissimi, Miguel non ha un attimo di pausa. La tournée italiana, dopo un paio di date, è intervallata da alcuni concerti in Spagna – a Malaga il primo, e a seguire Huelva, Cordoba e Almería – e da promo TV in Francia prima e in Spagna poi, per poi riprendere a pieno regime il grande giro italiano fino a fine luglio. Successivamente, altri concerti in Europa fino al 30 novembre, tra cui nuovamente in Italia, per poi passare in Giappone e dal 15 dicembre al 1° marzo 1981 in Sudamerica e Stati Uniti, tra cui segnaliamo dieci show in Messico dal 20 gennaio al 2 febbraio, cinque date in Colombia dal 4 al 9, due show in Perù dal 10 al 15, e dal 18 al 28 quattro show in Cile, di

cui due al Viña del Mar. Instancabile, si reca in Argentina dal 2 al 16 marzo per otto concerti e in Brasile dal 18 al 24 marzo. Il tutto sempre intervallato da altre tantissime ospitate TV, molte anche da noi, perché il successo che Miguel riscuote è tale da avere persino difficoltà a presentarsi in pubblico. Per lui diventa difficile persino camminare per strada, soprattutto in Italia, venendo riconosciuto dalle fan, protagoniste di scene di delirio.
Pochi gruppi o artisti hanno subito questo fanatismo esagerato, tale da smuovere le masse in questa maniera.
"Il fenomeno Miguel", che non si vedeva più dai Beatles degli anni Sessanta, sarà replicato qualche anno dopo verso band come i Duran Duran e gli Spandau Ballet.
Eppure, Miguel non cambia. Pur gradendo maggiore libertà personale, rimane il ragazzo semplice di sempre, con i piedi ben saldi per terra, nonostante parte della stampa, spesso ingenerosa e a caccia di notizie e scandali di poco conto, si scagli contro di lui.
«Nel 600 veniva chiamata "peste nera", io la chiamerei "peste rosa", così, per addolcire. I grossi titoli che leggete sui giornali non hanno grosse fondamenta, oramai sembra che un personaggio pubblico non abbia più il diritto di essere normale, di avere due gambe, due braccia, due occhi come tutti quanti, di pensare come tanta gente, di agire. Questo sembra che non interessi più, un personaggio pubblico sembra debba essere ben diverso, deve essere un animale da poter mettere in gabbia e aprire, analizzare, scorticare e tirar fuori un sacco di cose inventate a loro piacimento. Invece sono come tutti voi e passo il mio tempo libero con gli amici» (Miguel Bosé, da un'intervista a *Ma che storia è questa* del 1980, un faccia a faccia con Enzo Biagi trasmesso dalla Rai il 1° dicembre del 1980).
«Eravamo ad Arma di Taggia e dopo lo spettacolo ero con Rose, la mia segretaria, e un paio di tecnici per cercare un posto dove andare a mangiare. Abbiamo incrociato due ragazzi in Vespa e chiesto loro informazioni. Era molto tardi. Ci hanno portato in due o tre posti e alla fine hanno costretto un locale ad aprirci. Avevamo tutti una fame tremenda e ci abbiamo dato dentro. Alla fine, al momento di pagare il conto, avevano già fatto tutto quei due ragazzi, che ci avevano detto di essere dei camerieri e che erano andati via prima.

Un gesto estremamente gentile, per questo il pubblico italiano è meraviglioso» (Miguel Bosé, da *Boy Music* n. 37, 1980).
Il 23 novembre 1980, alle ore 20,40, viene trasmesso su TV2 "Caro Diario", uno speciale dedicato a Miguel Bosé ad opera del regista Paolo Poeti, che aveva realizzato già diversi documentari sui concerti di tanti artisti noti, come Renato Zero, Ornella Vanoni, Patti Smith e Tina Turner.
«Lo spunto per questo programma è appunto un diario sul tour italiano di Miguel. Descrive la preparazione, le prove, la partenza, i montaggi di palco e scene, l'attesa del pubblico, e quindi lo show vero e proprio, le fasi più interessanti. In Italia sanno bene che così sul palco abbiamo solo Renato Zero e lui, che porta un tipo di show che puoi vedere a Las Vegas. Del resto, come sai, Bowie, i Kiss, Elton John, oltre a cantare e muoversi, fanno spettacolo, e Miguel spettacolarmente è un personaggio di questo tipo» (Paolo Poeti, da *Boy Music*, 1980).
In Italia il successo di Miguel Bosé è sempre più forte. È su tutte le copertine dei giornali, "Ragazza In" nel luglio del 1980 annuncia la fondazione in esclusiva del fan club in Italia, mentre Gigi Vesigna, direttore di "Tutto Musica & Spettacolo", con il redattore capo Gherardo Gentili, dedica a Miguel la copertina del primo numero in assoluto, nell'agosto del 1980. In regalo con la rivista un adesivo con l'immagine della copertina del magazine da poter stirare sulla maglietta.
Non mancano i premi ovviamente. Miguel si aggiudica il "Festivalbar" con "Olympic games", un singolo che in Italia è tra i due più venduti dell'anno insieme a quello dei The Buggles "Video killed the radio star" e uno dei dieci/venti 45 giri più venduti in tutta la decade '80.
Riferito invece al tour in Sudamerica: «Rispetto alla tournée europea il nucleo centrale è lo stesso. Il materiale di scena, l'impianto luci è stato ridotto per favorire il trasporto da un paese all'altro, quindi c'è qualche tecnico in meno, ma ballerini e musicisti son rimasti gli stessi. Siamo una grande famiglia, è innegabile che la gente venga a vedere me, sui manifesti c'è la mia faccia, ma lo spettacolo è fatto da tutti, non lo dico tanto per dire, se le luci non funzionassero, se il palco non fosse montato in tempo, se i microfoni non amplificassero la mia voce, lo spettacolo non ci sarebbe. E

siccome conosco i problemi, le gioie, le ansie e tutto il resto di chi lavora e loro conoscono i miei problemi e i miei stati d'animo, ecco che la nostra diventa una grande famiglia, dove è bello darsi una mano e sostenersi uno con l'altro» (Miguel Bosé, da *Boy Music*, n. 5, 1981).

Setlist "tipo" del tour italiano (non completa):
Shoot me in the back / Girl, Girls, Girls / Vote Johnny 23 / Morire no / Invito a cena / Give me your love / Boogie woogie buggle boy / Seventeen / Ti amerò / Triangle / Don diablo / Credo in te / Super Superman / Olympic games / With a little help from my friends / Buonanotte fiorellino.

Nonostante avesse all'attivo in Italia solo due album (quattro in Spagna), il set del live di Miguel è composto da ventitré canzoni. Molto generoso, se si considera anche il fatto che fisicamente fosse molto impegnativo. Uno show molto energico, non fatto solo di canzoni, ma corredato da balletti e scenografie, che Miguel inscenava insieme alle sue ballerine/coriste.
Non avendo la scaletta completa del tour, segnalerei, tra i pezzi proposti, oltre ai grandi successi, "Buonanotte fiorellino" di De Gregori, "Boogie woogie buggle boy" delle Andrew Sisters, cantato dalle coriste, pare preceduto da un brano intitolato "Zimbra" interpretato dai quattro ballerini con tamburello in mano, uno degli Earth, Wind & Fire (mi spiace ma non si è riusciti a risalire al titolo esatto) e "With a little help from my friends", dal repertorio dei Beatles. Quest'ultima era stata riproposta in chiave live anche durante un programma TV in Italia nel 1980 chiamato "Popcorn", condotto da Augusto Martelli, in cui spesso Miguel fu ospite, cantando molti altri suoi brani ma, come chicca, anche "Oh happy day", famosissima canzone gospel incisa dagli Edwin Hawkins Singers nel 1968.

Setlist Viña del Mar 1981 (non completa):
Morir de Amor / Girls, Girls, Girls / Linda / Seventeen / Te Amaré / With a Little Help from my friends / Ensayo / Creo en Ti / Don Diablo / Voy a Ganar / Super Superman / Give me your Love / Teorema

Le date italiane:
[È stilata qui, come precisato in precedenza, solo una parte del tour, dando maggior risalto a quella nostrana, e solo per il tour '80, eccezionalmente, anche parte di quella in terra spagnola, data l'importanza del primo grande tour

di Miguel. Sempre con il beneficio del dubbio riguardo alcune variazioni subite all'ultim'ora.]

Maggio 1980
31: Viareggio - Bussoladomani

Giugno 1980
1: Torino; 5: Malaga (Spagna); 6: Huelva (Spagna); 7: Córdoba (Spagna); 8: Almería (Spagna); 18: Genova – stadio; 19: Milano - arena; 20: Ravenna - stadio; 21: Novara - stadio; 23: Roma – stadio Olimpico; 24: Bari – stadio; 25: Lecce – stadio; 26: Napoli - stadio; 27: Cava dei tirreni - stadio; 28: Cosenza - stadio; 29: Catanzaro - stadio; 30: Reggio Calabria - stadio

Luglio 1980
1: Catania - stadio; 2: Bagheria (PA) – stadio; 4: Civitanova Marche (MC) - stadio; 6: Taranto – stadio; 7: Roma – Palaeur; 8: Terni – stadio; 9: Pisa – campo sportivo; 10: Udine - campo sportivo; 11: Cento (FE) - campo sportivo; 13: Arma di Taggia (IM) - campo sportivo; 16: Brescia – stadio; 17: Jesolo (VE) – stadio; 19: Perugia – stadio; 20: Villafranca (VE) – Il Castello; 25: Rimini – stadio; 26: Pescara – stadio; 27: Viareggio - campo sportivo

Agosto 1980 (Spagna)
2: Alcanar (Tarragona); 4: Alicante; 6: Malaga; 7: Marbella; 12: Ibiza; 13: Valencia; 14: Toledo; 15: Villarobledo (Albacete);16: Almendralejo (Badajoz); 17: Lepe (Huelva); 19: Melilla; 21: Antequera (Malaga); 22: Ceuta; 24: Villanueva de la Serena (Badajoz); 29: Linares (Jaén); 30: Escorial (Madrid); 31: Puebla Farnal (Valencia)

Settembre 1980
4: Murcia (Spagna); 6: Mérida (Spagna); 7: Cáceres (Spagna); 27: Lido di Camaiore (Versilia) – Bussoladomani; 28: Brescia – Palasport (pom. e sera); 30: Piumazzo (Modena) – Kiwi

Ottobre 1980
3: Udine – Palasport; 4: Cantù (CO) – Palasport (pom. e sera); 5: Padova - Palasport (pom. e sera); 9: Roma – Palaeur; 10: Napoli – Teatro Tenda; 11: Siena – Palasport 14: Torino – Palasport; 17: Santhià (VC) – Sporting; 16: Isola d'Asti (AL) – Dixie; 18: Milano – Palalido; 19: Villa Cella (RA) – Marabù; 22/23: Losanna (Svizzera); 24: San Sebastián (Spagna); 25: Pamplona (Spagna); 26: Bilbao (Spagna); 31: Barcellona (Spagna)

Novembre 1980 (Spagna)
2: Zaragoza; 7: Santiago; 8: Lugo; 9: Pontevedra ; 14: Madrid

Miguel è richiestissimo ovunque. Si dà per certo che debba recitare in "Flowers", film diretto da Lindsay Kemp, tra i cui partecipanti previsti allo stesso spettacolo erano stati fatti i nomi di David Bowie, Kate Bush e persino Lucia Bosé, ma purtroppo, a causa dei tanti impegni dovuti al successo del disco e alla relativa promozione, egli dovette rinunciare.

Intervista a Lindsay Kemp, attore, coreografo, mimo, ballerino
(raccolta al Teatro Rossini di Gioia del Colle l'8 aprile 2016, dopo il suo spettacolo "L'incontro incanto")

Che ricordi ha di Miguel quando studiò con lei?
Ha studiato con me a Londra, siamo stati molto amici. Non lo vedo da un paio d'anni. Non ho molto da dire riguardo adesso, è passato molto tempo, comunque sì, ci siamo incontrati diverse volte in questi anni. Non mi stanco mai di sentire le sue canzoni, questo sì. Ogni tanto incontro la madre, è sempre una gran donna.

È vero che doveva prendere parte al suo *Flowers*?
Sì, gli chiesi di partecipare a *Flowers* per interpretare il ruolo dell'angelo, ruolo che poi ebbe David Hockney. Era impegnato nel tour e non potette venire più, peccato perché successivamente si è pentito di non avervi partecipato, lui ha visto *Flowers* molte volte e gli è piaciuto sin dalla prima volta. Ricordo che piaceva molto anche a sua madre.

COSAS DE NIÑOS

Miguel, lo abbiamo visto, è un camaleonte, passa dalla musica al cinema in un attimo e viceversa. Musicalmente cambierà spesso pelle, come vedremo ancor meglio in seguito. Per la voglia di conoscere non dirà mai "no" ad alcun progetto, se pensa che gli piaccia, lo faccia divertire e, soprattutto, gli possa permettere di imparare qualcosa. A maggior ragione se i destinatari sono i bambini. Per questo prenderà parte a un progetto probabilmente più "easy" e commerciale, a cui qualche intellettualoide avrebbe storto il naso, ma Miguel è così, se ci crede si butta a capofitto, sperimenta, si diverte, e con quest'animo credo abbia preso parte a *Cosas de Niños*, sotto la produzione di Juan Pardo. Gli autori dei brani originali contenuti in questo disco sono della band Los Hermanos Rincón, per la precisione sette dei dodici inclusi, e i restanti cinque di Francisco Gabilondo Soler. Sia il cantante che la band sono messicani e si dedicano principalmente alla musica per bambini.

Ad interpretare questi brani abbiamo, oltre a Miguel, presente in tre tracce, Ana Belén, i Mocedades, Victor Manuel ed Eva. «A Miguel entusiasmò

molto l'idea di partecipare a questo progetto, in fondo Miguel è un bambino ancora nel profondo del suo cuore. Il pubblico è molto attratto da questo personaggio che ha un potere comunicativo che gli viene da questa sua giovinezza un po' folle. È un fan di Mickey Mouse, ed è perfettamente a suo agio con i bambini, conosce il loro mondo, ed è proprio quello spirito inesauribile di "ragazzo grande" che caratterizza il suo modo di essere un artista sempre inquieto alla ricerca sempre di nuovi giochi» (dalla cartella stampa dell'album *Cosas de Niños*).
Al teatro Alcalá di Madrid si tenne anche una performance unica del progetto, accorsero tutti, compreso Miguel, che quella sera era di ritorno appositamente dagli States con una febbre altissima e diretto subito dopo in Italia per altri impegni.

TRACK BY TRACK

"Ratón vaquero" (F. Gabilondo Soler)
Brano di Francisco Gabilondo Soler, conosciuto anche come Cri-Cri, tratto dal suo album del 1958 *Homenaje a Cri-Cri*.
La cover di Miguel è molto divertente e riscuote un discreto successo.

"El trenecito" con Ana Belén (G. Rincón/V. Rincón)
Brano del 1978 dei Los Hermanos Rincón, originariamente incluso nel loro long playing *El Rincón de los Niños Vol. 2*. Per l'occasione Miguel la canta insieme ad Ana Belén, famosissima cantante e attrice spagnola.

"El gusanito medidor" (G. Rincón/V. Rincón)
Altro brano dei Los Hermanos Rincón, stavolta del 1977, tratto dal primo volume di *El Rincón de los Niños*, cantato da Miguel.

Note alla discografia
Edizione in vinile e musicassetta del 1980, mentre il CD viene editato invece nel 1992. Un'edizione limitata riporta il CD anche in versione "libro". Di due dei tre brani con Miguel ospite, vengono estratti i rispettivi 45 giri: "El trenecito" e "Ratón vaquero".

COSAS DE LOCOS (FILM, 1981)

Film argentino di Enrique Dawi, con Palito Ortega, Carlos Balá. Citato nei crediti del film, Miguel non è propriamente attore protagonista, ma interviene interpretando "Voy a ganar", probabilmente tratto da qualche ospitata TV o realizzata appositamente per la pellicola.

IL RAGAZZO DEL MONDO

I fan club dedicati a Miguel Bosé in tutto il mondo crescono numericamente.
In Italia sia "Tutto Musica & Spettacolo" che "TV Sorrisi e Canzoni" dedicano in ogni numero una pagina al club ufficiale italiano su cui lo stesso Miguel tiene aggiornati i suoi fan sulle registrazioni del nuovo disco, le tournée, e tutto ciò che riguarda la sua carriera.
Su un numero di "TV Sorrisi e Canzoni" del 1981 annuncia con largo anticipo il titolo del nuovo album per il mercato latino: *Más allá,* mentre al momento non si è ancora deciso il titolo per il mercato internazionale, compreso quello nostrano. Anticipa anche alcuni titoli dei nuovi brani che saranno contenuti nel lavoro di imminente pubblicazione, tra cui le confermate "Metropoli", "Più sexy", "Il ragazzo del mondo" e "Ce la fai" e le sconosciute: "Star", "Canzone per l'inverno" e "You and me", brani che almeno con questi titoli non abbiamo trovato sul disco, oppure in fase di lavorazione hanno cambiato titolo o sono stati rimpiazzati da altri pezzi ritenuti più validi.
L'album viene registrato a Londra presso i Marcus Music di proprietà degli Abba, studio presso il quale registravano i più grandi artisti internazionali. Un articolo dell'epoca riportava che l'ultimo a entrarci prima di Miguel fosse stato Paul McCartney.
«Sarà un genere diverso dai precedenti, perché sento l'esigenza di rinnovarmi, di andare avanti, sarà meno soft, non voglio usare il termine rock perché in questo periodo si è anche abusato di questa parola, ma certamente la musica e la mia interpretazione si avvicina a quello che è stato sempre il mio genere preferito» (Miguel Bosé, da *Boy Music,* n. 19, 1981).
«Il "Miguel Bosé" che vedrete adesso mi piace pensare che sia un aperitivo di quello che sarà un domani» (Miguel Bosé, da *Retrato en Vivo,* programma TV spagnolo nel 1981).
All'epoca egli assaporava già una gran voglia di cambiamento, di rinnovarsi, non fossilizzarsi ad un solo genere musicale.
«Per quanto riguarda il prodotto, non credo che un prodotto duri tanto quanto sto durando io. L'esser famoso o figlio di personaggi famosi è sempre un'arma a doppio taglio, ovviamente all'inizio mi ha aiutato moltissimo, soprattutto

a diffondere il nome. Piuttosto che Dominguín, il cognome Bosé diceva già qualcosa nel mondo dello spettacolo. Però d'altra parte, sei sempre nella condizione di dover dimostrare qualcosa in più e fare le cose meglio degli altri. Mi ha aiutato sì, ma alla lunga credo che ti offra più ostacoli che aiuti» (Miguel Bosé, *Retrato en Vivo*).
«Ha tutto per piacere al pubblico americano: bellezza, fisico sano e asciutto che sa di sport e vitamine, giovinezza, grosso senso del palcoscenico, simpatia comunicativa. È un artista completo che mancava alla generazione degli Anni Ottanta, ancora alla ricerca del suo idolo» (David Bowie, da *Big Story Speciale Bosé*, n. 1, 1981).
"Il Tour '80 è stata la cosa più importante che ho vissuto negli ultimi mesi. Una nuova dimensione da affrontare. Una vera prova di fuoco che riescono a superare solo le salamandre *[animale che ritroveremo presto nella carriera di Miguel, nda]*. Il live è la verità dell'artista, una prova di onestà con se stesso. È come una droga, sei davanti a migliaia di persone che ti applaudono, urlano per te. Il nuovo album è un grido di disperazione, a livello musicale e di rottura con i precedenti. È un disco con sonorità rock suonate da una band» (Miguel Bosé, c.s. *Más allá*).

L'album esce in tutto il mondo il 19 ottobre. Miguel propone un cambio look sia estetico (taglia i capelli lunghi) che musicale. Si presenta con un disco molto energico, dalle sonorità rock con un impatto molto differente dai precedenti lavori che erano più dance. Il disco è davvero grintoso, pur non mancando le ballate e i brani più melodici. Del primo periodo della discografia di Miguel credo sia il più completo e maturo. Se posso dare un giudizio personale, è il mio preferito. Ma si sa, Miguel cambia sempre veste, tanto che è sempre difficile fare delle scelte di preferenza, proprio per la diversità dei dischi e la sua capacità di non ripetersi. Non a caso il disco precedente, *Miguel*, molto diverso, gli aveva aperto tantissime porte e contiene pezzi ormai divenuti classici.
Per promuovere il nuovo lavoro in Italia Gianni Minà dedica al Nostro uno speciale in Rai durante il suo programma "Blitz", in cui Miguel dice:

«La prima volta che ho messo piede su una scena è stato quando avevo avevo quattordici/quindici anni. Ho fatto teatro amatoriale in francese, recitavo Molière e altri, era la prima volta che prendevo contatto con il pubblico e lì mi son detto "Anche se mi dicono di no, mi sa che questa è la mia vocazione".
La mia più grande passione è l'opera *[continua rispondendo a Minà quando gli chiede come mai Lucia Bosé, presente in studio, afferma che secondo lei il figlio diventerà regista di opere, nda]*, sono timidissimo, per pudore non faccio mai vedere le cose mie, questo non vuol dire che rimarrò sempre così. Domani, dopodomani incomincio a cantare le mie canzoni, il mio mondo».
Segue un collegamento a Londra con i tre Bee Gees e sia Minà che Miguel parlano con loro dell'industria discografica e di come sia difficile produrre nuovi artisti per via dei costi, ma che bisogna crederci (sembra che successivamente Miguel incontrò i fratelli Gibb per la produzione di un disco insieme che non si realizzò più ed anni prima si era vociferato anche di un album insieme a Umberto Tozzi, sarà vero?).
«Penso che Jim Morrison sia stato il più grande idolo che abbia mai avuto, le follie più grosse nella mia vita le ho fatte per andare a vedere i suoi concerti. Un giorno sono partito per Londra dicendo delle bugie mostruose, avevo quattordici anni, dopo tre giorni di treni, autobus, hovercraft... alle sette del mattino ero davanti alle porte del Roundhouse. Ai miei avevo detto che ero in vacanza a casa di amici, avevo invece coinvolto questi amici per venire con me a Londra. Pochi giorni dopo il concerto eravamo con degli amici in un bar ed uno di loro, che sapeva della mia follia per il cantante dei Doors, dice: "Lì c'è Jim Morrison", e io incredulo, mi son girato e c'era veramente lui al bar. Mi son avvicinato, dovevo salutarlo, gli ho preso la mano e gli ho detto: "sono un suo fan dalla Spagna", lui mi ha guardato e ha fatto "ah..." ed è andato via…» (in altre interviste ironicamente riferendosi a questo episodio spesso ha paragonato quel "suono" a qualcosa di simile a un rutto).
Dopo la sorpresa dei Bee Gees, c'è la sorella Paola in studio.
«Si andava sempre a casa di Picasso a Cannes, sia d'estate che a Natale, e si stava lì per quindici giorni, anzi d'estate un po' di più, un mese, un mese e mezzo» dice Paola.

Miguel invece: «Lui non lasciava entrare mai nessuno nel suo studio, gli piaceva che o i suoi figli o noi che eravamo come i suoi nipoti fossimo con lui quando dipingeva, diceva che gli davamo ispirazione. Una cosa molto bella è che ci insegnava a strappare le cose che avevamo fatto e che non ci servivano, diceva che era una cosa molto importante da imparare, strappare quello che non serve per poi fare altre cose nuove. Ci dava matite e fogli di carta sia a Lucia che a me, e ci aiutava a dipingere e poi ci scambiavamo i disegni, e c'era questa specie di baratto. Lucia però non voleva mai cambiarglieli, e un giorno alla domanda di Picasso perché non volesse scambiarli lei rispose "Pablo, a me piacciono molto di più i disegni che fa mio fratello, e che tu hai un problema: che non sai dipingere!"»
Segue un tenerissimo e divertentissimo collegamento con il torero Dominguín, dalla provincia di Siviglia, che alla domanda di Minà sul perché non credesse nelle potenzialità del figlio rispose «Credevo che non fosse capace di avere la professionalità che realmente ha in questo momento, ma per una volta posso sbagliarmi anche io» e, rivolgendosi al figlio, «perché eri un bambino nato in una famiglia agiata e non credevo avessi la forza di diventare quello che sei ora».
Aggiunge Miguel: «È stato sempre il "mito assente", noi lo abbiamo visto poco e parlato poco con lui, adesso negli ultimi anni abbiamo un rapporto molto intenso, però quando eravamo piccoli, soprattutto per la sua professione, era spesso fuori casa e quando ritornava si diceva: "È arrivato il maestro!" Per questo lo chiamiamo il maestro, come se fosse un Superman, un Flash o Spider Man.»

«Sia chiaro, se un giorno dovessi rinunciare a Miguel per essere Bosé...
...Bosé salta!»

Così inizia il comunicato stampa promozionale dell'album.
Frase che tuttora Miguel ripete spesso per coerenza, ribadendo che è sempre più importante la sua vita privata del successo.

MÁS ALLÁ (ALBUM, 1981)

Edizione spagnola: Más allá
Te diré / Metropolis / Hermano mio / You can't stay the night /
Ma keen dawn / Más allá / I'll keep holding on / Que se yo (I don't know) / Si esto es amor / Márchate ya / Nana luna

Edizione italiana: Singolo
Ce la fai / If it takes me all night / Metropoli / You can't stay the night / Il ragazzo del mondo / What do ya say / Al di là /
Più sexy / If you break my heart / I'll keep holding on

Edizione inglese: Stay the night
You can't stay the night / Child / Imagination / If it takes me all night / What do ya say / If you break my heart / I'll keep holding on / I don't know / Ma keen dawn / Paradise

Edizione francese: Miguel Bosé - *1982*
Quand ça va mal / Le temps d'aimer / Aidez-moi/ Reponds-moi / Metropolis / Si je vous parle encore d'elle / Paradis / La dame de coeur / Tout doucement / Y'a tout d'casse

Edizione brasiliana: Tutti-Frutti - *1982*
Tutti-Frutti / You can't stay the night / Se isto é amor / What do ya say / Paradise (Africa) / Metropolis / I'll keep holding on / Teus sonhos / Ma keen dawn / If it takes me all night

extra tracks:
Fin de la historia

Singoli estratti:
Márchate ya / What do ya say / Si esto es amor / If you break my heart / You can't stay the night / Quand ça va mal / Más allá / Hermano mio / Que se yo / Tutti frutti / Te diré

TRACK BY TRACK:

"Te diré" (P. Felisatti/D. Vaona/M. Bosé/L. G. Escolar)
altre versioni: **"Ce la fai"** (P. Felisatti/D. Vaona/M. Bosé/L. G. Escolar/V. Negrini) in italiano / **"Reponds-moi"** (P. Felisatti/D. Vaona/M. Bosé/L. G. Escolar/R. Seff) in francese

«Una canzone di breve durata, con la quale potrei aprirei un nuovo discorso, una sorta di ponte tra il disco precedente e questo qui. Una ballata country, latino-country, semplice, molto orecchiabile, senza pretese. È il singolo scelto per il Sudamerica» (Miguel Bosé, c.s. *Más allá*). Difatti è una ballata rock un po' sdolcinata ma piacevolissima, che ebbe un successo enorme, anche in Italia andò molto bene e fu molto amata dai fan.

"Metropolis" (P. Felisatti/D. Vaona/M. Bosé)
altre versioni: **"Metropoli"** (P. Felisatti/D. Vaona/M. Bosé/V. Negrini) in italiano / **"Metropolis"** (P. Felisatti/D. Vaona/M. Bosé/R. Seff) in francese / **"Imagination"** (P. Felisatti/D. Vaona/M. Bosé/L. G. Escolar/L.&R. Hitchcock) in inglese / **"Metropolis"** (P. Felisatti/D. Vaona/M. Bosé/L. G. Escolar/Nelson Motta) in portoghese

«Canzone ossessiva, con il ritmo della new romantic, una specie di mantra che ti addormenta e ti ipnotizza. È la sensazione di essere tra i vetri di un amore sviluppato in una grande città, ad esempio New York o Madrid. Tutto diventa pesante, ingrato e angosciante» (Miguel Bosé, c.s. *Más allá*). È uno dei pezzi più belli dell'album, molto rock, dal ritmo sostenuto, possedendo una grande energia.

"Hermano mio" (F. Aguilar/M. Bosé)
altre versioni: **"Il ragazzo del mondo"** (F. Aguilar/V. Negrini) in italiano / **"La dame de coeur"** (F. Aguilar/R. Seff) in francese / **"Child"** (F. Aguilar) in inglese

«È la canzone di un filippino che vive in Olanda e che è in linea con un "trip" che ho in questo periodo con tutti gli orientali. È una tappa che chiamo di esistenzialismo e che dura già da un anno. Sono cose che al momento mi danno molta pace, mi interessano e mi piacciono molto, attraverso le quali viaggio. Questo brano ha una musicalità rara, che viaggia e sorvola sull'Atlante e tratta molti argomenti. In fondo è la storia di questo fratello minore che ho sempre voluto avere e mai ho avuto. Ed è cantata come una dichiarazione d'amore verso un uomo. Molto forte a livello emozionale» (Miguel Bosé, c.s. *Más allá*).
Il brano originale, intitolato "Anak", è incluso nell'album d'esordio di Freddie Aguilar, uno dei cantanti filippini più importanti e influenti della musica del suo paese, talmente noto che sono tantissime le versioni rivisitate negli anni. Per citarne una, è usata anche tra i classici come brani presentati a "The Voice" nelle Filippine, persino nella edizione per bambini, tanto per evidenziarne la popolarità.
"Anak", che dà il titolo anche all'album del 1978 del cantante filippino, uscì anche come 45 giri, che nel lato B conteneva la versione in inglese (inclusa anche nell'album) dello stesso brano, intitolato "Child", ossia lo stesso titolo usato da Miguel nella versione inglese dell'album. La versione italiana si intitolava invece "Ragazzo del mondo", con testo di Valerio Negrini, che si occupò di tutte le liriche della versione italiana dell'album.
L'adattamento del testo in spagnolo è opera di Miguel, probabilmente dedicato al fratello Juan Lucas, morto poco dopo la nascita nel 1962 a causa di una polmonite.
«È dedicata a un fratello! Quello che avrei voluto avere e non ho mai avuto. Sono cresciuto circondato da donne: madre, sorelle, nonna e zie» (Miguel Bosé, da *Tutto Musica & Spettacolo*, dicembre 1981).
Questo contro le malelingue della stampa che già da tempo iniziarono a dare i primi segni di stupidità e ignoranza, alla ricerca sempre più disperata di beceri scoop e articoli ridicoli. Da noi il brano è molto di nicchia, quasi sconosciuto, e tuttavia uno dei più belli e intensi della discografia di Miguel.

"You can't stay the night" (D. Bugatti/F. Musker)
altre versioni: **"Quand ça va mal"** (D. Bugatti/F. Musker/ D. Seff) in francese

«Per me il pezzo forte del disco, il più maturo, dove è presente il cantante, l'interprete, la band. Le voci svolgono un ruolo molto importante. Mi sento al 100% dentro questa canzone» (Miguel Bosé, c.s. *Más allá*).
Tale definizione mette tutti d'accordo, perché "You can't stay the night" è un pezzo davvero bello, molto heavy rock, uno dei più trainanti dell'album, singolo per il mercato italiano ed europeo, di cui viene girato anche un videoclip. Nel 1988 Brian May, producendo "Talking all love", un album di Anita Dobson (che nel 2000 diventerà sua moglie), decise di produrre anche la cover di questo brano firmato Dominic Bugatti e Frank Musker, che insieme formavano il duo The Dukes, che partecipò anche ai cori di questa cover. Dopo le session di questo disco, Musker collaborò attivamente con il chitarrista dei Queen, scrivendo con lui e con Elisabeth Lamers il brano "Too much love will kill you", scritto originariamente per essere incluso in *The Miracle*, album dei Queen del 1989, ma successivamente scartato e utilizzato in seguito da May in *Back to light*, suo secondo album solista del 1992 e, nello stesso anno, proposto dallo stesso chitarrista allo storico tributo a Freddie Mercury, che si tenne a Wembley il 20 aprile 1992, con la partecipazione di artisti prestigiosissimi, riunitisi per rendere omaggio al cantante scomparso alcuni mesi prima, tra i quali: David Bowie, George Michael, Metallica, Guns n' Roses, Extreme, Def Leppard, Elton John, Zucchero e molti altri, compresi ovviamente gli stessi Queen.
Curiosità sempre legata ai Queen e al brano "Too much love will kill you": nel 1995 uscì il loro album postumo, *Made in Heaven*, con Freddie Mercury alla voce e, per l'occasione, fu ripescato il demo scartato, con la stessa base vocale e la rivisitazione della parte strumentale. Il brano viene anche utilizzato come singolo per promuovere l'album, cosa già fatta da May per il suo lavoro solista, che lo scelse come secondo pezzo per promuovere il suo disco. È curioso che un brano inizialmente accantonato diventò successivamente un singolo per ben due volte.

"Ma keen dawn" (A. Desrouvres/C. Vallois/M. Bosé/L. G. Escolar)
altre versioni: **"Ma keen dawn"** (A. Desrouvres/C. Vallois) in inglese

Brano dei Five Letters, inciso in inglese dal duo francese, composto da Denis Desrouvres e Claude Vallois, singolo tratto dall'album *Yellow Nights* del 1980. La versione di Miguel ha un adattamento in lingua spagnola di L.G. Escolar e Bosé stesso.
«Il titolo ha un "che di malese", vuol dire "alba sublime", non è altro che la ricerca dell'identità. "Chi sono io?" è la domanda che in adolescenza ci facciamo tutti, me compreso. Quell'identità che cerchi e che ogni volta che la sfiori ti sfugge. La guardi allo specchio e sembra che sia un'altra persona ma allo stesso tempo stai guardando te stesso. E che comunque non guarda come guardi tu. Ha un arrangiamento meraviglioso di Graham Preskett» (Miguel Bosé, c.s. *Más allá*).

"Más allá" (J. P. Dreau/M. Bosé)
altre versioni: **"Al di là"** (J. P. Dreau/M. Bosé/V. Negrini) in italiano / **"Si je vous parle encore d'elle"** (J. P. Dreau) in francese / **"Teus sonhos"** (J. P. Dreau/M. Bosé/R. Halbouti) in portoghese

Altra canzone "made in France", di Jean Paul Dreau. «Senza dubbio la canzone più forte a livello interpretativo, una boccata d'ossigeno che spezza un po' il ritmo sostenuto del disco. La canzone esprime la visione che si ha da una stanza, un messaggio che si vuol mandare fuori, lontano, al di là di qualcosa. Una lettura intuitiva dell'universo» (Miguel Bosé, c.s. *Más allá*).

"I'll keep holding on" (R. Ballard)
«Un brano di Russ Ballard, canzone da band, semplice, molto "Los Angeles", un disco-rock di grande impatto» (Miguel Bosé, c.s. *Más allá*).
Anche questo lo annovero tra i miei pezzi preferiti, questa attitudine molto rock di Miguel la trovo perfettamente calzante a questo nuovo Miguel che ha grinta da vendere, basti guardare i live che faranno parte di questo tour per farsene un'idea. I cultori degli anni 80 ricorderanno l'autore, Russ Ballard, per la hit di grande successo "Voices" del 1984.

"Que se yo (I don't know)" (S. Forbert/ M. Bosé)
altre versioni: **"Aidez-moi"** (S. Forbert/R. Seff) in francese / **"Tutti-frutti"** (S. Forbert/R. Halbouti) in portoghese / **"I don't know"** (S. Forbert) in inglese

«Il brano più divertente e simpatico dell'album, un pezzo di Steve Forbert. Sarà futuro singolo» (Miguel Bosé, c.s. *Más allá*). E difatti Forbert lo pubblicherà l'anno successivo, in inglese, come b-side del suo 45 giri "Ya ya (next to me)". La versione in portoghese di Bosé vanta la partecipazione delle AS FRENETICAS, gruppo brasiliano di successo composto da sei elementi di sesso femminile.

"Si esto es amor" (D. Essex/S. Collier/M. Bosé/L. G. Escolar)
altre versioni: **"Le temps d'aimer"** (D. Essex/S. Collier/ D. Seff) in francese / **"If you break my heart"** (D. Essex/S. Collier) in inglese / **"Se isto é amor"** (D. Essex/R. Halbouti) in portoghese

«Una ballata inedita di David Essex, nella quale ci si pone molte domande personali. Generalmente, quando si è innamorati, ti senti di colpo male senza sapere il perché, e questa sensazione fa paura» (Miguel Bosé, c.s. *Más allá*).
Ballata rock di alto livello, la versione inglese soprattutto avrebbe meritato decisamente di più.

"Márchate ya" (P. Felisatti/D. Vaona/M. Bosé/L. G. Escolar)
altre versioni: **"What do ya say"** (P. Felisatti/D. Vaona/M. Bosé/L. G. Escolar/L.&R. Hitchcock) in inglese / **"Y'a tout d'casse"** (P. Felisatti/D. Vaona/M. Bosé/L. G. Escolar/D. Seff) in francese

«Torna il tema della metropoli, trattata stavolta in forma ironica. La mattina apri la finestra e i rumori sono isterici, veloci. La sveglia, l'ascensore, il bus che va... tutti sono come dei flash della città, come se fosse una giungla di metallo» (Miguel Bosé, c.s. *Más allá*).

«Un brano essenzialmente urbano, in cui ciò che voglio dire chiaramente è che l'unica soluzione per uscire dai ritmi frenetici della città è tornare in campagna. Il titolo avrebbe dovuto contenere tra parentesi come sottotitolo "O vuelve al campo"» (Miguel Bosé, c.s. *Bravo muchachos*). Anche in questo brano la nuova band di Miguel sforna un altro pezzo di gran ritmo e suoni più pesanti, vicino all'heavy-rock, sempre mantenendo il "marchio Bosé". Il singolo fu scelto per la distribuzione in vari paesi, unitamente alla realizzazione di un videoclip.

"Nana luna" (P. Felisatti/M. Bosé)
altre versioni: **"Tout doucement"** (P. Felisatti/J. P. Dreau) in francese

«Fu il primo brano di cui scrissi il testo per questo disco e l'ultimo a cui abbiamo aggiunto le musiche. È un po' la filosofia di tutto l'album. La domanda che ti poni spesso. Quanto è difficile crescere e quanto costa imparare. Il percorso di ieri lo reinventi e il giorno dopo si comincia da capo. Sicuramente chiuderà i concerti, ma questo è ancora da decidere» (Miguel Bosé, c.s. *Más allá*).

"If it takes me all night" (P. Bliss)
altre versioni: **"Fin de la historia"** (P. Bliss/M. Bosé/ L. G. Escolar) in spagnolo

Brano di Paul Bliss, che non trova posto nella versione "base" del disco in Spagna, ma che verrà utilizzato per le altre edizioni. In Europa il testo è in inglese, in Sudamerica in spagnolo. È un ottimo pezzo, con degli arrangiamenti di livello. L'anno successivo sarà interpretato dalla band femminile irlandesi, The Nolans, nel loro lavoro di successo *Portrait*.

"Paradise (Africa)" (P. Felisatti/D. Vaona/M. Bosé/L. G. Escolar)
altre versioni: **"Paradis"** (P. Felisatti/D. Vaona/M. Bosé/L. G. Escolar/D. Seff) in francese / **"Paradise"** (P. Felisatti/D. Vaona/M. Bosé/L. G. Escolar/L.&R. Hitchcock) in inglese

Sono tanti i brani registrati per questo progetto, ma non tutti potevano, per ovvie ragioni, essere contenuti nella versione base. "Paradise (Africa)" è un altro pezzo di grande impatto rock e buon ritmo.

"Más sexy" (J. Marquez/A. De Castro/J. Dapena)
altre versioni: **"Più sexy"** (J. Marquez/A. De Castro/J. Dapena/V. Negrini) in italiano

Come sopra, altro pezzo rock, le chitarre qui rasentano l'heavy e la grinta di Miguel è al massimo. Sarà espressa al meglio durante i concerti.

Note alla discografia

Questo è probabilmente l'album che è stato realizzato in più edizioni e lingue, per poi essere suddiviso nei vari mercati. Oltre alla versione base, per la maggior parte in spagnolo, in Italia esce come il precedente, metà in italiano e metà in inglese, e porta un titolo differente: *Singolo*. Per il mercato europeo viene pubblicato tutto in inglese, con il nome di *Stay the night* (contenente un poster), in Brasile, metà in portoghese e metà in inglese, *Tutti-Frutti*. Le versioni sudamericane mantengono il titolo originale dell'album *Más allá*, mantenendo anche la base della tracklist quasi identica, con la maggior parte dei pezzi in spagnolo, tranne piccolissime differenze da un'edizione all'altra, che a livello collezionistico rendono le varie pubblicazioni interessanti. Ad esempio, la colombiana presenta "Africa", ("Paradise" in spagnolo), oppure molte di esse includono "Fin de la historia", inedita in Spagna. Curiosamente la versione per gli Stati Uniti esclude "You can't stay the night", uno dei brani più rappresentativi dell'intero lavoro. Finalmente anche la Francia ha il suo album tutto in lingua madre, uscito nel 1982 con il semplice titolo di *Miguel Bosé*, un'edizione che verrà emessa anche in Canada. In Ecuador viene pubblicato l'album anche in un rarissimo vinile colorato blu. Anche stavolta in Spagna esce un promozionale a quattro tracce, *Especial discotecas*. Tanti sono i singoli estratti per ogni paese, con molte differenze anche di copertina tra un paese e l'altro. Lo stesso dicasi per i lati B di ogni singolo. Anche di questo album esiste un'edizione per la stampa con un folder (una sovracoperta cartonata che ricopre la copertina) e le note di stampa a cura dello stesso Miguel in un libro interno esclusivo.

IL TOUR

«Il pubblico ha subito capito che quello che facevo lo facevo con il cuore, e quando si offre se stessi con sincerità si ha già una buona percentuale di applausi. Per questo io e Maurizio Salvadori abbiamo predisposto uno spettacolo perfetto dal punto di vista del suono, ma anche delle luci, del ritmo, delle coreografie» (Miguel Bosé, da *Superstar-speciale Bosé*, n. 8, giugno 1982).

Miguel si presenta a questo appuntamento con il secondo lungo tour mondiale con una band rock a tutti gli effetti. Due chitarre danno un'impronta grintosa ed heavy allo spettacolo. Miguel, scatenatissimo, vuol dimostrare che non è solo un ottimo ballerino e un bel ragazzo da copertina, ma un ottimo cantante e, soprattutto, un "animale da palcoscenico".

Anche di questo tour, non avendo la setlist completa dei brani suonati, se non quella della data di Viña del Mar, segnalo, oltre a quelli noti, una cover degli Who, "Pinball Wizard", una dei Weather Report, non so esattamente quale, avendo trovato solo informazioni incomplete a riguardo, e la cover di Simon & Garfunkel, "Cecilia", certamente dedicata all'amica scomparsa.

Tournée italiana - le date:

Dicembre 1981

4: Siena; 5: Viareggio; 6: Cantù; 8: Santhià (VC); 10: Roma; 11: Rimini; 12: Gorizia; 13: Varese; 15: Genova ; 16: Sanremo; 17: Centallo (CN); 19: Ellera (PG); 20: Reggio Emilia; 26: Napoli; 28: Padova; 29: Brescia; 31: Viareggio

Gennaio 1982

2: Milano; 3: Milano; 4: Bologna; 5: Milano

prosegue...

Setlist Viña del Mar 1982 (incompleta):

Voy a ganar / Fin de la historia / I'll keep holding on / Te amaré / Más sexy / Te diré / Don Diablo / Márchate ya / Hermano mio / Ensayo / Girls, Girls, Girls / Que se yo / Voy a ganar

Setlist Madrid - Palacio de lo Deportes 1982 (incompleta):

I'll keep holding on / Te diré / You can't stay the night / Pinball Wizard / Si esto es amor / Que se yo / Creo en ti / Anna / Hermano mio / Linda / Ma keen dawn / Márchate ya.

Intervista a Danilo Vaona, compositore, produttore, arrangiatore

(raccolta via mail il 27 agosto 2017)

Si può dire che lei è stato determinante per la nascita di Miguel Bosé dal punto di vista musicale, avendo collaborato in maniera importante a ben cinque lavori, i primi cinque album. Ha qualche aneddoto o ricordo in particolare che vuol raccontare su Miguel e il lavoro svolto in quegli anni?

Avevo arrangiato *Il giardino proibito* di Sandro Giacobbe, che era diventato numero uno in Spagna. José Luis Gil, presidente della compagnia Hispavox, che avevo conosciuto registrando *A far l'amore comincia tu* di Raffaella Carrà, mi chiamò e mi offrì di produrre un giovane artista. Mi invitò a Roma all'Hotel Hilton e lì conobbi Miguel e il presidente della CBS Tomas Muñoz. Incredibile ma vero, presi le tonalità al pianoforte nel salone dell'hotel, cercando di non far rumore per non farci sentire dai clienti. Fu un incontro molto bello e carico di simpatia da entrambe le parti e scattò da subito la chimica perfetta per poter collaborare artisticamente e umanamente.

I primi due lavori non sono mai stati pubblicati in Italia forse per testare ancora il personaggio, eppure, soprattutto *Linda*, per metà è un disco italiano, con brani nostrani riadattati in spagnolo.
All'inizio nessuno sa esattamente cosa succederà con un nuovo artista, quindi il fatto di riuscire ad ottenere un numero uno in Spagna era già una meta molto ambiziosa.

Quarant'anni fa, guardando quel Miguel, si sarebbe aspettato che sarebbe diventato quello che è oggi, cioè un grandissimo artista a livello mondiale?
No. Ero solo preoccupato di fare bene il mio lavoro. Ho sempre creduto e credo che ciò che conta è comunicare nella miglior forma possibile. Poi naturalmente il pubblico decide.

In un libro ormai datato lessi che per *Chicas!* si scelse tra circa sessanta canzoni, registrate in varie lingue per le varie edizioni, si parla anche di canzoni in tedesco, è vero? Ci saranno ancora in giro demo di questi lavori?
Non ero al corrente di quante canzoni la CBS avesse scartato. Ricordo che inviai le nostre e i produttori furono entusiasti da subito. Posseggo ancora i provini, dovrei recuperarli e attualmente non ho il tempo.

Sempre da una vecchia testimonianza ho letto che "Give me your love" fu registrata varie volte, tra cui in una versione anche più lunga, sarebbe bello recuperare queste versioni, chissà quante ce ne son state negli anni *[successivamente, scopro l'esistenza di una lacca che contiene alcune di queste versioni, leggi note alla discografia riguardante l'album* Miguel*, nda]*.
Sì. Esiste anche di quella canzone un demo fatto da me. Vale come sopra.

Una curiosità: "You can't stay the night" porta la firma Bugatti/Musker. Fu scritta appositamente per Miguel o, come spesso succedeva in quegli anni, era una cover?
Purtroppo non lo ricordo.

Due parole sul progetto *La Misa Campesina* a cui vedo ha partecipato.
È stato un progetto molto bello e interessante. Il produttore, Oscar Gómez, mi chiese di comporre e orchestrare l'introduzione. Registrammo il tutto a Londra e diressi con la Sinfonica di Londra.

Possiedo un disco di Pedro Marín, il team è lo stesso con cui ha lavorato con Miguel in quegli anni, oltre a lei ci sono Escolar, Felisatti e tra gli autori dei brani un certo Carmine Ewain. È vero che sotto questo nome si nascondeva Miguel Bosé?
Sì, Miguel ha sempre scritto le parole delle canzoni e quello era il suo pseudonimo.

Del Bosé di oggi che ne pensa? Ha contatti ancora con lui? C'è qualcosa del periodo "post-Vaona" che l'ha colpito particolarmente?
Nessuno ha la palla magica per sapere cosa succederà con un pro-

dotto e tanto meno con la personalità di un artista, perché entrano in gioco troppe variabili. Però penso che il talento sia legato alla continuità. Se trovi ogni volta il pezzo giusto sei già sulla buona strada: è il pezzo la cosa più importante!!! Non ho più contatti personali con Miguel, ma il rispetto per l'artista e la persona son rimasti intatti nel tempo.

BRAVO RAGAZZO DEL '56

Continua il grande successo senza sosta. Miguel è un fiume in piena e, in vista dell'estate, viene pubblicato il singolo "Bravi ragazzi", che trionfa in vetta alle classifiche italiane per molte settimane. Fu il quarto singolo più venduto dell'anno in Italia e rientra nella classifica dei venti più venduti durante tutta la decade '80.
Il singolo "Bravi ragazzi/Bravo muchachos" non sarà supportato da un album di inediti, ma da una semplice raccolta di hit, la prima per Miguel, dopo cinque album (solo tre per il mercato italiano). Infatti, le tracklist sono anche differenti a seconda dei due paesi. In Italia la CBS predilesse solo brani cantati in italiano, tralasciando pezzi forti come lo erano "Super Superman", "Anna" e "Olympic games", che avevano contribuito non poco al successo di Miguel, probabilmente per preparare il terreno al nuovo album di prossima pubblicazione, tutto in italiano. In Spagna, invece, la selezione fu più omogenea e rispecchiò maggiormente quello che è un "Best" per un artista. Unica chicca per il mercato nostrano, da noi inedita fino a quel momento, la cover di "Buonanotte fiorellino" di De Gregori, in Spagna e nei paesi latini già edita da due anni.
Bosé, nel 1982, vince nuovamente il premio "Vota la Voce" come miglior cantante straniero per la terza volta e l'11 settembre, ancora al Festivalbar, stravince in finale su tutti. In Spagna, il successo del singolo in questione fu minore, pur se raggiunse i primi posti in classifica, ma non riscuotendo lo stesso enorme successo che ebbe da noi, diventando anche l'inno dei Mondiali di calcio del 1982 vinti dall'Italia a Madrid contro la Germania. Ottenne un ottimo successo anche in Europa.

BRAVO MUCHACHOS (ALBUM, 1982)

Edizione spagnola: Bravo muchachos y sus grandes éxitos
Bravo muchachos / Linda / Anna / Te amaré / Creo en ti / Don Diablo / Son amigos / Morir de amor / Super Superman / Márchate ya

Edizione italiana: Bravi ragazzi – i grandi successi di Miguel Bosé
Bravi ragazzi / Metropoli / Invito a cena / Ti amerò / Piccolo cigno / Ce la fai / Sono amici / Credo in te / Pensa a me così / Signor Padre / Al di là / Buonanotte fiorellino

Singoli estratti:
Bravo muchachos / Bravi ragazzi

TRACK BY TRACK:

"Bravo muchachos" (M. Fabrizio/G. Morra/M. Bosé/J. M. Cano)
altre versioni: **"Bravi ragazzi"** (M. Fabrizio/G. Morra) in italiano

Ignorata dalla cosiddetta "critica impegnata", facendola passare per una hit estiva o una canzonetta, il brano di Maurizio Fabrizio/Guido Morra ebbe un grandissimo successo a livello di vendite e pubblico da far invidia a chiunque. Peraltro il significato era per niente banale, bensì abbastanza profondo.
Il testo parla a quei ragazzi che vogliono lottare e non arrendersi, una sorta di inno generazionale. È un'accusa alla società moderna, che vuole schiacciare i giovani con le sue iniziative.
Non è per niente una canzone allegra: "tutti noi poveri cristi, in questi anni senza cuore, in questa vita sempre uguale, tutti noi bravi ragazzi, tutti noi che siamo a pezzi...". Certo Miguel la cantava col sorriso di sempre, ma aveva un contenuto tutt'altro che gioioso.
«Quando ho lanciato "Bravi ragazzi" mi ha scritto proprio un ragazzo drogato. Ha ascoltato quel mio motivo decine, centinaia di volte e ha deciso di smettere con la sua schiavitù. In quella canzone canto: "restare in piedi è quasi una magia, tra tanti imbrogli, tanta ipocrisia: andiamo avanti senza mai guardare giù, tornare indietro non si può più". E invece lui ha deciso di tornare indietro, perché è un brano di speranza» (Miguel Bosé, da un'intervista per il libro di Alfredo Rossi Collana i libri dei tuoi big - *Miguel Bosé,* Edizioni FOR-VEM, 1982).
«Più che una canzone è un inno e in Italia è diventato un vero e proprio slogan. Canto la generazione del'56, la mia, portando allegria e speranza» (Miguel Bosé, c.s. *Bravo muchachos*).
«I ragazzi del '56 sono cresciuti molto in fretta, sono diventati ragazzi a dieci anni, senza essere bambini. Hanno immediatamente dovuto fare la parte di quelli che dovevano cambiare il mondo, perché in quel periodo è quello che ci veniva chiesto. Allora ci è rimasta questa voglia di essere bambini, di essere spensierati, allegri...e anche un po' poeti, come dico nella canzone» (Miguel Bosé, da un'intervista a una rivista italiana del 1986).

L'adattamento in spagnolo del brano, è a cura di José María Cano dei Mecano e dello stesso Miguel.

"Son amigos" (M. Fabrizio/G. Morra/J. M. Cano)
altre versioni: **"Sono amici"** (M. Fabrizio/G. Morra) in italiano

Sempre a cura del duo Fabrizio/Morra, un brano che parla dell'amicizia e della sua totalità nel viverla. «Questo brano racconta la storia di due amici, che nonostante le loro differenze, sono molto uniti per questo meraviglioso sentimento che è l'amicizia» (Miguel Bosé, c.s. *Bravo muchachos*).
Questo brano ovviamente destò nuovamente commenti ai soliti maliziosi in cerca di gossip da due lire e Bosé rispose subito: «La gente a volte sa essere ottusa in modo sconcertante, per me l'amicizia è una cosa sacra, è l'essenza dell'amore, è la ragione di vita. E l'amicizia è indifferentemente uomo o donna» (Miguel Bosé, da *Poster Music e Spettacolo*, Conti Editore S.p.A., n. 7, luglio 1986).

Note alla discografia

Le due raccolte, per il mercato latino e quello italiano escono con tracklist differenti e copertine altrettanto differenti. Le varie edizioni latine differiscono di poco tra loro, seguendo nella tracklist scelte di mercato relative ad ogni paese. L'edizione italiana, uscita in due edizioni anche in CD nel 1990 (italiana e austriaca, ma a parte piccoli dettagli grafici sono pressoché identiche) è ad oggi fuori produzione, per cui un oggetto abbastanza raro. Il CD invece dell'edizione spagnola, come tutti i CD di Miguel in terra iberica, è facilmente reperibile. Nel 1988 la CBS, non avendo più sotto contratto Miguel Bosé, pensa a ristampare due compilation. In Spagna si ripropone quasi per intero quella del 1982, intitolandola semplicemente *Grandes éxitos* (edita in CD e LP), mantenendo la stessa copertina, ma con una leggera modifica nella tracklist, dove trovano posto le ormai note "Sevilla" e "Amante Bandido", a discapito di altri brani. In Italia invece fu pubblicata solo in vinile la poco diffusa raccolta *I grandi successi di Miguel Bosé*. La concomitanza con l'uscita di *XXX* la fece passare abbastanza in sordina, forse raggiunse anche pochi negozi per la sua distribuzione, tanto da essere oggi uno dei dischi più rari e più difficili da reperire della collezione di Bosé. La tracklist è molto diversa da quella della raccolta uscita in Italia sei anni prima e certamente più completa come "best of", sia perché contiene brani fino al 1984, sia perché, al contrario della precedente, bilancia perfettamente i successi in inglese e italiano. Nel

1992 *Grandes éxitos* viene ristampato in vinile e CD ma con la tracklist originale del 1982.

IL TOUR

Il 17 luglio 1982, in occasione di una prova automobilistica valida per il Campionato Italiano Renault 5, all'autodromo di Misano Adriatico, in provincia di Rimini, si tenne un evento unico.
Il programma della serata prevedeva alle ore 20 una corsa valevole per la Coppa dell'Avvenire, alle 21 la finale di Coppa Italia Renault 5 e alle 22 il concerto tanto atteso.
Miguel viene affiancato sul palco da Loredana Bertè e dal gruppo dei Matia Bazar, con allora alla voce la grandissima Antonella Ruggiero.
Alla gara automobilistica presero parte Maurizio Salvadori, al tempo manager di tutti e tre gli artisti e Giancarlo Golzi, batterista dei Matia Bazar (purtroppo deceduto nel 2015 all'età di sessantatré anni stroncato da un infarto).
Da questo e dalla passione per questo sport da parte di Loredana Bertè, e dall'amicizia di Miguel con Marco Lucchinelli, campione mondiale di motociclismo nella classe 500 l'anno precedente, si pensò di coronare il tutto con un grande spettacolo.
Fu una serata unica e splendida, in cui gli artisti, oltre a cantare i brani del proprio repertorio, cantarono e duettarono insieme agli altri, alternandosi. Parte del concerto fu trasmesso pochi giorni dopo sulla rete TV Canale 5.
Tranne la Bertè, gli altri due artisti erano impegnati già in Italia con un tour, quello dei Matia iniziato pochi giorni prima, quello di Miguel, che andò avanti sino a fine agosto, dal 26 giugno.
«I ragazzi del gruppo e dell'organizzazione formano davvero una grande famiglia, al di là di ogni retorica. Abbiamo passato mesi a contatto epidermico e non vedo come sarebbe potuto andare altrimenti. Siamo tutti più o meno della stessa età, tutti matti per la musica. Era fatale diventare fratelli» (Miguel Bosé, da *Tutto Musica & Spettacolo*, agosto 1982).

Tournée italiana – le date:
Giugno1982
26: Villafranca (VR) – castello; 27: Strcdella (PV) – Sandalo Cinese; 30: Lecco (CO) - Stadio

Luglio 1982
3: Vittorio Veneto (TV) – Piazza Duomo; 4: Ramiola di Fornovo – Campo Sportivo; 14: Verbania (NO) - Stadio; 15: Lido di Camaiore (LU) - Bussoladomani; 16: Lugo di Ravenna (RA) - Stadio; 17: Misano Adriatico (FO) con Matia Bazar e Loredana Bertè – Autodromo; 18: Colleferro (RM) - Stadio; 20: Pordenone – Parco Galvani; 21: Cittadella (PD) – Parco della Marta; 23: Cagliari - Stadio; 24: Olbia (SS) - Stadio; 25: Porto Torres (SS) - Stadio; 27: Lido di Camaiore (LU) - Bussoladomani; 29: Agrigento - Stadio; 30: Taormina – Teatro tenda; 31: Enna – Castello di Lombardia

Agosto 1982
1: Siracusa; 7: Portoferraio (Livorno); 8: Lido di Camaiore (LU); 9: Pescara; 13: Palinuro (Salerno); 15: Ischia; 16: Cava dei Tirreni; 18: Lido di Camaiore (LU); 19: Bormio (Sondrio); 20: Igea Marina (Rimini); 21: Macerata; 22: Celano (AQ); 25: Padova; 28: Castellarano (RE)

Settembre 1982
4: Silea (TV); 8: Cerreto (FI)

Intervista a Mauro Sabbione, musicista, compositore

(raccolta telefonicamente nel novembre 2018)

Ciao Mauro, tu hai incontrato Miguel in più di un'occasione, tra cui quella del concerto a tre a Misano nel 1982. Cosa puoi raccontarci di quel periodo?
Noi dei Matia Bazar facevamo parte della squadriglia della Trident, che era l'agenzia di Maurizio Salvadori, successivamente cambiò nome, ora credo si chiami nuovamente così ed avevano noi, i Rockets, i Pooh, Viola Valentino, Riccardo Fogli, Gianni Togni, Loredana Bertè e lo stesso Miguel Bosé. Una bella squadra di quindici/venti artisti che all'epoca erano al top. Ci dissero di suonare circa quaranta minuti a testa e successivamente qualche pezzo insieme. Era un momento di transizione, anche di chi gestiva il tutto, tra produttori, impresari che volevano che i Matia Bazar cantassero le cose di una volta, "Mister Mandarino", "Solo tu" ecc... invece noi eravamo già molto motivati nel cantare i pezzi nuovi, quali "Fantasia", "Lili Marleen", che non erano propriamente commerciali, quindi accadeva che in alcune situazioni, come questa ad esempio, facevamo il nostro set molto convinti, anche perché eravamo in pieno tour di *Berlino, Parigi, Londra* e poi nei bis o nelle collaborazioni con gli altri facemmo altri pezzi come "Solo tu" con Bosé e "C'è tutto un mondo intorno" con la Bertè. Con lei facemmo anche "E la luna bussò", invece con Miguel solo quella, anche perché lui aveva la sua band, erano anche loro in tournée, per cui...
C'era un premio legato alla Renault 5 che un tempo faceva dei Gran Premi, perché sia Giancarlo Golzi, sia Dodi Battaglia che lo stes-

so Maurizio Salvadori, correvano in questo campionato. Erano bravi tutti e tre, il migliore era Giancarlo, che aveva vinto a Monza anche un premio una volta.
Arrivammo la sera prima, il pomeriggio facemmo il soundcheck e il giorno stesso del concerto ci fu questo Gran Premio, la gente guardò questa gara, io avevo anche provato la macchina, una volta anche da solo, ma andando tranquillo, in una pista non hai paura perché se sbagli una curva non puoi andare che dritto, poi son andato con Giancarlo, guidava lui, andava a 250 all'ora.
La sera ci fu il concerto. Siamo stati lì tre giorni, con Bosé ovviamente abbiamo passato del tempo insieme, abbiamo mangiato insieme, lui è una persona molto cara, molto simpatica, ha raccontato un sacco di cose della sua vita, di quando a casa sua c'era Picasso, poi ha conosciuto gente come Warhol, Bowie. Ho conosciuto Paola, la sorella, persona splendida, ma anche la madre, una bella signora. Io all'epoca avevo una moto BMW RT quelle da grande turismo.
Per il concerto provammo in un teatro a Milano perché Miguel quando veniva in Italia stava come base a Milano. Eravamo in un posto nell'entroterra di Milano, non ricordo se Gallarate, e dovevano andare a prendere il treno per tornare a casa e accompagnai uno alla volta, Lucia, Miguel ed anche Loredana. Una cosa buffa ma... un ricordo simpatico.

Miguel ha cantato in un brano dei Matia Bazar, "La unica estrella verdadera".
Sì. Quando cantò un pezzo dei Matia Bazar, io già non ero più nella band. So cosa era successo perché era in preparazione, solo che quando si è attuata io ero già fuori.

PILLOLE, CURIOSITÀ... DAGLI ANNI '60 AGLI ANNI '80

1961: Dominguín, grande amico di Picasso, pubblica insieme al noto pittore e a George Boudialle il libro *Toro y toreros*, ora oggetto di collezionismo, reperibile solo a caro prezzo nella rete Internet.

1977: Miguel adatta in spagnolo il testo di "The Boxer" - brano del 1970 del famosissimo duo Simon & Garfunkel, tratto dal loro lavoro storico *Bridge over troubled water* - per il trio spagnolo Laredo e il loro album *El ultimo guateque*. Diventa quindi "El boxeador", in cui troviamo Oscar Gómez alla produzione e Danilo Vaona agli arrangiamenti.

1979: Altro brano adattato in spagnolo firmato Bosé, stavolta si tratta di "I don't mind about tomorrow" degli Oliver Onions che diventa "No me importa ya el mañana", pubblicato su 45 giri CBS.

1980: Sotto il nome Carmine Ewain, Miguel scrive tutti i testi per l'album d'esordio omonimo della band Cappuccino, le musiche sono di Danilo Vaona che si occupa anche della produzione insieme a Felisatti.

1980: Con lo stesso pseudonimo firma alcuni brani dell'album d'esordio omonimo di Pedro Marín, "Que no" e "Puente de colores".

1980: Miguel restituisce il favore a Toto Cutugno per la loro collaborazione in "Olympic games" e adatta il testo in spagnolo di "Solo noi", che aveva vinto il "Festival di Sanremo" nello stesso anno. Disponibile sia in 45 giri che nell'album *Canta en español*.

1981: Anche Lucia Bosé si dedica all'incisione di un album. Insieme al musicista Gregorio Paniagua incide l'album *Io pomodoro* per la CBS Spain, un album di poesie scritte di suo pugno in italiano e in spagnolo. Oggetto di culto oggi per collezionisti.

1982: Sempre dal "Mondo Bosé": nell'omonimo album di Raffaella Carrà, disco prodotto da Danilo Vaona, la cugina di Miguel, Bettina Bosé, si occupa dell'adattamento in italiano della canzone "Mamá dame 100 pesetas" in "Mamma dammi 100 lire". Brano originariamente scritto e composto dallo stesso Vaona con Luis G. Escolar e Ignacio Ballesteros.

1982: Miguel diventa il padrino di un gruppo pop messicano composto da ragazzi giovanissimi, per non dire quasi bambini, i Timbiriche. Il loro incontro avviene quando in una trasmissione TV canta con loro, vestito da diavoletto, "Don diablo" e loro, piccolissimi, sono travestiti da angioletti, per poi invertirsi i ruoli e i costumi in uno scenario molto divertente.
«Victor Hugo (produttore di Televisa, gruppo radio televisivo messicano) mi chiese se volessi produrre il loro secondo lavoro, canzoni oggi famosissime, che cantano tutti, ma non sanno che le ho scritte io» (Miguel Bosé, da *Quien*, rivista messicana n. 369, settembre 2017). Scriverà per loro infatti, insieme a Feliciati, Foschini e Ceroni, quattro brani, "Solo tu, solo yo", Mexico", "Cocorito" e "La banda Timbiriche" che dà il titolo all'intero album. L'anno successivo, per *Disco Ruido* firmerà, stavolta solo con Feliciati, "Solo en mi cuarto", "Lo pensé muy bien", "Gordita", la title track e "Hay que entrenar", a cui si unisce come autore A. Kursell.
Ancora dalla stessa rivista dichiara: «Timbiriche fu un fenomeno pop come nessun altro in Messico negli anni 80 e parte dei 90, fu la colonna sonora di molte generazioni. Per me Timbiriche significa una famiglia, uno stile, un'epoca del Messico e, soprattutto, amicizia. Amicizia che è rimasta negli anni, con ognuno di loro ho

mantenuto i contatti in maniera differente, soprattutto con Benny Ibarra, Paulina Rubio e Sasha Sokol» (che duetteranno con lui negli anni a venire).
Nel 1983, insieme a Feliciati, scrive ancora per loro "Que no acabe Navidad", canzone a tema natalizio, per un singolo che uscì in edizione maxi per il Messico in due versioni, uno in vinile colorato rosso e uno giallo.

1983: Miguel produce due singoli per la CBS della band italiana Artbogart, "Io e la mia spider" e "Eilae eilau". «Mi hanno fatto ascoltare il loro materiale, mi è piaciuto e ho deciso di affrontare questa nuova esperienza» (Miguel Bosé, da *Telesette* n. 23, 8 giugno 1983). Tra i membri del gruppo Andrea Fornili, ora negli Stadio, al tempo suo chitarrista durante i live del periodo 81/86. Il primo singolo si mosse benino, il secondo passò nettamente inosservato, evidentemente questo frenò la pubblicazione di un album. Nel secondo singolo gli arrangiamenti sono di Roberto Colombo.

1985: Uscirà postumo un romanzo di Ernest Hemingway, *Un'estate pericolosa,* libro che si sofferma sull'estate del 1959, l'estate in cui ebbe molta notorietà lo scontro tra il torero Dominguín e Antonio Ordoñez.

1987: Miguel adatta i testi in spagnolo dell'album dei Righeira *Bambini forever.*

Milano, Palalido, 5 gennaio 1982

MILANO - NUEVA YORK

Trascorso un anno dal successo di *Bravi ragazzi* si pensa già al prossimo lavoro. In quel periodo Miguel passa molto tempo in Italia, avendo casa a Milano. Italiana è l'équipe stessa di lavoro della versione del nuovo album, inciso tutto in italiano, precisamente la stessa che aveva realizzato *Bravi ragazzi*. La versione in spagnolo sarà invece registrata tra Londra e Madrid e vanterà collaboratori completamente differenti.
Per la prima volta, anziché tradurre i brani in altre lingue, Miguel si sdoppia completamente. Il disco che sta per uscire nel 1983 infatti avrà la stessa copertina, ma saranno due lavori a sé stanti, due produzioni totalmente differenti, sia come stile musicale che come team di lavoro: uno è un disco, come si evince dal titolo stesso *Made in Spain*, di autori e musicisti spagnoli, nato dai suoni della movida di quel periodo; l'altro è tutto "Made in Italy", anche se ciò risulta solo in parte dal titolo, perché *Milano-Madrid* è la vita di Miguel da un po' di anni a questa parte, sempre diviso tra Spagna e Italia.
La copertina, prestigiosissima, è firmata dal grande Andy Warhol, uno degli artisti più influenti del XX secolo con la sua Pop Art.
Warhol tiene molto a questo progetto, in quanto già fan di Miguel (aveva in casa i suoi dischi e molti altri di musica latina) e con la complicità di Bianca Jagger, amica di quest'ultimo, Miguel arriva a conoscerlo. Sembra che il titolo del disco inizialmente dovesse essere "Milano-Nueva York" - «Perché fu il disco grazie al quale scoprii queste due città essenziali per me» (Miguel Bosé, da *Made in Spain* CD - El País special edition) - invece fu poi tramutato in *Made in Spain*, pare per scelta di Andy Warhol, già autore di altre copertine di dischi di artisti famosi, tra i quali Velvet Underground & Nico, Rolling Stones, The Smiths, John Lennon e molti altri tra cui l'italiana Loredana Bertè due anni prima per l'album *Made in Italy* (un caso il titolo simile?). La copertina diventa di diritto quella più prestigiosa della discografia di Miguel, raffigurandolo con cinque volti differenti, tre sulla copertina anteriore e due su quella posteriore. La serigrafia è divenuta oggetto costoso di collezionismo, che

si può ammirare ancora oggi in alcune delle tante mostre dedicate allo stesso Warhol in giro per il mondo.
Lo stesso dicasi per le Polaroid che il genio della Factory ha scattato a Miguel nella stessa occasione. L'artista statunitense dirige anche due videoclip per il cantante spagnolo: "Fuego" e "Angeli caduti". Il primo sembra girare in rete su YouTube, l'altro è ormai di difficilissima reperibilità. Speriamo che rispunti, prima o poi. Lo stesso Miguel, in un'intervista televisiva del 2007, fece un appello perché era alla ricerca di questi video.

Il 4 maggio 1983, al Piper Club di Roma e il 5 al Living di Bologna si tengono due raduni esclusivi per gli iscritti al fan club che, oltre a incontrare Miguel, hanno la possibilità di ascoltare in anteprima il nuovo lavoro, il cui singolo viene presentato in tutta Italia alla manifestazione televisiva di Vittorio Salvetti, "Azzurro", tenutasi l'8 maggio a Bari, al Teatro Petruzzelli.
In Italia il disco è subito in vetta alle classifiche, ed è pronto un altro lungo tour estivo, mentre in Spagna si muove abbastanza bene, ma non supera il quattordicesimo posto in classifica.
Il 13 settembre, in Piazza Maggiore a Bologna, Miguel riceve il Telegatto per la categoria "Artisti Stranieri" durante la trasmissione "Vota la Voce" quale miglior cantante straniero per la quarta volta quasi consecutiva. Gli era sfuggito solamente il titolo del 1981, non avendo gareggiato perché quell'anno l'album uscì dopo l'estate.
Il 14 ottobre, a Milano, si registra un altro raduno organizzato dal fan club italiano ufficiale, e in quella occasione per i fortunati partecipanti è proiettato il video di "Fuego".

MADE IN SPAIN / MILANO-MADRID (ALBUM, 1983)

Edizione spagnola: Made in Spain
Fuego / Sin ton ni son / La chula / Septiembre / Panama connection / Snack bar / Por un amor relámpago / Te quiero amor / Los ojos del miedo / 23 horas al día

Edizione italiana: Milano - Madrid
A che serve la notte / Dei / Concerto / Lettere / Angeli caduti / Io, te tutti gli amici / Non siamo soli / In capo al mondo / Voglia matta / Gente come noi

Singoli estratti:
Fuego / La chula / Te quiero amor / Non siamo soli

extra tracks:
No estamos solos / Angeles caídos

TRACK BY TRACK:

"Fuego" (L. G. Escolar/C. G. Berlanga/I. Canut)
«Una canzone che mixa la potenza del rock ai suoni del pop ispanico. Chi meglio di Miguel per interpretarla, colui che con la sua influenza anglosassone portò e diede una svolta alla musica moderna spagnola, che prima del suo arrivo era molto sdolcinata e quasi monotona? Egli donò alla musica forza e vigore, ciò che il pubblico aspettava da tempo. Da questa nuova ondata nacquero molti artisti di valore, ma nessuno superò il maestro per la sua personalità, cultura e talento» (c.s. *Made in Spain*, stampa colombiana). È il singolo trainante dell'album, che ottiene un ottimo riscontro.
Carlos Berlanga, tra gli autori, non potè suonare nell'album, essendo impegnato in quel periodo ad adempiere agli obblighi di leva militare.

"Sin ton ni son" (L. G. Escolar/J. Seijas)
Canzone sdolcinata, un po' "easy", ma di buon impatto. Riscuote anche un discreto successo tra i fan.

"La chula" (M. Bosé/R. Girón)
altre versioni: **"La chula"** extended 12" version

Brano di grande successo soprattutto in Sudamerica. Altro singolo dell'album. Molto ballabile e commerciale, brano dalle forti radici latine.

"Septiembre" (M. Pérez/J. Losada/R. Girón/J. Morato)
Ottima ballad, tra i brani più interessanti ed emozionanti del disco grazie alla sua melodia molto malinconica.

"Panama connection" (M. Bosé/S. Auserón/L. Bomati/J. Borsani)
Altro brano molto ballabile e di facile ascolto. In linea con l'album, molto scanzonato. Molto latino.

"Snack bar" (R. Adler/ R. Allel/L. G. Escolar)
È la cover di un brano interpretato da Doris Day, "Everybody loves a lover", pubblicato nel 1958, scritto da Jerry Adler e Robert Allen. L'adattamento spagnolo per Miguel è stato effettuato da Luis G. Escolar. La versione inglese è stata coverizzata da diversi artisti negli anni, tra cui Sandie Shaw nel 1965 per l'album *Sandie*, dal gruppo femminile statunitense The Shirelles nel 1963, ed anche dal nostrano Giuliano Palma con i Bluebeaters per l'album *Boogaloo* del 2007.

"Por un amor relámpago" (R. Ballard/L. G. Escolar)
Un altro brano che porta la firma di Russ Ballard (il primo lo abbiamo trovato in *Más allá*), tratto dal suo secondo album del 1976 *Winning*. Il brano, bellissimo e struggente, adattato in lingua spagnola da Escolar, era originariamente intitolato "A song for gail (what have me got her into?)".

"Te quiero amor" (J. M. Cano)
Brano scritto per Miguel da José Maria Cano dei Mecano. Ospite come seconda voce la cantante Vicky Larraz, che è stata la prima cantante del gruppo Olé-Olé.

"Los ojos del miedo" (S. Kipner/P. Emmanuel/M. Bosé)
Il brano porta la firma di Steve Kipner e P. Emmanuel. Il testo della versione spagnola è adattato da Miguel.
Sempre nel 1983 furono registrate due versioni in inglese dello questo pezzo, con il titolo originale "Let sleeping dogs lie"; una interpretata da Sheena Easton nel suo album *Best kept secret*, l'altra dall'australiano Doug Parkinson nel suo album *Heartbeat to heartbeat*.

"23 horas al día" (J. M. Cano)
Altro omaggio di José María Cano dei Mecano, con un brano di ottima fattura che oltre ad essere autore in questo pezzo suona la chitarra.

MILANO-MADRID – 1983

altre versioni: **"No estamos solos"** (M. Fabrizio/G. Morra) in spagnolo / **"Angeles caídos"** (M. Fabrizio/G. Morra) in spagnolo

Questo in italiano è il seguito del lavoro già iniziato e probabilmente programmato con *Bravi ragazzi*. Tutti i brani portano la stessa firma, Maurizio Fabrizio/Guido Morra. È un disco che si divide tra rock melodico e alcune ballate.
"Non siamo soli", il singolo, si mosse parecchio bene, non bissò il successo del singolo dell'anno precedente, nonostante fosse un brano molto bello, non molto lontano dall'altro come stile, peccato che oggi sia poco ricordato, se non dai fan incalliti di Miguel. Eppure si tratta di un pezzo che meritava sicuramente più memoria storica. Da segnalare "Angeli caduti", il brano forse più amato dell'album, un grandissimo pezzo che avrebbe anch'esso meritato maggiore memoria storica per la musica italiana, così come "A che serve la notte". Saranno i tre pezzi di maggior traino e quelli più proposti nelle varie apparizioni TV. Il resto dell'album si muove nel mondo della musica leggera, alternando ballate come "Concerto", "In capo al mondo" e "Gente come noi" a pezzi dal ritmo più sostenuto come "Dei", "Lettere" e "Voglia matta". "Io, te tutti gli amici" è un inno all'amicizia, un bellissimo testo che tratta un tema importante e caro a Miguel, già preso in considerazione l'anno precedente con "Sono amici".
«Guido Morra è un ragazzo del '56 e questo per me vuol dire molto. Poi c'è il suo straordinario metodo di lavoro, che lo fa guardare nel-

la testa degli altri con un periscopio a raggi infrarossi. La tecnica è semplice, ma i risultati sorprendenti. Ogni sera lui mi lascia i compiti da fare per la mattina seguente. Devo ascoltare una musica di Maurizio, di solito una melodia per pianoforte, mettendo nero su bianco le immagini e i ricordi che le note mi suggeriscono. Ritira i compiti, li corregge e torna con il testo di una canzone che parla la mia stessa lingua e ha dentro l'essenza di quei compitini che avevo scritto con tanta attenzione» (Miguel Bosé, da *Tutto Musica & Spettacolo*, giugno 1983).
«"Angeli caduti" è nata in un modo strano. È la storia di un sogno che ho fatto e che Guido ha captato senza che gli dicessi niente: un caso di parapsicologia a tutti gli effetti. "A che serve la notte" è un pezzo che mi somiglia moltissimo» (Miguel Bosé, *Tutto Musica & Spettacolo*).
«"Angeli caduti" è una canzone dedicata alla mia generazione, questi angeli che sono caduti sulla terra e hanno perso le ali e da allora non fanno altro che girare pur di ritrovarle, pur di riprendere il volo e soprattutto cercare loro stessi, che è la più grossa domanda che noi ci poniamo, "chi siamo noi?" c'è gente che ci riesce, chi no» (Miguel Bosé, da *Attenti a noi due*, programma TV, 1983).

I due album, seppur molto differenti tra loro, avranno in comune il fatto di essere gli ultimi della carriera di Miguel ad avere una matrice ancora molto commerciale nelle sonorità. Ma soprattutto saranno gli ultimi a proporre un Bosé "adolescenziale"; da tempo infatti, il cantante spagnolo, spera di poter mostrare veramente la sua essenza e, grazie a un team di ottima fattura, presto lo dimosterà. Sia *Made in Spain* che *Milano-Madrid* si muovono su mondi musicali molto orecchiabili. Il primo ha il tipico sound del mondo latino degli anni 80, l'altro è un disco di musica leggera italiana.

Note alla discografia

"A che serve la notte" esce come singolo in Europa, mantenendo la copertina dell'abum firmata da Warhol, così come "Fuego" per la Spagna. In Italia, invece, il singolo "Non siamo soli" riportava un primo piano di Miguel.
Fortunatamente l'album mantiene la stessa copertina ovunque, data la prestigiosissima firma.
In Spagna esce una edizione super deluxe solo per addetti alla stampa con cartellina rigida, contenente l'album *Made in Spain*, il singolo "Fuego" nei due formati 7" e 12", un pannello a tre con la copertina dell'album e una foto in cui compare Warhol mentre fotografa Miguel in posa. Questo è uno dei pezzi più ricercati in rete dai collezionisti, che spesso raggiunge all'asta cifre importanti. Anche in Messico la

copia per la stampa ha un'edizione particolare, un folder con all'interno il vinile, un superposter e una foto dell'artista. In Spagna viene pubblicato il singolo "La chula" sia in 7" che 12", brano che ebbe un grande successo anche in Sudamerica. Di due brani dell'edizione italiana sono state registrate anche le versioni in spagnolo, destinate solo ad alcune edizioni del mercato sudamericano, come quella colombiana e peruviana. Stiamo parlando di "No estamos solos" e "Angeles caídos". Probabilmente furono registrati anche altri pezzi, mai pubblicati in seguito. Peccato non averne testimonianza. *Milano-Madrid* esce anche in Canada, tutto in italiano.

IL TOUR

Da un reportage dell'epoca di Carlo Silvestro per la rivista "TV Sorrisi e Canzoni", sulla data allo stadio di Torino si evince che oltre al nuovo album al completo, il set di un'ora e quarantacinque minuti comprendeva anche le vecchie hit come "Olympic games", "You can't stay the night" e ovviamente non poteva mancare "Bravi ragazzi".
Voci non provate, ma abbastanza attendibili, davano nel set italiano il brano "Los ojos del miedo", da noi inedito, con cui Miguel volle omaggiare il nostro pubblico.
L'anno 1983 si conclude con un concerto a Disneyland il 31 dicembre, che poi vedrà il bis il giorno seguente.
Prima di iniziare i lavori per l'album successivo, l'8 gennaio 1984 Miguel tiene un concerto al Beverly Theatre, negli Stati Uniti, in un gala tenuto per omaggiare Jack Lemmon, riscuotendo gli elogi di molte stelle del cinema, tra cui Gregory Peck, Kirk Douglas, Shirley MacLaine e molti altri.
Il concerto viene aperto con "A che serve la notte", per poi proseguire con i vari successi di Miguel, che alterna brani in inglese a quelli in italiano e spagnolo.
A fine concerto Miguel parla di un Jack Lemmon addirittura commosso. Il cantante spagnolo aveva tempo prima passato una giornata intera insieme all'attore statunitense nella sua villa a Beverly Hills per mettere a punto tutti i dettagli dello spettacolo.
«Tutti gli anni l'American Film Institute (la stessa organizzazione dell'Oscar) promuove con l'Università di Israele un premio onorifico ad una grande figura del cinema interna-

zionale. Quest'anno toccava a Jack Lemmon ed io con la mia band ero invitato ad esibirmi in concerto durante la festa che precedeva la consegna del premio. Io ero tesissimo, emozionatissimo, malgrado pochi giorni prima dell'evento Lemmon mi avesse voluto conoscere, invitandomi a casa sua a Beverly Hills per esprimermi la sua simpatia. Io e il mio staff siamo arrivati nella sala immensa del Century Plaza Hotel dove si svolgeva la serata. Vi dico solo che nel comitato organizzatore c'erano: Kirk Douglas, Billy Wilder, Gregory Peck, Walter Matthau, Jane Fonda e Shirley MacLaine. Per farmi coraggio ho ingurgitato un bicchiere di whiskey (che io non bevo mai) e sono salito sul palco, dove ho cantato per quaranta minuti.
Il momento più toccante, più tenero è stato quando ho proposto il brano "Gente" *[sicuramente si riferisce a "Gente come noi", nda]* con il testo riveduto e corretto da Sammy Chan (il paroliere di Frank Sinatra) che ricordava tutta la carriera di Lemmon e lui si è alzato e si è messo a piangere.
Esausti ma soddisfatti, alla fine del concerto siamo tornati in albergo per poter affrontare il concerto che da lì a tre giorni si teneva a Los Angeles. È stato un successo, nonostante fossi preoccupato perché dovevo parlare tre lingue, ma la radio ne ha parlato diffusamente e abbiamo avuto un'affluenza di pubblico e di critica incredibile, nonostante il concerto di Willie Nelson che si svolgeva contemporaneamente» (Miguel Bosé, *TV Sorrisi e Canzoni*, 1984).
Da questi primi passi Miguel inizia a conquistare gli Stati Uniti. Si prosegue il 13 a Los Angeles, poi San Francisco e Phoenix. E dall'8 febbraio in poi è la volta del Perù e del Cile, con il consueto Viña del Mar.
«Viña del Mar, trentacinquemila persone con la loro acclamazione mi hanno fatto assegnare l'Antorcha d'argento. Viña è un'esperienza unica al mondo: il pubblico ascolta con amore e con rispetto, ma nel contempo emana un calore e un'energia straordinari. Una sera con Andy Gibb, che faceva parte dei partecipanti al festival, mi sono divertito a cantare, in un locale senza pretese, i successi dei Beatles» (Miguel Bosé, da *TV Sorrisi e Canzoni*).
Dopo il concerto al Beverly Theater e un'ottima recensione del Los Angeles Time, diverse case discografiche si interessarono al "personaggio Miguel", tanto che la band dei

Toto decise di partecipare al lancio statunitense di Miguel programmato per l'estate successiva, al momento della sua pubblicazione del disco in inglese che era di prossima pubblicazione. Almeno sulla carta. Perché fu registrato, ma non più pubblicato. Ne parleremo a breve.

Tournée italiana - le date:
GIUGNO 1983
16: Ellera Umbra (PG); 17: Lugo di Ravenna; 18: Lido di Camaiore (LU); 21: Torino

LUGLIO 1983
8: Macerata - Foro Boario; 9: Campagnano (RM) – Autodromo di Vallelunga; 10: Viterbo – Stadio; 14: Pietra Ligure (SV) – Stadio; 16: Misano Adriatico (FO) – Autodromo; 17: Sabaudia (LT) – Stadio; 18: Roma – Ippodromo Capannelle; 21: Grosseto – Stadio; 22: Lido di Camaiore (LU) – Bussoladomani; 23: Cittadella (PD) – Parco della Marta; 24: Arona (NO) – Teatro Tenda; 25: Pinerolo (TO) – La Caserma; 27: Civitavecchia (RM) – Stadio; 28: Chianciano (SI) – Parco Monti di Sopra; 29: Grottamare (AP) – Stadio; 30: Sora (FR) – Teatro Comunale; 31: Torre Annunziata (NA) – Campo Sportivo

Setlist Viña del Mar 1984 (incompleta):
Voy a Ganar / I'll keep holding on / Snack bar / Don Diablo / La chula / Te quiero amor / Creo en ti / Te diré / Linda / Fuego / Te Amaré / You can't stay the night / Panama Connection

Intervista a Oscar Gómez, musicista, produttore
(raccolta a Madrid nel suo studio l'11 dicembre 2017)

Ciao Oscar, tu hai lavorato su due album di Bosé, *Miguel* del 1980 e *Made in Spain* del 1983, giusto?
Sì, giusto. Però produssi anche altri brani di altri lavori, tra cui ricordo "Creo en ti" *[la canta, nda]* e altri forse dello stesso disco, ah ecco, "Angel of the night" *[canta anche questa, nda]* che era un mio pezzo, lo scrissi e lo produssi io.

Sì, è un brano da noi inedito, editato solamente per alcuni mercati. Immagino che al tempo si registrassero tante versioni, tra i vari idiomi, chissà quante non sono più state pubblicate...
Esatto, sì.

Come è iniziata la vostra collaborazione?
Miguel era molto giovane, lavoravamo a casa sua a Madrid, a Somosaguas. Conservo un bellissimo ricordo di quella casa, di quel periodo. Ricordo la madre Lucia, nel giardino con i bambini che correvano tra cui Bimba, poverina, è venuta a mancare non molto tempo fa, poi le sorelle di Miguel, Lucia e Paola. Lavoravamo quindi a casa sua, d'estate sulla terrazza, d'inverno dentro, con la chitarra, si creavano e provavano i pezzi, i testi, la melodia. Passavamo molto tempo insieme. A Los Angeles, condividemmo lo stesso appartamento per diverse settimane, mentre lavoravamo ai pezzi di *Miguel*, mentre per *Made in Spain* vivemmo nello stesso appartamento a Londra

e poi a Los Angeles. Abbiamo lavorato insieme anche a New York, Milano e Madrid ovviamente.

Che ricordi hai di questa convivenza lavorativa e soprattutto amichevole tra voi?
Il rapporto con Miguel fu molto intenso. Ricordo che stavo preparando la prima tournée di Bosé, quella mondiale.

Tour '80, storica.
Esatto. Esordimmo a Viareggio. Lo show lo montai io, che mi occupai anche della produzione. Mia sorella, che al tempo aveva una decina di anni, era pazza per Miguel Bosé. Completamente pazza. Ti racconto un aneddoto simpatico: io al tempo vivevo ancora a casa dei miei, avevo circa trent'anni, e mia sorella aveva gli orecchioni, una malattia infantile. Miguel venne a casa per lavorare, quando lei lo vide entrare urlò contro di me e disse che mai mi avrebbe perdonato per il fatto di essersi fatta vedere da Miguel in quelle condizioni. Perché immagina, conoscere Miguel Bosé in quello stato senza che io l'avessi avvisata. A parte ciò, con Miguel abbiamo un rapporto magnifico, meraviglioso e divertente.
Per esempio, hai visto la ragazza all'ingresso dello studio? Sara? È mia figlia. Lei è "La chula" di cui parla Miguel nella canzone. È dedicata a lei, perché all'epoca era una bambina di due anni. "La chula" è una canzone molto popolare in Cile, famosissima, tutti la conoscono. Tre anni fa, eravamo a Santiago del Cile, io, Sara e suo marito per lavorare ad una produzione e parlando con i tecnici di studio, musicisti ecc... si parlava di questa canzone come argomento, quando lei disse che era stata dedicata a lei, tutti si sorpresero e rimasero incantati nel sapere questa cosa.

Brano che ha ripreso nell'ultimo tour unplugged per MTV dopo tanti anni.
Ah, sì? Un altro brano mio è "Ternura", del secondo album *[canta anche questa, nda]*. Al tempo comprai un'anatra per mio figlio maggiore, che al tempo aveva quattro/cinque anni. Questo pulcino stava sempre nella mia stanza, in una gabbia. Un giorno registrai un provino per Miguel con la chitarra e il pianoforte. La registrazione venne così: "Ternura, cuanto tiempo sin saber de tì... Pio, pio, pio, pio..." per tutta la registrazione. Ricordo che Miguel lo raccontò nella biografia *Él*.

Quando lavorasti alle prime registrazioni con Miguel, pensavi già che sarebbe diventato la superstar che è oggi? Immaginavi già una carriera tale?
Al tempo io ero un ragazzo di circa 25 anni, stavo imparando molto del mestiere. La casa discografica puntò molto su di lui, compreso Tomás Muñoz, direttore generale della CBS Spain, di cui avevo molta fiducia. Certo, è come se un guru ti dicesse che domani ci sarà la fine del mondo, puoi crederci o no. La CBS puntò molto su Miguel e io ci credetti. Fece la stessa cosa per Iván, prodotto da me, e fu un grande successo. Era un visionario del settore musicale, senza dubbio.
Cominciai a credere in Miguel quando cantò "Linda". Stavo lavorando a questo brano con un gruppo che si chiamava Laredo, ma

Muñoz me la tolse per darla a Miguel. È una canzone dei Pooh, con i quali ho lavorato tanto, tutti i testi spagnoli dei Pooh sono firmati da me, come quelli di Umberto Tozzi, come tanti altri artisti italiani dell'epoca. Peccato per "Linda", perché ci stavo lavorando per la band dei Laredo, che comunque ebbe un grosso successo con un altro brano, "El ultimo guateque", prodotto sempre da me nello stesso anno, che ebbe un successo gigantesco.

I Laredo per cui Miguel fece un adattamento in spagnolo di un brano...
Vero! Grande successo anche quello. Eravamo un gruppo di persone che lavoravano insieme. Gente giovane, dinamica, quell'adattamento lo affidammo a Miguel, che rese il brano perfetto. Non si poteva fare di meglio *[canta, nda]*. Eravamo un'équipe. Uno scriveva, l'altro traduceva, uno produceva, chi si occupava della musica...

Altro progetto formato da tanti elementi, *La Misa Campesina*, sempre sotto la tua produzione.
Mamma mia! Il tour della "Misa". Un mini-tour di quattro/cinque date. Cosa abbiamo combinato in quel periodo! Io, Miguel e José Antonio García Morato, il leader dei Laredo, ne abbiamo combinate di tutti i tipi e Miguel era il peggiore, saltavamo dalle finestre degli hotel, e tante altre cose che non si possono raccontare *[ride, nda]*, eravamo terribili. Mamma mia. Wow, non lo ricordavo quasi più questo tour, fu incredibile. Abbiamo riso tantissimo, tutti i ricordi con Miguel sono molto divertenti, sempre. Perché ha un grande senso dell'umorismo, io pure, per cui era come essere ad una festa continua.

Altra tua idea, il progetto Miliki. Contenente un featuring di Miguel.
Certamente. Il progetto fu una mia idea. Invitai Miguel. C'è un video incredibile, in cui Miguel balla e canta "El barquito de càscara de nuez" insieme a Miliki e a Emilio Aragón. Mamma mia, mi stai facendo venire in mente tutti questi ricordi *[mi indica il braccio per farmi vedere che aveva la pelle d'oca, era visibilmente emozionato e felice di parlare di Miguel e tutti i progetti correlati, nda]*.

***Made in Spain*, copertina prestigiosa, di Andy Warhol. Hai avuto la fortuna di conoscerlo?**
No, purtroppo.

Dell'attuale materiale di Miguel c'è uno che ti piace particolarmente o che avresti voluto produrre tu?
Mi piace molto il disco che contiene "Bambú", *Los chicos no lloran*. Un gran bell'album.

Progetti futuri?
Mi piacerebbe rilavorare con lui, c'è un progetto su cui lavorerò prossimamente, e tra i vari artisti vorrei invitare lui, sicuramente mi dirà di sì.

In bocca al lupo allora, Oscar!

Intervista a Russ Ballard, musicista, cantante

(raccolta via mail il 15 ottobre 2018)

Ciao Russ, tu porti la firma su due brani di Miguel Bosé, come è stata la vostra collaborazione?
Non ho mai incontrato Miguel, ma so che ha registrato una canzone che avevo scritto, per cui non posso dirti molto della sua storia, mi dispiace.

A differenza di "A song for gail (what have me got her into?)" diventata "Por un amor relampágo" per Miguel, ho fatto fatica a trovare la tua versione di "I'll keep holding on", forse l'hai scritta appositamente per lui o l'avevi già?
Scrissi "I'll keep holding on" per me, ma onestamente non sapevo che Miguel ne avesse registrato una versione.

No? È inclusa nell'album *Más allá* del 1981. La tua in quale lavoro è contenuta?
Non l'ho mai realizzata, ne feci solo un demo, che aveva in effetti una buona atmosfera.

Intervista a Graham Preskett, musicista, compositore

(raccolta via mail 7 novembre 2017)

Ciao Graham, che ricordi hai del tuo lavoro con Miguel? Hai lavorato su tre dei suoi album? Ce ne vuoi parlare un po'?
Certamente. Ricordo di aver registrato un disco a Los Angeles, *Miguel*, e che in quei giorni andammo insieme ad una festa di compleanno con un amico psicologo a Venice Beach. Inoltre, vidi un suo show a Viareggio, ricordo che lui ballava molto bene. Ho anche visitato la casa a Madrid e pranzato con la sua famiglia, aveva un Picasso nella sua stanza da letto. E lui era davvero molto, molto gentile. Quello è stato un periodo molto "spagnolo" della mia vita: Ana Belén, Mocedades, José Luis Perales, Camilo Sesto ecc... Devo dire che grazie al lavoro con molti artisti spagnoli ho visitato molte città, tra cui Madrid, Bilbao, Miami, e tanti altri posti. In seguito con la CBS e l'Universal ho lavorato con Zizi Possi, Maria Bethânia, Fábio Júnior ed altri in Brasile.
Ho suonato nei seguenti brani di *Miguel*: in "Te amaré" pianoforte ed archi, lo stesso vale per "Ensayo". In "Señor Padre" ricordo di aver fatto due set di archi e dopo averli messi insieme in seguito. In "Girls, girls, girls" il piano elettrico e gli ottoni, in "Amante y perdedor" piano elettrico e archi. In "Morir de amor" suono il pianoforte e le chitarre stile flamenco. Curo gli arrangiamenti su "Give me your love", "Te amaré", "Señor Padre", "Ensayo", Amante y perdor", "Teorema" e "Don Diablo" e su "Buonanotte fiorellino" credo di suonare il mandolino, se ricordo bene. Nell'album *Más allá* invece, suono il pianoforte in "You can't stay the night", "I'll keep holding on", "Si esto es amor", "Márchate ya" e il brano che dà il titolo all'album stesso. "Te dirè" suonava un po' a la Kinks, se non erro era un'idea di Oscar *¡Oscar*

Gómez, anche se in realtà non risulta tra gli autori, nda].
Su *Made in Spain* suono gli ottoni nel brano "La chula" e canto nel coro di "Snack bar". Su quest'ultima ho fatto gli arrangiamenti sugli ottoni. Suono gli archi e il pianoforte su "Por un amor relampágo", solo il piano su "23 horas al día".

Chi o cos'altro ricordi di quel periodo?
Oscar Gómez. Ricordo che con lui passavamo molto tempo nel suo appartamento alla ricerca di idee, con lui è stato sempre molto divertente lavorarci insieme. Miguel spesso non era presente in studio e allora Oscar cantava una guida vocale. Ho conosciuto Oscar nel 1978, lui aveva ascoltato gli archi che avevo suonato in "Baker street" di Gerry Rafferty. Purtroppo non riuscii a praticare il mio spagnolo nel suo ufficio perché tutti volevano invece far pratica con il loro inglese. Solo quando ho incontrato i Mocedades, dato che solo Amaya Uranga parlava inglese, riuscii a imparare lo spagnolo. Ho chiesto sempre ad Oscar di darmi i testi delle canzoni, cosa che molti arrangiatori non fanno. L'anno in cui ci siamo conosciuti stavo lavorando a un disco solista di Roger Glover a Monaco, curavo gli arrangiamenti di una canzone mentre ne ascoltavo un'altra registrata. Lo stesso anno lavoravo con Manfred Mann e Mary O'Hara, un genere musicale leggermente differente. Nel 1979 suonai i violini indiani per i The Tourist, il primo gruppo di Annie Lennox e alcuni lavori con i Lindisfarne e i Moody Blues. Poi, come dicevo, nel 1980 con Miguel.

Altre esperienze rilevanti? Data la tua carriera, sicuramente ne avrai molte da raccontare.
Sì, potrei raccontarti tante storie. Sono andato a Palm Springs per provare un album con Michel Polnareff nel 1981, ma non sembrava volesse fare molto di più che prendere il sole.
Quell'anno ho incontrato i Mocedades, che Oscar voleva trasformare da gruppo di famiglia in una sorta di "Abba spagnolo", credo. Hanno fatto belle cose.
Nell'82 ho lavorato con Camilo Sesto e Bananarama. Ricordo che Camilo viveva in una villa di lusso a Maiorca in quel periodo. Nell'84 suonai l'ottone per un film di Paul McCartney. In seguito sono venuti Paul Young, Fabio Junior, Perales, Luis Miguel. Ho fatto alcuni brani con Tom Jones, prodotti da Van Morrison nel 1991. Ricordo che dopo le prove con la band, nessuno di loro poteva minimamente pensare di andare a mangiare in un ristorante di Londra. Suppongo che fossero troppo famosi.
Il mondo della musica era un mondo pazzesco e meraviglioso, ricordo quando stavo producendo Kevin Ayers, chiesi un percussionista giamaicano per una sessione, che poi si presentò con una ventina di persone. Con Gerry Rafferty, invece, durante la registrazione dell'album *Night Owl*, la "giornata tipo" era la seguente: si partiva con la colazione (gourmet), poi si andava in studio, seguiva puntatina al pub, pranzo (gourmet), un altro po' al pub, prendiamo il tè con dei dolcetti, di nuovo al pub, si cena, si torna al pub e poi finalmente iniziavamo a registrare, verso le undici di sera, quando ormai eravamo troppo stanchi per fare qualsiasi cosa. Come abbiamo fatto a registrare un album così bello non lo so!

Questo è tutto. Ci sono centinaia di storie, in verità da raccontare. Tuttavia, suonare era meraviglioso. Oggigiorno è tutto registrato separatamente e dalle camere da letto.
Che peccato...
Saluti, Graham.

Intervista a Maurizio Fabrizio, musicista, compositore, cantante

(raccolta via mail il 19 agosto 2018)

Maurizio, Lei, sia da solo che in questo caso insieme a Guido Morra, oltre a tanti successi per altri artisti famosissimi, ha scritto nel 1982 una hit ancor oggi epocale come "Bravi Ragazzi" per Miguel Bosé e l'anno successivo l'intero album *Milano-Madrid*, lavoro solo ed esclusivo per l'Italia. In Spagna uscì un album totalmente differente, con un'équipe differente, rimase solo la mitica copertina di Warhol. Come mai si decise di dividere così nettamente i due lavori? Immagino per questioni di mercato e pubblico diverso.
Essendo passati trentacinque anni dall'uscita del disco confesso di non ricordare perché uscirono due dischi diversi in Italia e in Spagna. Probabilmente fu una scelta dettata da un mercato differente o forse in Spagna Miguel voleva fare altre cose già da allora, non so. Può darsi che il contratto prevedesse un lavoro specifico per l'Italia, anche se poi "Bravi ragazzi" uscì in tutta Europa. La copertina rimase quella anche per il disco spagnolo perché Miguel era ovviamente molto fiero e orgoglioso di una copertina fatta per lui appositamente dal grande Warhol, un'opera unica! Penso cercò di sfruttarla il più possibile, giustamente.

Il lavoro al singolo "Bravi ragazzi" e successivamente all'album *Milano-Madrid* è stato fatto contemporaneamente e sono stati poi divisi come pubblicazione o è stato fatto un lavoro apposito in seguito al grande successo del primo?
Forse le due entità (singolo e album) erano separate e con vite diverse e per questo anche il singolo non appare nell'album. Probabilmente producemmo prima solo il singolo per vedere la reazione del mercato e solo successivamente pensammo ad un album. So che può sembrare strano che io non ricordi, ma fa parte della mia natura protesa verso il futuro, forse. Non ricordo neppure cosa ho composto ieri.

Qualche ricordo o aneddoto di quel periodo però ce l'ha?
Ho ricordi nitidi solo sulla sensazione di quei giorni; eravamo tutti convinti che stessimo lavorando a qualcosa di grande. In primis Giancarlo Lucariello, che aveva fortemente voluto produrre un disco di successo con Miguel e, di conseguenza io, e Guido Morra.
All'epoca Giancarlo era il compagno di una nota attrice che abitava in uno splendido palazzo a Roma, in Piazza Navona; lavorammo lì tutto il tempo alla canzone e in seguito all'album, con molta dedizione e molta gioia come sempre.

La musica nacque all'improvviso ascoltando una vecchia canzone di Patty Pravo che ci diede l'idea, "Ragazzo triste".
Una volta scritta la parte musicale, Guido si dedicò al testo e trovò subito la strada giusta, poetica e allo stesso tempo di grande presa: "tutti poeti noi del '56" era riferita sia a Miguel che a lui stesso, essendo entrambi nati in quell'anno.
Miguel si innamorò all'istante della canzone, al primo ascolto; in studio la cantò senza problemi in poco tempo, con molta passione e molta professionalità.

L'album *Milano-Madrid* ebbe un grande successo, peccato che trentacinque anni dopo pochi brani siano ricordati, eppure "Angeli caduti" o "Non siamo soli" avrebbero meritato di più secondo me. Non trova? C'è un brano o più di uno a cui è particolarmente legato?
Non so, le canzoni hanno degli strani destini e non è detto che qualcuna di queste, in qualche modo, possa avere una nuova vita; sinceramente è difficile, il mondo va avanti e soprattutto nel pop tutto invecchia velocemente, a parte i veri capolavori eterni, quelli che superano le mode, i tempi e le generazioni.
Anch'io ricordo "Angeli caduti" in modo particolare, forse più di tutte le altre canzoni. Devo confessare che però non sento l'album da molto tempo, potrei avere delle sorprese! Lo riascolterò presto.

Dopo questo lavoro (compreso il relativo spagnolo) Miguel decise di dare un taglio netto con la musica più "commerciale" e di cambiare stile, infatti con *Bandido* (1984) la trasformazione è forte, anche se di gran qualità. Che ne pensa di questo cambio che in Italia gli fece perdere un po' di fan ma che nel resto del mondo tuttora lo rende una superstar?
Miguel dopo tutto il successo del singolo e dell'album un giorno mi chiamò e mi disse con molta franchezza che era stata un'esperienza per lui meravigliosa, ma che desiderava percorrere ora altre strade, cantare altre canzoni e avere altri collaboratori; mi colpì molto questa chiarezza nell'affrontare il futuro, nessun artista lo fa, soprattutto quando con un determinato team ha raggiunto traguardi così importanti.
Lui lo fece ed ebbe ragione, i dischi che ha prodotto in seguito sono a mio parere molto belli e molto giusti e io per primo fui felice della sua decisione e dell'esito della sua decisione.
Ed è anche per questo che nel tempo, pur non lavorando più insieme, siamo rimasti molto amici.

Lei è un autore di grandi successi, non solo per Miguel Bosé.
Nel corso di quasi cinquant'anni mi sono divertito facendo musica con artisti meravigliosi non solo dal punto di vista professionale, ma anche personale: Mia Martini, Renato Zero, Riccardo Fogli, Rossana Casale, Toquinho, Antonello Venditti, Mango e tanti altri; Miguel si aggiunge a questa compagnia naturalmente, di lui ho un ricordo di una persona bella, simpatica, colta, molto attenta al presente e curiosa di tutto.
Ritengo un privilegio aver attraversato parte della mia vita con lui e con lui aver fissato nel tempo una creazione come "Bravi ragazzi".
Grazie Miguel!

Intervista a Steve Kipner, musicista, produttore, compositore

(raccolta via mail il 4 settembre 2017)

Ciao Steve, hai collaborato con Miguel nel 1980, successivamente anche nel 1983. Raccontaci l'inizio di questa collaborazione.
Avevo lavorato a un singolo e a un album di grande successo di un artista italiano, Alan Sorrenti *[l'album* L.A. & N.Y. *del 1979 con la EMI, scrivendo tra i vari brani il testo della versione in inglese di "Tu sei l'unica donna per me", divenuta "All day in love", nda]*. Da qui stavo per firmare un nuovo contratto discografico con la CBS. Nancy Brennan, una ragazza che mi aveva seguito a New York, mi aveva chiesto di fare delle sessioni di scrittura per un cantante spagnolo il cui padre era un famoso torero e la madre un'attrice italiana. Il suo nome era Miguel Bosé ed era l'artista perfetto con cui lavorare perché sarebbe stato in competizione con Alan Sorrenti in quel periodo. Circola anche una foto sul web di un vecchio giornale dove io e lui siamo seduti durante le session newyorchesi.

"Crying all night" è uno dei brani firmati da te, ma c'è anche una versione degli Airplay. Quale fu fatta per prima e per chi?
È passato così tanto tempo che non riesco a ricordare tutto con precisione, per cui potrei sbagliarmi, ma ricordo questo: iniziai la melodia e il testo per gli Airplay e a jammare con Jay Graydon e David Foster *[due dei tre membri della band statunitense, gli Airplay, nda]* in una casa sulla spiaggia di Malibu che era di proprietà oppure presa in affitto dal famoso cantante Alice Cooper. La portai a termine qualche giorno dopo, ascoltando e cantando più volte sulla registrazione che avevo fatto su una cassetta che era rimasta sul mio tavolo da cucina. La versione di Miguel la ricordo poco adesso, dovrei riascoltarla onestamente, è passato tanto tempo...

Sei l'autore di "Physical" di Olivia Newton-John, altra grande hit. Complimenti. Ho letto qualche volta sul web o altrove che questo pezzo fu inizialmente scritto per Miguel *[Wikipedia dice per Tina Turner, nda]*, è vero?
No, sono voci false. Quando Terry Shaddick ed io abbiamo scritto questo brano immaginavamo un cantante maschile tipo Rod Stewart, ma dopo averla fatta sentire al mio amico Roger Davies, che faceva parte del management di Olivia Newton-John, per avere una sua opinione sul demo, fu scelta lei. Meno male che quel giorno Olivia venne tardi in ufficio, così poco dopo fece in tempo a registrare il pezzo.

Per Miguel hai scritto anche "Amante y perdedor/ Triangle" e "Los ojos del medio/ Let sleeping dogs lie".
"Triangle" è un brano che avevo scritto prima di incontrare Miguel, ma non ricordo se la cambiammo di molto o la lasciammo fedele a quella che scrissi io.
C'erano un paio di canzoni che Miguel aveva e amava, mi diede il compito di scriverne i testi in inglese, lui voleva che si chiamassero

"Girls, girls, girls" e "Olympic Games", forse finirono su un altro album, tu lo sai meglio di me, anzi fammelo sapere, davvero, son passati tanti anni, non ho copie di quei dischi, dovrei riascoltarli.

Hai seguito la carriera di Miguel successivamente?
Non ho contatti con Miguel da tanti anni, ma so che ha avuto una carriera incredibile e che non è una cosa facile da ottenere. Un mio carissimo amico e socio in affari, Andrew Frampton, ha prodotto e suonato non molto tempo fa diversi brani suoi. È stato nominato anche per un "Latin Grammy" *[nell'album* Amo *del 2014, nda]*.

CICLO "BOSÉ"

Il concerto di Viña del Mar segna la fine del tour '83/84 e la fine di un ciclo per "Miguel", e l'inizio di un altro: "Bosé". Questo sarà un anno fondamentale, con l'inizio di una nuova era, una nuova carriera. Un anno che non inizia esattamente nel migliore dei modi, anzi comincia con una sorta di crisi d'identità. Miguel viveva ancora a Milano, era continuamente braccato sotto casa, un centinaio di fan lo assediava ogni giorno sotto la sua dimora milanese, una volta per scappare da una radio dovette saltare sull'edificio adiacente, un'altra volta, a Malaga, fu costretto a travestirsi da monaca per non farsi riconoscere. Alcuni fan arrivarono persino a odiare uno dei suoi collaboratori nel tour '80, come José Luis Broc, perché aveva passato troppo tempo con lui in quel periodo e in un libro dell'epoca raccontava che gliene avevano dette di tutti i colori, insultandolo nel peggior dei modi. Insomma, Miguel non aveva pace in quel periodo, in più le canzoni che cantava non le sentiva più sue, non era quello il "Miguel Bosé" che lui voleva essere. In questi ultimi anni aveva pensato spesso persino di smettere, tanto era lo stress che aveva accumulato. C'è da dire che veniva da quattro anni fittissimi di lavoro, disco/promo/tour e poi da capo. I ritmi erano altissimi, tantissimi concerti, altrettante promo TV mondiali; chiunque, soddisfatto o no, avrebbe avuto bisogno di uno stop.
«Da un po' di tempo ero molto stanco, sfiduciato, propenso a smettere, cambiare mestiere. Mi sono fatto una bella auto-analisi, al termine della quale ho capito che se davvero volevo continuare a fare il cantante e l'uomo di spettacolo, dovevo ricominciare tutto daccapo. Questa nuova consape-

volezza mi ha dato una carica di forza, di energia, di entusiasmo assolutamente inimmaginabile e mi ha consentito di amare la musica di un amore nuovo, mai provato in precedenza» (Miguel Bosé, dalla rivista *Superflash*, n. 198, 1984). Per questo Miguel si prende tempo, per alcuni mesi non si hanno sue notizie. Ma dobbiamo ringraziare questa pausa riflessiva e chi ha creduto in lui per un nuovo ambizioso progetto che ci darà un Miguel rinnovato, mai visto prima, con un nuovo look ancora, anche in questo caso sia esteriore (porta dietro a dei capelli corti un codino molto lungo) che, soprattutto, musicale.
«Ho cambiato look per la voglia di cambiare; a ventotto anni non potevo fare ancora il teenager» (Miguel Bosé, da *Premiatissima*, programma TV Canale 5, 1984).
«In Spagna è un'esplosione continua di gruppi new wave, tecno-pop, di rock "surregno" (una contaminazione tra rock e flamenco), di salsa latino-americana. Io volevo registrare in incognito un album più sperimentale, ma la mia casa discografica non era d'accordo» (Miguel Bosé, da *Telesette*, n. 23, 8 giugno 1983).
«Vi svelo il nome del produttore del prossimo disco: Roberto Colombo *[storico produttore italiano e musicista noto per le sue tante importanti collaborazioni, nda]*. Stiamo realizzando un disco veramente nuovo e per certi aspetti sconvolgente. Vi accorgerete che è nato un nuovo "Bosé", più maturo dal punto di vista artistico e umano. Per quanto riguarda gli autori dei brani, stiamo facendo dei provini con giovani musicisti che non vantano nomi famosi, ma che si impegnano a fondo, portando nuove idee e fresche. È gente di ogni parte d'Italia, ma soprattutto di Milano, che come saprete ormai considero la mia città» (Miguel Bosé, da *Tutto musica & Spettacolo*, n. 12, dicembre 1983).
«So che per molti dei miei fan sarà una coltellata nel fianco, ma per me questa evoluzione era diventata una necessità irrinunciabile, il bisogno di trovare una coerenza perduta, di andare incontro a quelli che sono i miei gusti musicali, di raccontare veramente il mio mondo dal mio punto di vista. Non potevo più sopportare i compromessi: sono dolorosi e umilianti. Volevo ritirarmi, abbandonare la musica. Poi ho trovato il coraggio di mettermi a nudo e di mostrarmi come veramente sono. È l'atto più generoso che potevo avere ver-

so il mio pubblico: darmi così, per quello che sono» (Miguel Bosé, da *Grand Hotel*, n. 43, 26 ottobre 1984).
Nasce *Bandido*. Se fate caso alla copertina, è riportato solo il cognome: "Bosé", quasi a voler "eliminare" il nome Miguel, non per rinnegare se stessi, ma quasi a rivendicare una nuova vita con questo lavoro, dando più importanza alla sostanza, quindi al "Bosé cantante", che al "Miguel persona". A notare bene, molti altri dischi che usciranno in seguito avranno la stessa particolarità, casualità o scelta dell'artista che spesso rivendica la sua vita personale dicendo appunto che "Miguel" è il lato della sua vita privata, "Bosé" l'artista. Ne viene fuori un disco ostico, difficile e per nulla legato ai dischi precedenti. Miguel è un altro, canta in un modo diverso; i testi, quelli originali in spagnolo, sono tutti suoi, meno diretti anzi a tratti incomprensibili. Le liriche della versione inglese portano la firma di Peter Hammill, lo storico leader dei Van der Graaf Generator e quelli italiani di Oscar Avogadro ed Elio Aldrighetti, quest'ultimo bancario, amico da molti anni di Roberto Colombo. Anche la musica raggiunge una maturità tanto che molti, anche i più detrattori, devono ammettere che qui c'è davvero tanta, ma tanta qualità.
Ottima la gamma dei musicisti che prendono parte al progetto: oltre i già citati, troviamo Riccardo Giagni, Paolo Costa, Alfredo Golino, Sergio Cossu, Giorgio Vanni e molti membri dei Matia Bazar presenti in alcuni cori tra cui la cantante al tempo, Antonella Ruggiero.
I missaggi del disco furono fatti al mitico Power Station di New York ad opera dell'ingegnere Larry Alexander, che aveva al tempo già lavorato con Devo e Talking Heads.
«Bandido è una parola che nel disco uso due volte in altrettante canzoni della versione spagnola. È una parola che trovo molto suggestiva, almeno lo è in Spagna e molto tipica del linguaggio doppio, un po' popolare e un po' comic, che io prediligo. Bandido è il bandolero e il seduttore, è Zorro e Corto Maltese, entrambi virati in chiave ironica. Non bastasse, Bandido è anche una delle poche parole spagnole che hanno acquisito fama internazionale: la usano persino in Germania e in Inghilterra.
Parteciperò a "Premiatissima" perché è un modo come un altro per stare accanto al mio pubblico italiano, dato che non

farò tournée. Canale 5 mi ha offerto uno spazio di prestigio, la possibilità di soddisfare ogni mia esigenza artistica, la garanzia di poter comparire, ogni volta, dentro una scenografia appositamente studiata per me» (Miguel Bosé, da *Boy Music*, n. 41, 12 ottobre 1984).

«Lavorando a Londra per *Bandido* ebbi l'opportunità di apprezzare e apprendere da vicino il modo di vivere degli inglesi, molto diverso da quello degli spagnoli. Londra ha un maggior contatto con l'arte e uno si sente libero di essere, pensare e dire ciò che sente senza alcun impedimento morale. Tutta questa atmosfera mi ha fatto sentire la necessità di avere un'immagine di me che fosse fuori dal gusto della gente, ma che facesse sentire bene me stesso» (Miguel Bosé, da *VEA*, rivista cilena, 1988).

«Un anno fa ebbi una forte crisi, tanto da essere sul punto di ritirarmi da questa professione, che non delineava la mia identità musicale. Avevo qualche bozza, però non incontravo la persona giusta, poi, come per magia, conobbi Roberto Colombo e tutti i musicisti coinvolti in questo lavoro. Mi sono ritirato per un po' per stare in solitudine e non aver contatto con nessuno, sentivo la necessità di appartarmi del tutto e avere la lucidità per dedicarmi a questo. Da qui viene il titolo, *Bandido*, io questo disco l'ho rubato a me stesso, poco a poco me lo sono dovuto strappare di dosso, dalla mia pelle per intenderci, dall'anima.

In questa occasione è venuto fuori un suono tremendamente contemporaneo per quel che riguarda gli arrangiamenti, la produzione, a livello armonico e per la prima volta, la cosa che mi sorprende di più è che la voce si sente con il mio vero registro, che è una voce molto bassa, baritona» (Miguel Bosé, c.s. *Bandido*). E di questo ha sempre ringraziato Roberto Colombo, definendolo colui che gli ha salvato la carriera, infatti prosegue: «È successo per caso, stavo provando con la mia équipe e andai un attimo al bagno, il produttore passò casualmente davanti alla porta dello stesso, mi ascoltò cantare e disse: "È così che devi cantare quest'album..." e così fu».

La canzone che stava cantando quel giorno nel bagno pare fosse "Fiesta siberiana".

Peter Hammill fu un'altra prestigiosa collaborazione in questo progetto.

«Mi hai telefonato da Londra proponendomi Peter Hammill. All'inizio mi sembrava una cosa fuori dal mondo. Invece già al primo incontro a Milano è stato magico. Per esempio: ho scoperto che amava un gruppo spagnolo sconosciuto, Atrium Musicae, musicisti genialoidi, amici miei di Madrid. Poi c'era un romanzo giapponese, "Confessioni di una maschera", di Mishima, del quale entrambi ci siamo trovati entusiasti. Infine, ho trovato un collega molto più esperto, capace di intuire le mie emozioni e trasformarle in parole: una specie di telepatia. Prima di iniziare a cantare ogni canzone ci mettevamo lì mezz'ora, tutti a leggere il testo. Mi faceva giocare con il linguaggio, e poi spiegava dove voleva una determinata energia in una parola più che un'altra. Mi obbligava a dipingermi nella mente certe immagini quando le stavo cantando, una specie di yoga mentale» (Miguel Bosé, testimonianza raccolta da Armando Gallo, autore dell'articolo e intervista su *Tutto Musica & Spettacolo*, n. 9, 1984).
«Ho scritto i testi per il nuovo album di Miguel Bosé ed è stata un'esperienza estremamente interessante. Ho dovuto curare le parole, i ritmi interni con particolare attenzione perché sapevo che qualcun altro avrebbe dovuto cantarle e non avrei potuto bluffare se un verso era leggermente troppo lungo o troppo corto. E quando il mio compito era finito le canzoni erano me, ma in un certo senso non mi appartenevano più» (Peter Hammill, da *Tuttifrutti* n. 25, 1984).
«Non conoscevo Bosé ma è stata un'esperienza molto bella, è un cantante di gran talento, con un'affascinante sensibilità artistica. Ci siamo capiti immediatamente e sono davvero orgoglioso del lavoro svolto insieme. In un paio di occasioni avrei voluto cantarle io, meglio no, in maniera diversa» (Peter Hammill, da *Tutto Musica & Spettacolo*, n.7, 1984). Infatti, quattro anni dopo, nel suo album solista *In a foreign town*, egli pubblica una sua versione in inglese di "Abrir y cerrar", intitolata "This book".
In Italia il disco, nonostante la forte promozione su Canale 5, non ha il successo sperato. Si posiziona bene in classifica, molti fan lo comprano di default, perché si tratta di Miguel Bosé, ma non viene assolutamente capito, o almeno non dalla massa, e da lì pian piano il mercato di Miguel andrà sempre più scemando, nonostante gli sforzi e i dischi sem-

pre più di qualità, tranne per la nicchia che continuerà a seguirlo e capirlo e non lo abbandonerà mai.
Altrove invece il disco è capito eccome, e per Miguel non sarà altro che un'ascesa.
Tutt'oggi in Spagna è considerato uno dei dischi più importanti della storia del pop nazionale. Oltre ai singoloni di successo, "Sevilla" e "Amante bandido", oggi veri e propri classici della musica latina, contiene vere gemme musicali, come "Domine mundi" e "South of the Sahara". Lo stesso Bosé molti anni dopo dichiarerà che riascoltando questo lavoro quasi "va in crisi" per la bellezza e grandezza dell'opera stessa. Con questo disco, che lo si voglia o no, Miguel Bosé è l'unico che può annoverarsi l'etichetta del "David Bowie latino". Una definizione in cui lo stesso Bosé non sembra riconoscersi, probabilmente sia per rispetto al Duca Bianco, di cui è noto essere fan, sia perché sembra togliere a Bosé quel che è di Bosé. In realtà questo riferimento a Bowie non è tanto accordato all'artista spagnolo per il fatto di voler "copiare" o "imitare" il cantante di *Aladdin Sane*. Va inteso piuttosto come omaggio a un artista che, come pochissimi altri ha saputo rinnovarsi sempre, album dopo album, stando sempre al passo con i tempi. Questo continuo rinnovamento lo vediamo appunto in Bosé, che in ogni album propone uno stile differente dal precedente, un'evoluzione, una desiderio di rinnovamento senza rimpianti, probabilmente mettendo in pratica "parte" dell'insegnamento di Picasso, di andare avanti, evolvendosi sempre.

BANDIDO (ALBUM, 1984)

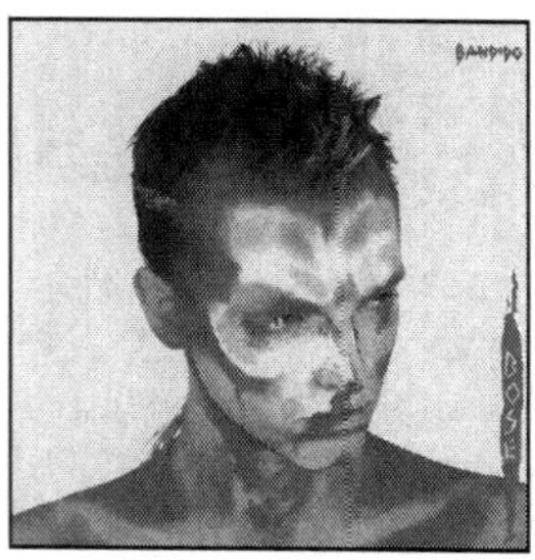

Edizione spagnola:
Abrir y cerrar / Horizonte de las estrellas / Amante Bandido / Fiesta siberiana / South of the Sahara / Sevilla / Y fue / Lento / Esclavo de tus ojos / Domine mundi

Edizione italiana:
Siviglia / Indio / Odio vivere adagio / South of the Sahara / Miraggi / Fiesta siberiana / Che sia / Inverno / Domine mundi

Singoli estratti:
Sevilla / Amante bandido / Lento / Horizonte de las estrellas / Miraggi

TRACK BY TRACK:

"Abrir y cerrar" (M. Bosé/E. Aldrighetti/O. Avogadro/P. Ameli/R. Colombo)
altre versioni; **"Odio vivere adagio"** (E. Aldrighetti/O. Avogadro/P. Ameli/R. Colombo) in italiano

«È la spiegazione del perché di quest'album. Aprire un nuovo capitolo, chiudendo il vecchio, con il dolore che può portare un'operazione del genere» (Miguel Bosé, c.s. *Bandido*).
«Musicalmente è un pezzo che viaggia, come si viaggia sull'acqua... "Che cosa vedrò, che cosà farò, al di là dei tuoi occhi, con che chiavi aprirò le notti..." Sono le domande che ci si pone alla fine di un amore» (Miguel Bosé, da *Tutto Musica & Spettacolo*, settembre 1984, riferendosi alla versione italiana del brano).

"Horizonte de las estrellas" (M. Bosé/E. Aldrighetti/O. Avogadro/R. Colombo/R. Battaglia/M. Schiappadori)
altre versioni: **"Miraggi"** (E. Aldrighetti/O. Avogadro/R. Colombo/R. Battaglia/M. Schiappadori) in italiano / **"Miraggi"** remixed version / **"Miraggi"** Dub version

«Un testo pieno di luce, impostato come un dialogo con una stella che considero una persona. L'orizzonte delle stelle è molto lontano, come quando iniziamo una storia d'amore che sembra non debba finire mai» (Miguel Bosé, c.s. *Bandido*).
«Forse è l'unica canzone di tutto l'album con una vera dolcezza. I "miraggi" siamo io e te e tutte le cose che ci stanno succedendo. Ma allo stesso tempo è talmente non vero che è reale: un miraggio» (Miguel Bosé, *Tutto Musica & Spettacolo*).

"Amante Bandido" (M. Bosé/E. Aldrighetti/O. Avogadro/S. Cossu/P. Ameli)
altre versioni: **"Indio"** (E. Aldrighetti/O. Avogadro/S. Cossu/P. Ameli) in italiano / **"Amante bandido 99"** 99 version / **"Bandido"** Pumpin'Dolls Y2K Club Mix (2000) / "**Bandido"** Groove brothers extended (2000) / **"Bandido"** Kid Cub mix (2000)

«È un testo divertente che è da cantare e ascoltare con il sorriso sulla bocca per la sua ironia» (Miguel Bosé, c.s. *Bandido*).
«È la personificazione di un modo di vivere ancestrale, quello dell'indio azteco. Una filosofia recuperata dal passato per vedere le cose attuali» (Miguel Bosé, *Tutto Musica & Spettacolo*).

"Fiesta siberiana" (M. Bosé/E. Aldrighetti/O. Avogadro/P. Ameli/R. Colombo)
altre versioni: **"Fiesta siberiana"** (E. Aldrighetti/O. Avogadro/P. Ameli/R. Colombo) in italiano

«Ambientata durante la rivoluzione bolscevica è la storia di un madrileno che finisce per combattere nelle file dello Zar ed ha nostalgia per la sua patria. Durante una sbornia scopre l'amore che prova per la moglie del suo capitano» (Miguel Bosé, c.s. *Bandido*).

"South of the Sahara" (P. Hammill/E. Aldrighetti/O. Avogadro/G. Vanni/C. D'Onofrio/S. Cossu/R. Colombo)
«Parla della leggenda dei Dogon, tribù che vive a sud del Sahara, e che avevano nozioni astronomiche molto avanzate per l'epoca. Una volta all'anno celebrano la danza di Sirio, che è una doppia stella formata da due soli» (Miguel Bosé, c.s. *Bandido*).

"Sevilla" (M. Bosé/E. Aldrighetti/O. Avogadro/S. Cossu)
altre versioni: **"Siviglia"** (E. Aldrighetti/O. Avogadro/S. Cossu) in italiano

«Una canzone d'amore, la storia di un crimine passionale tra un uomo e una donna che alla fine si uniscono come lo Yin-Yang e ciò che accade invece è che si autodistruggono per il troppo amore e la passione con cui vivono la loro relazione. Per riflettere su tutto questo non esiste posto migliore che l'Andalucia, e precisamente Siviglia, la patria de "La Carmen". Siviglia è una città che mi ha sempre incantato, con un fascino e un mistero terribile. Inoltre, Siviglia riassume tutta la Spagna: è araba, è cristiana, è giudaica. È tutto, è perfetta» (Miguel Bosé, c.s. *Bandido*).
Il clip di "Siviglia", diretto da un regista inglese che aveva già lavorato con i Duran Duran, Peter Gabriel e Marylin, viene lodato anche su un articolo de "La Repubblica" del 26 gennaio 1985 che riporta esattamente «Nonostante la produzione italiana dei videoclips non sia esaltante, ogni tanto un lavoro degno di nota viene prodotto, "Siviglia", di Bosé. Ambientazioni misteriose, una splendida fotografia, la presenza di Bosé, abile nel muoversi e credibile anche nelle parti non cantate, fanno di questo brano un videoclip di tutto rispetto, anche grazie a una scena di ballo finale i cui sapori spagnoli ed una coreografia ben studiata creano un effetto gradevolissimo. Oltretutto anche il brano merita certamente una lode» *[firmato E.A. Credo, si tratta quasi certamente di Ernesto Assante, nda]*. In generale il video godette di pochi passaggi televisivi, ancor meno radiofonici, in quanto da noi non fu pubblicato come singolo, per cui il brano, validissimo, passò inosservato. Non passò inosservato invece a Paul McCartney, che nel backstage del palco di "Sanremo 1988" chiese a Miguel: «Tu hai scritto "Sevilla"? Allora che non ti venga in mente di imparare un accordo in più, perché da quando io ho imparato il sesto ho smesso di fare buone canzoni» (Miguel Bosé, racconta da Facebook e Twitter official, 12 settembre 2018).
«È una canzone spagnola con una storia spagnola. Per il suo erotismo, per i suoi colori e odori questa città suscita la voglia di ricominciare da capo tutta una vita» (Miguel Bosé, *Tutto Musica & Spettacolo*).

"Y fue" (M. Bosé/E. Aldrighetti/O. Avogadro/G. Vanni/C. D'Onofrio/R. Battaglia/M. Schiappadori)
altre versioni: **"Che sia"** (E. Aldrighetti/O. Avogadro/G. Vanni/C. D'Onofrio/R. Battaglia/M. Schiappadori) in italiano

«È una sorta di confessione a se stessi. Una canzone di penitenza nella quale si cerca un rifugio o lo si cerca nella propria mente che è lo spazio più grande di quelli esistenti» (Miguel Bosé, c.s. *Bandido*).
«È la ricerca di uno spazio personale in cui rifugiarmi lontano da tut-

to. Forse è la ricerca dell'introspezione, della solitudine, della pace interiore. È la necessità, come nello yoga, di creare il vuoto» (Miguel Bosé, *Tutto Musica & Spettacolo*).

"Lento" (M. Bosé/E. Aldrighetti/O. Avogadro/P. Ameli/R. Colombo)
«È la storia d'amore con una sirena e di come le sirene parlano il francese. Il ritornello di questo pezzo è cantato in francese e rimane tale in tutte le versioni» (Miguel Bosé, c.s. *Bandido*).
«Un brano tremendamente sensuale, una canzone umida, con un ritornello molto mediterraneo, cantato in francese. Il momento quando ti lasci andare e parli un'altra lingua» (Miguel Bosé, *Tutto Musica & Spettacolo*).
Quasi certamente furono registrate anche le versioni con strofa per la versione italiana e inglese, lasciando il ritornello in francese, peccato che queste versioni non abbiano più visto la luce. Lo conferma il fatto che Miguel, nel numero di "Tutto Musica e Spettacolo" del settembre del 1984, spiega brano per brano l'album e cita anche "Lento", insieme a "Suzanne" (esclusa al momento della pubblicazione) e "L'aquila, il serpente, l'anima", che doveva essere la versione italiana di "South of the Sahara", che nella stessa sede definisce entrambe "due storie interiori, da interpretare ognuno a proprio modo".

"Esclavo de tus ojos" (M. Bosé/E. Aldrighetti/O. Avogadro/R. Battaglia/M. Schiappadori)
altre versioni: **"Inverno"** (E. Aldrighetti/O. Avogadro/R. Battaglia/M. Schiappadori) in italiano

«È la persona che attraverso gli occhi di altri è capace di far le cose più folli possibili» (Miguel Bosé, c.s. *Bandido*).
«Quando vuoi possedere una persona e non riesci ad averla (o ce l'hai troppo facilmente) ti può venire questo rifiuto di te stesso, per l'incapacità di gestire un rapporto. L'inverno simboleggia questo gelo di sentimenti» (Miguel Bosé, *Tutto Musica & Spettacolo*).

"Domine mundi" (P. Hammill/E. Aldrighetti/O. Avogadro/R. Giagni)
altre versioni "**Domine mundi**" (E. Aldrighetti/O. Avogadro/R. Giagni) in italiano

«Maestro dell'universo, è una canzone postatomica di un falso profeta che si propone alla gente per la salvezza» (Miguel Bosé, c.s. *Bandido*).

Note alla discografia

Il disco viene registrato in tre lingue: spagnolo, italiano ed inglese. Purtroppo quest'ultima, a parte due brani inclusi nella versione base per il mercato spagnolo e uno da noi per quello italiano, verrà accantonata. Non sappiamo cosa abbia portato la CBS a fare questa scelta all'ultimo momento, ma il disco in inglese resterà per sempre un desiderio di tanti fan che vorrebbero ascoltarlo, anche per non rendere vano

il lavoro di un grande nome quale Peter Hammill. Speriamo che un giorno Miguel accolga questo invito e decida di pubblicarlo in una edizione deluxe dello stesso.
Le versioni sudamericane non differiscono dallo spagnolo, per tracklist e copertina, tranne una stampa venezuelana, che ha come curiosità la faccia di Miguel rivolta dal lato opposto. Non è uno scatto diverso, è solo come se fosse "messo di fronte a uno specchio". Attenzione però: si tratta di una seconda stampa pubblicata a giugno 1985 in edizione limitata, perché a novembre 1984 uscì la prima edizione con la copertina "regolare".
Il promo per la stampa spagnola ha una sovracopertina lucida riportante la faccia di Miguel dorata e all'interno il comunicato stampa. Anche in Italia la stampa lo ricevette con il folder sovracopertina, ma non lucido. Per l'Europa venne emesso il 12" "Miraggi" con le versioni "remixed" e "dub version".
La musicassetta in Italia, alla fine del lato A, contiene "Siviglia (coda strumentale)", che non è altro che una "piccola ripresa" del brano, per motivi legati alla durata del nastro e del suo riavvolgimento, prima di cambiare il lato per l'ascolto.

PREMIATISSIMA '84

Miguel è ospite fisso della trasmissione "Premiatissima", in onda su Canale 5 ogni sabato, a partire dal 6 ottobre 1984, per sedici puntate. Il varietà è condotto da Johnny Dorelli e Ornella Muti, affiancati da Gigi Sabani, Gigi e Andrea, Augusto Martelli e lo stesso Miguel che, oltre all'aspetto musicale, metterà in gioco anche la sua ironia, non tirandosi indietro quando ci sarà da scherzare e partecipare a sketch divertenti. Di rilievo, infatti, il feeling amichevole e giocoso che si crea con Dorelli e la Muti. Ma la cosa più importante per Bosé è promuovere questo album a dovere, spiegandolo brano dopo brano. Infatti, sotto la guida di Davide Rampello (regista dell'intero ciclo di trasmissioni), sarà girata in esclusiva per ogni puntata del varietà una clip differente di quasi tutti i brani dell'album. Una cosa non molto usuale in TV, soprattutto se paragonata ai giorni nostri, così veloci e a mio parere "meno attenti" a incuriosire il pubblico in

questa maniera. Ma Miguel ci prova e propone tutti i brani dell'album, fatta eccezione per "South of the Sahara". Anche la sigla della trasmissione è una vera e propria clip esclusiva, firmata sempre da Rampello, del brano "Miraggi", primo e unico singolo uscito per il mercato italiano. Co-protagonista della clip la sensualissima Ornella Muti. Nel filmato lei e Miguel recitano come fossero una coppia di innamorati.
Con lo stesso regista sarà girato in una biblioteca italiana il video ufficiale del brano "Amante bandido/Indio", che in Italia non verrà capito a pieno, né avrà molta diffusione. In un'intervista del 2007, rilasciata a Mario Luzzatto Fegiz, lo stesso Miguel si dirà, dispiaciuto al riguardo, affermando l'impossibilità, all'epoca, di poter promuovere il disco al di fuori dalle reti di Berlusconi, come prevedeva il contratto.

Il disco era già difficile in partenza, dato il cambio repentino di genere musicale, e non fu cosa facile promuoverlo in quel varietà (seppur di gran qualità), la cui goliardia non era troppo attinente al messaggio dell'album, tutto fuorché scanzonato e allegro. Fu una precisa scelta quella di non effettuare un tour di supporto all'album, a vantaggio della sola promozione dei brani in TV, con la relativa spiegazione del cambiamento e del significato dell'album a cui appartenevano. Sicché il disco, almeno in Italia, non funzionò come avrebbe dovuto e meritato.
Un simile speciale trattamento con altrettanti videoclip realizzati appositamente per ogni brano sembra sia stato fatto qualche mese dopo in Messico per il canale Televisa.

Intervista a Davide Rampello, direttore artistico e regista televisivo.

(raccolta telefonicamente il 2 marzo 2021)

Davide, Lei è stato il regista di "Premiatissima", incluso tutte le esibizioni musicali di Miguel Bosé, dei veri e propri "videoclip". Ogni sera uno diverso. Come è stato lavorare a questa trasmissione televisiva e alle canzoni del cantante spagnolo? Un lavoro molto impegnativo, suppongo.
Al tempo in tutte le trasmissioni, soprattutto quelle del sabato sera, ogni canzone, ogni balletto, aveva una sua scenografia e una sua coreografia con i relativi costumi. Io lavoravo per dare risalto a ognuna di queste singole voci. Non solo per Bosé, anche per tutti i can-

tanti e i ballerini della trasmissione. Tutto questo necessitava l'utilizzo di uno scenografo, di un coreografo, di un direttore della fotografia, di musicisti, di un insieme di maestranze e professioni straordinarie messe insieme per realizzare una televisione di qualità. Quelli che lei chiama videoclip erano impaginati in una trasmissione che aveva a sua volta una sua scenografia e una sua struttura. Quello lì è stato l'ultimo periodo in cui si scrivevano i copioni nel mondo della televisione. C'erano gli autori. Oggi non esistono più gli autori, sono "scalettatori", fanno la scaletta, mettono in fila le cose, gli autori al massimo lavorano per i monologhisti, ma una volta era tutto scritto. Io ho avuto la fortuna di lavorare con i più grandi: Amurri e Verde, Paolini e Silvestri, Terzoli e Vaime, Simonetta, Jurgens. Questi erano scrittori. Scrivevano. Corbucci, il regista, con cui ho lavorato era anche autore. Ho avuto la fortuna di lavorare con loro ed ero autore all'interno di un gruppo di autori, non firmavo solo la regia. Come deve essere. Oggi la regia è un lusso. La regia vera era innanzitutto autorale. Al tempo io sceglievo il tema, lo sviluppavo con l'autore, si scrivevano i testi, suggerivo le scenografie, sceglievo insieme al costumista il tipo di linea che la ballerina o il cantante di turno doveva avere. Sceglievo i colori. Si sceglieva una linea, una modalità, così come oggi negli appuntamenti di moda si sente dire "oggi va di moda questo colore...". Andavo in sala prova a vedere i costumi e le coreografie. Quando con Miguel abbiamo realizzato i clips per "Premiatissima", lui aveva a disposizione solo quattro giorni e dovevamo realizzare otto video. Grazie a Zitkowsky, uno dei più grandi scenografi televisivi, che a differenza di molti altri aveva il concetto di economia dello spazio, sapeva gestire lo spazio come pochissimi, forse il più bravo in questo, avemmo l'idea geniale di costruire una struttura elicoidale grandissima in legno, fatta con assi e travi, e chiamammo i muratori di Bergamo per montarla, i quali lo fecero in un solo pomeriggio. Successivamente a questa struttura nuda e cruda, aggiungevamo gli elementi scenografici. Ad esempio Miguel sporcava una parete o la dipingeva con degli ossidi, delle terre, oppure come in un altro clip aggiungevamo quintali di sale e in tutto lo studio sembrava nevicare. Queste sono cose straordinarie. Sperimentavamo continuamente, sotto tutti i punti di vista. Avevo una troupe molto unita. La migliore troupe televisiva in Italia, a detta di tutti, la troupe dello Studio 7. Avevo coltivato nel tempo il cameraman, il direttore della fotografia, lavoravamo sempre insieme. Ricordo che avevamo affittato appositamente uno studio televisivo per realizzare tutto questo. Avevamo poco tempo data la disponibilità di Miguel. Allestimmo una branda in una piccola camera dove lui potesse riposare e non ci siamo mai fermati, abbiamo registrato tutto di seguito. Io ricordo che dormivo solo due o tre ore a notte, mi facevo persino la doccia lì. Lavoravamo in questo modo: io montavo la canzone, spiegavo agli altri la canzone girando in studio "come se fossi Miguel" con tutto lo studio preparato, indicando tutti i suoi movimenti, gli stacchi. L'assistente mi veniva dietro prendendo nota di tutto. Dopodiché facevamo le prove con le luci e l'assistente alla regia per controllare se gli stacchi fossero giusti. Si chiamava Miguel, si facevano un paio di prove perché volevo controllare le luci direttamente su di lui, e poi si girava direttamente. Poi Miguel tornava a riposare, smontavamo tutta la scenografia mentre il quale approfittavo per riposare anch'io, ma al momento di rimontare l'altra scenografia andavo a controllarla e si facevano le luci con il direttore della fotografia, e mentre si faceva questo io in regia facevo la divisione della seconda canzone con i cameraman, che intanto si erano riposati. Dividevamo gli stacchi, poi io rifacevo le prove come fossi Miguel con lo studio pronto, tornava Miguel si rigirava il tutto. Il tutto in soli quattro giorni. Abbiamo girato otto video per otto canzoni, bellissime, tra l'altro, devo dire che erano una più bella dell'altra.

Una scelta molto coraggiosa a mio avviso quella di proporre un intero album in una trasmissione TV, oggi lo trovo impensabile per la "velocità" che ha la televisione nel modo di proporsi. Soprattutto per un album come quello di Bosé al tempo, un disco di rottura.
Al tempo nel fare televisione c'era professionalità. Significava fare un po'di teatro, un po' di cinema, fare della qualità. Oggi è tutto un altro mondo.

Lei ha girato con Miguel anche il videoclip "Indio/Amante bandido".
Sì. Lo storyboard lo abbiamo girato nella Biblioteca Angelica a Roma, chiedendo il permesso. Il video è molto bello e totalmente nuovo per quel periodo.

Infatti vinse anche un premio in Spagna?
Sì, come miglior video dell'anno.

Ricordo male o in un'intervista dell'epoca a Miguel il cantante accenna al fatto che il serpente nel videoclip fosse vero?
Era vero, sì. Era un pitone. Ho anche delle foto con il pitone arrotolato.

Come è stato lavorare con Miguel?
Eravamo molto affiatati e uniti. È stato un bellissimo sodalizio. Ho passato persino un bellissimo ultimo dell'anno a casa sua a Madrid con altri del cast della trasmissione.

Il vostro sodalizio lavorativo proseguì due anni dopo per il videoclip "Heaven/Nena".
Sì. Quel video è stato girato in Umbria, in una location meravigliosa oggi utilizzata dalla moda ma al tempo sconosciuta, La Scarzuola. Un posto ricostruito da Busiri Vici, architetto famosissimo, che costruì "la città ideale", che poi non portò a termine. Ricordo che per girare alcune scene aspettai l'alba. Mettemmo la camera fissa e l'effetto era bellissimo. Oggi non si fa più, una volta era tutto reale. Avevo inventato una storia molto interessante tra Miguel e al tempo l'indossatrice, in seguito diventata famosa attrice, Clarissa Burt.

A proposito del videoclip di "Heaven", Bosé dichiarò in un'intervista tratta dall'Archivio Luce Cinecittà nel 1986: «Il videoclip di "Heaven", da me prodotto, racconta la storia della ricerca tra l'ironia e la realtà di un uomo che si presta a qualsiasi gioco pur di arrivare a scoprire una traccia di un amore che si trova soltanto in un paradiso. Il video è stato registrato in Umbria, vicino a una abbazia dove San Francesco si ritirava per le sue preghiere. Un posto stupendo, una bellissima costruzione, molto accattivante. Sia io che la donna americana che recita con me interpretiamo diversi ruoli all'interno di questo video. Non vorrei che le parole e la storia siano troppo una restrizione per quello che si deve raccontare. Ciò che si deve raccontare invece deve andare oltre le parole, deve prendere la fantasia e lanciarla come un boomerang con molta violenza per aria. Non vorrei che siano le parole a raccontare l'immagine, ma che sia l'immagine ad allargare la storia della canzone, ed è spero che quello siamo riusciti a fare con Davide Rampello, il regista».

Intervista a Peter Hammill, cantante, musicista

(raccolta via mail il 6 settembre 2017)

Ciao Peter, tu hai lavorato all'album *Bandido* del 1984, uno dei dischi più importanti della carriera di Miguel. Come vi siete incrociati professionalmente?
Non ricordo esattamente tutto, son passati molti anni, ma credo che il punto di incontro fu il mio manager Gali e sicuramente Maurizio Salvadori, che al tempo era il manager di Miguel. Non ci siamo incontrati con gli altri sino a quando non sono arrivato a Milano, e della carriera precedente di Miguel non conoscevo nulla, ma onestamente preferivo di gran lunga così, delle volte i preconcetti possono solo intralciarne il lavoro. Ho avuto un approccio di traduzione simile a quello avuto in altri lavori che ho fatto. Quando ci siamo incontrati per la prima volta, sia io che Miguel indossavamo abiti bianchi Katharine Hamnett, molto in voga al tempo, e questo creò subito un legame gioviale. Il lavoro fu molto intenso, tutti i giorni eravamo in studio io, Miguel e due parolieri italiani contemporaneamente. Avemmo però anche il tempo di socializzare. Alloggiavamo all'Hotel Diana, che era molto carino. Ci fu un po' di confusione quando vennero mia moglie e le mie due figlie, all'epoca giovanissime, e dovettero trattenersi un paio di giorni perché non avevamo finito il lavoro. Dopo siamo partiti per le Cinque Terre e dopo ancora per il Sud della Francia in vacanza.

Furono registrate tre versioni per questo lavoro: spagnolo, italiano ed inglese. A parte due brani ("South of the Sahara" e "Domine mundi") nella versione spagnola lasciati in inglese, l'intero lavoro in lingua inglese non è mai stato pubblicato, un peccato...
Miguel voleva la versione in inglese, credo fosse volontà sua l'idea di realizzarla. Le case discografiche avranno pensato che avrebbe

venduto in lingue latine. È stato molto carino da parte di Miguel, son quasi certo che fosse una sua decisione quella di lasciare i due brani in inglese perché forse sarebbe stato controproducente per lui adattarli in spagnolo. La mia interpretazione dei testi è stata molto influenzata dalle conversazioni che facevamo durante la lavorazione del disco. Comunque sì, un peccato che la versione inglese non sia mai uscita, in ogni caso Miguel è stato abbastanza impegnato con il suo lavoro.

Come è stato lavorare con Roberto Colombo, il produttore di questo disco?
Roberto è stato un produttore esemplare, ricordo con affetto sia lui che il suo lavoro.

Della carriera attuale di Miguel che ne pensi?
Come sopra, ma aggiungerei che di lui mi è piaciuto e mi piace il suo spirito e la sua attitudine, Sangre Samurai, no? Vorrei aggiungere inoltre che con Miguel ci siamo rivisti un paio di volte dopo la registrazione, ogni volta che andavo a Madrid lo chiamavo. Per me, e spero per lui, è stato un onore lavorare insieme.

Intervista a Guido Harari, fotografo professionista

(raccolta via mail il 23 gennaio 2018)

Ciao Guido, a parte molti tuoi lavori fotografici, *Bandido*, come album, è stato l'unico a cui ha collaborato con Bosé o sbaglio?
Ho conosciuto Miguel nel 1980, in occasione di un suo concertone allo Stadio San Paolo di Napoli. Insieme al giornalista Enzo Gentile, dovevo realizzare una cover story per la prima edizione italiana di "Rolling Stone". Era l'anno del grande successo con "Olympic Games" e all'epoca non erano molti gli artisti italiani che si esibivano negli stadi. Miguel si presentava come un ragazzo di mondo: educato, affascinante, già molto sicuro di sé sulla scena e fuori. Era cresciuto insieme agli amici dei genitori: star del cinema, vip, artisti, tra cui Picasso. Come poteva non essere così?

Come è nato questo progetto?
Erano passati due anni soltanto e, una sera, ci incrociammo ad una presentazione in una discoteca, a Milano. Salutandomi in mezzo alla folla, Miguel mi disse poche parole: «Dobbiamo lavorare insieme per la copertina del mio nuovo disco». A quell'epoca lavoravo molto anche con i Matia Bazar, prodotti da Roberto Colombo. Roberto era anche il produttore di *Bandido*, il nuovo disco di Miguel e probabilmente aveva fatto il mio nome a Miguel.

Ci può raccontare qualsiasi aneddoto e/o curiosità risalente al periodo di lavorazione alla copertina di *Bandido*?
Bandido doveva essere per Bosé un album di rottura col suo passato più pop, sia sotto il profilo musicale che su quello dei testi. Miguel voleva una copertina altrettanto dirompente e, sentito il titolo del disco, gli proposi di trasformarsi grazie ad un sofisticato "body-

painting". Chiamammo il bravissimo truccatore Romualdo Priore e ci chiudemmo per tre giorni nella stanza di Miguel all'Hotel Diana Majestic. Romualdo improvvisò un'infinità di trucchi diversi, sempre più carichi, sempre più astratti, utilizzando pigmenti in polvere come quelli usati in India durante certe feste tradizionali. Dopo ogni trucco, Miguel doveva farsi una doccia per ricominciare, senza sosta. Alla fine del lavoro, tentammo un'ultima carta: Romualdo truccò Miguel con colori fluorescenti e scattammo queste foto solo con luci UV. Come fotografo mi pareva di aver fatto un ottimo lavoro. Da poco avevo pubblicato un libro con le mie foto scattate a Lindsay Kemp, il grande mimo e danzatore inglese, di cui Miguel era amicissimo. Dunque c'era, nel servizio di *Bandido*, una componente fortemente teatrale, che non poteva non entusiasmarmi. Mesi dopo, ci ritrovammo tutti con Romualdo sul set di un video a Roma, "Indio", dove Romualdo truccò di nuovo Miguel facendo riferimento alla copertina del disco. Ricordo la tenacia, la grinta e il divertimento con cui Bosé affrontò quello strano servizio fotografico. Rompevamo gli schemi? Era creatività pura? Mah, so solo che ci siamo divertiti da pazzi, stupiti ogni volta dalle meraviglie di Romualdo che si fissavano sulla pellicola.

Come è stato lavorare con Bosé, artista e uomo?
Una bellissima esperienza di libertà, che ho vissuto con pochissimi altri artisti. È raro che un artista desideri mettersi in gioco fino a quel punto: non solo con la musica, ma anche con la propria immagine. In fondo erano passati solo due-tre anni da "Olympic Games", una hit perfetta da bravo ragazzo. Ho fotografato ancora Miguel per *Salamandra*, ma non per la copertina. Facemmo un servizio lunghissimo in studio per la promozione del disco.

Intervista a Sergio Cossu, musicista, produttore

(raccolta via mail il 15 ottobre 2017)

Ciao Sergio, la prima curiosità che vorrei chiederti è come è nata la tua collaborazione con Miguel Bosé per l'album *Bandido*, tra l'altro uno dei suoi lavori più importanti a livello mondiale.
Nell'estate del 1980 ero andato a Londra, cercando di annusare l'aria musicale della città dei miei sogni e dei miei riferimenti musicali. Al mio ritorno, circa un anno dopo, recuperai il numero di telefono di Roberto Colombo, che aveva realizzato due dischi solisti in stile "zappiano" che mi erano piaciuti molto e che stava iniziando la sua carriera di produttore. Roberto fu molto disponibile e mi ricevette in uno studio milanese (credo il Mulino) dove stava realizzando la sua prima produzione importante, "Rock'n'Roll Robot" di Alberto Camerini. Non era certo il mio primo viaggio a Milano in cerca di contatti e di occasioni professionali, però Roberto fu il primo che si dimostrò interessato alle mie cose e al loro linguaggio molto poco italiano. Per un paio d'anni ci frequentammo (Roberto, oltre ad essere un grande musicista, è anche molto simpatico) io gli feci un po' da ragazzo di bottega accompagnandolo in sessioni per Edoardo Bennato, i Matia Bazar di

Tango e *Aristocratica* (album nel quale c'era un brano mio, "Logica attenuante"), Enzo Jannacci (per il quale scrissi la mia prima canzone importante, "Obbligatorio", sigla di una sua trasmissione Rai), Giorgia Fiorio e altri. Dopo il successo di "Vacanze Romane" a Roberto fu affidata la produzione del nuovo disco di Miguel Bosé.

Hai ricordi particolari, aneddoti che potresti raccontarci riguardo la tua collaborazione e/o registrazione a questo grande lavoro?
Miguel voleva uscire dalla sua immagine di *teen idol*, e al momento Roberto era sicuramente il produttore italiano più originale e internazionale. All'epoca tra l'altro i produttori italiani erano molto di moda in Spagna e Sudamerica, e questo probabilmente spiega perché Miguel si rivolse a un produttore italiano e non ispanico. Colombo (che non è uno che ama le strade facili) decise di affidarsi unicamente ad autori esordienti o quasi. Oltre a me (che all'epoca venivo chiamato da Roberto, Miguel e tutti "Il Padovano") ricordo tra gli altri autori delle musiche Piero Ameli (coautore con me di "Amante Bandido"), Riccardo Giagni (in seguito ottimo autore di musiche per il cinema), i componenti della band Tomato, Giorgio Vanni, Claudio D'Onofrio e altri.

Infatti sei accreditato come autore in "Sevilla", "Amante Bandido" e "South of the Sahara". Innanzitutto complimenti, i primi due sono diventati dei classici intramontabili della discografia di Miguel, l'altro brano meno di massa ma ti faccio i miei complimenti personali in quanto lo ritengo tra i più belli del disco. Come sono nati?
Roberto scelse alcune mie composizioni, alcune delle quali incomplete; ad esempio di "Amante Bandido" c'era solo la strofa, l'inciso venne poi scritto a distanza da Ameli, che conobbi solo anni più tardi; "Sevilla", invece, non era stata apprezzata da Roberto, ci pensò Miguel, che ascoltò tutta la mia cassetta e apprezzò molto il mio provino (già completo) e la inserì tra i brani scelti. Altre mie idee furono realizzate in forma di provino ma non arrivarono in fondo al progetto. Devo dire che fu scelto anche un altro mio pezzo, che fu registrato e mixato, ma alla fine non fu pubblicato (nonostante la CBS americana l'avesse scelto come primo singolo). Si trattava di "Suzanne".

Fu realizzata un'intera versione in inglese, non più pubblicata, un peccato…
Non sapevo che la versione inglese non fosse mai stata pubblicata. I testi inglesi, come sai, furono affidati a Peter Hammil, uno dei miei idoli dell'adolescenza con i suoi Van der Graaf Generator. Peccato, i testi di Hammill erano ovviamente molto belli. Ricordo che un pomeriggio in studio mi misi al piano e, con Miguel alla voce, cantammo un paio di suoi capolavori, che sembrò apprezzare molto. Fu molto bello con Hammill parlare non tanto di musica quanto di calcio. Miguel fu da subito molto molto amichevole con me, molto gentile e disponibile; si dimostrò poi anche ottimo autore di testi, grazie anche alle sue buone letture (girava sempre con un bel pacco di libri sottobraccio).

Un album di rottura, di gran cambiamento, e collaborazioni importanti, Colombo, Hammill. Sarà stato piacevole lavorarci immagino.
Fra le altre cose belle e importanti di quelle sessioni ricordo una sera

in cui, per registrare un coro, vennero in studio Aldo, Carlo, Giancarlo e Antonella. Non facevo ancora parte dei Matia, ma ci eravamo già conosciuti e in quell'occasione si rinforzò la nostra simpatia e stima reciproca. Sono ben felice e orgoglioso di aver partecipato alla bella avventura di *Bandido*.

Come dicevamo prima, "Sevilla" e "Amante Bandido" sono due classici a livello mondiale, non vi è concerto in cui verso la fine il pubblico non inizia a richiedere a gran voce "Bandido, Bandido...", mentre in Italia all'epoca passarono in sordina, quasi ebbero più risalto molti anni dopo con *Papito*; che ne pensi di queste curiose e strane differenze tra un paese e l'altro, nel caso della Spagna neanche lontanissimo e come ci si sente ad aver "avuto questo peso" nella discografia di Miguel che ha sempre detto che gli ha "salvato la carriera"?
È vero che in Italia non fu un successo, ma come ben sai nei paesi di lingua spagnola sì; ricordo una riunione in casa discografica in cui girava una rivista americana di show business in cui nelle classifiche del Sudamerica c'erano contemporaneamente, al primo e secondo posto, "Sevilla" e "Amante bandido". Ho visto dei live di Miguel in cui queste due canzoni vengono cantate per gran parte dal pubblico e non ti nascondo che questo mi ha dato molti brividi. Quando Miguel, dopo il successo di *Papito* (nel cui libretto di copertina purtroppo per un errore non vengo citato tra gli autori di "Amante bandido") tenne un concerto a Milano, andai a trovarlo dopo il concerto nel backstage; lui fu come sempre molto carino, e in quell'occasione rividi alcune persone che negli anni avevano collaborato sia con lui, sia con me, come Maurizio Fabrizio, Paolo Costa e altri, e anche l'accoglienza da parte della band fu molto "latina":). Il pubblico italiano non è mai stato molto propenso alle novità e ai cambi di rotta (pensa alla fatica che hanno fatto Battiato e i Matia a far accettare al grosso pubblico i loro cambi di rotta). Inoltre credo che la partecipazione di Miguel a "Premiatissima" non fosse molto in sintonia con il suo nuovo personaggio, più coraggioso e maturo rispetto al passato. Sicuramente *Bandido* ha offerto al mondo una nuova versione di Miguel, probabilmente più vicina alla sua vera natura artistica e alla sua personalità. Il ragazzino di "Super Superman" ha costruito con quel disco la seconda parte della sua favolosa carriera, dandogli credibilità. Come ti dicevo, Miguel è anche uomo di cultura, intelligenza e coscienza civile e negli anni seguenti lo ha spesso dimostrato. Se *Bandido*, come dice lui, ha salvato la sua carriera, posso ben dire che ha contribuito di molto a costruire la mia :-)

Su una rivista Miguel commentava brano per brano, ricordo "Suzanne" e mi chiedevo infatti all'epoca dove fosse finita, così come "L'aquila il serpente l'anima". Anche questa fu esclusa?
"L'aquila il serpente l'anima" credo che sia uscita, no? Oppure si trattava del titolo italiano di "South of the Sahara"? Dovrei controllare, ma credo proprio che sia così *[ecco svelato il mistero dopo tanti anni... nda]*.

EN PENUMBRA (FILM, 1985)

Miguel non riesce mai a star fermo, vacanza per lui vuol dire "a cosa lavorerò per il prossimo progetto?". Infatti, oltre a rinascere musicalmente con un disco magistrale, decide di rilanciarsi nel cinema, a cui non prendeva parte da diversi anni. Così, nel 1985 decide di dedicarsi a ben due progetti cinematografici in pochi mesi.

En Penumbra è un thriller di José Luis Lonzano, le cui musiche furono affidate a Fernando Civil. Miguel è affiancato da Amparo Muñoz, Toni Cantó e Lola Herrera. «Un esperimento "underground" con un regista che viene dal videoclip, José Luis Lonzano. Il film è una storia particolare, strana, nella quale interpreto un personaggio anche molto strano, sono una specie di araba fenice che fisicamente muore tutte le sere per rinascere tutte le mattine. Un personaggio molto magico con un'ombra felina» (Miguel Bosé, da *Ciao 2001*, n. 24, 20 giugno 1986).

La pellicola ebbe problemi di distribuzione, almeno per quanto concerne l'Italia: venne infatti annunciata insieme al film di Colomo, ma rimase inedita.

Il DVD in lingua originale spagnola, invece, è stato editato dalla Buena Vista Home Entertainment.

EL CABALLERO DEL DRAGON (FILM, 1985)

Film di fantascienza del 1985, diretto da Fernando Colomo, con le musiche di José Nieto, a cura della Salamandra Productions, che sarà un nome totalmente casuale, ma che tornerà a breve nella carriera di Miguel.

La pellicola narra la storia tra una principessa medioevale e un extraterrestre dal nome XI, interpretato da Miguel Bosé. Il cast vanta nomi di prestigio: Klaus Kinski, Fernando Rey, Harvey Keitel, José Vivó Maria Lamor, Julieta Serrano.

«Un film di fantascienza sulla storia di un extraterrestre che capita sulla terra durante il Medioevo» (Miguel Bosé, da *Ciao 2001*, n. 24, 20 giugno 1986).

«Lavorare con Kinski è stata un'esperienza meravigliosa. Sul set tutti lo temevano, ma in realtà è una persona mol-

to schietta, che vuole essere trattata con schiettezza. Mi ha impressionato la sua lucidità, ma soprattutto la sua cultura» (Miguel Bosé, da *Poster Music e Spettacolo*, n. 7, luglio 1986).
«Tutti parlavano di lui in modo terrorizzante e io, volutamente, l'ho ignorato. È stato lui a venire a cercarmi e tra noi è nato un ottimo rapporto. Klaus è un uomo condizionato dalla sua faccia da cattivo e, per difesa, si è costruito un personaggio negativo, ma è un uomo coltissimo con una personalità affascinante» (Miguel Bosé, da *Tutti Frutti*, n. 45, giugno 1986).
«Il film è ricco di effetti speciali, soprattutto all'interno dell'astronave ci sono dei trucchi cinematografici d'effetto. Infilare quella tuta aderentissima in materiale plastico e tenerla per ore sotto il sole dell'estate per le riprese era un autentico supplizio. Comunque ne è valsa la pena» (Miguel Bosé, da *TV Sorrisi e Canzoni*, n. 52, 4 gennaio 1986).
In Spagna fu editata la versione in VHS e Betamax, successivamente il DVD distribuito dalla JRB Procutions.
In Italia, invece, nonostante il film fu presentato anche nelle riviste come di imminente uscita, non fu più proiettato nelle sale, né mai è stata editata alcuna versione in VHS o DVD in lingua nostrana. Probabilmente ci saranno stati problemi relativi ai diritti di questo film, infatti pare che negli Stati Uniti si sia dovuto aspettare sino al 1992 per vedere la commercializzazione delle videocassette per la Vidmark Entertainment. Successivamente fu editato anche in DVD, a cura della Echo Bridge Home Entertainement, con il titolo *Star Knight*, ovviamente in lingua inglese.
Secondo quanto riportato sull'edizione Betamax dell'edizione spagnola, almeno fino al periodo riferito alla pubblicazione della stessa, la pellicola era "il film più costoso della storia del cinema spagnolo".

NEL REGNO DELLA SALAMANDRA

Bene, *Bandido* in Italia non ha dato i risultati sperati, anzi ha "spaventato" un po' il pubblico, che non ha capito il "nuovo Bosé". Ho sempre pensato che questo disco sarebbe stato considerato un capolavoro della new wave italiana, o almeno di culto come altri lavori (anche minori talvolta) di altri colleghi più blasonati nel genere, se solo fosse uscito sotto un altro nome, ma trattandosi di Miguel Bosé non gli si diede il giusto peso. La critica "impegnata" pensò che si trattasse di uno dei soliti lavori commerciali, e chissà se diede il dovuto ascolto. La stampa specializzata, i critici e "quelli che ne sanno" son sempre restii a dare un'ulteriore chance a un artista che hanno già etichettato. In Spagna e nei paesi latini invece il lavoro andò molto meglio e fu un primo grande passo verso il nuovo percorso che Miguel volle intraprendere, dirigendosi sempre più verso mercati che lo comprendevano maggiormente. Fu "Nuova vita" in ogni senso. Si interruppero i rapporti con la CBS (si mangeranno le mani un giorno?) e si ricominciò tutto dalla WEA. «L'équipe di lavoro è grosso modo la stessa del precedente lavoro, solo che il produttore non è Colombo ma Celso Valli. Anche se Roberto *[Colombo, l'arrangiatore, nda]* si è occupato di tutti i preparativi, scelto le canzoni. Questo disco, prima della firma con WEA, me lo sono diretto e pagato da solo. Con la CBS, anche se *Bandido* andò benissimo, i rapporti ormai erano deteriorati e mi sono tolto una spina dal fianco, finalmente esce l'album anche in inglese, cosa che non successe più con il precedente, versione che mantengo custodita in casa. Mi spiace molto per il gran lavoro fatto da Peter Hammill» (Miguel Bosé, c.s. *Salamandra*).
Tra i musicisti che prendono parte a questo nuovo lavoro di Miguel abbiamo ai cori per la versione spagnola: Juan Cánovas, Rodrigo, Adolfo y Guzmán, quartetto di musica spagnola, conosciuto anche come CRAG; José Luis Campuzano Sherpa, bassista e cantante del gruppo heavy metal Barón Rojo. Per la versione inglese invece, da segnalare Richard Darbyshire, che l'anno successivo debuttò con la sua band, i Living in a Box. Tra gli altri musicisti abbiamo Paolo Gianolio, Andrea Fornili, Riccardo Giagni, Celso Valli, Loris Ceroni e molti altri.

L'adattamento dei testi in inglese è opera di Mike Ogletree, ex membro dei Simple Minds e dei Fiction Factory.

La copertina del disco è affidata al trio Javier Vallhonrat (fotografo), Jaun Gatti (disegnatore grafico) e Manolo de la Fruente (stilista). Miguel posa con uno sguardo enigmatico, un look e un taglio di capelli che spesso nelle varie recensioni fu paragonato a Napoleone.

Con questo progetto, che in Italia viene editato tutto in inglese, tranne un solo brano, l'ultimo in scaletta, "Amapola Bésame", Bosé prova a riconquistare il nostro mercato che aveva un po' perso due anni prima con *Bandido*, unitamente a quello internazionale. Il disco si muove bene in classifica, i due singoli estratti sono raffinatissimi e raggiungono buone posizioni, ma non ottengono gli stessi numeri come era successo con i suoi lavori fino al 1983. Qualcosa è cambiato, Bosé è cambiato.
L'Italia è cambiata. Nei suoi confronti. Eppure lui ce la mette tutta. Per la prima volta, sin dalle registrazioni di *Bandido* si sente a suo agio, nella propria pelle, canta ciò che desidera davvero e infatti ne esce un capolavoro di new wave e pop raffinato, dai suoni sofisticati, all'avanguardia. Specie se lo si ascolta nella versione inglese, in cui ricorda un po' nel cantato voci di un certo "peso" quali Brian Ferry, il cui paragone inevitabile è riportato spesso anche su molte riviste specializzate, e David Sylvian, per via dell'eleganza e la timbrica molto calda.
Quale titolo migliore se non *Salamandra* per rischiare il tutto per tutto, quindi gettarsi nel fuoco senza bruciarsi? Miguel ne esce vincente.
«Ho sentito l'esigenza di fermarmi, per maturare e per arrivare alla tappa dei trent'anni. *Salamandra* è un disco davvero mio, a cominciare dal titolo che ho scelto personalmente perché questo animale, sin da quando ero bambino e trascorrevo lunghissime estati nella campagna nei dintorni di Madrid, mi è parso magico: un animale misterioso, che può passare attraverso il fuoco senza bruciarsi, secondo la leggenda» (Miguel Bosé, da *Tutti Frutti*, n. 45, giugno 1986).
E Miguel attraverso il fuoco ci è passato. Il fuoco sono gli anni dell'adolescenza, delle hit "più commerciali" che non

rinnega, ma ora vuole mostrarsi per quello che è. E questo fuoco lo ha portato a cercare, sperimentare, innovare, crescere sempre più. E più che bruciato ne è uscito rinnovato, rinato.
«In questo disco c'è molta perversione, molto voyerismo, molta passione istintiva, animalesca, senza pudore. E anche speranza, perché è un disco positivo, solare, con tanti vetri rotti per guardare al di là delle cose. Torno a cantare in inglese per riacquistare un sapore di internazionalità, del resto i miei primi successi in Italia erano in inglese» (Miguel Bosé, da *TV Sorrisi e Canzoni*, n. 21, 1986).
«Celso Valli è stato magnifico, un uomo di grandissima umiltà e comprensione, ha voluto capire quello che volevo, la mia personalità, si è messo al mio servizio» (Miguel Bosé, da *Blu and Blu*, n. 3, 1986).
«Il disco è nato dalla volontà di continuare su una linea che avevo iniziato due anni fa con *Bandido*, con l'intenzione cioè di trovare un'identità musicale personale e soprattutto diversa, che si distaccasse da tutto il lavoro che avevo fatto prima. Per tante ragioni, per una necessità musicale, per una necessità quasi fisiologica e anche per trovare una coerenza con la mia età. Voglio dare priorità assolutamente al tema musicale, all'arrangiamento, alle atmosfere armoniche, alla voce ed alla sua personalità. La dimensione del personaggio ha importanza solo dentro una canzone, tutto il resto sarà benvenuto. Se in più si azzecca un'immagine, purché sia anch'essa fuori dalla moda del momento, se il linguaggio del corpo che uso in questo momento è accattivante, benvenuti siano» (Miguel Bosé, da *Ciao 2001*, n. 24, 20 giugno 1986).

«Ero a casa di Roberto Colombo, per discutere quali canzoni scegliere per il disco e come cantarle. Faceva caldo, così chiesi il permesso a Roberto di farmi una doccia. Sotto la doccia, si sa, ognuno canta a squarciagola, io invece canticchiavo in spagnolo, con la mia voce naturale o, per meglio dire, il mio vocione. Roberto fu molto colpito da quello strano modo di cantare e così nacque *Bandido*. Il disco non andò molto bene in Italia, invece nel resto del mondo, in particolare in Sudamerica, fu un successo enorme. Il vero problema è che i giornalisti italiani mi trattano come se fossi italiano al cento per cento, come se fossi costretto a cantare nella vostra lingua e a cercare il successo solo nel vostro paese, invece dal punto di vista artistico sono un cantante internazionale, ed anche per questo il mio nuovo album è in inglese» (Miguel Bosé, da *Dolly*, n. 404, 1986).

Toglietevi di testa l'immagine del Bosé bello, idolo dei e delle teenager. Adesso è un uomo, un uomo affascinante, è innegabile, ma Miguel è soprattutto altro, e nel 1986 la sua faccia e tutto il suo fascino e la sua bellezza è tutta nei solchi di questo disco: *Salamandra*.

Per citare una recensione da "Blu and Blu" n. 2 del 1986: «Da vera e propria salamandra ecco l'ennesima mutazione di pelle per il bel Bosé. Questa volta ci sono arrangiamenti che varcano le soglie della raffinatezza e arrivano all'astratto. Sì, scimmiotta un po' Bowie e un po' David Sylvian, ma con gusto. Il tutto con una voglia maniacale di essere irriconoscibile e introvabile. Imperdibili, oltre alla copertina, "Living on the wire", "Catch the Season" e "Heaven". VOTO 7».

«Del progetto l'anno prossimo con Franco Battiato? Dovremmo dirigere un film basato su un romanzo giapponese» (Miguel Bosé, c.s. *Salamandra*).
Il progetto con Battiato purtroppo non si realizzò più, immagino per problemi legati a impegni vari dei due artisti. Personalmente ho fatto una piccola gaffe con il Maestro Battiato, incontrato a Bari, di fronte al Teatro Petruzzelli, il 17 marzo 2015, poco prima di un suo concerto in cui promuoveva il suo lavoro Joe Patti's experimental group.
Gli chiesi furtivamente di questo progetto, di cui avevo letto trent'anni prima e sempre ne avevo avuto curiosità, ma ricordavo male, mi riferii ad un'opera rock, e il Maestro mi rispose educatamente ma frettolosamente, dirigendosi verso l'entrata del teatro in quanto mancava poco al concerto: «Non è proprio così, però sì, eravamo molto amici, adesso non ci vediamo da un po' con Miguel». E in effetti, andando a riprendere le varie carte per questo lavoro, mi mangio le mani per la domanda posta male per metà, e scopro la mia confusione, mi era rimasto impresso un articolo dell'86, dove si parla di Miguel che aveva in mente entrambi i progetti di cui uno con Battiato, ma non l'opera rock; avevo fuso le due cose.

SALAMANDRA (ALBUM, 1986)

Edizione spagnola:
Nena / Salamandra / Aire soy / You live in me / Amazonas / Todo un hombre / Cuando el tiempo quema / Partisano / Amapola bésame

Edizione italiana e internazionale:
Heaven / Up to the up / Living on the wire / You live in me / Amazonas / Over / Town of gold / Catch the season / Amapola bésame

Singoli estratti:
Nena / Aire soy / Partisano / Salamandra / Amapola bésame / Heaven / Living on the wire / You live in me

TRACK BY TRACK:

"Nena" (M. Bosé/E. Aldrighetti/V. Ieoravante)
altre versioni; **"Heaven"** (M. Ogletree/M. Bosé/E. Aldrighetti/V. Ieoravante) in inglese / **"Heaven"** (Extended version) / **"Heaven"** (Instrumental version) / **"Nena 99"** 99 version / **"Nena"** Abel the Kid remix 2000 / **"Nena 2000"** Jean Remix

«Un'ironia su un "latin-lover", su un conquistatore continuamente ossessionato dalle donne e dalle loro misure» (Miguel Bosé, c.s. *Salamandra*). Un brano che diventerà una delle maggiori hit della carriera di Bosé. Personalmente trovo, specialmente la versione in inglese, "Heaven", uno dei pezzi più raffinati della sua carriera. Il brano negli anni a seguire, grazie alla sua popolarità soprattutto nella versione originale in spagnolo, godrà di varie rivisitazioni, con suoni più moderni e attuali, snaturando un po' l'idea iniziale più legata al mondo della new wave, ma contenendo una melodia vincente, si adatterà alle nuove sonorità risultando sempre funzionale. Ad esempio, nel tour trentennale di *Papito*, come vedremo in seguito, è l'unico brano che sarà riproposto due volte in scaletta nella stessa serata.

"Salamandra" (M. Bosé/P. Ameli)
altre versioni: **"Up to the up"** (M. Ogletree/M. Bosé/P. Ameli) in inglese

«È, come altre, una canzone basata su una leggenda, ispirata da un libro sulle memorie erotiche di una cantante tedesca degli anni 40. Tutto il mondo si chiedeva quale fosse il segreto della sua voce da usignolo e la risposta era che era dovuto al fatto che ingoiava seme di uomo» (Miguel Bosé, c.s. *Salamandra*).

«"Salamandra" è un pezzo che nasce da una biografia di una cantante austriaca che si chiamava Wilhelmina Schröder-Devrient. In carcere scrisse la storia della sua vita, il suo segreto. Lei diventò sadomasochista e scoprì rapporti omosessuali. Era una cantante d'opera, la sua carriera si sviluppò soprattutto in Cecoslovacchia e Ungheria, cioè il regno della salamandra, vale a dire dell'alchimia. Il testo è piuttosto ermetico, come se fosse stato scritto da degli studiosi di esoterismo tipo Elifas Levi, Gurdjeff, Ouspensky o la Blavatsky. Dice: "Nel regno della salamandra si mormora di un tale usignolo che divora semenza d'uomo e si consuma nella passione... il sorriso verticale che si offre al piacere e al dolore, in schiuma svuota la sua forza. Lei ingeriva litri di sperma per poter cantare"» (Miguel Bosé, da *Rolling Stone*, dicembre 2007).

"Aire soy" (M. Bosé/R. Giagni)
altre versioni: **"Living on the wire"** (M. Ogletree/M. Bosé/R. Giagni) in inglese / **"Living on the wire"** (Extended version) / **"Living on the wire"** (Instrumental version) / **"Living on the wire"** (Remix version) / **"Living on the wire"** (Special dance mix) / **"Aire soy"** (remix) / **"Aire soy"** (Instrumental/remix)

«È un pensiero. La decisione se arrendersi o meno alla persona amata. Questa crisi che genera continui problemi inesistenti, che generalmente degenera in noia o mancanza di emozioni» (Miguel Bosé, c.s. *Salamandra*).
«Un Bosé camaleontico, oltre che salamandrico, il suo nuovo 45 giri offre una versione inedita di "Living on the wire", rimixata appositamente negli Stati Uniti per il lancio internazionale del long playing. Un Bosé nuovo, davvero maturo e convinto dei suoi mezzi, testardamente e ambiziosamente proteso oltre all'ambito della facile musica leggera, dove qualcuno ha cercato di imprigionarlo negli anni scorsi» (c.s. "Living on the wire").
Altro brano che rientrerà di diritto nella storia per Miguel, gusto e raffinetezza sono gli elementi base di questo intero progetto, e in questo brano, che verrà scelto anche come singolo, ne abbiamo ancora un'ottima testimonianza.

"You live in me" (M. Ogletree/R. Giagni)
altre versioni: **"You live in me"** (remix) / **"You live in me"** (Special dance mix) / **"You live in me"** (Extended version) / **"You live in me"** (Instrumental)

«Basata su una leggenda scozzese. La storia di un ladro di anime che viene al mio castello per impossessarsi della mia fino a diventare una sola persona. È l'unico testo che non ho scritto io, ma Mike Ogletree, ex Simple Minds» (Miguel Bosé, c.s. *Salamandra*).
Bellissimo brano, da sempre uno dei miei favoriti, impreziosito nel duetto dalla voce di Antonella Ruggiero dei Matia Bazar.

"Amazonas" (M. Bosé/A. Fornili/G. Fornaciari)
altre versioni: **"Amazonas"** (M. Ogletree/M. Bosé/A. Fornili/G. Fornaciari) in inglese

«Scritta con Mike, è una canzone che si può confondere con un fumetto. L'atmosfera riempe molto: febbre, calore, umidità, una sonorità particolare, molto tribale, leggermente heavy...» (Miguel Bosé, c.s. *Salamandra*).

"Todo un hombre" (M. Bosé/A. Fornili/G. Fornaciari)
altre versioni: **"Over"** (M. Ogletree/M. Bosé/A. Fornili/G. Fornaciari) in inglese

«È un inno all'amicizia, malgrado la minaccia nucleare. Quello che mi piacerebbe cantare ad un amico se fossi confuso per il mio futuro. E non significa che io ce l'abbia chiaro, il futuro. È molto utopistica, come ogni speranza» (Miguel Bosé, c.s. *Salamandra*).

"Cuando el tiempo quema" (M. Bosé/R. Giagni)
altre versioni: **"Town of gold"** (M. Ogletree/M. Bosé/R. Giagni) in inglese

«La mia preferita. Ogni album ha una canzone preferita e un'altra maledetta (che non vi dirò). Musicalmente la più sofisticata. Immagina una canzone popolare spagnola quasi giapponese. Parla di un uomo che si toglie la vita e canta alla sua amata prostrato ai suoi piedi. Un amore talmente appassionato, che va oltre il razionale. Tanto che nel delirio della morte confonde la sua amata con la Vergine della Carità». (Miguel Bosé, c.s. *Salamandra*).

"Partisano" (M. Bosé/R. Giagni)
altre versioni: **"Catch the season"** (M. Ogletree/M. Bosé/R. Giagni) in inglese

«È scritta come un film di guerra. Si sviluppa al fronte ed è come una lettera ai propri genitori in un momento terribile. Avete presente l'ultima scena del film *Gallipoli*? [Gli anni spezzati *in Italia, di Peter Weir, 1981, nda]* Esattamente quella! Un fischio di partenza per andare verso una morte sicura, mentre la frase "non voglio morire" ti colpisce le tempie» (Miguel Bosé, c.s. *Salamandra*).

"Amapola bésame" (M. Bosé/C. Berlanga)
«Ho scritto un bolero con Carlos Berlanga per Marlene Dietrich, si chiamava "Amapola bésame", ma quando ci vedemmo con lei, Carlos propose a me di cantarla» (Miguel Bosé, da un'intervista con Isabel Gemio, TV spagnola, 1988, programma *Los Sabios*).
«Un super bolero pieno di stereotipi della cultura latina. Molto ironica, con alcuni tocchi di francese e tedesco. Uscirà in tutto il mondo in spagnolo» (Miguel Bosé, c.s. *Salamandra*).

Nel libretto promozionale incluso nella cartella stampa dell'album un paio di brani riportano un titolo differente rispetto a quello poi pubblicato: "En el reino de la Salamandra" e "Hombre grande", rispettivamente sono la facilmente intuibile "Salamandra" e "Todo un hombre". Quasi certamente erano i titoli "originari" o provvisori, in seguito cambiati.

IL TOUR

Con *Salamandra* Miguel torna sui palcoscenici spagnoli dopo diversi anni di assenza. Non voleva più interpretare i pezzi antecedenti a *Bandido*, per questo (o per altro) aspettò ad avere due dischi all'attivo così da poter realizzare un intero concerto basato sui due nuovi lavori e trasmettere quello di cui abbiamo già parlato abbondantemente, il "nuovo Bosé". In Italia putroppo non ci saranno concerti, non abbiamo notizie riguardo alle ragioni, un gran peccato perché il disco meritava tanto e Miguel avrebbe avuto modo di promuovere questa sua nuova immagine. Lo vedremo però in diverse apparizioni TV, tra cui citiamo l'ospitata a "Fantastico'86" condotto da Pippo Baudo, interpretando i due singoli usciti per il nostro mercato, "Heaven" e "Living on the Wire".

Non ci sono molte testimonianze live di quel periodo, ahimè, non avendovi partecipato direttamente mi affido alle poche immagini trovate sul web.
Bosé, sempre innovatore, a questo tour dedica un palco particolare. Lui è al centro, dedito sempre più a interpretare i pezzi con la massima teatralità e dei vestiti di scena molto belli, e il resto dei musicisti sono posti in alto dietro di lui, come su di "un'impalcatura". Un retropalco rialzato per intenderci. "Amapola bésame", ad esempio, aveva come coreografia, su un lato di questa impalcatura, due attori che fumavano e bevevano, come se fossero seduti al tavolo di un bar.

Note alla discografia
L'album esce sul mercato in due lingue: spagnolo e inglese. La versione CD dell'edizione spagnola di *Salamandra* non contiene per quanto concerne due brani le stesse versioni incluse nel vinile originale, ma le due versioni remixate da John Morales e Sergio Munzibai, utilizzate per alcuni singoli o maxi-single. Trattasi di "Aire soy" e "You live in me".
La versione inglese in vinile uscita per il mercato europeo e quello messicano (con copertina differente), contiene le stesse versioni remixate; in Italia, invece, la versione in lingua inglese ha mantenuto gli arrangiamenti originali, relegando uno dei remix ("Living on the wire") alla versione del singolo, uscito anche maxi.
Per poter sentire l'album in inglese su CD, dovremo attendere il box *Bosegrafía* del 2008. Per i più pignoli, nel box non viene ripetuta nella scaletta "You live in me", in quanto anche in Spagna fu pubblicato in inglese. Ma, avendo prima detto che nel CD a differenza del vinile, sempre di stampa spagnola, fu inserita la versione remixata, mentre in Italia

no, la versione con arrangiamenti "originali" del brano "You live in me", su compact disc non è mai stata pubblicata. Anche il CD di rarità e inediti pubblicato da "El País" contiene la stessa versione remix inclusa in *Bosegrafía*.
In Spagna l'album per la stampa ha un folder che graficamente richiama il titolo dell'album raffigurando delle salamandre con, all'interno, un libretto con i brani commentati da Miguel e un'intervista. Un folder simile accompagna il singolo promozionale di "Nena". La versione per la stampa uscita in Germania per l'Europa contiene una bio del cantante scritta in tedesco, e due foto promozionali. La bio sarà utilizzata anche per promuovere il singolo in Germania.
L'edizione argentina riporta il titolo "Tu vives en mí", ma il brano non è in spagnolo, bensì in inglese, come in tutte le edizioni. Parliamo di "You live in me".

Intervista a Paolo Gianolio, musicista, produttore

(raccolta via mail il 21 febbraio 2018)

Ciao Paolo, se non erro ha suonato con Bosé solo nell'album *Salamandra* del 1986, giusto?
Giusto, esatto.

Come è nata la collaborazione con Miguel Bosé?
In quegli anni collaboravo spesso in molti progetti di diversi artisti con Celso Valli, produttore anche del disco *Salamandra*, che mi ha voluto per la sua realizzazione. Felice e onorato di avervi partecipato per il tipo di musica da me ritenuta di qualità. Così ho conosciuto Miguel, persona simpatica e gentile ma di gran carattere, con le idee chiare sul tipo di arrangiamento e testi. La sua disponibilità a collaborare, dando consigli utili alla realizzazione dei brani, ha permesso di migliorare le sessioni in studio con i musicisti. Persona colta, educata con cui è facile far nascere quell'empatia che permette di creare un'ottima atmosfera per la buona riuscita del disco.

Su *Salamandra* suona la chitarra, il basso, la batteria elettronica, come è stato lavorare a questo disco?
Ritengo *Salamandra* un disco maturo per Miguel, in cui è riuscito a esprimere in modo elegante e raffinato sentimenti di un suo periodo delicato. Per quanto riguarda la lavorazione è stato facile in senso creativo, la classe di Miguel ci ha guidato, insistendo anche sulla sperimentazione, che ha raggiunto quel risultato che ancora oggi rimane "fresco" e piacevole all'ascolto. Un'esperienza intensa, divertente e affascinante.

Quali aneddoti ricorda riguardo questo periodo e questa registrazione?
Questo disco in Italia ebbe un successo medio, poco compreso, andò molto meglio all'estero, un bel lavoro di new-wave, raffinato, dove si percepisce un lavoro di un certo spessore. E da allora Miguel ha qui da noi dei successi "alternati", non sempre viene compreso.

Secondo lei, che ha lavorato con tantissimi artisti e importantissimi, qual è il "problema" per cui Bosé in Italia non riesce più ad ottenere gli stessi successi di anni fa e che invece molto più facilmente conquista all'estero?
Io credo che il problema vada rivolto a chi usufruisce della musica, l'attenzione alla sua qualità si è abbassata col tempo e tanti artisti di valore non vengono compresi, anzi vengono, purtroppo, mescolati con musica di più facile ascolto e spesso hanno la peggio. Bosé è un artista di spessore e probabilmente all'estero, dove la musica viene seguita come arte, è compreso meglio.

In generale, lei che è nel mondo della musica da tanti anni, con un'esperienza invidiabile, come ha visto cambiare la musica nel tempo? Sia dal punto di vista delle vendite dei dischi, dei live, dei talent...
Ribadisco il concetto di cui sopra, la buona musica esiste ed esisterà sempre, ma la sua evoluzione viaggia su strade parallele: la musica che crea cultura e quindi rimarrà nel tempo, e la musica di consumo che sparisce nel tempo. Le vendite dei dischi fisici sono crollate e sostituite dai network dove ognuno può scaricare le tracce digitali preferite a costo zero. Diversa è la situazione dei live, che hanno ancora molto seguito proprio perché la gente percepisce la performance, che rimane unica e irripetibile, come musica visibile e ogni volta diversa. È chiaro che viviamo un'epoca dove l'approfondimento non è di moda, quindi il conosciuto e la leggerezza la fanno da padroni, insieme allo sfruttamento dei media nei confronti di giovani che magari hanno talento, che però passa in secondo piano rispetto alla brama di ideatori di programmi televisivi che seguono quel diavolo che si chiama share, che sta a indicare un buon numero di ascoltatori, ma non ne stabilisce sempre la sua qualità.
Sostengo che la buona musica esista e che sia lei a donarsi a chi la cerca. Il successo di un artista dipende dalla sua perseveranza a seguire il proprio istinto e il proprio carattere, questo per me è il significato della parola successo.

Intervista a Daniele Tedeschi, musicista, batterista

(raccolta telefonicamente dicembre 2017)

Ciao Daniele, allora, mi confermi che hai suonato la batteria con Miguel Bosé nelle tournée dall'81 all'86, giusto?
Sì. 1981/86. Giusto.

Ce n'è qualcuna che ricordi in maniera particolare o che ti è piaciuta maggiormente?
Una tournée in particolare non c'è stata, sono state tutte molto belle. Si viaggiava molto, siamo stati in molti Paesi del Sudamerica:

Messico, Colombia, Perù, Brasile, Miami, Florida, abbiamo suonato ovunque. Bosé è un artista internazionale, canta sia in inglese che in spagnolo, che sono poi le due lingue più importanti dell'ovest. C'era un clima molto signorile e un trattamento veramente eccezionale, cosa che oggi per i musicisti non è così scontato: quello dei musicisti è un ambiente che non è sempre roseo. Non è detto che un bravo musicista sia anche una bella persona, quando riesci a trovare tutte e due le cose, come con Bosé, è il massimo. Ricordo che eravamo molto amici fra i musicisti, e Miguel era uno che faceva star bene quelli che suonavano con lui: mandava gli auguri a casa per Natale e per Pasqua, organizzava le gite nei giorni in cui non suonavamo, per esempio in Messico una volta ci portò a vedere le piramidi di Teotihuacan. Bosé era quello che si dice un "signore": del resto proviene da una famiglia importante, quando nasci e cresci con personaggi come Hemingway o Picasso che sono amici di famiglia, Visconti era il suo padrino di battesimo, il padre il torero più famoso di Spagna, la mamma attrice che ha lavorato con registi del calibro di Antonioni, e non dimentichiamo che ha vinto Miss Italia davanti a Gina Lollobrigida. Ho tantissimi bei ricordi di quel periodo. Ogni volta che si partiva per un tour era una nuova avventura e, al di là dei concerti, un po' come quando sei all' "Isola dei famosi", devi convivere con altre persone, in albergo, durante voli di aereo interminabili di notte, però è stato tutto molto avventuroso: pensa che abbiamo suonato anche in un'arena di pietra in stile Incas nella foresta Amazzonica, esattamente a Iquitos, una delle ultime città peruviane prima del confine con il Brasile dove gli indios, il giorno prima del concerto, avevano dovuto mandare via le scimmie che si erano impossessate del posto. Con Bosé è stato veramente un po' come "vivere una favola" per noi italiani, un po' provincialotti, trovarsi a suonare al Madison Square Garden o alla festa di compleanno di Jack Lemmon non può essere definita diversamente.

Ho letto il tuo libro *Una batteria in valigia*, che ho trovato molto interessante, dove parli delle tue esperienze lavorative sia con Bosé che Vasco Rossi ed altri artisti importanti *[ristampato da Arcana, nda]*.
Sì, è stato ristampato in una nuova edizione con qualche aneddoto e foto in più. Ho voluto raccontare qualche storia divertente sui viaggi e i tour.

Tornando a Bosé...
Ricordo che con lui riempivamo le Plaza de Toros, non so perché però quando si suonava in queste arene c'era un'acustica più bella che da noi nei palasport. Abbiamo suonato anche al Santiago Bernabeu di Madrid, al Madison Square Garden: Bosé ha permesso a me e ad altri musicisti che venivamo dalla nostra realtà italiana, mentre lui è un cittadino del mondo, di vivere un po' quello che era "la sua vita"; è sempre stato un "signore" e come si dice "Signori si nasce, ricchi si diventa".

Molti di quelli che sto intervistando mi stanno dicendo tutti la stessa cosa, che è un "gran signore", non che avessi bisogno di conferme. Bella cosa questa.
L'ultima volta che l'ho visto è stato per il tour di Papito a Milano al Forum, nel 2007. Siamo andati a trovarlo, era molto stanco.

Sicuramente sì, è stato un tour massacrante quello lì.
Non so se è cambiato, lui è una persona davvero sensibile, ricordo una volta eravamo ad un concerto in Spagna, e piangeva a dirotto, era disperato. Ma non parlava, e noi del gruppo eravamo preoccupati perché era così da un paio d'ore e ci chiedevamo cosa fosse successo, alla fine ci spiegò che erano nati dei cuccioli morti a uno dei suoi cani. Questo per farti capire la sensibilità estrema che aveva.

Ne hai di cose da raccontare, sei anni di tour mondiale. Ti ascolterei per ore.
Devo dire che le soddisfazioni son state molte, anche sotto il punto di vista musicale, Miguel aveva pezzi belli da suonare, c'erano anche brani molto elettrici dove ci si divertiva. È un cantante con una voce molto particolare, non pazzesca, ma ha molta classe. Se tu ascolti ad esempio "Si tú no vuelves" noti che è un parlato, lui ha uno stile à la Bryan Ferry, che tra l'altro era uno dei suoi idoli, non ha una voce alta tipo Glenn Hughes o Stevie Wonder, ma ci arriva di classe. Poi era molto professionale: se c'erano da fare le prove alle 9 del mattino lui era lì alle 8,45. Mentre altri cantanti non vengono neanche alle prove. Un gran lavoratore. Non se l'è mai tirata, non faceva la star, anzi si faceva in quattro quando c'era da lavorare. E non dimentichiamo che lui è stato un sex symbol, ricordo le ragazze che impazzivano ai concerti, per non dire quelle che lanciavano sul palco la biancheria intima, una prassi; le signore, quando suonavamo nelle hall degli alberghi a Miami ad esempio, gli lanciavano le chiavi della camera. Abbiamo suonato in palasport in Cile con trentacinque/quaranta mila ragazze che urlavano dall'inizio alla fine. A Santiago del Cile abbiamo le foto scattate all'aeroporto con la terrazza piena di fan e cartelli di "benvenuto" e "te quiero". Lui è stato un sex symbol negli anni'80, come dopo lo sono stati Ricky Martin, Enrique Iglesias, ecc...

Mi parli del concerto al compleanno di Jack Lemmon?
Quel giorno è stato fantastico. Eravamo a Los Angeles, dovevamo fare due/tre concerti all'interno di Disneyland. Miguel una sera ci disse: "Ragazzi, sapete, Jack Lemmon è venuto a sapere che siamo qui, ci ha invitati a cantare qualche pezzo alla festa del suo compleanno, che si terrà a Beverly Hills". All'epoca non c'erano i telefonini, altrimenti adesso avrei avuto delle foto fantastiche da farti vedere. C'erano tra gli ospiti Walter Matthau, Olivia Newton John, Jane Fonda, Billy Wilder... Solo che erano altri tempi, non potevi all'epoca andare con la macchinetta fotografica a far delle foto, avresti fatto la parte dello sfigato, adesso magari te lo chiedono loro di fare i selfie. Tornando alla festa, Miguel ci disse che c'era Kirk Douglas, che era il presentatore della serata, che voleva conoscerci. Così il giorno prima della festa andammo a casa sua e scoprimmo che parlava

anche benissimo l'italiano, un uomo pazzesco, oggi ha più di cento anni *[purtroppo è deceduto il 5 febbraio 2020 all'età di centoquattro anni, nda]*, quel giorno c'era anche suo figlio Michael. Mi sembrava di essere dentro un film. La sera della festa abbiamo suonato i nostri cinque pezzi, tutti vestiti rigorosamente in smoking, e al termine mi ritrovai a girare in mezzo a tutti questi personaggi con il mio flute in mano: ero praticamente dentro Hollywood.
Sono molto legato a questo periodo, non lo potrò mai dimenticare, forse sotto certi punti di vista è stata l'esperienza più bella della mia vita. Di soddisfazioni ne ho avute anche altre, per carità: con Massimo Ranieri ho suonato allo Sporting Club a Montecarlo, davanti al Principe Ranieri, con Vasco ho avuto l'emozione di suonare a San Siro una trentina di volte e in tutti gli altri stadi italiani, ho suonato anche all'Arena di Verona, con vari artisti, tra cui Vasco, lo stesso Bosé, Mingardi, quando ancora non c'erano i DJ, si suonava tutte le sere con le orchestre e c'erano musicisti pazzeschi. Ho suonato tutti i generi musicali, ho fatto della mia passione una professione.

Ho letto il tuo libro come ti dicevo prima e mi aveva colpito molto il fatto che Bosé vi regalava sempre a fine tour dei ricordi, tipo la medaglietta di *Salamandra*.
Sì, assolutamente. Alla fine di ogni tour faceva sempre un regalo in tema con il tour stesso a tutti i collaboratori, nessuno escluso.

Bellissimo l'episodio di Marmorta che racconti nel libro.
Ah sì, quando venne al ristorante della mia ex moglie: avevo organizzato una cena con tutta la band e ovviamente avevo esteso l'invito anche a lui, ma sapevo che era a Madrid, poi lui era sempre in giro, ero certo non venisse in un paesino dell'Emilia con tutti i suoi impegni. In più odiava guidare, non aveva neanche la macchina, invece a un certo punto me lo son visto arrivare nel ristorante, a Marmorta, con la cameriera che quando se l'è visto davanti ha fatto cadere un vassoio di bicchieri per l'emozione: disse agli altri ragazzi che voleva farmi una sorpresa, prese l'aereo da Madrid, a Milano prese una Y10 (al tempo ne era il testimonial, con lo spot che diceva "Piace alla gente che piace") e me lo son visto arrivare alle 22, con la faccia stravolta, c'era una nebbia incredibile, aveva guidato da Milano a Bologna con la sua segretaria. Questo è il Miguel che io amavo. Pensa che se sentiva qualcuno bestemmiare era subito licenziato, ma non perché lui fosse un bigotto ecclesiastico, anzi, ma semplicemente non voleva lavorare con persone maleducate. Ecco perché prima di andare a suonare con lui ci ha voluto conoscere, ci siamo incontrati alla Trident Agency a Milano, e a primo impatto gli siamo piaciuti.

Altro concerto memorabile, quello al Madison Square Garden dell'81.
Assolutamente. Era la Fiesta della Hispanidad, la festa dell'idioma spagnolo a New York. Tieni conto che a New York quattro negozi su dieci hanno i cartelli anche in spagnolo. Con lui abbiamo suonato anche al Festival di Viña del Mar, che è il "Sanremo latino" che viene visto in tutto il continente americano. Il nostro è nulla in confronto. E lì ricordo un concerto grandissimo, suonammo con l'orchestra. Ripeto, di lui ho un ricordo bellissimo e voglio ricordarlo come era allora, una

persona estremamente deliziosa, carina, sensibile, adesso non so se è cambiato, ma forse quando l'ho incontrato era solo stanco.

Guarda non so, di certo la vita cambia tutti, ma posso dirti che dal di fuori, guardando anche i video con i musicisti attuali, vederlo con loro in tour, si denota un clima come fosse una grande famiglia.
Sì, lui ci ha tenuto sempre. Infatti, so che ci è rimasto male quando noi alla fine lo abbiamo lasciato. In ogni caso Bosé rimane nel mio cuore, grande persona. Grande educazione, grande rispetto, grande cultura, è un ragazzo che ha studiato, molto acculturato e, come già detto, lui aveva Luchino Visconti come padrino di battesimo, io avevo mio zio Giorgio che era un salumiere...

Riguardo alle canzoni che suonavi con Bosé, nel libro scrivi: "Ci sono brani molto semplici, ma altri molto profondi e complessi". C'è qualcuno di questi che ti è rimasto a cuore?
Certo, lui aveva dei pezzi molto belli. Tutti lo conoscevano per "Super Superman", che era il trend del momento, ma aveva anche dei pezzi più particolari. Aveva fatto anche delle cover, ad esempio "Linda" dei Pooh rifatta in spagnolo; ne ha fatte di belle canzoni, "Si tú no vuelves" è un bellissimo pezzo, raffinatissimo. Bosé non è certo rock! Io dall'84 all'86 suonavo sia con lui che con Vasco. Una volta chiesi a Miguel cosa ne pensasse di Vasco e lui mi rispose: «Guarda, a me il rock non piace molto, ma se lui venisse in Spagna, così come in Sudamerica, e cantasse in spagnolo sicuro spaccherebbe».

Su una rivista dell'epoca si dice che Jack Lemmon si sia commosso durante un brano di Bosé durante il vostro live, è vero, lo ricordi?
Onestamente non lo ricordo, forse sarà successo per qualcosa che gli ha detto al compleanno quella sera, ma non lo ricordo.

Domanda difficilissima, ma ci provo, non ci sono molti documenti di quel periodo, specie del periodo di *Salamandra* quasi inesistenti le testimonianze: hai per caso le scalette di quei tour? So che è una domanda assurda che ti faccio ma ci provo, che darei per averle!
No, ma posso dirti dei titoli, che poi cambiavano a seconda di dove suonavamo, a seconda del Paese o se in Italia o meno. Ad esempio, un pezzo che non facevamo in Italia era "La Chula", poi c'era anche un pezzo molto bello come "Sevilla". Si avvaleva di produttori con certi attributi al tempo, come Guido Morra.

Ecco, una curiosità: in Italia spesso alcuni miei amici mi hanno preso in giro per brani come "La chula", forse molto distanti dal nostro tipico sound italiano, tanto che qui non è mai stato pubblicato...
Son pezzi latin, se vai a Cuba o nei Paesi latini, accendi la radio, ascolti quel tipo di musica. E ti assicuro che bisogna saperla suonare. Poi c'è a chi non piace. Io ad esempio odio il reggaeton, non mi piace per niente, ma mi piace la salsa. A Bologna, qualche anno fa, c'era un locale cubano che si chiamava La Isla Grande, dove facevano cibo e musica cubana. Fino ad una certa ora vedevi ballare gli italiani che avevano fatto scuola di salsa, e sembravano pure bravini poi, quando sul tardi arrivavano i cubani e salivano in pista,

per gli italiani era finita. Io amo molto la musica cubana, magari chi ti critica "La chula" non sa di cosa parla o ascolta altri generi.

Mi riferisco a rockettari principalmente, io per primo anzi, sono un rockettaro, mi piace molto persino il metal, ma ahimè, spesso "popolo chiuso".
Ah, ma i rockettari sono un altro mondo, stai parlando con uno che ama tutta la musica, dal classico al jazz, dall'hard rock al punk, alla fusion al latin, quindi capisco che un rockettaro possa criticare quel brano. Ma prova a ballarlo con una bella donna. In ogni caso il latin bisogna saperlo suonare, non è semplice. Non amo queste persone "solo rock" o "solo jazz", io credo che ci sia la musica per ogni momento, ad esempio se sei con una ragazza in macchina mentre sei in viaggio ascolti gli America o Crosby Still Nash & Young, non Charlie Parker o John Coltrane, a meno che lei non sia un'amante del jazz. Ci vuole la musica adatta per ogni momento, tipo la New Age, la ascolti e ti rilassa. Bosé fa il suo tipo di musica e lavora in Sudamerica tuttora e ti assicuro che ci vogliono le palle per suonare alcuni pezzi, come ad esempio "Partisano", molto difficile. Il disco *Salamandra* era molto bello, molto elettronico, e conta che io sono un po' contrario a troppa elettronica.

Una domanda, fuori l'argomento Bosé. Nel tuo libro hai trattato un argomento interessante, che mi sta a cuore in quanto, avendo un negozio di dischi in Italia, è una cosa che noto puntualmente con i musicisti che transitano da me tutti i giorni: parli della solidarietà tra i musicisti americani e stranieri in generale, cosa che in Italia manca. Perché in Italia c'è questo modo di fare come se fossimo "Tutti Vs. Tutti"?
Perché l'Italia è un Paese provinciale, un Paese di ignoranti. C'era molto più rispetto una volta tra musicisti. Adesso invece il chitarrista è geloso se tu ti metti un po' troppo avanti. Il fatto che la batteria vada messa dietro in fondo è una cosa vecchia, obsoleta, tanto è vero che i Toto la mettevano di traverso, oltretutto la batteria è lo strumento più plateale da vedere per il pubblico, e quindi toglie la scena ai chitarristi, che adesso sembrano quasi tutti delle primedonne. In America invece no; noi siamo marci. C'è della gente adesso che si è autonominata maestro di batteria su Facebook, delle cose patetiche, o chi dice di aver suonato con tizio e caio solo perché si è trovato in una jam. No! Tu puoi dire di aver suonato se ti chiamano, ti tengono, ti pagano e magari ti riconfermano, questo vuol dire suonare. Ho letto di batteristi jazz che dicono di aver suonato con tutti, gli mancano solo Coltrane e Parker, solo perché sono morti. Una volta imparare a leggere la musica per la batteria sembrava un sogno irrealizzabile, adesso tutti insegnano, tutti parlano, ma non sanno quello che davvero serve per poter fare questo lavoro. L'esercizio oggi te lo insegna chiunque, io quando insegno batteria, cerco di spiegare ai miei allievi che se vuoi divertirti e basta, devi suonare per i fatti tuoi, con gli amici, poi tutti a bere una birra, ma se vuoi lavorare in questo ambiente è diverso, devi suonare i pezzi che ti piacciono, ma anche quelli che ti fanno schifo, e li devi suonare come se ti piacessero da morire. Perché è il tuo lavoro. La tua professione.

Tra i tanti concerti con Miguel hai suonato in quello storico del 1982 a tre con i Matia Bazar e la Bertè…

Esatto, a Misano Adriatico. Fu un concerto pazzesco. C'era il laser verde che scriveva "Miguel Bosé" dietro al palco in alto. Era l'autografo originale di Miguel, fecero un transfer su un laser, erano tra i primi ad usarlo, erano molto avanti. C'era Billy Bigliardi come tecnico delle luci, uno molto bravo, e poi i musicisti: c'era Andrea Fornili, ora chitarrista degli Stadio, così come Fabrizio Foschini tastierista della stessa band, grande musicista, grande arrangiatore, con cui ho lavorato anche con Ranieri e Gianni Togni, Loris Ceroni gran bassista, Tom Sheret al sax, un canadese molto bravo.

Milano, Palalido, 5 gennaio 1982

Milano Palalido, 5 gennaio 1982

In copertina sulle riviste di tutto il mondo, Italia, Polonia, Stati Uniti, Spagna

MIGUEL BOSE'

NEL CINEMA COME UN TORERO

Figlio del toreador Dominguin, non ama le corride, ma recita con lo stesso impegno di un buon matador

di GIOVANNA GRASSI

Miguel Bosé in due scene di «Suspiria», l'ultimo giallo di Dario Argento che uscirà a giorni. Miguel, che ha 22 anni, è figlio d'arte. La madre Lucia Bosé lo ha avviato con serietà al cinema.

Miguel, con Argento e sotto mentre risponde ai nostri lettori, sta girando un originale per la TV.

Andiamo anche questa volta, dopo il primo numero della rubrica dedicato a Bud Spencer, sul set con voi.

Abbiamo scelto per questo nostro secondo incontro Miguel Bosé per vari motivi. Miguel ha 22 anni, è un figlio d'arte ed ha appena terminato un film diretto da Dario Argento, «Suspiria», che apparirà sugli schermi a metà gennaio.

Attualmente, Bosé junior è impegnato sul set di un «filmato televisivo» di estremo interesse intitolato «La gabbia» e diretto da Carlo Tuzii (un regista-produttore di cui si conosce soprattutto un bel film «Cielo Gulliver» che, per la sua casa di produzione, scrittura spessissimo giovani registi e soggettisti). «La gabbia» prende spunto da un annuncio apparso alcuni anni fa su un giornale americano. Dietro compenso di 15 dollari giornalieri si offriva un lavoro a uomini giovani.

Si trattava, per la verità, di un ben strano lavoro: entrare in un «finto» carcere per un mese e fingere in tutto e per tutto — metodi di reclusione, vitto, incontri sporadici con i familiari — di essere veri carcerati. Una équipe di psicologi e sociologi aveva l'incarico di studiare dall'esterno le reazioni di questi reclusi-cavie. Nella trascrizione per il piccolo schermo di questo episodio, sceneggiato da Graziella Civiletti, Miguel Bosé interpreta il recluso più fragile, quello a cui l'esperimento provoca reazioni disastrose sul fisico e la psiche.

Incontriamo Miguel durante una pausa della lavorazione, in un antico convento nei pressi di Fiumicino. Il giovane attore indossa un logoro pigiama ed appare smagrito e pallidissimo, esattamente come richiede il suo personaggio.

Il primo a fare una domanda è Lucio Savarese, 18 anni, studente del liceo sperimentale

In alto: articolo risalente al periodo della lavorazione del film *Suspiria*
Al centro: screenshot tratto dal film *Suspiria*
In basso: screenshot tratto dal film *Garofano Rosso*

In alto: screenshot tratto dal film *L'avaro*
Al centro: screenshot tratto dal film *Oedipus orca*
In basso: screenshot tratto dal film *Tacchi a spillo*

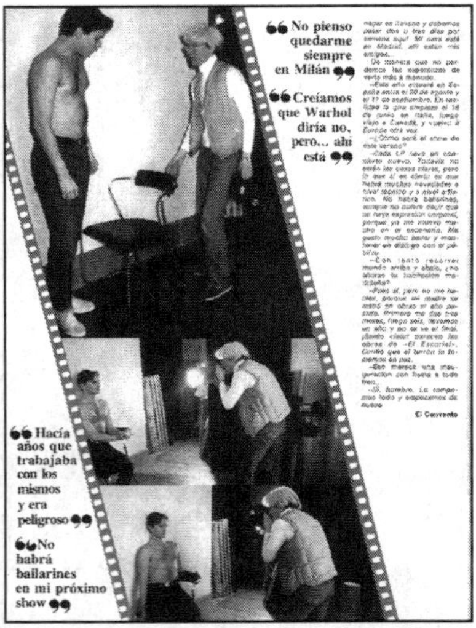

In alto a sinistra: in copertina su uno dei primissimi numeri dell'edizione italiana di "Rolling Stone". Articolo di Enzo Gentile, foto di Guido Harari.

In alto a destra: articolo tratto durante la lavorazione della copertina del disco *Made in Spain/Milano-Madrid* firmata da Andy Warhol.

Altre copertine e articoli tratti da riviste internazionali.

Articoli tratti da riviste internazionali e pagina pubblicitaria delle calzature Kelme.

In alto e al centro: spartiti dei singoli di maggior successo.

In basso:
speciale "Big' Story" dedicato esclusivamente a Miguel Bosé; speciale "Tutto" dedicato esclusivamente a Miguel Bosé; copertina del primo numero in assoluto di "Tutto Musica e Spettacolo" (agosto 1980).

In alto: copertina del ibro di Elio Vittorini, edizione successiva al film *Garofano Rosso*, due edizioni della Nuova Eri del libro successive allo sceneggiato TV *Il segreto del Sahara*.
Al centro: copertina del libro *Él* di Marisa Ares (Puntual Ediciones, 1981), tour book italiano 1980, due cartoline promozionali CBS.
In basso: copertina di Billboard (24 novembre 2007); copertina del libro di Tahar Ben Jelloun, edizione successiva al film *La nuit sacrée*.

Miguel Bosé sul palco duetta con Bimba Bosé, San Sebastián 2007

Miguel è diviso, l'album ottiene all'estero buoni risultati, in Spagna e nei mercati latini va molto bene, in Italia ottiene ottime recensioni, discreti posti in classifica ma c'è qualcosa che non va, forse le ragazzine che lo seguivano ai tempi di "Olympic games" sono cresciute e hanno smesso di seguirlo, qualsiasi musica faccia. Bosé vive sulla sua pelle quella fase di rapida discesa nelle attenzioni del pubblico che hanno provato anche band come Duran Duran, Spandau Ballet, Europe negli anni '80. Dopo il primo forte boom di fan in delirio, il periodo che ne segue è segnato da una crisi anche solo momentanea (cosa che avvenne anche per band come Rolling Stones o il grande Bowie negli anni 90). Ma il tempo ti dà ragione se hai qualità, e le stesse band appena nominate, nel tempo, hanno riconquistato ciò che avevano perduto. Alcuni faticano ancora a capire il "nuovo Bosé", quello più autentico, ma l'artista prosegue per la sua strada, deciso a continuare il percorso intrapreso e cominciando a pensare già al nuovo lavoro. Come farlo? Evolvendosi sempre più. Perché, avrete notato, sin dagli esordi ogni disco di Miguel non è mai uguale al precedente, c'è sempre un nuovo sound, un qualcosa di diverso e con questo nuovo progetto si strizza l'occhio all'elettronica e al synth-pop, avvicinandosi sempre più ai suoni che arrivano dall'Inghilterra sul finire degli anni '80.

Infatti Tony Mansfield dei New Musik, band inglese con all'attivo tre album in studio, viene scelto come produttore del disco. Mansfield aveva prodotto due anni prima un album di grandissimo successo, ancora oggi ricordato, l'esordio degli A-ha di "Take on me", l'album era *Hunting high and low*. Ma produsse anche band come B-52's, Naked Eyes, Captain Sensible e altri.

«Ho contattato parecchi produttori di prestigio: alcuni erano troppo impegnati, avrebbero lavorato volentieri con me, altri avevano un'idea troppo dark del mio modo di fare musica, invece dopo *Salamandra* volevo realizzare un album più solare. Quando ho incontrato Tony, a New York, ho avuto subito la sensazione che stava sulla mia onda. Era l'uomo giusto per un prodotto competitivo sui mercati anglosassoni. Lui ha avuto il merito di avermi messo un grosso numeri

di musicisti e collaboratori a disposizione» (Miguel Bosé, da *Tutto Musica & Spettacolo*, n. 5, maggio 1988).
Pare siano stati scartati nomi importanti come Trevor Horn e Thomas Dolby per la produzione di questo lavoro.
«Ogni volta che devo trovare un titolo all'album non è facile, però c'è una canzone, forse quella che preferisco di questo lavoro, che è un po' come un autoritratto e quando la scrissi non sapevo dargli un titolo e scrissi *XXX*, la inviai a Tony, il produttore, che disse "questo è un buon titolo!"» (Miguel Bosé, da un'intervista TV a *TVE A Tope* con Eva Mosquera, effettuata a Londra con Miguel e Tony).
«Ho lavorato con Miguel perché mi piace lavorare con altri tipi di musica, di altri paesi. Ho lavorato sempre a Londra, con artisti e gruppi londinesi, e credo che questo sia un buon cambiamento, e Miguel è un ragazzo in gamba. Sono molto contento della produzione di questo disco e credo che anche Miguel lo sia, credo stia funzionando tutto molto bene e che avremo buoni risultati. Sono molto ottimista» (Tony Mansfield, nella stessa intervista TV).
«Ridge Farm è un posto molto bello e tranquillo, dove ti puoi concentrare totalmente e non hai che da lavorare. Non c'è nessuno intorno a te, il pub più vicino è a sei chilometri» (Miguel Bosé, *TVE A Tope*).
Tony Mansfield era stato colpito dal disco precedente di Miguel, gli era piaciuto molto, infatti Melody Maker, una delle più importanti riviste musicali al mondo, scrisse recensendo l'album "un disco troppo squisito, fatto da un intellettuale gitano, una perla rara del pop che disgraziatamente gli inglesi stavano perdendo".
«"Melody Maker", quando uscì *Salamandra*, pubblicò un'ottima recensione. Il disco funzionò discretamente, quindi credo che se ci sarà una discreta attenzione al mio lavoro, con questo disco potrei avvicinarmi al mercato anglosassone. *XXX* è un disco più solare e più energico rispetto al precedente, che era più introspettivo e oscuro. Qui i suoni sono più luminosi, aggressivi e potenti, è un album molto allegro e positivo e questo grazie a Tony. Io ero un grande fan dei New Muzik, la band di Tony. E lavorare con lui ha introdotto nella mia musica un sapore vicino alla sua band, questo è pop elettronico britannico. In futuro mi piacerebbe lavorare a due progetti: uno con un disco con soli tre strumenti:

basso, chitarra e percussioni, l'altro un bolero anni 50 à la Pérez Prado, pieno di influenze afrocubane. Mi piacerebbe far questo però con un produttore come Mick Karn. Alla WEA si son messi le mani tra i capelli quando l'ho detto, ma a me non sembra male, anzi lo trovo molto valido per il mercato anglosassone, cantato anche in spagnolo» (Miguel Bosé, intervista tratta da *La Luna e Madrid*, febbraio 1988).
Il giornalista che effettua l'intervista, a proposito di Mick Karn, parla del disco della 4AD *Le Mistère des voix bulgares* e nel citare Peter Murphy Miguel aggiunge: «Sì, l'ho conosciuto perché registrava in quello stesso periodo in uno studio vicino al Ridge Farm».
Tra i musicisti che prendono parte alle registrazioni del disco abbiamo: Rob Fisher e Clive Gates alle tastiere, John Read al basso, Martin Dobson al sax, Chris Smith Jr alle trombe, lo stesso Mansfield alle tastiere e alle chitarre e ai cori Martin Ansell, Mary Jamison e Andrea Bronston.
L'album è uno dei più amati ancora oggi dai fan di Miguel Bosé, contiene brani che in seguito diventeranno veri e propri classici come "Duende" e "Como un lobo". Un album a cui Miguel tiene molto e che in paesi come l'Inghilterra, così come *Salamandra*, avrebbe potuto ottenere molto più successo. Brani come "Que no hay... (xxx)" o "Jonás y la ballena" sono perle raffinatissime di un Bosé sempre più elegante nelle produzioni e negli arrangiamenti. Non mancano "episodi più ballabili" come "Over my Head" o "Quieres América (I want you)" o "¿Quién la mató? (Big fun)".

XXX (ALBUM, 1987)

Edizione spagnola:
Quieres América (I want you) / Como un lobo / ¿Quién la mató? (Big fun) / Que no hay... (xxx) / Over my head / Duende / Jonás y la ballena / Corazón infame / Justine / La gran ciudad (Confians)

Edizione italiana:
The eighth wonder / Lay down on me / Big fun / New tracks in the dust / La gran ciudad (Confians) / Want your more / My perfect lover / Seems like it's midnight forever / Over my head / The hurt party

Edizione internazionale:
Big city / The eighth wonder / Lay down on me / Big fun / New tracks in the dust / Want your more / My perfect lover / Seems like it's midnight forever / Over my head / The hurt party

Singoli estratti:
Como un lobo / Duende / Corazón infame / Lay down on me / The eighth wonder / Quieres América (I want you)

TRACK BY TRACK:

"Quieres América (I want you)" (M. Bosé/H. Valentin/R. Johan)
altre versioni: **"Want your more"** (H. Valentin/R. Johan) in inglese

«Questo brano è scritto da una coppia di fratelli tedeschi che vivono in Inghilterra». Riporta così un articolo di Jesus Rodriguez Lenin, in cui intervista Miguel a disco appena pubblicato (*La Luna e Madrid*).

"Como un lobo" (M. Bosé/G. Vanni/C. D'Onofrio/P. Costa/M. Tazzi/M. Ogletree)
altre versioni: **"Lay down on me"** (M. Bosé/G. Vanni/C. D'Onofrio/P. Costa/M. Tazzi/M. Ogletree/A. Rear) in inglese / **"Lay down on me"** (Extended version) / **"Lay down on me"** (remix)

«Il perché l'uomo in una relazione ha il sentimento di un lupo e la donna di una pantera. Ero molto interessato nel parlare dell'animalità che è l'essenza della passione» (Miguel Bosé, da *Con las manos en la masa*, programma di TVE). Il brano diverrà tra i più acclamati e amati dai fan di Bosé.

"¿Quién la mató? (Big fun)" (M. Bosé/G. Clark)
altre versioni: **"Big fun"** (G. Clark) in inglese

L'autore di questo brano è Gary Clark, voce e leader del gruppo scozzese Danny Wilson, tanto amato da Miguel. Ottimo mix tra elettronica e pop ben miscelato, ritmo sostenuto, uno dei pezzi più interessanti dell'album.

"Que no hay... (xxx)" (M. Bosé/C. Marrale)
altre versioni: **"New tracks in the dust"** (M. Bosé/C. Marrale/A.Rear) in inglese

Il miglior brano dell'intero album, se non addirittura della discografia... Certamente uno che entrerebbe in una eventuale top 5. Musiche scritte da Carlo Marrale, che ricordiamo nei Matia Bazar, in cui Marrale suona anche la chitarra. Un brano con arrangiamenti elegantissimi e raffinatissimi. Testo di Miguel per la versione in spagnolo.

"Over my head" (A. Rear/G. Vanni/C. D'Onofrio/P. Costa/M. Tazzi/M. Ogletree)
Pezzo pop anche qui contaminato tra synth-pop ed elettronica. Bel pezzo anche questo, come tutto l'album del resto, che mantiene un livello alto di qualità per tutti i brani.

"Duende" (M. Bosé/M. Ansell)
altre versioni: **"The eighth wonder"** (M. Ansell) in inglese / **"The eighth wonder"** Rare mix / **"The eighth wonder"** Core mix / **"The eighth wonder"** Raw mix / **"The eighth wonder"** Bone mix
"Duende" Rey mix / **"The eighth wonder"** Kevorkian & Goh Hotoda extended rare mix (2000)

Martin Ansell è l'autore di questo brano. Sua è la versione originale, in inglese, di "The eighth wonder", pubblicata come singolo nel 1985. Miguel la fa sua, e ne adatta il testo per la versione spagnola. Diventerà un vero e proprio classico nel repertorio di Miguel.

"Jonás y la ballena" (M. Bosé/E. Feliciati/A. Fornili)
altre versioni: **"Seems like it's midnight forever"** (M. Bosé/E. Feliciati/A. Fornili/ A. Rear) in inglese

Pezzo delicatissimo, tra i più belli del disco. Arrangiamenti sofisticati, di gran gusto. Speriamo venga ripresa in chiave live prima o poi.

"Corazón infame" (M. Bosé/E. Feliciati/S. Melone)
altre versioni: **"My perfect lover"** (M. Bosé/E. Feliciati/S. Melone/T. Tate) in inglese

Altro brano di ottima fattura; in Spagna ha anche il ruolo di singolo tra i tre scelti per la promozione dell'intero lavoro.

"Justine" (M. Bosé/E. Feliciati/S. Melone)
altre versioni: **"The hurt party"** (M. Bosé/E. Feliciati/S. Melone/A. Rear) in inglese

Un brano in bilico tra elettronica e synth-pop, ma allo stesso tempo melodico. Alto livello.

"La gran ciudad (Confians)" (M. Bosé/M. Cinelu)
altre versioni: **"Big city"** (M. Cinelu/A. Rear) in inglese

Altro brano datato 1985, stavolta dei Weather Report dall'album *Sportin'life*. Lo stesso Mino Cinelu, autore del brano, suona in questo progetto di Miguel. Questi è noto, oltre che per la militanza nella band statunitense, per la collaborazione con il grandissimo Miles Davis.
«Parla di un emigrante che vive su un'isola, nel Caribe, che ha sempre sentito parlare di un posto in cui non esiste un Dio, questa è "la gran Ciudad". Andrà lì e sulla sua collina porrà il Dio della sua isola, per far sì che la sua razza possa crescere» (Miguel Bosé, da *Superconciertos por la Mañana*, 1988).

Note alla discografia

L'album esce con tre copertine differenti, a seconda del paese. Dal punto di vista della lingua in Italia esce quasi tutto in inglese, con un solo brano in spagnolo, "La gran ciudad", che invece avrà la sua versione in inglese ("Big city") per il mercato europeo, americano, giapponese e sudafricano,

dove il disco esce tutto in inglese. In Spagna e per i mercati latini è cantato tutto in spagnolo.
In un'intervista precedente all'uscita del disco Miguel dice: «Il 1988 si prospetta un anno di duro lavoro. Devo registrare *XXX* in inglese, francese, italiano e portoghese, con relativa promozione per ogni paese». A parte l'inglese, e la "base" in spagnolo, delle altre edizioni non si hanno tracce, probabilmente l'idea fu accantonata. Nella stessa intervista parla dell'opera prevista in collaborazione con Battiato, mai realizzata.
Un'edizione promozionale per il Messico è un barattolo di latta, simile a quello dei pelati, con la grafica dell'album stampata sul barattolo e contenente la musicassetta dell'album.
Tra i 12" emessi sul mercato, "Lay down on me" e "Duende", cui escono anche versioni "remix", soprattutto del brano "Duende", ma la chicca più rara è la versione promozionale uscita in Venezuela, che porta la copertina dell'album, ma su entrambi i lati del disco troviamo la stessa "Duende", riproposta sia in mono che stereo.
Tra le tante edizioni di *XXX*, da segnalare quella per il mercato sudafricano sia in vinile che musicassetta (dove è uscito anche il singolo promozionale di "The eighth wonder"). *XXX* risulta essere l'unico album di Miguel Bosé stampato in Giappone su formato CD. Negli Stati Uniti sono state pubblicate almeno tre edizioni in CD, due nel 1987, una in spagnolo e una in inglese, e una nel 1988, quella della Atlantic che oltre all'intero album in inglese, contiene come bonus track "Living on the wire".

IL TOUR '88

«Il tour che sta per iniziare sarà qualcosa che darà risalto alla dimensione teatrale del nuovo Bosé: scenografie, luci e suoni che sappiano dare la giusta atmosfera per ogni canzone. Sul palco cercherò di raccontare con il corpo, ma senza danza. Solo gesti». (Miguel Bosé, da *Tutto Musica & Spettacolo*, n. 5, maggio 1988)

Setlist tour Spagna (incompleta):
Quieres América (I want you) / ¿Quién la mató? (Big fun) / Justine / Nena / Salamandra / You live in me / Sevilla / Que no hay (xxx) / Aire soy / Te amaré / Creo en ti / Te diré / Super Superman / Anna / Voy a Ganar / La gran ciudad / Como un lobo / Duende / Amante Bandido

Setlist tour italiano:
Quieres América (I want you) / Big fun / The hurt party / Heaven / Up to the up / Seems like it's midnight forever / You live in me / Angeli caduti / Non siamo soli / Sono amici / You can't stay the night / Living on the wire / Sevilla / Miraggi / Y fue / La gran ciudad / Lay down on me / The eighth wonder / Partisano / Super Superman / Voy a ganar

Tournée italiana - le date:

LUGLIO 1988
7: Torino; 8: Porcari (LU); 9: San Cesareo (RM); 10: Matera – Stadio; 12: Forlì; 16: Sanremo (IM); 17: Reggio Emilia; 19: Porto Recanati (MC); 21: Senigallia (AN); 23: Molfetta (BA) – Banchina Seminario; 24: Rionero (PZ) (probabilmente non si tenne più); 25: Cosenza; 26: Reggio Calabria; 27/30: Sicilia

continua...

IL SEGRETO DEL SAHARA (SCENEGGIATO TV, 1987)

Lo sceneggiato, diretto da Alberto Negrin nel 1987, viene trasmesso su Rai 1 dal 3 al 24 gennaio 1988, con cadenza settimanale, diviso in quattro puntate, per un totale di circa sei ore.
Le riprese furono effettuate a Er Foud, in Marocco, poi ultimate a Roma a Cinecittà.
Ispiratore del film è Emilio Salgari; ambientato nel 1925, racconta di un archeologo che organizza una spedizione nel Sahara per scoprire il segreto della montagna parlante; si affrontano le terribili insidie del deserto, fra le quali la ferocia selvaggia dei predoni tra cui El Hallem, interpretato magistralmente da Miguel.
Cast stellare, da Michael York a Ben Kingsley, Andie MacDowell, Ana Obregon, Diego Abatantuono, William MacNamara e tanti altri.
«Un'avventura romanzesca ricca di risvolti psicologici» (Alberto Negrin, da *Tuttifrutti*, n. 22, 4 giugno 1987).
«El Hallem è un principe berbero, un guerriero che è a capo dei cani del deserto, uomini di ineguagliabile coraggio, che conoscono tutti i misteri delle infuocate sabbie del Sahara. È avventuroso, pronto a battersi senza paura, ma è anche sensibile, fedele ai suoi principi, per questo molto simile a me. Sono molto soddisfatto di questo film, c'è tutto: avventura, mistero.
Abbiamo girato per più di due mesi in pieno deserto, mi son trovato benissimo. Ho passato un periodo davvero spe-

ciale in un luogo misterioso ed affascinante, proprio come piace a me. Non c'era nulla, eppure mi sono sentito completamente a mio agio, non ho sofferto per alcuna rinuncia. Diego Abatantuono invece diventava pazzo per non riuscire a sapere i risultati del Milan» (Miguel Bosé, da *TV Sorrisi e Canzoni*, 1987).
Abatantuono in una rivista dell'epoca dichiarò: «Ho rischiato di perdere un amico sul set».
Infatti, mentre Miguel girava la scena in cui è completamente sepolto sotto la sabbia, eccetto la testa, ha un faccia a faccia con un aspide che gli va incontro. Per salvaguardare l'attore durante le riprese fu posta una lastra di vetro invisibile che separava la faccia di Miguel, indifeso, dall'animale.
Purtroppo, nella realtà questa lastra di vetro si ruppe, ferendo Miguel al naso. Infatti, un articolo dell'epoca diceva che membri dell'équipe erano pronti con i fucili, qualora il prosieguo della registrazione diventasse pericoloso. Così avvenne, fortuna che nulla di grave capitò a Miguel, se non una piccola ferita al naso dovuta al vetro rotto; difatti, se notate, prima e dopo la scena del morso all'aspide Miguel presenta una ferita al naso, che nella sequenza subito precedente non ha. Un'altra prova di gran coraggio del nostro Miguel.
«Mentre ero immerso dentro la sabbia, il serpente che, come da copione, mi girava attorno ma che era stato semiaddormentato, si è svegliato di colpo e ha tentato di mordermi il viso. L'hanno bloccato per un pelo» (Miguel Bosé, da *Tuttifrutti* n. 22, 4 giugno 1987).
«Stavamo girando a Er Foud, in pieno Marocco, quando è mancato poco che un aspide mi mordesse. La scena prevedeva che io finissi insabbiato fino al collo, con la prospettiva di morire sotto il sole. E per dare maggiore suspence alla situazione, fu deciso di sfruttare la presenza dell'aspide che, data la sua immobilità, tutti credevano in letargo. Il serpente invece, forse disturbato, ha finito con lo svegliarsi, dirigendosi verso di me con intenzioni non certo amichevoli. Per fortuna qualcuno lo ha fatto fuori!» (Miguel Bosé, da *Grand Hotel*, n. 20, 21 maggio 1987).
Colonna sonora consigliatissima, molto bella ad opera del Maestro Ennio Morricone, in cui spicca la sigla dello sceneggiato, cantata da Amii Stewart, "Sharan Dreams", ov-

viamente sempre sotto la guida e composizione del grande Maestro, che tristemente ci ha lasciato il 6 luglio 2020.
Circolarono al tempo almeno due libri della Nuova Eri con testo di Mario Leocata, tratti dal film, ed entrambi riportano Miguel in copertina. Uno dei due contiene all'interno molte foto oltre al racconto, tutte di ottima risoluzione e molte di Miguel.
Potete reperire la versione italiana in doppio DVD per Rai Trade/Medialia o la versione ispanica in formato box a quattro DVD. Fu editata una versione "ridotta" di poco più di due ore, una sorta di sintesi, che in Italia uscì per la Impact Video in VHS. Tuttora questa versione viene proposta anche in TV dalla Rai.

SANREMO 1988

L'album *XXX* esce in Spagna il 24 novembre 1987, cantato interamente in spagnolo, la stessa versione sarà editata nei paesi sudamericani. Da lì a pochi mesi, come per *Salamandra,* si immetterà la versione in inglese sul resto del mercato europeo, tra cui l'Italia, su quello nordamericano e persino in Giappone. Dopo due anni di assenza dalle scene nostrane, sin dal principio del 1988 si torna a parlare di Miguel anche in Italia. A inizio gennaio la Rai trasmette lo sceneggiato *Il segreto del Sahara,* a fine febbraio, instancabile, Miguel si lancerà in una nuovissima esperienza TV: gli propongono di presentare il "Festival di Sanremo" e lui accetta. Poco dopo, agli inizi di marzo, il disco è nei negozi italiani ed egli lo porterà in tour in estate per tutta l'Italia.
Riguardo il fatto di unire TV, musica teatro, cinema, in un'intervista per il libro di Alfredo Rossi del 1982 *Collana i libri dei tuoi big* Miguel Bosé dirà:
«Solo in Italia esiste questa divisione così rigida. Un uomo di spettacolo o è attore o è cantante, o è ballerino o presenta. Negli Stati Uniti, invece non è così: un uomo di spettacolo può mostrarsi in tanti modi diversi e il pubblico dimostra di gradirlo. Ma non solo il pubblico: anche la critica guarda con piacere a una cosa del genere. Il fatto è che negli Stati Uniti un uomo di spettacolo è realmente capace di fare tante cose: sa recitare, se la cava a cantare, sa suonare almeno uno strumento, non è impacciato se deve fare una presentazione

e via di questo passo. Qui da noi *[in Italia, nda]* è tutto molto più rigido: se tu sei un cantante e cerchi di ballare, subito trovi qualche critico che storce il naso. Oppure se sei un attore e canti, ecco che qualcuno trova subito da ridire. Ma il bello è che non è il pubblico a mostrarsi perplesso, ma soprattutto la critica, che magari stronca uno solo perché ha avuto il coraggio, o l'incoscienza, di esibirsi in un ruolo insolito. E questo davvero non lo capisco!».

Questo, a mio parere, ha influenzato molto la carriera musicale in Italia di Miguel negli anni, mai apprezzata a pieno come meritava. Sicuramente la complicità fu anche di una promozione spesso non sempre propriamente accurata, ma il modo un po' snob e prevenuto di parte del pubblico italiano, un po' chiuso a vecchi stereotipi, ha sicuramente influito e temo che influisca ancora. Del resto, lui a Sanremo è stato un presentatore insolito.

Il "Festival di Sanremo" si svolge al Teatro Ariston, dal 24 al 27 febbraio 1988. È presentato da Miguel Bosé, con Gabriella Carlucci, mentre Carlo Massarini si occupa, per il secondo anno, della sezione "ospiti stranieri" al Palarock. Ricordiamo inoltre la partecipazione di Kay Sandvik (nota anche come Kay Rush) al Casinò e di Beppe Grillo all' Ariston.

Vince la kermesse Massimo Ranieri con un brano che poi diventerà, a ragione, un vero e proprio classico della canzone italiana: "Perdere l'amore". Segue, al secondo posto, Toto Cutugno con "Emozioni" e terzo, con un altro brano che rimarrà negli annali, "L'amore rubato" di Luca Barbarossa. Il premio della critica va a Fiorella Mannoia, anche lei con un brano che farà la storia della musica italiana: "Le notti di maggio". La sezione "nuove proposte" viene vinta dai Future con "Canta con noi".

Tra gli artisti in gara segnaliamo Califano, Fiordaliso, Ron, la Bertè, Marcella Bella, la Oxa, Leali, Matia Bazar, De Piscopo, i Ricchi e Poveri, Alan Sorrenti, New Trolls, Raf, Zarrillo, i Denovo ed altri. Insomma un cast eccezionale.

Per non parlare del cast del Palarock, come dicevamo, nelle mani sapienti di Carlo Massarini. Per due anni, dal 1987, gli artisti stranieri si esibirono separatamente in un palazzetto apposito, chiamato per l'occasione appunto Palarock, con un pubblico sempre caldissimo per la fama degli ospiti che si son susseguiti.

In quattro serate hanno ruotato tra Palarock e Casinò: Paul McCartney, gli A-ha, i New Order, Bryan Ferry, Joe Cocker, George Harrison, Bon Jovi, i Def Leppard, Johnny Hates Jazz, Paul Anka, Sandie Shaw, Suzanne Vega, Rick Astley, Terence Trent D'Arby, i Toto, gli Eighth Wonder, che l'anno precedente avevano fatto parlare molto per la spallina persa dalla loro leader Patsy Kensit sempre al Palarock e non ultimo lo stesso Miguel Bosé che, promuovendo un album in inglese, lasciava l'Ariston per cantare al Palarock per due sere, proponendo "Lay down on me", nuovo singolo in anteprima per l'Italia. Gli ascolti furono da record: oltre venti milioni di spettatori.

Intervista a Carlo Massarini, giornalista, conduttore televisivo, critico musicale

(raccolta telefonicamente nell'ottobre 2017)

Carlo, tu hai lavorato con Miguel come collega in una edizione del "Festival di Sanremo", quello del 1988.

Esatto. Anche se con Miguel ci eravamo conosciuti prima, già ai tempi di "Mister Fantasy", e ci eravamo incrociati spesso durante alcune presentazioni di film. Devo dire che è un ragazzo molto simpatico, ovviamente viene da una famiglia di un certo tipo, e questo si nota in lui, per quanto sia uno abbastanza alla mano. Però si percepisce che viene da una famiglia di un certo calibro, in Spagna considerata anche in una certa maniera, e che hai di fronte una star. Anzi, all'epoca, nei primi anni 80, ebbe molto successo in Italia con i suoi primi 45 giri, quelli dance, e non era diventato ancora un artista maturo quale è adesso. Adesso è una superstar mondiale, non solo a livello italiano. Successivamente ci siamo incontrati a Sanremo. Era il mio secondo anno a Sanremo, dopo quello con Pippo Baudo. Lui era con Gabriella Carlucci all'Ariston, mentre io ero da solo al Palarock, e poi c'era Kay Rush (anche chiamata Kay Sandvik) che si occupava del "dopo Festival" al Casinò. Un quartetto di presentatori che a ripensarci adesso era anche abbastanza coraggioso, senza esagerare, ma ci voleva anche un po' di fantasia a mettere insieme quattro come noi che eravamo in fondo quattro ragazzi, anche se ragazzi cresciuti. Eravamo il gruppo di presentatori più alto d'Italia, conta che eravamo tutti sopra un'altezza di 1 metro e 85 cm, sembravamo più una squadra di basket che presentatori. A parte ciò, ci siamo divisi i compiti in maniera onesta, loro hanno avuto Paul McCartney all'Ariston, io George Harrison al Palarock, loro gli artisti italiani, gli stranieri da me. Miguel non era un vero presentatore. Si era adattato al ruolo. Essere presentatori vuol dire avere tempi televisivi, un eloquio, un ritmo, una velocità di battuta, che chiaramente un pochino devi imparare, difficile nascere naturalmente presentatori, però ricordo che fece un buon Festival, perché lui ha quest'aria un po' rilassata, piaciona, furbetta, che è abbastanza gradevole. Successivamente ci siamo rincontrati nel Sanremo del 2010, in cui lui era ospite, e in quella occasione ci siamo salutati, anche se molto velocemente.

Qualche ricordo che vuoi raccontare? Episodio, aneddoto particolare?
Non molti, perché l'unico momento in cui ci siamo frequentati è stato durante il periodo di "Mister Fantasy". Lui viveva a Milano probabilmente per motivi lavorativi-discografici. E a quel tempo a Milano, nei primi anni 80, eravamo un punto di riferimento, eravamo spesso alla Locanda Solferino, con Mario Luzzatto Fegiz, Convertino, gli autori, un gruppo di lavoro che diventò poi amicale e quindi frequentavamo un sacco di stilisti, cantanti, un gruppo abbastanza aperto. Quindi spesso ci si trovava insieme a prime dei film, serate, feste. Ti ripeto, mi sembrava un tipo molto simpatico, molto simile a me, infatti abbiamo fatto amicizia subito, poi come spesso capita, ci siamo persi e non è continuata, però mi sembra un ragazzo molto intelligente. Devo ammettere che la sua ultima incarnazione, quella un po' più oscura/emaciato/barba lunga è un filino inquietante, mentre a quei tempi era molto più solare, molto diverso. All'epoca certo era poco più di un ragazzo, adesso son passati tanti anni.

Sicuro, ma c'è stato anche un cambio stilistico musicale importante rispetto ai primi anni '80.
Il cambio stilistico musicale è stato senza dubbio fortissimo, non so, questo look con l'eyeliner agli occhi, molto dark, un po' mi inquieta, però non conoscendo lo spagnolo, non capisco quello che canta, per cui non so se è direttamente proporzionale alla sua evoluzione artistica, e quindi non so se sono canzoni esistenziali, dark, sofferte... questo me lo puoi dire tu sicuramente.

Certo. Beh, sai, lui è molto camaleontico, ha sempre cambiato stile, sempre in evoluzione. Certamente in alcuni dischi come *Sotto il segno di Caino* la parte esistenziale c'è eccome, e devo ammettere invece che a me piace molto, anzi, forse è il suo lato che preferisco. Poi è uno che ha fatto di tutto, dal pop all'elettronica, anche rock talvolta, dance, e tanto altro. Anzi, proprio per questo in Italia forse è stato penalizzato e spesso ricordato quasi solo per "Super Superman" e "Bravi ragazzi" mentre all'estero, come dicevi tu prima, è una superstar. Lui secondo me paga un po' il pegno di tutto ciò da noi ancora. Tu che ne pensi a riguardo?
Perché quando nasci in una certa maniera è difficile cambiare. Succede questo: quelli che comprano i tuoi dischi e hanno la tua età, a volte ti continuano a seguire, a volte no, non ti seguono durante l'evoluzione di percorso, perché alcuni magari si sentono legati a te perché per loro sei quello di cui compravano i dischi quando avevano sedici anni, erano giovanissimi. Succede poi che l'artista cresce, cambia stile e i casi sono due: o non te ne importa più nulla perché lo hai identificato come il tuo passato, scanzonato e leggero, sei cambiato e non ti interessa più Bosé, o l'artista in questione, indipendentemente da quello che fa, oppure magari quello che fa

non ti piace, è cambiato, per te è diverso e quindi non lo segui più. Capisco che lui è mille miglia lontano dai suoi inizi, ma forse non ha frequentato l'Italia tantissimo, infatti frequenta molto la Spagna, l'America, dove è una superstar. Infatti all'epoca frequentava molto l'Italia e andava molto bene, adesso negli ultimi anni non si è visto molto. Poi è vero anche che in Italia siamo più critici, subito disposti a osannare alcuni artisti definiti "bravi" spesso più di quello che dovrebbero essere, o al contrario a non essere spesso considerati, forse la categoria di Miguel.

Sì, vero. Anche se lui dice, e sottoscrivo, che in Italia siamo troppo tradizionalisti, e quindi il cambiamento non è stato capito. Faceva spesso l'esempio di un Alberto Sordi che alla fine faceva sempre Sordi, così come altri. Io sono d'accordo con questa tesi.
È possibile. Solo che forse in quei casi, chiaramente non parlo del caso specifico, in genere, devi cercarti un altro pubblico. A volte anche per il cambiamento troppo repentino, o nel caso di Bosé, anche il fatto che la maggior parte dei dischi erano in spagnolo, non tutti lo parlano qui, va molto più l'inglese. Forse andava frequentata di più l'Italia, ma in fondo in America è talmente grande che ha fatto bene a scegliere quel pubblico lì. Qui devi far fatica a riemergere, tu che faresti? Io farei una tournée in Messico. Non è che siamo tradizionalisti, l'Italia ha aperto la strada a band come Genesis, Van der Graaf Generator, che non si filava nessuno. Certo, parliamo degli anni 70, però anche in tempi recenti da noi hanno avuto successo artisti che non erano necessariamente superstar all'estero. Comunque l'ho visto, sul palco lui è molto bravo, molto showman. È molto piacione, e molto artistoide. Molto eclettico.

Intervista a Luisa Corna, cantante, attrice, conduttrice televisiva

(raccolta via mail il 12 dicembre 2018)

Ciao Luisa, tu hai avuto una piccola parentesi lavorativa con Miguel molti anni fa. Ci racconteresti qualcosa?
Ho partecipato alla promozione televisiva dell'album *XXX*, quindi anche alla promozione al "Festival di Sanremo", mentre il tour è avvenuto successivamente e per motivi di lavoro avevo già preso degli impegni e quindi impossibilitata a fare tutte le date.

Che ricordi hai di Miguel, lo frequenti ancora?
Da anni non lo vedo, ma conservo un bellissimo ricordo di una persona straordinaria, sempre disponibile e gentile con tutti. Un'anima sensibile, un uomo di cuore, ricco di valori.

Intervista a Gary Clark, musicista, cantante

(raccolta via mail il 6 luglio 2018)

Ciao Gary. Tu sei autore del brano "¿Quién la mató? (Big fun)". Come è nato questo lavoro con Miguel? E che ricordi hai di quel periodo?
Ho dei bei ricordi di quel periodo. Avevo scritto "Big fun" per la mia band, Danny Wilson, ma quando la registrammo non sembrava adattarsi bene all'album. Poco tempo dopo ho ricevuto una telefonata dal mio editore Aureen Ritchie della Warner che stava lavorando con Miguel Bosé e mi disse che Miguel era interessato a registrare la canzone e anche a farne una versione in spagnolo. Ero eccitatissimo. Era la prima volta che un altro artista registrava una delle mie canzoni, "the first cut" come la chiamiamo noi, la prima incisione, noi autori non la dimentichiamo mai. Non ho sentito le versioni di Miguel fino a quando non sono state ultimate e ricordo di aver fatto un salto sulla sedia per quanto suonavano bene entrambe le versioni. Miguel mi inviò una copia in vinile, che conservo ancora e una lettera molto carina in cui mi diceva che amava quel brano e mi ringraziava per il contributo dato all'album *XXX*. Mi invitò persino in Spagna a casa sua a Madrid, ma ero un ragazzo molto timido, poco più che ventenne, per cui non accettai mai l'invito, ma ricordo ancora quella lettera estremamente gentile e generosa.

A cosa stai lavorando adesso?
In questo periodo scrivo e produco per altri artisti (Demi Lovato, McFly, The Wanted), musiche per film (ho scritto le musiche per *Sing street* di John Carney) e attualmente sto anche scrivendo le canzoni per un musical teatrale di Nanny McPhee con Emma Thompson. Ma tornando a noi, da songrwriter ricorderò per sempre il mio "the first cut" e sarò sempre grato a Miguel per "¿Quién la mató? (Big fun)".

Intervista a Martin Ansell, musicista, cantante

(raccolta via mail il 7 agosto 2018)

Ciao Martin, tu porti la firma su uno dei brani di maggior successo di Miguel; raccontaci le gesta di questo lavoro.
Sono stato chiamato dal mio manager, Andrew Miller, nel suo ufficio. Era seduto dietro la sua scrivania con un grande sorriso e mi dice: «Tony Mansfield è appena arrivato a produrre una superstar spagnola, e la tua canzone è stata scelta per il suo album». La canzone in questione era il mio singolo attuale per l'Island "The Eighth Wonder". Aveva preso molti air play, ma non era entrato nelle classifiche. Quando Tony Mansfield ha incontrato Miguel Bosé, hanno avuto modo di parlare del concept dell'album *XXX*. La Warner voleva spingere Miguel a livello internazionale e volevano una versione inglese e una in spagnolo per soddisfare tutti i mercati. Quando Tony ha suonato a Miguel il mio brano "The Eighth Wonder", a quanto pare egli l'ha amato da subito e così è stato scelto tra i vari brani per il disco. La mia canzone aveva un messaggio semplice: l'idea

era che l'ottava meraviglia del mondo è quella che noi viviamo tutti insieme. Qualche settimana dopo mi è stato chiesto di incontrare Ruby Merchant (responsabile di A e R per Warner's International, New York) per discutere i testi della mia canzone. Apparentemente Miguel stava avendo difficoltà ad adattare la traduzione spagnola alla melodia. Nel frattempo, Miguel aveva iniziato a registrare con Tony Mansfield negli studi di Ridge Farm, a Capel nel Surrey. Uno degli studi più belli d'Inghilterra. Miguel aveva il suo fascino elisabettiano. Ridge Farm era da sempre lo studio preferito dei Black Sabbath, Ozzy Osbourne viveva praticamente lì per un periodo. Ruby ha fatto di tutto per spiegare quanto fosse importante avere i testi assolutamente adatti per Miguel e quanto fosse importante questa canzone per l'album. Nel momento in cui ho incontrato Miguel, al Ridge Farm, l'album era già a buon punto e due affascinanti cantanti spagnole erano rimaste lì per alcuni giorni per completare le loro sessioni come coriste. Quando ho conosciuto Miguel, era perfettamente vestito ed estremamente affascinante. Cenammo tutti insieme. Inoltre Tony mi invitò a rimanere per un paio di giorni ancora in studio per aggiungere il coro alla versione inglese dell'album. Tony è stato un vero perfezionista quando si trattava di esibizioni vocali e ho sicuramente guadagnato la mia parte. Alla fine Miguel ha scritto il testo della versione spagnola e "The eighth wonder" divenne "Duende". Mentre cercava di spiegarmi il testo, il tutto era diventato un racconto di una specie di creatura mistica, ancora oggi non ne ho la più pallida idea di cosa volesse dire. Ma sono sempre stato molto grato che abbia perseverato con questa canzone in quanto porto ancora i diritti d'autore. Ricordo molto bene il mio tempo trascorso a lavorare con Miguel, quasi mi sentivo in presenza di reali. Tutti intorno a lui sembravano un po' intimoriti dalla sua presenza, forse era la creatura mistica di "Duende".

Tu hai partecipato ai cori nella versione inglese della sola "The eighth wonder" o altri brani?
Credo di aver cantato i cori di quasi tutto il disco.

Immaginavi che la tua canzone, in spagnolo specialmente, diventasse una hit di grandissimo successo a livello mondiale, immancabile nei set di Miguel?
No, non ne avevo assolutamente idea. E mi sento molto fortunato che la suoni ancora oggi. È divertente pensare che quando ho scritto la canzone e fatto sentire il demo al mio manager Andrew, fece tanto chiasso. Mi portò a cena e mi disse che "The eighth wonder" sarebbe diventato un grande successo. Ecco... "Duende" è diventato quel successo. Comunque penso che *XXX* suoni in maniera favolosa tuttora. Se mai dovessi vedere Miguel per favore salutalo da parte mia. Io scrivo ancora canzoni, ne ho una che davvero vorrei che lui sentisse.

Io ci provo con questo libro, speriamo lo legga, grazie Martin.
Grazie a te. È stato un piacere.

Intervista a Carlo Marrale, musicista, cantante

(raccolta telefonicamente il 3 settembre 2020)

Ciao Carlo, il primo ricordo che ho come collegamento "Matia/Miguel" è il concerto dell'82 a Misano Adriatico. Vi siete conosciuti in quell'occasione o eravate già in contatto in qualche modo?
C'eravamo conosciuti un po' prima. Quando Miguel ha pubblicato *Bravi ragazzi* avevamo la stessa agenzia, la Trident. Inoltre lui si era trasferito a Milano, ci si vedeva quasi quotidianamente, frequentavamo addirittura la stessa palestra, conoscevo anche il suo istruttore. Venne a cena anche a casa mia, Miguel è davvero una persona molto simpatica, gentile ed educatissimo. Sono questi i principali ricordi che conservo. Era nel fiore degli anni, era un bel ragazzo, sembrava davvero un piccolo principe.

Che ricordi hai di quell'evento a Misano?
Fu uno dei primi grandi concerti, le luci non erano granché a dire il vero, se vedi il video il tutto è un po' buio. Tecnologicamente non c'erano i mezzi che abbiamo oggi, però è stato uno dei primi live in spazi molto grandi. Quelli della Trident, di Maurizio Salvadori, erano lungimiranti.

In seguito è nato il brano "Que no hay (xxx)", di cui hai scritto le musiche e suonato la chitarra.
Sì. Grazie alla nostra vicinanza, ho offerto a Miguel questa canzone, che ha gradito molto e siamo andati a registrarla a Londra, negli studi di Peter Gabriel.

Qualche ricordo particolare della gestazione del brano? Uno dei miei brani preferiti in assoluto della carriera di Miguel.
Grazie, mi fa piacere. Non ho particolari ricordi su come è nata la canzone in verità. Avevo già il brano nel cassetto, la proposi a uno del suo entourage, piacque e Miguel accettò.

Qualche altro aneddoto, in generale che ti lega a Miguel?
Ricordo che siamo stati ospiti in un palazzo antico bellissimo a Milano, il palazzo della Scherma. Miguel organizzò una festa in occasione del compleanno del padre. Quella sera c'erano tantissimi invitati, dalla Vanoni a Patty Pravo, fino a Battiato che ho visto ballare. Ci siamo sfiorati nella pista danzante. Era una sala in stile fine Ottocento e c'era questo salone delle feste molto grande e mentre ballavamo mi è capitato Franco vicino, che era con una damigella, guardandomi mi ha detto "è inusuale!". È stato un momento troppo simpatico. Poi c'erano anche le ballerine di flamenco arrivate da Madrid. È stata una bellissima festa con molti altri artisti italiani e stranieri. C'era l'Orchestra di Henghel Gualdi, con musicisti bravissimi, che suonava i pezzi ballabili degli anni 40/50 americani. C'era davvero una bellissima atmosfera, gente bellissima, tanti amici di Miguel. Abbiamo finito alle cinque/sei del mattino. Ed è lì che ho conosciuto tutta la sua famiglia, tra cui la madre. Una donna molto simpatica. Ricordo che a lei piacevano i Matia Bazar. In Spagna per un periodo avemmo molto successo, ai tempi di "Solo tu", "Stasera che sera".

Infatti Miguel presterà la sua voce in un vostro brano oltre che adattarne il testo in spagnolo.
Sì, "La unica estrella verdadera". C'è stata una bella collaborazione. Poi capita che la vita divide per i vari impegni di ognuno, inoltre lui non vive più qui. Però è stato molto bello lavorare con Miguel.

Intervista a Alan Childs, musicista, batterista

(raccolta via mail il 24 agosto 2017)

Ciao Alan, tu hai suonato con Miguel nel "XXX tour '88", giusto?
Sì. Ero il batterista di quel tour. Abbiamo suonato in Spagna, Italia, Messico, Miami in Florida e credo anche a Porto Rico.

Come vi siete conosciuti o come è nata la vostra collaborazione?
Nel 1987 Miguel mi vide in un concerto a Roma, mentre suonavo con David Bowie e mi chiese se avessi voluto suonare con lui.

Come è stata questa esperienza lavorativa?
Miguel è un ragazzo fantastico. Lasciava carta bianca a noi musicisti e questo ci permetteva di essere molto creativi, si fidava del nostro istinto musicale e questo era molto bello da parte sua e i concerti erano sempre molto divertenti. Ricordo che in Spagna suonavamo quasi sempre nelle Plaza de Toros. I camerini sembravano delle stanze di un ospedale.

Recentemente guardavo un concerto di questo tour su YouTube, la data di Barcellona, ripresa da TVE. Molto bello del resto. Ricordo che vidi due date del tour italiano a suo tempo. C'è un momento in cui vi concedete un siparietto divertente, sul finale di "¿Quien la mato?". Prima che si passi al brano successivo, allungate molto il finale di questo brano, lo ricordi?
Sì, ad un certo punto, stanco di fare sempre lo stesso giro di batteria, urlo a Miguel: "Miguel, voglio cambiare canzone, adesso!" e lui mi chiede "con cosa vuoi proseguire?" ed io "Justine"! Ahahah...

Del Bosé attuale conosci qualcosa e se sì, cosa ti piace?
Onestamente non conosco la direzione musicale intrapresa da Miguel ultimamente. Però andrò a vedere il concerto a Las Vegas il prossimo 15 settembre 2017, mi piacerebbe salutarlo.

Intervista a Arturo Soriano, musicista, sassofonista

(raccolta via mail il 30 aprile 2020)

Ciao Arturo, tu hai suonato nel "Tour '88" con Miguel Bosé, puoi dirci come è nata questa esperienza lavorativa e soprattutto che ricordi hai?
Ricordo molto bene il tour di *XXX* e conservo ottimi ricordi. Per me è stata un'esperienza difficile da dimenticare, sia a livello musicale, avevamo una band di altissimo livello, sia per quanto riguarda quello

personale, per i bellissimi momenti passati insieme e il trattamento squisito di Miguel con tutto lo staff. In quel periodo io suonavo molto con diversi artisti e gruppi in Spagna. C'era molto fermento musicale e il mio strumento, il sax, era molto presente sui palcoscenici, si adattava bene non solo a chi suonava jazz, soul o funky ma era molto utilizzato anche nel pop e nel rock. Non conoscevo benissimo Miguel al tempo, ci eravamo incontrati giusto a qualche evento o concerto. Avevo da poco finito dei concerti con i Nacha Pop in Messico e in quel periodo non avevamo i telefoni cellulari, e incredibilmente, un giorno mi arriva una telefonata al fisso di casa, era Miguel. Ero sorpreso, in quanto lui era un artista già molto famoso e degli artisti spagnoli colui che godeva del maggior riconoscimento internazionale. Mi propose di suonare con lui e la sua band nel suo tour imminente, e ci demmo un appuntamento per parlare dei concerti e la loro struttura, della band, tutti i dettagli. Fu un incontro piacevolissimo. Pochi giorni dopo mi chiamarono dalla Trident, la sua agenzia italiana al tempo, per fissare date, prove e logistica in generale. Invece in Spagna era la RLM, con cui avevo già lavorato. Provammo il set del concerto per due settimane, a Gallarate e a Bergamo, dopo di che iniziammo il tour italiano, che durò quasi due mesi. La band era internazionale, e come dicevo, validissima. Provenivano dagli Stati Uniti Alan Childs (batteria), Warren McRae (basso) e Larry Mitchell (chitarra elettrica), le coriste Sherry Vigdor e Sherry Lamar (anche se ci fu un cambio in seguito e si unì a noi Andrea Bronson), la coreografa Adriana Kaegi e i due italiani, Enzo Feliciati e Stefano Melone alle tastiere e programmazione. Ed io, al sax e flauti.

C'è qualche aneddoto particolare che ricordi di quelle giornate insieme? Ho intervistato anche Alan Childs, ho parlato con Larry Mitchell e sembra che dopo trentadue anni siete ancora molto amici?
Sì, verissimo. C'è da dire che Miguel era coinvolto in tutto, in ogni aspetto, essendo una persona esigente e un perfezionista. Curava ogni dettaglio da vicino, ma senza mai farti sentire a disagio, anzi. Era molto integrato con noi, e si andava sempre a mangiare o a bere qualcosa insieme con tutta la band dopo il concerto. Si parlava degli aspetti da migliorare, soprattutto durante le prime date, ma anche delle nostre esperienze in genere, stando tanto tempo insieme ci si conosceva sempre più, al punto che sembravamo un gruppo di amici in viaggio. E inoltre avevamo il nostro spazio per rilassarci e ricaricare le energie. Un dettaglio che Miguel aveva intuito molto bene, infatti ognuno di noi aveva una camera singola in hotel, e non è cosa scontata, fino ad allora avevo suonato con altri artisti condividendo sempre la stanza e puoi immaginare. C'era molto da lavorare, era un ambiente molto serio, ma allo stesso tempo ci siamo divertiti molto, c'era molto umorismo tra di noi, un bel clima. Facevamo sempre il soundcheck qualche ora prima dei concerti, in maniera tale che tutto fosse a posto per l'inizio. Ricordo che una sera, poco prima di un concerto a Molfetta (Bari), uno del gruppo mi chiese se potava utilizzare il mio sax per provare una melodia che suonavo per uno dei brani in scaletta. Quando ripresi il mio sax e provai a suonarlo, mi resi subito conto che qualcosa non andava, e vedendo gli altri ridere alle mie spalle mi insospettii subito. Avevano

messo una pera presa dal catering e infilata nella campana del mio sassofono. Siamo ovviamente scoppiati tutti a ridere e siamo saliti sul palco ridendo... Per dirti la goliardia con cui vivevamo il tutto insieme.

C'è qualche canzone facente parte la scaletta di quei concerti che ricordi particolarmente?

La scaletta del concerto era ovviamente decisa da Miguel. Mantenere l'attenzione del pubblico durante i concerti non è cosa facile, bisogna dividere bene quando suonare un brano ritmato, o una ballata, oppure il momento in cui il pubblico deve cantare tutto in coro un ritornello. E in questo Bosé era molto bravo, nel combinare anche le vecchie canzoni, grandi successi quindi, alle nuove, a volte poco conosciute dal grande pubblico. Ogni musicista ha le sue canzoni preferite all'interno di una setlist di un concerto. Le mie preferite erano "Nena" e "Sevilla". Però mi sorprese positivamente che fu inserito un brano dei Weather Report, gruppo che amavo molto ma che avevano uno stile musicale molto diverso da quello di Miguel. Un brano di Mino Cinelu, una meraviglia! Dopo l'Italia proseguimmo il tour in Spagna e lì io "giocavo in casa". Era abituale che dopo i concerti ci venivano a trovare amici e musicisti con cui avevo lavorato e i progetti si moltiplicarono. In quei pochi giorni in cui avevamo delle pause eravamo di base a Madrid, una città molto aperta, infatti tutto il resto della band si è trovata benissimo, facendo subito molte amicizie, il che mi ha fatto doppiamente piacere. Indimenticabili i concerti nelle arene di Madrid, Barcellona, Valencia, piene di un pubblico dedicato. E che dire di poter suonare "Sevilla" a Siviglia. Ogni città è stata un'esperienza molto emozionante.

Hai lavorato anche in seguito con Miguel, giusto?

Dopo quel tour magnifico, ho continuato a suonare con altri artisti e parallelamente sono entrato nel mondo della produzione discografica. Bosé avviò un'etichetta discografica chiamata NMD (No More Discos), sono stato molto onorato di poter produrre due grandi e differenti artisti: Athanai, cantautore cubano di musica elettronica, conosciuto a L'Avana come il rapper bianco, e Chonchi Heredia, grande cantante di flamenco, che aveva collaborato con Paco de Lucía e che fortunatamente per noi suonò nel disco. Diversi anni dopo Miguel presentò un programma su TVE, "Séptimo de Caballería", un programma musicale di alta qualità. Ci si esibiva dal vivo con una produzione sonora mai vista in un programma televisivo in Spagna, e un'intervista a "tu per tu" con l'artista di turno, condotta con enorme tatto, in maniera molto rilassata, affrontando argomenti personali o aneddoti poco conosciuti al grande pubblico. A parte moltissimi artisti spagnoli, passarono da lì molti artisti internazionali, quali Madonna o i R.E.M. e molti altri. Suonai diverse volte, e sempre abbiamo avuto modo di parlare un po', aggiornarci sulle nostre vite.

Intervista a Larry Mitchell, musicista, chitarrista

(raccolta via mail il 24 agosto 2020)

Ciao Larry, tu sei stato uno dei chitarristi che ha suonato nel tour "XXX '88", come è stato lavorare con Miguel e come è nata questa collaborazione?
Certo, sì. Miguel e il suo management vennero a New York nel 1988 per mettere su la band. Lo straordinario bassista Carmine Rojas avrebbe dovuto suonarci, poi finì in tour con Rod Stewart e gentilmente mi aiutò a trovare musicisti a New York. Ricevetti la sua telefonata e andai ai S.I.R. Studios. Li trovai tutti lì. Suonammo un po'insieme e fu un'audizione davvero molto facile e divertente.

Raccontaci qualche aneddoto riguardo il tour.
È stato molto divertente. Lo stile di Miguel ricopre una vasta gamma di stili musicali. Ed è stato interessante per noi, tre americani, me, Alan Childs il batterista e Warren McRae il bassista, che non eravamo a conoscenza dello status di successo di Miguel. Così scoprimmo in pochi giorni la grande star che era effettivamente. Con noi era molto disponibile e affabile. Le prove del tour le facemmo a Gallarate e successivamente credo a Bergamo. Ovunque fu una bellissima esperienza. In Italia suonammo in posti più piccoli, il più grande poteva contenere diecimila persone, ma quando arrivammo in Spagna fu tutt'altra storia. I fotografi erano ovunque nelle hall degli hotel in attesa di vedere Miguel arrivare. Al primo spettacolo in Spagna c'erano ventimila persone. Ricordo che passeggiando con Warren per le strade di Madrid, vedemmo bambini che andavano a scuola con gli zaini di Miguel Bosé. Andammo a vedere un film, e mentre parlavamo del nuovo film di Eddie Murphy, ci accorgemmo che un poster per strada di Miguel Bosé era due volte più grande di quello di Murphy. È lì che abbiamo capito quanto fosse grande come star lì e che cosa importante stavamo facendo. Ricordo anche che Miguel aveva un'assistente che lo accompagnava in quasi tutti gli spettacoli, avevano quasi sempre macchine differenti. Quando cercavamo di raggiungere le Plaza de Toros, tutta la gente, la maggior parte donne, bloccava il bus per vedere se Miguel fosse sull'autobus. Urlando il suo nome. Un giorno ricordo notammo una vecchia station wagon entrare nella Plaza, in cui vi erano seduti sul sedile del passeggero gli assistenti di Miguel che dormivano e Miguel invece che guidava la macchina con cappello e occhiali, passando davanti a tutte le ragazze urlanti, che invece avevano fermato il nostro autobus, tentando di aprirlo, cercando di vedere Miguel all'interno.

Lavorare con Miguel, come è stato?
Miguel è stato fantastico e molto accomodante. E sembrava davvero divertirsi molto. A volte ci raccontava piccole storie sui posti in cui andavamo a suonare e visitare. In ogni città il sindaco o qualcuno di "importante" voleva invitarci a cena dopo lo spettacolo. Spesso si finiva molto tardi, soprattutto in Spagna. Finché, sali sull'autobus, raggiungi una piccola località vicina, ceni fino a tardi. Si faceva sempre notte. Ricordo una volta, in un castello, alle due della notte, il cibo non smetteva mai di arrivare. Miguel era sempre contento però di vedere i suoi amici e andare a cena con loro. E loro ci portavano sempre ovunque.

Conosci l'attuale carriera di Miguel?
Non conosco molto cosa faccia adesso a dire il vero. Viaggio molto in Italia, ci sono tornato alcune volte con Tracy Chapman. Mi piacerebbe salutarlo e rivederlo di persona. Spero stia bene, che sia felice e creativo.

Si evince un ottimo feeling tra voi musicisti della band, sembra vi siate divertiti molto e vedo che siete ancora in contatto, quindi ottimi amici.
Oh sì, come non potevamo divertirci. In Spagna e Italia era tutto bellissimo. Le donne stupende, il cibo ottimo. Suonavamo di fronte a migliaia di persone divertendoci.

Qualche altra cosa da raccontare?
Il tour è stato molto interessante. Non il solito modo di fare tour negli USA. All'inizio volevano che la band viaggiasse su due furgoni a noleggio. Ci siamo divisi e ci dissero che sarebbe stato più veloce e facile spostarsi. Solo che avrebbero messo tre americani a guidare un furgone in un paese dove nessuno sapeva leggere i cartelli stradali. Pensammo quindi che ci saremmo persi continuamente. Così siamo finiti su un autobus regolare, cambiando autisti come si cambiano gli asciugamani di carta, molto frequentemente, quindi. Il primo autista si presentò con un grosso autobus. Caricammo le valigie nel portabagagli sotto il bus. Neanche cinque minuti dopo, arrivati in autostrada, gli autisti dalle altre macchine ci suonavamo il clacson continuamente e l'autista si fermò immediatamente. Non aveva chiuso le porte del portabagagli. C'erano bagagli e vestiti sparsi per tutta l'autostrada. In Spagna invece avevamo un autista che non riusciva mai a trovare la strada per le Plaza de Toros, e si incaponiva a non voler mai fermarsi a chiedere a qualcuno le indicazioni. Chiunque avrebbe potuto aiutarci, in quanto si trattava di uno dei posti più importanti della città. Invece ci perdevamo puntualmente. Era divertente e snervante allo stesso tempo. Un altro aneddoto riguardo le canzoni. Quando arrivammo in Italia, provammo per sei settimane. Poi girammo per tutto il Paese. Nella scaletta c'erano molte canzoni in italiano. Quando arrivammo in Spagna si dimenticarono di dirci che le stesse erano in spagnolo, anche se la musica era la stessa, i titoli no, erano in spagnolo. Per cui, al primo spettacolo, di fronte a ventimila persone, ricordo che salgo sul palco, guardo la scaletta ma non riconosco il nome di nessuna canzone. Non che conoscessi l'italiano, ma mi ero abituato a leggerlo e capire quale canzone era da suonare. Urlo subito a Warren «Qual è la prima canzone?» Lui... «Non lo so». Chiedo ad Alan quindi. E anche lui «Non ne ho idea». Quindi guardiamo tutti i tastieristi, e a Enzo, se non ricordo male, chiedo quale canzone dovessimo suonare e lui mi urla il titolo della canzone in spagnolo. E noi «Sì, certo, come no! Dacci il titolo in italiano! » Ovviamente non poteva capire perché fossimo disorientati e volevamo il nome della canzone in italiano. Era giustamente confuso. Tieni conto che avevamo tutta quella gente lì in attesa che iniziassimo a suonare. Finalmente Enzo capisce il problema e verso la terza canzone in scaletta qualcuno ha finalmente convinto il tour manager a tradurci la scaletta in italiano. Credo sia stato per me il più grande momento di tensione.

BOYS DON'T CRY

«I fatti e le persone qui narrati, se hanno qualche riferimento con la realtà, non è per pura coincidenza. Questa è una storia che nasce dalla voce delle mille notti nelle quali mi sono perso volontariamente e incoscientemente. Ho permesso che mi mordessero il cuore e mi prosciugassero in un solo attimo, che mi fumassero perché ho desiderato qualsiasi cosa. Ma soprattutto desidero che vi tocchi l'animo. Ho ascoltato tantissimi racconti, bugie, visto occhi di visi che non esistono, toccato con mano altre mani complici che mi portarono sempre al bordo di uno stesso precipizio di pazzia, la migliore» (Miguel Bosé, c.s. *Los chicos no lloran*). Così Miguel presenta il suo nuovo lavoro.

Tornano alla produzione Roberto Colombo e un team tutto "made in Italy", almeno per quanto riguarda la produzione e gli autori Lanfranco Ferrario e Massimo Grilli, che da questo album iniziano un sodalizio lavorativo che durerà per tanti anni anche se discontinuo. Questa sarà la prima volta che Miguel farà uscire un album in un'unica intera lingua e interamente in spagnolo per tutti i mercati.
Musicisti degni di nota prendono parte alla registrazione: Nacho García Vega (ex Nacho Pop, poi Rico), Mikel Erentxun (Duncan Dhu), Luis Bolín (La Unión), José Miguel Carmona (Ketama), Rafa Sánchez (La Unión), Paolo Costa, Lele Melotti, Enzo Feliciati, Marcello Cosenza, Rino Sartorelli, Wally Fraza, i già menzionati Colombo, Ferrario e Grilli, e lo storico chitarrista di Mango, Graziano Accinni.
«*Los chicos no lloran* è un album in cui ci ho messo molto amore, è come un figlio a cui dico quello che vorrei lui ascoltasse. Un album urbano, ma soprattutto forte nel personale» (Miguel Bosé, c.s. *Los chicos no lloran*).
«*Los chicos no lloran* fu un album molto urbano, un disco con una sintesi di suoni di un certo tipo, soprattutto dei suoni più aggressivi, molto diretto, semplice. Come i dialoghi che uno si scambia quando ci si incontra in città e si ha fretta!» (Miguel Bosé, da un'intervista TV spagnola nel 1994).
«Le lacrime servono per ripulirsi il cuore. Solo chi piange sa amare» (Miguel Bosé, da *Donna Moderna*, n. 15, 2007).

Il bambino che compare in copertina con Miguel è Nicolás Coronado, figlio della sorella Paola e dell'attore José Coronado. L'album è dedicato in particolare a Douglas, il suo cane. Rispetto ai tre lavori precedenti questo album si rivela ancora una volta molto originale. I suoni si fanno meno ostici, soprattutto se paragonati a quelli di *Bandido,* di cui condivide la produzione. I brani sono più diretti, suonano decisamente "più commerciali". Il lato oscuro e dark del periodo *Salamandra* e le suggestioni synth-pop /new wave di *XXX* lasciano il posto a sonorità pop-rock e a melodie più "orecchiabili". Il successo è assicurato. "Bambú", "Manos vacías" e la title track dell'album sono tra i brani che daranno maggiore identità e successo all'album. Non mancano gemme come "Si te cuentan que caí" o "Nunca pasa nada" e brani d'impatto come "Hojas secas" e "Senza di te".

LOS CHICOS NO LLORAN (ALBUM, 1990)

Bambú / Senza di te / Manos vacías / Hojas secas / Si te cuentan que caí / Nunca pasa nada / Aquel sendero / Otro / Unica libera radio / Los chicos no lloran / Josephine / Mix otoño

Singoli estratti:
Los chicos no lloran / Bambú / Senza di te / Manos vacías

TRACK BY TRACK:

"Bambú" (M. Bosé/L. Ferrario/M. Grilli)
Singolo di grande successo, divenuto poi classico immancabile nei set live di Miguel. Chiaro riferimento fallico nel titolo, che aumenta il numero delle canzoni "porno-pop" nella discografia di Miguel che a volte, si è detto imbarazzato e divertito al tempo stesso, quando bambini molto piccoli gli chiedevano della canzone, data la popolarità raggiunta.

"Senza di te" (L. Ferrario/M. Bosé/M. Grilli)
Quattro sono i singoli tratti da questo lavoro e questo brano molto rock dal ritornello in italiano è uno di questi. Pezzo molto trascinante.

"Manos vacías" (E. Cid/L. Bolin)
Altro singolo destinato a divenire uno dei pezzi più acclamati della discografia di Bosé, contenente un duetto di prestigio con Rafa Sánchez del gruppo La Unión.

"Hojas secas" (M. Erentxun/M. Bosé)
altre versioni: **"Mix otoño (Hojas secas)"**

Brano dalla matrice rock scritto da Miguel insieme al cantante e chitarrista Mikel Erentxun, noto anche per aver militato nella band spagnola Dunchan Dhu.

"Si te cuentan que caí" (M. Bosé/R. Giagni)
Riccardo Giagni, co-autore, è compositore e musicista italiano, noto per aver firmato numerose colonne sonore e aver lavorato con tantissimi nomi del panorama musicale italiano. Lo avevamo trovato protagonista, come autore e musicista, in alcuni brani contenuti in *Bandido* e *Salamandra*, di cui alcuni divenuti veri e propri classici. In questo lavoro sigla un solo brano, che però si annovera tra i più belli dell'intero lavoro.

"Nunca pasa nada" (M. Bosé/A. Solfrini)
Tra i pezzi più interessanti dell'album c'è anche questo brano, scritto insieme ad Alberto Solfrini, cantante italiano, che purtroppo ci lascerà il 20 agosto del 2007, poco prima di compiere sessant'anni.

"Aquel sendero" (M. Bosé/L. Ferrario/M. Grilli)
Anche qui si sente molto la matrice rock che delinea l'intero album, mescolata magistralmente a suoni pop così da rendere il disco "urbano", come definito dallo stesso Miguel e più "commerciale" rispetto ai tre lavori precedenti e quelli che seguiranno.

"Otro" (Nacho G. Vega/M. Bosé)
Nacho García Vega, cantante e chitarrista, membro anche del gruppo Nacho Pop insieme a suo cugino Antonio Vega, di cui parleremo più avanti, firma questo brano con Miguel. Un midtempo quasi ballad, gradevolissimo, che alterna i momenti più sostenuti dell'album con altri più "soft".

"Unica libera radio" (M. Bosé/L. Ferrario/M. Grilli)
Si riprende il ritmo con questo brano in cui il trio Bosé/Ferrario/Grilli dimostra ancora di essere un team vincente. Eppure il "bello", da parte di questo trio infallibile, deve ancora arrivare, c'è da aspettare pochi anni ancora.

"Los chicos no lloran" (M. Bosé/L. Ferrario/M. Grilli)
altre versioni: **"Los chicos no lloran"** (remix) / **"Los chicos no lloran"** (Extended version) / **"Los chicos no lloran"** (Dance)

Uno dei singoli trainanti l'album. La title track del disco, altro classico quasi sempre presente nei live di Miguel, richiestissimo. Un pezzo dal ritmo reggae molto accattivante e originale, grazie alla vena pop che il trio già menzionato riesce a ben mescolare.

"Josephine" (M. Bosé/D. Michelon)
Pezzo scritto insieme a Diego Michelon, musicista e compositore che nella sua carriera vanta collaborazioni con artisti come Claudio Lolli, Ron, Ivan Cattaneo ed è tra gli autori anche del divertente brano

"Cin Cin" delle The Tutti Frutti-Girls, chiamate anche Le Ragazze Cin Cin, brano noto per essere stato la sigla del programma TV "Colpo Grosso" di Umberto Smaila. Ovviamente il brano scritto per e con Bosé non ha nulla a che vedere con la goliardia della sigla appena citata, anzi, è una ballad dal testo tutt'altro che allegro. Sembra infatti che sia riferito ad una ragazza, Josephine, che vuole farla finita con la vita.

Note alla discografia
Il primissimo lavoro che esce in una sola lingua in tutto il mondo. Nessuna traduzione, nessuna edizione differente. Mercato unico stavolta. Solo il CD, rispetto al vinile, conterrà due brani in più: "Josephine", inedito, e "Mix otoño" che non è altro che una versione remixata di "Hojas secas". Anche questo lavoro, per la stampa e successivamente per i pochi fortunati collezionisti che lo hanno nella propria collezione, circolava con folder promozionale e inserto informativo all'interno.

IL TOUR
Il 12 luglio 1990 inizia il tour mondiale, che si protrae sino al 20 ottobre, ultima data davanti a oltre ventimila spettatori al Palau Sant Jordi di Barcellona. Oltre cinquanta concerti solo in Spagna, da cui ne uscirà un album live, *Directo '90*, il primo live ufficiale di Miguel Bosé. Dopo tanti anni, era doverosa una sua testimonianza on stage. Esce anche in VHS. Diversi anni dopo verrà ristampato anche in DVD. Il live album, uscito il 20 maggio 1991, vendette al tempo oltre duecentomila copie.
Purtroppo in Italia non possiamo godere di questa pubblicazione, né di un suo concerto dal vivo per la promozione di *Los chicos no lloran*. Miguel si limiterà a qualche ospitata TV, infatti per questo e probabilmente per altre ragioni, un po' il primo disco in spagnolo per l'Italia, un po' una promo abbastanza scadente, il disco passò molto in sordina.

DIRECTO '90 (ALBUM, 1991)

Introducción / Senza di te / Nena / Salamandra / Si te cuentan que caí / Como un lobo / Amante bandido / Sevilla / Los chicos no lloran / Bambú / Aire soy / Manos vacías / Te amaré / Hojas secas / Duende / Partisano

extra tracks:
Madrid Madrid

Singoli estratti:
Nena (live) / Si te cuentan que caí (live) / Amante bandido (live) / Madrid Madrid

"Madrid Madrid" (N. Fernández)
Cover del brano del cantante Nilda Fernández, nato a Barcellona, incisa originariamente nel 1987. Un brano di ottima fattura, interpretato da Miguel magistralmente, destinato al mercato francese. Tra le cover proposte da Bosé, una delle più belle e riuscite.

Note alla discografia

In Ecuador e in Cile, la copertina del disco riporterà il titolo "errato" *Directo '91*, ma il concerto è lo stesso registrato nel '90 a Barcellona come per tutti i mercati. Alcune edizioni in vinile, come ad esempio l'ecuadoriana e la venezuelana, conterranno un solo disco all'interno, anziché due come in Spagna, con sei tracce in meno, mentre l'edizione cassetta cilena contiene tutte le diciotto tracce. L'edizione colombiana in vinile invece è doppia come quella spagnola.
In Francia uscirà una particolare edizione in CD con una copertina differente e una bonus track, "Madrid Madrid", che uscirà anche come singolo con la medesima copertina e che sarà disponibile in tre formati: 45 giri, CD single e musicassetta single.
In Colombia esce un vinile formato maxi single dal titolo *Miguel Bosé Directo '90 Medley* contenente la stessa tracklist su entrambe le facciate: "Como un lobo/Duende/Nena" estratte dall'omonimo album dal vivo. Maxi simile anche per il mercato argentino a scopo promozionale, stavolta solo una facciata è dedicata a Bosé e per promuovere il live album vengono scelte "Amante bandido/ Manos vacías/ Nena". L'altro lato del vinile contiene tre brani di Magdalena León.

Intervista a Graziano Accinni, musicista, chitarrista, produttore

(raccolta via mail il 29 agosto 2017)

Ciao Graziano, tu hai suonato la chitarra in *Los chicos no lloran*, un album di grande successo di Miguel Bosé: come è nata questa collaborazione?
È stata una grande fortuna lavorare con un personaggio che, oltre al carisma che lo contraddistingue, è un uomo di grande umiltà e cultura. Il tutto è nato perché in quel periodo, parliamo tra il 1990-1992, collaboravo spesso con Roberto Colombo, che tra l'altro è uno dei produttori ed arrangiatori del disco insieme a Enzo Feliciati. Avendolo conosciuto tramite Armando e Pino Mango, potevo contare sulla stima e la fiducia di Roberto. All'interno del lavoro di Bosé c'erano due autori allora giovanissimi, Ferrario e Grilli di Milano, che hanno scritto brani di successo per Miguel Bosé, anche il capolavoro in assoluto sia come musica che come lirica "Se Tu non Torni". Anche questa cosa mi ha aiutato notevolmente, perché questi due giovanotti mi avevano già invitato in un loro lavoro per la DDD con il loro gruppo che si chiamava I Fattorini, quindi mi trovavo tra persone conosciute, con cui condividevo anche porzioni di vita, oltre che lo studio di registrazione.

Parlaci del lavoro in studio, qualche aneddoto particolare che ricordi, e come è stato lavorare con Miguel?
La prima parte del lavoro l'ho condivisa con Roberto Colombo nel suo studio di Grignasco (NO), insieme al mio amico bassista Paolo Costa e con i due, insieme a Ferrario e Grilli, abbiamo imbastito la parte musicale e ritmica del singolo "Los Chicos no lloran", con questo andamento un po' afro-reggae con chitarre che si rifacevano ai lavori di quel periodo, uno su tutti *Graceland* di Paul Simon, che aveva preso in prestito la cultura musicale dell'Africa. La seconda parte invece si è svolta proprio con Enzo Feliciati, l'altro arrangiatore e produttore del disco, e appunto il grande Miguel. Quando sono entrato nello studio Excalibur di Milano mi sono trovato davanti questa icona del fascino, dell'arte e della musica e ti dico che faceva un certo effetto ritrovarselo molto vicino. La cosa più entusiasmante è stata la sua modestia, che mi ha fatto sentire subito a mio agio, non ero abituato a lavorare in altri dischi, io lavoravo prettamente per Armando e Pino Mango, con loro riuscivo a essere soddisfatto a pieno nel mio lavoro artistico e umano. Ti volevo ricordare che la richiamata nella seconda parte del disco era dovuta al fatto che nel brano "Manos vacías" nessuno era riuscito a mettere delle chitarre che soddisfacevano i gusti sia dell'artista che dell'arrangiatore. Beh, che dire, ritrovarsi in uno dei migliori studi della Milano dell'epoca, dopo che il tutto era stato fatto provare ai vari turnisti dell'ambiente, mi mise un po' in soggezione. Mi apprestai a montare il mio rack con diverse macchine sia digitali che analogiche e una volta partito il brano chiusi gli occhi e con la mia Steinberger mi feci trasportare da un bellissimo brano e subito entrai in sintonia con Bosé, che apriva e chiudeva gli occhi steso sul grande divano dello studio con aria tra il divertito e l'entusiasmato. Erano le sue espressioni che mi da-

vano serenità e fiducia, in primis risolvemmo l'intro tanto che, con un suono pieno di inviluppo, la chitarra entrava in questa atmosfera classicheggiante, per poi approdare alla frase fatta con un suono molto originale per l'epoca, fatto con un processore che era il famoso Korg A 3 usato anche dal mitico The Edge degli U2. Non lo so cosa successe, ma nel giro di un quarto d'ora avevo risolto quello dove tutti gli altri avevano fallito. Ad un certo punto, mentre Luca Vittori, il fonico dell'Excalibur, metteva a posto tutti i suoni, io e Miguel ci mettemmo a parlare davanti ad un tè e fu lì che mi misi d'impegno, nel più completo relax, a voler sapere di più della sua vita. Fu allora che mi raccontò che la sua infanzia l'aveva vissuta in casa con personaggi quali Picasso, Salvador Dalí e tutti gli amici del padre e gli attori amici della madre, artisti di caratura mondiale, che avevano cambiato con la loro cultura una intera epoca. Bisogna pur dire che era figlio di una grande e bellissima attrice, Lucia Bosé, e il più conosciuto torero di Spagna, Luis Dominguín. Da buon lucano mi feci piccolo piccolo...

Che effetto fa aver lasciato un proprio segno in classici a livello mondiale come "Bambú", "Manos vacías" e tanti altri in questo lavoro?
L'effetto di tale lavoro ha contribuito in termini di professionalità e di musicalità alla mia crescita di chitarrista e di collaboratore artistico. È un disco di grande successo, con milioni di copie vendute in Spagna e America Latina, oltre che in altri posti del mondo. Fa davvero un certo effetto notare che un paio di brani, tra cui proprio "Los Chicos No Lloran", sono stati scelti per svariati "The Best" dell'artista spagnolo tra i più conosciuti nel mondo. Ancora resto incredulo del fatto che nello stesso LP compaiano personaggi quali Manuel Carmona e anche Vicente Amigo e artisti bravissimi di cui io non sapevo neanche il nome, tutti amici di Miguel Bosé. Mi sono ritrovato nelle classifiche spagnole con ben due album, quello di Miguel appunto e *Hierro Y Fuego (Inseguendo l'aquila)* il secondo album di classifica di Mango oltre ad *Ahora* (*Adesso*) del 1987. Le produzioni mi hanno onorato per ospitalità e professionalità, è stata un'esperienza indimenticabile, visto che io non ero un turnista e che ero abituato solo a lavorare in équipe e soprattutto al sud, negli studi privati dei fratelli Mango. Ho cercato di portare all'interno del disco una piccola parte sperimentale di cui i dischi di Mango erano permeati con alcune sonorità più digitali, oltre a quelle ritmiche tipiche dei nostri lavori. Insomma per concludere ho avuto l'onore di essere all'interno di un disco storico pieno zeppo di collaboratori, musicisti e artisti internazionali che Miguel ha fortemente voluto nel suo lavoro del'90.

Intervista a Luca Vittori, musicista, tecnico del suono, arrangiatore

(raccolta telefonicamente il 1° dicembre 2017)

Luca, tu hai lavorato come tecnico del suono con Miguel all'album *Los chicos no lloran*.
Esatto. Ho lavorato a parte delle registrazioni, soprattutto delle voci, e poi i missaggi.

Che ricordi hai di questo lavoro?
Allora, il disco era prodotto da Roberto Colombo che aveva già prodotto Miguel precedentemente. La cosa più bella era il rapporto che c'era tra di loro. Era un prendersi continuo amichevolmente "per il culo". Ricordo che Roberto lo chiamava Miguel *[leggere all'italiana come è scritto, nda]* e poi gli dava sempre amichevolmente del "rompicoglioni" o gli diceva quasi urlando "spagnolo!". Scherzavano molto tra loro. Però in studio no. Miguel è un "signore". Persona fantastica e lavorarci insieme è meraviglioso. È molto professionale. Ricordo che a lui piaceva tantissimo cantare, registrare la voce. A volte Roberto diceva "forse questa parte qui può venire un pochino meglio" e lui disponibilissimo "certo, finché c'è da cantare, io sto con te". E quindi spesso si era lì a correggere qualcosa, migliorarla o riscrivere una parte di testo e ricantarla, cose di questo tipo. Finché lo facevi cantare era contento.

Sì, lui è stato sempre un perfezionista.
Assolutamente sì. Poi lui non è mai stato un cantante del tipo "adesso vado sempre più in alto con la voce, ti faccio vedere come sono bravo", ha sempre cercato più di comunicare il senso della canzone, quello che vuole esprimere, che a pensarci, il top sotto questo punto di vista, l'ha raggiunto con "Si tú no vuelves", un brano meraviglioso, cantato da Miguel in maniera assolutamente pazzesca. Ma non aveva mai un pezzo dove c'era una nota fuori da quella tessitura lì, molto indie e anche per questo motivo per me ha sempre dimostrato una grandissima intelligenza artistica. Poi son passati tanti anni, non ricordo tutto, purtroppo.

Certo, capisco. Sul tuo account Facebook ho visto che hai postato tempo fa un video dove siete insieme in studio di registrazione mentre lavorate al brano "Bambú", che poi è diventata una delle sue più grandi hit. A differenza di anni, che effetto ti fa?
Guarda, durante la registrazione si puntò molto sulla title track dell'album, *Los chicos no lloran*, che poi è stato anche il primo singolo, quindi c'era molta attenzione su questo brano. "Bambú" era bella, a me piaceva moltissimo. Aveva un andazzo molto festaiolo, bella ritmica e ottimi arrangiamenti. È stato molto divertente registrare tutto. Che poi quel disco per metà è stato prodotto da Colombo, l'altra metà da Enzo Feliciati *[e Bosé, nda]*, che poi venne a mancare qualche mese dopo. Ricordo in particolare un brano chiamato "Josephine". Quindi c'erano queste due produzioni. Colombo lo conoscevo già perché molto amico del mio capo, il proprietario dell'Excalibur, che già aveva lavorato con Miguel. Feliciati non lo conoscevo, ma mi son trovato molto bene a lavorare anche con lui. L'atmosfera era molto goliardica, perché Colombo è molto goliardico, ma alla fine secondo me era Miguel che con il suo modo di essere creava serenità, cosa che quando lavori non è sempre scontato trovarla, ma quando ce l'hai poi si lavora bene in tutti i sensi.

Certo, poi ne giova il prodotto finale.
Sì. Poi Miguel per come l'ho conosciuto io non è uno di quelli che al minimo problema inizia ad andare in sbattimento, anzi in quei casi ti aiutava tantissimo.

***Los chicos no lloran* è un disco di grande successo internazionale, ma forse uno dei più ignorati dal mercato italiano, secondo te come mai la carriera di Miguel in Italia è stata altalenante, dopo il boom degli esordi? Poi ha avuto picchi come "Si tú no vuelves" e altri momenti meno solari. Io ho la mia idea a riguardo, volevo conoscere la tua.**
Secondo me era abbastanza inevitabile dopo "Super Superman". Al tempo era l'idolo delle ragazzine, che poi secondo me lui non si è mai sentito tale, ma diciamo che ci stava, però dopo si genera una reazione quasi che ti viene contro, come è successo a Luis Miguel, che in Messico attualmente è una star pazzesca, ma in Italia dopo "Noi, ragazzi di oggi" è sparito. Per cui, a mio avviso, a Miguel è successa una cosa simile dopo quel grande successo del 1979. A volte si genera un po' di invidia che ti rema contro. Lui si era lasciato andare via quell'immagine, è tornato da uomo maturo. Poi c'è anche da vedere altro, magari alcuni progetti forse non son stati spinti come dovevano, possono essere mille i motivi. Mie supposizioni queste, eh... Poi è anche vero che avrà influito il fatto di non aver fatto quel disco in italiano, tornando al nostro lavoro, perché il successivo in italiano invece andò molto bene, si sentiva spessissimo in radio. Fu una scelta di mercato.

Sì, sicuramente. Fu il primo suo album non tradotto in nessuna lingua. Altri aneddoti, ricordi?
Guarda, ci si divertiva molto, passavamo tutto il tempo in studio, spesso si preparava da mangiare. Per farti capire che tipo era Miguel, delle volte mi capitava di dire: "devo andare a prendere il cavo dall'altra stanza" però momentaneamente ero impegnato in qualcosa, con il mixer ad esempio; Miguel si alzava e andava a prendermi il cavo. Faceva l'assistente, non la star. Tu sai che lui ha determinate radici, una certa estrazione sociale, e magari ti aspetti una persona diversa. A lui non fregava nulla, se c'era da andare a prendere il cavo, andava. Non si faceva il minimo problema. Nello studio avevamo una piccola cucina, lui andava lì e cucinava per tutti. Una persona fantastica. Degli artisti con cui ho lavorato uno dei migliori in assoluto.

Cosa che mi hanno detto in tanti.
Ci credo! Perché lui è così!

L'AVARO (FILM, 1990)

Commedia diretta da Tonino Cervi ispirata alla opera omonima di Molière del 1668, in cui lo strozzino Don Arpagone non poteva che essere interpretato dal grandissimo Alberto Sordi. Miguel invece è Valerio, attorniato anche qui da un cast di assoluto rispetto, oltre alla mamma Lucia, Laura Antonelli, Christopher Lee, Franco Interlenghi, Nicola Farron e tanti altri.

Colonna sonora altrettanto importante, composta da Piero Piccioni.
Di questo film, oltre la VHS, è facilmente reperibile il formato in DVD. Esiste anche la versione in spagnolo in DVD *El avaro*, distribuita da Filmax home video, da non confondere con l'omonima versione diretta da Jean Girault del 1980.
Cervi aveva già diretto Sordi in una commedia sempre ispirata allo stesso autore, *Il malato immaginario*, nel 1979.

LO MÁS NATURAL (FILM, 1990)

Un film di Josefina Molina, con Miguel Bosé (nella parte di Andrés), Charo Lopez, Patrick Bauchau e Viviane Vives. Film molto interessante e di successo in Spagna. Andrés ha una relazione con una donna più grande e sposata, ne seguono i vari intrecci sentimentali che questa relazione e non solo porta nella vita dei protagonisti.
Sul mercato spagnolo è facilmente reperibile il formato DVD, la VHS solo nel mercato dell'usato per i collezionisti più incalliti.
Colonna sonora di José Nieto, già autore delle musiche del film *El caballero del dragon*, che con questo film vince uno dei suoi sei "Premio Goya" per la miglior soundtrack. Non esiste un'edizione italiana.
Sul web molti siti riportano come data del film il 1991, ma sul DVD edito dalla Vella Vision l'anno di produzione riportato è il 1990; il '91 è sicuramente l'anno in cui è stato portato in sala. Successivamene editato in DVD anche per Euromedia Vision.

SHANGAI LILLY (EPISODIO SERIE TV, 1991)

"Shangai Lilly" è il titolo del primo episodio della quarta stagione di *Eurocops*, serie televisiva di genere poliziesco del 1991, con Miguel attore insieme a Rafael Alonso, Valeriano Andrés e Angél de Andrés López per la regia di Rafael Moleón. Durata approssimativa cinquantacinque minuti. Reperirlo è molto difficile, così come visionarlo on line, in quanto non esiste nessun supporto ufficiale. Anche sulla

data non v'è certezza, alcune fonti riportano 1989, altre 1991 e sembra che questa seconda sia quella più attendibile, esattamente il 23 aprile 1991, che rimanda quasi certamente al la data della sua prima visione in TV.
La serie, di produzione tedesca, chiamata anche *Euroflics* o *Poliziotti d'Europa* incorporava altre produzioni distribuite in altri paesi, per l'Italia fu prodotta *Il commissario Corso* con Diego Abatantuono.

TACCHI A SPILLO (FILM, 1991)

«Pedro mi aveva chiamato già per il film *Labirinto di passioni* e io ero in tour, non potevo, poi nuovamente per *Matador*, e di nuovo non potevo» (Miguel Bosé, da *Epoca*, 12 febbraio 1992).
Finalmente arriva il momento giusto per lavorare insieme al grandissimo regista spagnolo Pedro Almodóvar. E constatare anche che l'attesa è servita. Arriva il film perfetto per Miguel: *Tacchi a spillo*. Tre i personaggi da lui interpretati: il giudice Domínguez, Hugo, ma soprattutto Letal, un travestito interpretato magistralmente, la cui sola scena nel night club in cui canta "Un año de amor" vale il prezzo del biglietto. Il brano in origine di Nino Ferrer, "C'est irréparable" del 1963, fu riproposto l'anno successivo in italiano da Mina come "Un anno d'amore" (Ferrer anche ne fece una nella nostra lingua, nel 1989). La voce originale nel film invece è di Luz Casal che, sempre interpretata grandiosamente dalla nostra "Letal", presta la voce anche a "Piensa en mí", un bolero scritto originariamente dal messicano Agustín Lara nel 1935, che ha visto negli anni numerosissime versioni di nomi noti, tra cui Chavela Vargas, Placido Domingo, Natalie Lafourcade.
Il resto della colonna sonora porta la firma del grandissimo Ryüichi Sakamoto.
Il cast degli attori è invidiabile: la bravissima e sempre divertentissima Victoria Abril, Javier Bardem, Rocio Muñoz e Marisa Paredes, una delle muse favolose di Almodóvar, di cui tra i tanti film girati con il regista spagnolo, citerei l'opera maestra, *Tutto su mia madre* del 1999.
Nell'ottobre del'91 al Circulo de Bellas Artes a Madrid si tenne una festa di lancio del film in cui Almodóvar presenta

sul palco gli attori principali della pellicola. Ognuno inscena una piccola parte del film, tranne Miguel che, evidentemente, per evitare di ritruccarsi come Letal affida la parte a quattro imitatori, che ripropongono la parte al posto suo in maniera molto divertente, sulle note di "Un año de amor". Luz Casal, anche lei presente alla serata, per l'occasione canta dal vivo "Piensa en mí".
Dopo aver fatto tutte le presentazioni e i vari ringraziamenti, il palco viene lasciato ad artisti che ballano e cantano sui brani più famosi di precedenti film di Almodóvar.
«*Tacchi a spillo* era un corto che avevo ideato mentre stavo finendo di girare *Legami*. La storia mi intrigò così tanto che ne divenne un film intero e ne parlai con i due personaggi, Victoria Abril e Antonio Banderas, che si dimostrarono entusiasti della cosa. Antonio però, fu chiamato a Hollywood a girare la sua prima pellicola negli States *Mambo kings*. Facemmo moltissimi provini per sostituirlo; dopo tre mesi, fu il turno di Miguel. Dal primo giorno capii che quella parte era per lui. Facemmo una settimana di prove, di torture per Miguel» (Pedro Almodóvar, in un'intervista da una TV spagnola, Canal Plus).
Lo stesso regista, in un'intervista rilasciata a Carlos Herrera durante il programma "Primero izquierda", riferendosi a Miguel presente in studio disse: «A me ha sorpreso come tu, in tutto ciò che fai, riesci a coprire una dimensione che un'altra qualsiasi persona non riuscirebbe a coprire e la migliori semplicemente perché sei bellissimo. Sei stato un sex simbol per tanto tempo. Ad esempio, se un Jack Lemmon interpretasse un personaggio femminile, direbbero: "ok è un buon attore", ma se la stessa identica cosa la fai tu, provochi un qualcosa di esplosivo». Segue battuta ironica di Bosé, «forse Lemmon non ha le mie gambe».
«Era un ruolo decisamente complesso quello di Femme Letal, interpretando il personaggio del travestito era facile cadere nella caricatura, invece ha saputo creare una donna piena di sensualità e di misteri. Era molto importante che Femme Letal fosse spettacolare ma non grottesca e che il giudice fosse severo: due facce di una medaglia che non si riconoscessero l'una nell'altra» (Pedro Almodóvar, da *La Repubblica*, 27 febbraio 1992).

Miguel invece alla domanda rivoltagli da Paolo Conti, giornalista del "Corriere della Sera", se si fosse trovato in imbarazzo nel ritrovarsi con dei tacchi a spillo ai piedi, risponde: «Nessuno. Io sono un privilegiato. Sono cresciuto circondato da sette donne, mia madre, mia nonna, le mie due sorelle, la tata, le zie. Non ho mai avuto nessun problema nell'indagare nelle pieghe della mia personalità. Nello scoprire quello che, per altri uomini, sono debolezze. Io sostengo che un vero uomo non è quello che si porta a letto mille donne, ma è quello capace di dialogare con la donna che vive dentro di sé. E dentro ogni uomo. Quando incominci, lo fai per sempre» (Miguel Bosé, da *Corriere della Sera,* 16 giugno 2007).
«È stata una sofferenza tremenda, andavo al trucco alle quattro del mattino, mi dovevano mettere le tette, strizzare le cosce da tennista, fermare i capelli con le forcine. Alle dieci ero già distrutto» (Miguel Bosé, da *La Stampa,* 19 giugno 2016).
«*Talons Aiguilles,* il titolo francese, suona meglio dell'originale spagnolo *Tacones Lejanos,* pur banalizzandolo. Il rumore dei tacchi che viene da lontano: questo rumore significa sia l'assenza, sia la presenza della madre. Nel momento in cui questi tacchi non ci sono più nella vita di Rebecca, la protagonista del film, la loro assenza significa l'assenza materna, che è quello che ha provocato la storia che racconto nella pellicola. Il titolo in spagnolo è carico di emozioni, nostalgia, è più sentimentale, meno frivolo» (Pedro Almodóvar, dagli extra del DVD francese, intervista del 1992).
Nel 1996, nel corso di uno speciale dedicato ai 40 anni di Miguel Bosé Marisa Paredes afferma: «Un'esperienza stupenda quella di aver lavorato con Miguel. Siamo fratelli di nascita *[anche lei nata il 3 aprile ma del 1946, nda]*, credo che il grande incanto che possiede sia quella di avere un'intelligenza immediata e chiara unita ad una grande educazione e grande simpatia.
Tutto questo come se non si notasse la grande persona che è. Ha un'eleganza personale unita a una semplicità apparente, che credo chiunque abbia un minimo di sensibilità non possa sentirsi indifferente di fronte a quello che fa».
Tacchi a spillo, come *Suspiria,* è uno dei film in cui recita Miguel il cui successo commerciale riscontrato facilita la reperibilità dei supporti, dalle VHS uscite negli anni 90 agli

attuali DVD in varie lingue. Viene distribuito anche in Gran Bretagna con il titolo *High Heels*, ma è in Francia che il film è particolarmente amato, giustificandone una versione doppia in DVD contenente materiale extra e interviste. Sempre in Francia è in commercio anche la versione Blu-ray, come in Spagna. *High Heels* è uscito in Giappone anche in una edizione doppio Video CD, formato che ebbe una vita breve nei primi anni'90, quando le VHS cominciavano a diventare obsolete e prima che il formato DVD fosse commercializzato nel 1995.

UNA NOCHE A SEVILLA

A Miguel viene offerto il ruolo di direttore del progetto "Expo '92" a Siviglia.
«Si tratta di scovare su tutto il territorio spagnolo talenti innovativi nella danza, nel teatro, nel mimo, nella musica, nell'opera, nel circo. Abbiamo raccolto, con la mia équipe, circa milleduecento profili di singoli artisti o di gruppi per tirarne fuori venticinque, che si esibiranno per sei mesi al teatro Palenque di Siviglia durante l'Expo» (Miguel Bosé, da *Epoca*, 12 febbraio 1992).
Uno degli eventi più importanti di Expo '92 è stato il festival "Guitar Legends", tenutosi dal 15 al 19 ottobre 1991, in cui si sono susseguiti una lista di nomi prestigiosissimi della chitarra e non: Jack Bruce, Phil Manzanera, Bob Dylan, Keith Richards, Joe Cocker, Robert McGuinn, Richard Thompson, Les Paul, Robbie Robertson, Roger Waters, Joe Satriani, Brian May, Steve Vai, Nuno Bettencourt, Gary Cherone, Joe Walsh, Paul Rodgers, Steve Ferrone, Rick Wakeman, Vicente Amigo, Paco De Lucia, George Benson e tantissimi altri musicisti.
Bosé omaggia la città con il brano omonimo "Sevilla", affiancato alla chitarra dal grande Phil Manzanera dei Roxy Music. Probabilmente non è la migliore esibizione di Miguel. Visibilmente emozionato o probabilmente troppo preso dall'organizzazione dell'evento, sembra come se non fosse perfettamente riscaldato con la voce, che appare un po' stranamente calante. Peccato, perché si trattava di un palco molto importante, con tantissimi ospiti di gran rilievo.

Nella stessa serata, quella del 17, insieme allo stesso Manzanera, Bob Dylan, Keith Richards e tanti altri, Miguel è al coro quando salgono sul palco tutti i musicisti per "Can't turn you loose", il gran finale.
Le serate furono divise a tema, cercando di inserire i generi musicali più affini nella stessa sera. Il 16 ad esempio la serata era dedicata al jazz con il tributo a Miles Davis, morto un mese prima, all'età di sessantacinque anni, per un attacco di polmonite.
L'evento fu trasmesso da RTVE e nel corso degli anni sono stati pubblicati vari supporti ufficiali, altri meno, ad esempio il doppio CD *Una noche a Sevilla,* un bootleg che era abbastanza reperibile al tempo nei negozi, o altri DVD come *Sunshine of your love, B.B. King & the Guitar legends* e *Guitar legends in Sevilla.*

SOTTO IL SEGNO DI BOSÉ

«*Sotto il segno di Caino* vuol dire sotto il segno dell'uomo. Se facciamo capo alla leggenda dovremmo essere tutti discendenti da un omicida e un fratricida, per cui non c'è molta differenza tra quel Caino lì e l'atteggiamento dell'uomo oggi. Apri i giornali, senti le radio, in tutti c'è un Caino e un Abele, un angelo e un demonio, il bene e il male» (Miguel Bosé, da *Superclassifica Show* 1994, Canale 5).
«Caino è l'uomo di oggi. Lo siamo un po' tutti, violenti e disperati. Nel mio disco Caino cerca Dio e non lo trova e allora gli urla di lasciarlo libero, libero di credere in un altro Dio. Per secoli Caino ha goduto di cattiva stampa, rigettato, censurato dalla morale che rifiuta sempre gli eccessi. Io lo immagino come un uomo rassegnato e per questo sereno, mentre Abele è più preoccupato, una sorta di angelo caduto sulla terra e rimasto impigliato. Del resto la Bibbia si presta alle più svariate interpretazioni, come ogni grande romanzo» (Miguel Bosé, da *Tuttifrutti* n. 145, ottobre 1994); «Ho sempre avuto una passione per i disperati, i rinnegati e i violenti» (Miguel Bosé, da *Grand Hotel,* 1994).
«*Bajo el signo de Caín* è come una mancanza di conoscenza di altre arti e per poterla realizzare musicalmente la traduco. È fotografia, scultura, pittura, gastronomia, cucina, è

tutto!» (Miguel Bosé, da un'intervista televisiva per RTVE per uno speciale dedicatogli durante la promozione de *Lo mejor de* del 1999).
«La copertina del disco è il lato dell'uomo, ecco spiegato il titolo, con il segno del chiodo di Dio sulla fronte. Sulla retrocopertina c'è un angelo che sembra dica: "che orrore c'è qui sulla terra!" Bellissimo disco, questo periodo portò un cambio di scrittura, di produzione. Componemmo canzoni lunghe in cui c'è molta musica e molti silenzi, con cui giocano le parole. Ha una magia incredibile. In contrapposizione a questo aspetto così riflessivo ci sono canzoni frenetiche come "Sol forastero" e "Gota a Gota"» (Miguel Bosé, da *Joy*, magazine spagnolo, 2007).
Da queste dichiarazioni si intuisce il contenuto del nuovo lavoro di Miguel Bosé. Un lavoro intimista, pregno di atmosfere intense, come mai aveva fatto prima. Per questo parla di silenzi che fanno riflettere e "leggere dentro".
La produzione è eccellente, i suoni sono curatissimi; nonostante la produzione di Miguel sia sempre stata accurata nei minimi dettagli, stavolta c'è ancor di più, e si denota una crescita e una maturità che fa di questo disco probabilmente la sua opera maestra.
E per la realizzazione di questo gran lavoro son stati reclutati grandi nomi, affidandosi nuovamente a un team inglese, come accadde per *XXX* e il risultato si sente tutto. Ross Cullum, produttore di Enya e Howard Jones, Chris Hughes e Sandy McLelland, che insieme a Cullum avevano lavorato con i Tears for Fears. Tra gli altri musicisti segnaliamo Andy Ross, chitarrista degli Immaculate Fools, Simon Jeffes dei Penguin Cafe Orchestra, Vicente Amigo, Simon Toulson-Clarke dei Red Box e molti altri.
«Nel videoclip di "Se tu non torni" non troviamo la grafica che riporta la copertina del disco, ma possiamo vedere una passeggiata attraverso una catastrofe ecologica dei sentimenti. Quella sensazione di quando qualcuno ti lascia, con tutto quello che c'è intorno a te che sbiadisce. Come se perdesse i colori, li vedi ma hai la sensazione che non abbiano più luce, la sensazione che diventi tutto in bianco e nero» (Miguel Bosé, da *Superclassifica Show* 1994, Canale 5).
Il videoclip del brano in questione fu girato, come l'album, in tre lingue: spagnolo, italiano ed inglese. Infatti, dopo un

album uscito solo in spagnolo in tutto il mondo qualche anno prima, Miguel torna per l'occasione a comporre in varie lingue. Il disco è registrato tra Londra e Madrid, rispettivamente agli studi The River e Quarzo.
L'adattamento dei testi della versione italiana è curato da Lucio Fabbri.
«*Sotto il Segno di Caino* si intende sotto il segno dell'uomo, che fa parte di questa società "cainizzata". Se facciamo caso all'antica leggenda, dobbiamo pensare che siamo il risultato di quei geni di quell'uomo che iniziò la legge karmica, e ci ha fatto ereditare una terra che non è molto diversa dal comportamento dell'uomo. C'è un'aggressività nella comunicazione, l'incomunicazione, che una cosa che tuttora oggi regna, questo è un po' il regno di Caino» (Miguel Bosé, dall'intervista TV *Live in Chile*, Santiago 1994).
«Non conosco il mio Abele. Teoricamente dovrebbe essere la parte di me più logica, più giusta, etica e morale. Ma siamo tutti "cainizzati" dallo stesso mondo che abbiamo creato e forse dobbiamo pagare un karma molto antico» (Miguel Bosé, da *Boss*, n. 12, novembre 1994).
Il 5 aprile 2018 Miguel, pubblicando la retrocopertina dell'album su Facebook, scrive: «Fantastico. Album irripetibile, coraggioso, ispirato, innovativo. Ancora oggi moderno».
Un album irripetibile e coraggioso, come affermato dallo stesso Bosé. Dopo un album come *Los chicos no lloran*, in cui l'artista propose brani più diretti e più "urbani", come lo stesso Miguel li definì all'epoca, con questo nuovo lavoro dimostra una maturità raggiunta sia a livello personale
che musicale. Le recensioni sono ottime dappertutto, persino l'Italia, sempre un po' restia ad essere generosa con il cantante spagnolo, ne tesse le lodi. "Si tú no vuelves", è un pezzo fortissimo, da noi intitolato "Se tu non torni", che si ascolta in tutte le radio e ottiene il successo meritato. Il resto del disco, tranne per un paio di brani più scanzonati, non è di facile ascolto. Il disco propone un perfetto equilibrio tra classe e una giusta "commerciabilità" e ciò ne decreta il meritato successo. "Te comería el corazón" è un capolavoro, così come la title-track. "Mayo" è uno dei pezzi più sentiti ed emozionanti della discografia di Bosé. "Nada particular" gioca un ruolo molto importante al successo del disco, in

quanto è scelto tra i cinque singoli usciti in Spagna ed è il secondo estratto invece in Italia con il titolo "I cieli dell'est".

BAJO EL SIGNO DE CAÍN (ALBUM, 1993)

***Edizione spagnola:* Bajo el signo de Caín** - 1993
Te comería el corazón / Lo que hay es lo que ves / Si tú no vuelves / Nada particular / Mayo / Bajo el signo de Caín / Wako-shaman / Imagínate que te quiero / Sara / Sol forastero / La americana / Gota a gota

***Edizione italiana*: Sotto il segno di Caino** - 1994
Se tu non torni / Sotto il segno di Caino / I cieli dell'est / Wako-shaman / Ti mangerei il cuore / Sara / Prova a dirti che / Questa notte intanto va / Goccia a goccia / Sotto un sole straniero

***Edizione inglese*: Under the sign of Cain** - 1994
One touch / Fire and forgiveness / They're only words / Home / Sign of Cain / The hunter and the prey / Wako-shaman / I hold only you / Mayo / Nada particular

extra tracks:
Mordre dans ton Coeur / Ne reviens pas / Rien de spécial / Mayo (francese)

Singoli estratti:
Si tú no vuelves / Te comería el corazón / Nada particular / Sol forastero / Sara / They're only words / One touch / Se tu non torni / I cieli dell'est / Ne reviens pas

TRACK BY TRACK:

"Te comería el corazón" (M. Bosé/R. Cullum/S. McLelland/A. Ross)
altre versioni: **"Ti mangerei il cuore"** (M. Bosé/R. Cullum/S. McLelland/A. Ross/L. Ferrario/M. Grilli) in italiano / **"Fire and forgiveness"** (M. Bosé/R. Cullum/S. McLelland/A. Ross) in inglese / **"Mordre dans ton coeur"** (M. Bosé/R. Cullum/S. McLelland/A. Ross) in francese / **"Te comería el corazón"** (M. Bosé/R. Cullum/S. McLelland/A. Ross) instrumental

Anche da questo lavoro vengono estratti cinque fortunatissimi singoli, tra cui questo brano raffinatissimo, che apre l'album e già fa assaporare qualcosa di magico, a partire dai suoni e dagli arrangiamenti che ne faranno la differenza. Il cantato e i testi di Miguel completano l'opera. Si tratta di uno dei brani più belli di tutta la carriera.

"Lo que hay es lo que ves" (M. Bosé/R. Cullum/S. McLelland/A. Ross/S. Toulson-Clarke)
altre versioni: **"Questa notte intanto va"** (M. Bosé/R. Cullum/S.

McLelland/A. Ross/S. Toulson-Clarke/L. Ferrario/M. Grilli) in italiano; **"The hunter and the prey"** (M. Bosé/R. Cullum/S. McLelland/A. Ross/S. Toulson-Clarke) in inglese

Si prosegue con un altro brano di spessore, molto intimista, che è più o meno l'andamento dell'intero lavoro, non singolo, ma di ottimo successo.

"Si tú no vuelves" (M. Bosé/L. Ferrario/M. Grilli)
altre versioni: **"Se tu non torni"** (M. Bosé/L. Ferrario/M. Grilli) in italiano / **"They're only words"** (M. Bosé/L. Ferrario/M. Grilli) in inglese / **"Ne reviens pas"** (M. Bosé/L. Ferrario/M. Grilli) in francese

Il brano che porterà Miguel a trionfare nuovamente anche in Italia, e non solo. Un classico già dai primi ascolti, successo assicurato grazie alla sua bellezza universale, difatti Miguel in un'intervista radiofonica disse a riguardo: «Quelle cose che ti capitano una sola volta nella vita». Da ora in poi finalmente Miguel in Italia non sarà considerato solo quello di "Super Superman".
Il brano è a dir poco perfetto. Della seconda parte della carriera di Miguel, è sicuramente quello che verrà maggiormente ricordato, riportando grande successo ovunque.

"Nada particular" (M. Bosé/R. Cullum/S. McLelland/A. Ross/S. Toulson-Clarke)
altre versioni: **"I cieli dell'est"** (M. Bosé//R. Cullum/S. McLelland/A. Ross/S. Toulson-Clarke/L. Ferrario/M. Grilli) in italiano / **"Home"** (M. Bosé/R. Cullum/S. McLelland/A. Ross/S. Toulson-Clarke) in inglese / **"Rien de spécial"** (M. Bosé/R. Cullum/S. McLelland/A. Ross/S. Toulson-Clarke) in francese / **"Nada particular"** (M. Bosé/R. Cullum/S. McLelland/A. Ross/S. Toulson-Clarke) instrumental

«Nasce dopo aver visto un reportage girato da un'emittente televisiva francese che mi fece particolarmente effetto, perché gli stessi soggetti che lo giravano si sono trovati un finale che non si aspettavano, il dramma dentro il giornalismo. Nasce come una solidarietà, una ricerca nel trovare la comunicazione, e soprattutto per riuscire a terminare i teatri politici, che hanno una conseguenza a livello di diritti umani» (Miguel Bosé, dall'intervista TV *Live in Chile*, Santiago 1994). Un brano di speranza che diventerà un classico nei suoi live set e nei futuri "best of".

"Mayo" (M. Bosé/L. Ferrario/M. Grilli)
altre versioni: **"Mayo"** (M. Bosé/L. Ferrario/M. Grilli) in francese

È un brano da noi inedito, ma uno dei più belli dell'album, impreziosito da arrangiamenti sopraffini. Un capolavoro di intimità e di profondità di voce, che ricorda quella di David Sylvian.
In una dichiarazione, in cui non è stato possibile risalire alla fonte, Miguel disse: «Un testo molto intimista che sfocia in un grido di disperazione. La sensazione dolorosa, quando finisce la primavera con tutte le sue bellezze. Una riflessione sul passare del tempo e le ceneri della memoria. Non sei più l'isola che immaginavi. "Mayo" è una storia dedicata ad un amore rivoluzionario, come quelli del'68».

"Bajo el signo de Caín" (M. Bosé/R. Cullum/S. McLelland/A. Ross/S. Toulson-Clarke)
altre versioni: **"Sotto il segno di Caino"** (M. Bosé/R. Cullum/S. McLelland/A. Ross/S. Toulson-Clarke/L. Ferrario/M. Grilli) in italiano / **"Sign of Cain"** (M. Bosé/R. Cullum/S. McLelland/A. Ross/S. Toulson-Clarke) in inglese / **"Bajo el signo de Caín"** (M. Bosé/R. Cullum/S. McLelland/A. Ross/S. Toulson-Clarke) instrumental

Come sopra, un'altra perla di questo album. Qui Miguel sembra parlare a un Dio, nonostante la consapevolezza di vivere "sotto il segno di Caino". Un brano bellissimo, impreziosito dalla voce flamenco di Antonio Carmona presente anche in "Te comería el corazón".

"Wako-shaman" (M. Bosé/R. Cullum/S. McLelland/A. Ross/S. Toulson-Clarke)
altre versioni: **"Wako-shaman"** (M. Bosé//R. Cullum/S. McLelland/A. Ross/S. Toulson-Clarke/L. Ferrario/M. Grilli) in italiano / **"Wako-shaman"** (M. Bosé//R. Cullum/S. McLelland/A. Ross/S. Toulson-Clarke) in inglese

Sia chiaro, qui è difficile dire quale brano non sia un capolavoro, questo sembra l'album perfetto per Miguel Bosé e rischio di ripetermi dicendo che anche qui abbiamo sonorità e testi di prestigio.

"Imagínate que te quiero" (M. Bosé/R. Cullum/S. McLelland/A.Ross)
altre versioni: **"Prova a dirti che"** (M. Bosé/R. Cullum/S. McLelland/A. Ross/L. Ferrario/M. Grilli) in italiano / **"I hold only you"** (M. Bosé/R. Cullum/S. McLelland/A. Ross) in inglese

Altro brano raffinato molto intimista, a metà tra una ballad e un midtempo.

"Sara" (M. Bosé/R. Cullum/S. McLelland/A. Ross/S. Toulson-Clarke)
altre versioni: **"Sara"** (M. Bosé/R. Cullum/S. McLelland/A. Ross/S. Toulson-Clarke/L. Ferrario/M. Grilli) in italiano / **"One touch"** (M. Bosé/R. Cullum/S. McLelland/A. Ross/S. Toulson-Clarke) in inglese

Qui si cambia ritmo. Il cantato e la musica sono abbastanza scanzonati, rispetto al target dell'album, ma il testo del brano non è affatto allegro. Il connubio testo triste/musica allegra mi ha ricordato il modo di comporre alcuni brani che avevano band come gli Smiths, con i loro testi drammatici su di una musica di base allegra e ritmata. Giusto un paio di esempi, per chi volesse approfondire: "Ask" e "Girlfriend in a coma". "Sara" sarà uno dei singoli di questo lavoro.
"Sol forastero" (M. Bosé/L. Ferrario/M. Grilli)
altre versioni: **"Sotto un sole straniero"** (M. Bosé/L. Ferrario/M. Grilli) in italiano / **"Sol forastero"** (M. Bosé/L. Ferrario/M. Grilli) instrumental

Anche qui il ritmo è meno serioso, anzi è decisamente il brano più ballabile, forse l'unico, del disco. Singolo di successo, verrà suonato spesso dal vivo anche nelle tournée che seguiranno.

"La americana" (M. Bosé/L. Ferrario/M. Grilli)
I brani più ritmati sono stati relegati a fine album. Anche questo, inedito da noi, ha un ritmo abbastanza sostenuto, rispetto al resto del disco. Non vengono mai meno però gli arrangiamenti di grande valore.

"Gota a gota" (M. Bosé/L. Ferrario/M. Grilli)
altre versioni: **"Goccia a goccia"** (M. Bosé/L. Ferrario/M. Grilli) in italiano

Forse il brano più "easy" dell'album, soprattutto a livello musicale. Un po' di "sole" in questo disco molto oscuro.

Note alla discografia

Tre edizioni in tre lingue differenti. Edizione in spagnolo (dodici tracce), italiano (dieci), inglese (nove, anche se una è una "reprise" in spagnolo di un brano già contenuto). Solo in Italia mancherà la pubblicazione del brano "Mayo", uno dei più belli dell'intero lavoro, lasciato in lingua originale anche per la pubblicazione in inglese (solo alcuni anni dopo verrà pubblicata una versione in francese). Escono cinque CD single promozionali per il mercato latino, alcuni di questi conterranno versioni strumentali di alcuni brani. Due sono i singoli in CD anche per il mercato inglese, e "Si tú no vuelves" esce anche in formato 45 giri per i tre paesi menzionati nella relativa lingua, in Spagna e Inghilterra con due copertine differenti, in Italia solo per il Juke-box.
Alcuni CD single escono anche con copertine differenti, tra questi "They're only words", che in per il Regno Unito esce anche come singolo in musicassetta.
Bajo el signo de Caín per molti anni sarà l'ultima pubblicazione in vinile targata Bosé.

IL TOUR

L'album raggiunge il primo posto in classifica in Italia, cosa che non capitava da poco più di un decennio, vincendo nuovamente al "Festivalbar" come album dell'anno, mentre Umberto Tozzi trionfa come singolo brano con "Io muoio di te".
Il 4 maggio 1994 Bosé riceve a Montecarlo il premio "World Music Award" per il "The best Spanish singer artist selling", vale a dire l'artista pop latino che ha venduto di più.
L'8 luglio dello stesso anno prende parte al "28° Montreux Jazz Festival", uno dei più importanti festival musicali al mondo.
Quella stessa sera Miguel divise il palco con i Maná, Presuntos Implicados, Fito Paéz, e altri, mentre nelle serate che si svolsero dal 1° al 16 luglio si susseguirono tra i tanti Marcus Miller, Noa, Galliano, Johnny Cash, Paul Rodgers, Van

Morrison, Alannah Miles, Keziah Jones, Bob Dylan, Rory Gallagher, Herbie Hancock, Natalie Cole e tanti tanti altri. Di questo Festival, molto importante, sono usciti anche dei DVD dei singoli concerti di alcuni artisti tra cui Deep Purple, Lou Reed, Talk Talk, Alice Cooper, e tantissimi altri, tra cui proprio Johnny Cash del 1994. Peccato non sia uscito quello di Miguel, di cui troviamo solo due brani come documento nella compilation CD *Latin Rock Nights 1994*.
Per l'intero live e la sua pubblicazione eventuale confidiamo sempre. Verrà pubblicato però in VHS e in seguito in DVD un estratto del concerto tenutosi a Barcellona nel 1993.

Setlist Santiago, Chile 1994:
Lo que hay en lo que ves / Te comería el corazón / Manos vacías / Salamandra / Nena / Bambú / Sol forastero / Amiga (acustica) / Te amaré (acustica) / Creo en ti (acustica) / Bajo el signo de Caín / Sara / Nada particular / Si tú no vuelves / Amante bandido / Sevilla / Los chicos no lloran / Partisano

Setlist Viña del Mar, Chile 1994 – 21/2/94 (ordine sparso):
Amante bandido / Sol forastero / Salamandra / Nena / Bambú / Manos vacías / Los chicos no lloran / Nada particular (con Alejandro Sanz) / Amiga (acustica) / Si tú no vuelves / Bajo el signo de Caín / Te amaré (acustica) / Linda / Voy a ganar

Setlist tour italiano (ordine sparso):
Questa notte intanto va / Bravi ragazzi / Angeli caduti / Non siamo soli / A che serve la notte / Nena / Sevilla / Bambú / Sotto il segno di Caino / Se tu non torni / I cieli dell'Est / Sotto un sole straniero / Ti mangerei il cuore / Wako-Shaman / Ce la fai (acustica) / Credo in te (acustica) / Ti amerò (acustica)

Il tour, prima di approdare in Italia, aveva toccato, con quasi 200 concerti, moltissimi paesi: Spagna, Venezuela, Colombia, Ecuador, Cile, Perù, Messico, Guatemala, Stati Uniti, Belgio, Inghilterra e Francia, con un concerto degno di nota all'Olympia di Parigi, una venue prestigiosissima.
Erano sei anni che Miguel mancava dai nostri palcoscenici. Finalmente il suo ultimo lavoro gli conferisce il giusto merito e il tour italiano, che prevedeva undici date, è una bella conquista. Alla prima, però, al Teatro Smeraldo di Milano, rimane afono dopo i primi quaranta minuti. Miguel ha un crollo fisico, viene colpito da una forte laringite che lo costringe ad abbandonare il palco, tenendolo a riposo per qualche settimana. Una volta ripresosi, torna a Londra per una settimana per lavorare al nuovo disco già in lavorazione, un paio di concerti ancora a Bruxelles ed eccolo nuovamente in Italia per terminare il tour legato alla pro-

mozione del disco *Sotto il segno di Caino* e riprendere le date rinviate un mese prima.

Le date dei concerti previste e quelle effettivamente tenutesi:

Tour Italiano 1994 (date previste)
Settembre 1994
28: Milano – Teatro Smeraldo (interroto a metà concerto); 30: Legnano (MI) – Teatro Galleria RINVIATO
Ottobre 1994
2: Bitritto (BA) – Palatour Perla RINVIATO; 3: Napoli – Tenda Partenope RINVIATO; 5: Roma – Tendastrisce RINVIATO; 6: Firenze – Teatro Tenda RINVIATO; 7: Torino – Teatro Colosseo RINVIATO; 8: Novara – Palasport RINVIATO; 10: Bassano del Grappa – Teatro Astra RINVIATO; 11: Udine – Palasport RINVIATO; 12: Montichiari (BS) – Palasport RINVIATO

Le date effettive tenutesi:
Novembre 1994
7: Milano Gimmy's – Diretta Rete 105 (mini concerto, sette brani); 8: Novara – Palasport; 9: Firenze – Teatro Tenda; 10: Roma – Tendastrisce; 12: Bitritto (BA) – Palatour Perla; 13: Napoli – Tenda Partenope; 15: Legnano (MI) – Teatro Galleria; 16: Udine – Palasport; 18: Lodi – Palasport; 21: Torino – Teatro Colosseo: 22: Bassano del Grappa – Teatro Astra; 23: Milano – Teatro Smeraldo; 24: Milano – Teatro Smeraldo; 25: Montichiari (BS) – Palasport

Ottime recensioni accolgono Miguel, descritto finalmente come un artista maturo, tranne una, che lessi l'indomani di uno dei concerti al sud Italia, in cui si parlava solo del "bel Miguel", con pochi accenni alla sua bravura. Mi spiace, ma in questo tour non ce n'è per nessuno: qui Miguel dimostra tutta la sua preparazione. Forse l'autore dell'articolo conosceva poco dell'evoluzione del Bosé attuale e non si era preso la briga di guardare e ascoltare oltre.
Al contrario, Armando Gallo su "Tutto Musica & Spettacolo" del 1994, nel suo spazio "U.S.A. News" scrive testualmente: «Tappa a Los Angeles e San Diego alla fine di un grande tour sudamericano, Miguel, accompagnato da una band di bravi musicisti spagnoli, ha mandato in visibilio il pubblico dell'Universal Amphitheater».
«Questo spettacolo mostra un Bosé molto gestuale, teatrale, introspettivo e con un'attenzione quasi ossessiva alle forme espressive. Diciamo che io suono il mio corpo come prima potevo suonare la chitarra o il piano. *Sotto il segno di Caino* rappresenta uno stile a cui sono arrivato per gradi, uno spettacolo di canzoni che vuol essere introspezione più che "pamphlet". Un linguaggio per il quale mi sono giocato

tanti anni fa quello che era il mio mercato più grande, l'Italia. Credo sia doveroso spiegare nello spettacolo questa metamorfosi dopo anni di buio rispetto al pubblico italiano. Cerco di rappresentare paesaggi interiori e creare una musica che sia quanto più possibile pittorica. La musica come se fosse una tela o una ripresa cinematografica, il che poi coincide con le mie ambizioni registiche e letterarie. I miei modelli sono King Crimson, Emerson Lake & Palmer e prima di loro Wagner, Brahms, Puccini» (Miguel Bosé, da *Corriere della Sera*, 7 novembre 1994).

Intervista a Simon Toulson-Clarke, cantante

(raccolta via mail il 3 luglio 2018)

Ciao Simon, la tua collaborazione con Miguel è all'interno di un album fondamentale e di grande successo, *Bajo el signo de de Caín*. Come è nata la tua collaborazione con lui?

Ross Cullum mi ha chiesto di entrare nel progetto e di aiutarlo, lo stesso dicasi per Sandy McLelland per scrivere i testi. Conoscevo Ross da tempo, abbiamo lavorato insieme per il singolo di successo della mia band, i Red Box, "Lean On Me" con Chris Hughes. A quel tempo, era il 1985, Chris ci ha prodotto e Ross era il suo ingegnere.

Sui crediti appari come autore delle canzoni, ci hai anche suonato? Qual è stata la tua impronta?

Ho scritto la melodia vocale e i testi. Nella versione spagnola questi sono stati tradotti dall'inglese. Ho scritto quello che viene chiamato "Topline", i motivi e le parole, il mio contributo è stato il motivo e la canzone che Miguel canta.

Ricordi qualche dettaglio durante il periodo di registrazione?

Ricordo solo un po' del processo. Stavo scrivendo canzoni per la mia band allo stesso tempo, quindi passavo qualche ora al mio studio la mattina e poi scendevo all'Olympia, auditorium sito a Londra vicino Kensington, per unirmi a Ross, a Miguel e agli altri nel pomeriggio. Avevo un paio di idee di base prima del mio arrivo, ma per la maggior parte ascoltavo gli accordi ogni giorno per la prima volta. Ross ha installato un microfono per me e ho improvvisato un po' di musica, poi sono tornato nel mio studio e ho provato alcuni testi. Per ogni canzone spiegavo il significato che stavo cercando di trasmettere con Miguel, per assicurarmi che gli piacessero le immagini e le storie che si stavano sviluppando. Sembrava che gli piacesse quello che stavo facendo, quindi era un processo relativamente veloce.

Il mio unico altro ricordo era che non era così facile, perché normalmente quando scrivo una melodia lavoro anche su ciò che la musica deve fare allo stesso tempo sotto di essa, mentre con questo album Ross voleva che aggiungessi la mia voce agli accordi già esistenti. Per me e per quello che stavo facendo con la mia musica mi sono sentito un po' indietro!

Lo stesso team successivamente lavorò a *Laberinto*, ma tu non ci sei nei crediti, come mai?
Non ho idea, dovresti fare a Ross questa domanda. Ero piuttosto incazzato perché ho accettato una percentuale molto bassa per il mio lavoro nell'album *Bajo el signo de Caín* (il mio manager ha detto che erano "troppo bassi") ma questa è la vita, immagino. Secondo me non c'è niente, NIENTE in una canzone più importante della melodia e dei testi.
Forse non mi hanno usato nel successivo disco perché sapevano che avrebbero dovuto migliorare il mio accordo! Sono ancora amico di Ross, quindi forse dovrei dargli un calcio in culo per quello! Ah, ah, ah. La verità è che non ero troppo triste perché non mi piaceva nessuno dei dischi.

Davvero faresti questo a Ross? Dai, siete amici, anzi bello sentire che lo siete ancora dopo molti anni, una delle cose più belle al mondo.
Certo che sì! Riguardo l'amicizia, sono d'accordo, verissimo.

Quindi, se ho capito bene, non ti è piaciuto molto l'album?
No, non molto. Il suono è troppo pulito e lucido, lo avrei preferito più duro, più organico.

Invece io ho amato questo disco e mi complimento per il tuo lavoro.
Sono contento che ti piaccia.

Il successivo *Laberinto* l'ho amato forse ancor di più. Anzi, si diceva stessero lavorando ad un terzo lavoro, una sorta di trilogia, poi accantonata. Immagino tu non abbia notizie in merito, magari essendo amico di Ross...
Non ne ho idea, scusami, ero fuori dal giro. Non sapevo che fosse stato proposto un terzo album. Ma di solito ci sono solo due possibili ragioni per cui un'azienda discografica interrompe il lavoro su un nuovo progetto di album: o l'album precedente non vende abbastanza copie oppure il nuovo album non progredisce bene in studio. Fine della storia.
Come è stato lavorare con Miguel, uomo e artista?
Miguel era un uomo affascinante. Non era il miglior cantante al mondo, ma sapeva come connettersi con il suo pubblico e in un certo senso questo è un talento più importante. Penso che amasse la musica e tutta l'arte, quindi era rispettoso del processo e molto favorevole al mio approccio e metodo di scrittura. E mi è sempre piaciuto Ross, quindi è stato tutto molto bello.

MAZEPPA (FILM, 1993)

Film francese, diretto da Bartabas e musiche a cura di Jean-Pierre Drouet.
Il titolo deriva da un piccolo quadro di Théodore Géricault, che rappresenta la folle cavalcata di Stépanovic Mazeppa, gentiluomo polacco costretto da un marito tradito a galoppare nudo su un cavallo imbizzarrito.
«Mi servo del cavallo come un violinista del violino, questo film è una dichiarazione d'amore ai cavalli», dichiara il regista al "Corriere della Sera" nel 1993, in un'intervista di Giuseppina Manin.
E continua: «In tutta la sua breve vita Géricault dipinse quasi solo cavalli, cercando di fissare sulla tela il movimento, quasi un tentativo disperato di fermare il tempo. Morì a trentatré anni per una caduta da cavallo. Il film ha due livelli: biografico e fantastico. Si parte da un fatto reale, l'incontro del giovane Géricault con lo stalliere Franconi, per proseguire in una storia di straordinaria follia. Agli attori ho chiesto la stessa cosa che domando a un cavallo: di essere istintivi, forti. Mazeppa, come zingaro, deve parlare prima alla pancia poi alla testa. Per questo ho scelto Miguel Bosé, perché prima di attore lui è un cantante, quindi abituato ad un contatto più diretto ed emotivo con il pubblico».
«L'incontro con Bartabas è stato emozionante, mi ha fatto scoprire il puledro che scalpita in me. Quella sensualità selvaggia, quella febbre di vivere e quel senso di morte che hanno accompagnato la breve esistenza del pittore. A cavallo ci sono andato la prima volta a quattro anni, grazie a mio padre, una volta che mi mise in sella non sono sceso più. Prima di *Mazeppa* i cavalli erano per me solo qualcosa di ludico, adesso ho compreso la loro poesia, sensualità» (Miguel Bosé, *Corriere della Sera,* 1993).
Il film viene selezionato al Festival di Cannes 1993 dove si aggiudica il "Technical Grand Prize".
Di questo film segnaliamo la VHS per la Alliance Vivafilm Video e il DVD per la MK2, quest'ultimo facilmente reperibile sul mercato francese. Non vi sono edizioni tradotte in altre lingue.
Esiste un CD singolo promozionale con il solo brano di Jean-Pierre Drouet, "Alexandrine" come colonna sonora. Sulla

copertina del CD appare Miguel Bosé in quanto è riportata la stessa cover del DVD.

LA NUIT SACRÉE (FILM, 1993)

Regia di Nicholas Klotz, ispirato dal romanzo *Notte fatale* di Tahar Ben Jelloun, che è il seguito di *Creatura di sabbia*. Entrambi i romanzi pare abbiano ispirato Klotz a dirigere questo film.
Miguel interpreta un personaggio dal nome Le Consul.
«Un'esperienza terribile e bellissima. Con l'aiuto di amici non vedenti ho imparato a sviluppare sensibilità insospettate» (Miguel Bosé, da *Corriere della Sera,* 1993).
«Miguel è un artista magnifico, molto versatile, entra in complicità con il suo personaggio senza aver bisogno di analizzarlo prima. Due o tre indicazioni prima di recitare sono più che sufficienti. Ha la capacità di esprimere emozioni completamente differenti, in ruoli diversi, attraverso i personaggi che rappresenta, una persona molto camaleontica» (Nicholas Klotz, dal book ufficiale del film).
Oltre alla VHS Secam distribuita da TF1 Video, successivamente al film, sono stati pubblicati libri che riportano in copertina la locandina del film (Points edizioni). Inoltre esiste anche una guida ufficiale del film, quasi certamente distribuita a scopo promozionale.
Esiste un CD singolo della colonna sonora del film con due tracce che riportano il titolo, divise in 3 parti, ad opera del maestro Goran Bregović. Anche qui abbiamo sulla copertina una delle locandine del film, quindi anche Miguel.

LA REGINA MARGOT (FILM, 1994)

Regia di Patrice Chereau, film basato sull'omonimo romanzo di Alexandre Dumas del 1845, originariamente pubblicato a puntate come romanzo d'appendice sul giornale "La Presse", in Italia edito solo nel 1861.
Anche qui il cast degli attori è di un certo peso: Isabelle Adjani, Daniel Auteuil, Jean-Hugues Anglade, Vincent Perez, Asia Argento, Virna Lisi, Claudio Amendola e Miguel,

che interpreta Enrico, così descritto: «La mia parte è quella del duca di Guisa, un assassino con il titolo nobiliare. Un personaggio maledetto intriso di sangue e di potere» (Miguel Bosé, da *Corriere della Sera*, 1993).
Anche questo film ha la colonna sonora del Maestro Goran Bregović.
Nomination agli Oscar per i costumi, vince il premio della giuria al "47° Festival di Cannes" e lo stesso festival rende a Virna Lisi il premio come miglior attrice.
La stessa riceve il "Nastro d'Argento", una nomination sempre come miglior attrice al 40° "David di Donatello". Altri premi riscossi dal film: cinque vittorie su dodici candidature ai "César": miglior attrice, attrice non protagonista, attore non protagonista, miglior fotografia e costumi. Insomma un successone.
Silvia Lemus, durante una sua trasmissione televisiva, chiede a Miguel «Come può un uomo sereno e tranquillo come te convertirsi in un assassino, come in questo film?» e la risposta è: «Perché dentro tutti noi esiste un assassino, in tutti noi esiste un transessuale, dentro di noi tutti esiste un genio, un bambino, uno stupido. Il cinema è una terapia fantastica per non impazzire, uno può essere mille personaggi, il cinema rimuove le emozioni perdute, evita in molti casi il trauma, e persino che queste emozioni provochino mali maggiori» (Miguel Bosé, da *Tratos y Retratos*, di Silvia Lemus, Canal 22, TV messicana, intervista del 1998).
«Un film splendido, bellissimo: due ore e quaranta che non ti mollano mai. La protagonista, Isabelle Adjani, è bravissima e sono felice che con questa pellicola sia stata premiata Virna Lisi» (Miguel Bosé, da *Boss*, n.12, novembre 1994).
La versione italiana è reperibile solo in VHS, per la versione digitale in DVD dobbiamo cercare all'estero, in Spagna ad esempio per la Suevía Films (*La Reina Margot*) o in Francia (*La Reine Margot*). In entrambi i paesi è disponibile anche l'edizione Director's Cut in un doppio DVD, con la versione integrale del film con quasi venti minuti in più di film contenenti scene da noi tagliate e contenuti extra speciali.

ENCIENDE MI PASIÓN (FILM, 1994)

Diretto da José Miguel Ganga, musiche di Bernardo Bonezzi. Tra gli attori, oltre a Miguel, che interpreta Ángel, un botanico, abbiamo anche Emma Suarez e Juan Luis Galiardo. La pellicola, a metà tra un thriller e un film drammatico, è molto piacevole, con un'ottima interpretazione di Miguel. Al tempo è stata resa commerciabile la VHS per VideoVisa, in seguito è uscito il formato DVD per la Montana'S Films e nel 2020 per la Premium Cine. Il film non è mai uscito in Italia nelle sale, né su alcun supporto.

LABERINTO, IL CAPOLAVORO

«Quando mixammo *Bajo el signo de Caín* capimmo che l'équipe che avevamo formato, Ross Cullum il produttore, McLelland il coproduttore, e tutta la gente intorno, aveva ottenuto un risultato molto soddisfacente e che ciò che era iniziato con "Caino" non era terminato. Avevamo molte cose da raccontare e il top non era stato ancora raggiunto. L'incontro con Ross Cullum nel '91 fu molto positivo, gli spiegai che quello che volevo non era solamente un disco, ma qualcosa che andasse oltre, e credo che insieme a Sandy McLelland sia stato capace di dare quella dimensione che va al di là della musica e si addentra nella pittura, nel cinema, che son cose per me di grande necessità da poter raccontare. Nello studio di Londra, dove si è effettuato la maggior parte del lavoro, abbiamo utilizzato una sofisticata tecnologia informatica. Ma non mancano i musicisti che hanno dato il loro apporto con le percussioni africane, strumenti tradizionali irlandesi ecc... Siamo aperti a qualsiasi proposta, suggerimento e cultura, ciò che fa di questo disco un lavoro unico. Le storie di questo album sono molto cinematografiche o pittoresche, quando il testo finisce nella canzone la musica deve dar l'immagine di quello che si vorrebbe dire con le parole. Così nascono le colonne sonore.
C'è tutto un processo descrittivo attraverso gli arrangiamenti che dipingono i paesaggi, il panorama e le emozioni dei suoi personaggi» (Miguel Bosé, da *TVyNovelas*, rivista cilena, 1996).

«Ross Cullum è uno dei migliori produttori al mondo per la sua versatilità e creatività, capisce bene l'artista e confeziona il disco su misura» (Miguel Bosé, dall'intervista ufficiale promo CD Warner, presentazione album *Laberinto*).
«Nel momento in cui preparammo il master definitivo di *Bajo el signo de Caín* il nuovo album prendeva forma in quanto realizzato con lo stesso team. Tanto è risultata soddisfacente la collaborazione che si parla già di un seguito di *Laberinto*, una sorta di trilogia, non necessariamente di concetto, quanto di team unito nel lavoro.
Il disco è un viaggio per il mondo, ci sono vari elementi della Spagna del sud ma anche del nord, quasi celtici. Troviamo matrici europee, latino-americane e qualcosa anche di orientale riflesso in un tipo di orchestrazioni e strumenti che vengono proprio da lì» (Miguel Bosé, da *El País*, 28 novembre 1995).

«Perché il titolo *Labirinto*? Ogni mattina registravamo come fossimo in un labirinto. Sia io che i produttori non sapevamo mai che direzione avrebbe preso ogni canzone» (Miguel Bosé, da *Billboard*, 17 febbraio 1996).
«Il labirinto è un luogo iniziatico dove ci si perde, ci si interroga, si prende tempo per se stessi e, quando si esce, si conoscono tutte le risposte. È comunque un posto da cui si esce sempre» (Miguel Bosé, da *TV Sorrisi e Canzoni*, 1996).
«Le strade del mio labirinto sono tante quante le braccia di Shiva. Il labirinto è un luogo della mente in cui tutti vaghiamo, ci perdiamo, cerchiamo risposte. È un luogo iniziatico, dal quale si esce cresciuti. "L'autoradio" è invece puro divertimento, una valvola di sfogo, che però mi appartiene esattamente come gli altri pezzi del disco. Un'altra strada del mio *Labirinto*» (Miguel Bosé, da *Telesette*, 1996).
«La vita è un gran labirinto fatta di altri labirinti, piccoli e grandi, tutti i giorni usciamo da qualche labirinto ed entriamo in altri ancora, in ogni momento. È un labirinto senza fine» (Miguel Bosé, durante il programma TV spagnolo *Sorpresa-Sorpresa*, 1996).
«Bisogna prima perdersi. Uno ha sempre molta paura di sentirsi perso, però se si adagia nella perdita e non si fa prendere dall'angoscia, ne esce sempre cresciuto. Labirinto è un posto iniziatico, dal quale matematicamente si esce

sempre, ma bisogna saper aspettare, solo con serenità o dopo un periodo di serenità ne puoi uscire, altrimenti non si esce mai» (Miguel Bosé, in *Gelato al limone,* programma di Massimiliano Pani, Rai 1, 1996).
«Quando fai un disco e questo arriva nei negozi e comincia a far parte della gente, a me non appartiene più, mentre la gente lo fa suo. In casa non ci sei tu a spiegare cosa significa, ognuno deve trovare quello che gli appartiene» (Miguel Bosé, da un'intervista a *Radio Italia,* 1996).

«Ogni pezzo è un piccolo film, ha luci, colori, personaggi, emozioni. Il titolo *Labirinto* indica il percorso iniziatico che si compie cercando se stessi e il senso delle cose. Tra mille dubbi e mille domande, ma con la forza della volontà se ne esce, e se ne esce cresciuti. Una storia la si può raccontare come Proust o come Paperino. Io sto più dalla parte di Paperino, perché sa detassare le cose: nella vita ci vuole anche leggerezza» (Miguel Bosé, da *Corriere della Sera,* 1995).
«Racconto a modo mio dieci piccoli film, dieci storie differenti fra loro che rispecchiano gli ultimi due anni della mia vita, con momenti di allegria, riflessione, profondità e leggerezza. Le mie canzoni, insomma, nel ritmo della mia realtà» (Miguel Bosé, da *Epoca* settembre 1996).
«*Laberinto* è il ritratto più attuale di Bosé, ha una grande produzione, un'indiscutibile produzione, una gran qualità, un suono di gran qualità. Le canzoni hanno ognuno una storia che lavorano con tutti gli umori che puoi avere attraverso un giorno o, come in questo caso, in due anni di composizione. È una musica che mi ossessiona, parto da una melodia, che si costruisce e che sia attrattiva, con una storia ugualmente attrattiva, ma l'ossessione va oltre la musica, per raccontare i colori, i sapori, i paesaggi, i personaggi. Ecco un modo di esprimerlo in modo molto cinematografico e pittorico. Come un buon libro, una buona compagnia, al momento di aprirsi e di ascoltarsi, non solo ti accompagna ma ti fa viaggiare» ((Miguel Bosé, dallo speciale per i suoi 40 anni su RTVE dedicato al disco *Laberinto*).
Dieci le canzoni scelte, tra trentaquattro iniziali. «Di alcune te ne disammori e capisci che non sono una priorità» (Miguel Bosé, RTVE, 1996).

L'album, registrato nuovamente allo studio The River a Londra, esce il 27 novembre 1995 in Spagna e nei paesi latini in lingua spagnola. In Italia uscirà nella primavera successiva, interamente in italiano. Stavolta, nonostante il team sia pressoché identico a quello del precedente lavoro, non vi sarà la versione tradotta in inglese. C'è qualche piccolo cambio nel gruppo: abbiamo un contributo alle chitarre di Robbie McIntosh, che aveva suonato con i Pretenders dall'82 all'87 e che nella sua carriera è stato turnista di moltissime band, tra cui Talk Talk, Paul McCartney, Tears for Fears e molti altri. Per Miguel questo è un album sofferto, a cui teneva molto, ma che forse si annovera come quello più incompreso della sua carriera, insieme a *Velvetina* (che vedremo più avanti). Spesso accade per i dischi più elaborati, meno diretti, ma più sentiti di un artista.
Un album la cui qualità è altissima: puoi ascoltarlo anche cento volte, ad ogni ascolto riuscirai a trovarci all'interno ancora qualcosa che non avevi udito negli altri ascolti: suoni "nascosti in questo labirinto musicale". Album dopo album, cresce la cura nei dettagli e negli arrangiamenti nei dischi di Bosé. Il percorso è in salita, ma senza ricevimento del giusto responso da parte del grande pubblico. In questi casi, la storia della musica ci insegna che spesso si tratta del classico disco rivalutato dopo molti anni. Io credo che sia, insieme a quello già citato che uscirà nel 2005, tra i migliori lavori di Miguel in assoluto. Un disco che ha tutto quello che Miguel ha dentro e che vuole farvi arrivare tramite l'immaginazione, attraverso i suoni, non solo con i testi delle canzoni, assolutamente intimisti e profondi. La più attuale e sincera natura di Bosé è in questo lavoro.
Un disco che spesso, per quanto mi riguarda, ho definito "un disco-terapia", proprio per quella ricerca intimistica nei suoni e nei testi. Ascoltandolo, sembra davvero di perdersi in un labirinto (e quindi dentro se stessi), per poi uscirne e sentirsi risollevati, quasi sereni. È il disco che porterei su un'isola deserta, qualora dovessi sceglierne uno solo.
Ha tutto, è completo. Ha persino il Miguel più scanzonato, nel brano "L'autorradio canta", in un album nel complesso di difficile ascolto e assimilazione. Peccato che il pubblico di massa non lo abbia capito a pieno, tanto da non consentirne una terza parte della trilogia preannunciata, che darei

non so cosa per averla. E chissà, di quei trentaquattro pezzi inizialmente registrati o concepiti anche solo come demo, quante perle saranno state messe da parte per ovvi motivi discografici, e quanti brani, che in questo disco, come mai in precedenza, sono già di durata più lunga della media, saranno stati tagliati! Un esempio: "Un día después la historia sigue igual", che inizialmente pare durasse circa diciasette minuti, fu ahimè ridotto "solo" a otto. Sono certo che avranno tagliato parti strumentali favolose e/o altri vocalizzi, come quelli che troviamo nella parte centrale del pezzo, che sfociano in una sperimentazione musicale, quasi come fosse un viaggio della mente. Purtroppo la versione intera non potrà mai essere ascoltata, ma solo immaginata o sognata, a meno che un giorno non spunti qualche demo, anche se ne dubito. L'assetto di questo lavoro, frutto di un vero lavoro di gruppo, è "quasi prog" nel senso concettuale dell'espressione: brani di lunga durata, che non possono essere corti per natura, né tagliati, per cui è necessario perdersi con la mente e l'immaginazione nelle "pause" musicali, di gran valore, attendendo poi la voce di Miguel. E per godere pienamente del rientro della stessa voce bisogna attendere. Come per uscire dal labirinto, Miguel consiglia di perdersi e aspettare. *Laberinto* quindi è il secondo capitolo di una trilogia mancata, "la continuazione" del lavoro precedente, una nuova lettura del periodo *Caino*, un vero e proprio viaggio interiore.

È un disco spirituale, sensuale, un vero e proprio labirinto di sensi ed emozioni. Stesso team, stessi suoni, ma cambia la formula, più intima in alcuni casi, più solare in altri, perché lo stesso *Caino* in alcuni punti era abbastanza oscuro e dark (nella definizione più positiva del termine).

Con queste premesse e in virtù del team di lavoro, il terzo disco dell'eventuale trilogia, non più portato a termine, probabilmente non sarebbe stato un gran successo a livello di vendite, ma un prodotto di cui oggi saremmo qui a tessere le lodi.

Questo disco insegnò a Miguel a non ripetersi, a cercare sempre nuove strade, come del resto lui ha sempre fatto ma per questo disco, che – ribadisco – rappresenta uno dei punti più alti della sua carriera, serviva una conferma. Infatti Miguel, appena terminato *Bajo el signo de Caín*, dichiarò: «Quando terminai l'album, ebbi la sensazione di non aver

detto tutto quello che volevo dire per mancanza di spazio nel disco, per questo ho sentito la necessità di proseguire con questo progetto».
Con Bosé il "problema" è che essendo molto diversi gli album tra loro, sono diverse anche le emozioni che ognuno di essi può suscitare, quindi ogni album può essere il più bello della carriera, a seconda di quale tipo di sensazione necessita in quel momento.
Fino al momento storico della carriera di Miguel che stiamo trattando, da *Bandido* ad oggi, potrebbero essere tutti, o quasi, "il miglior album di Bosé", ognuno per un motivo differente. *Bandido* è il cambiamento, disco oggi ancora inarrivabile come mix di impatto tra suoni, voce e atmosfere. *Salamandra* è un mix di pop e new wave raffinato, *XXX* il seguito del precedente ma più synth-pop, al passo coi tempi, *Los chicos no lloran* è forse il più commerciale e diretto, meno memorabile per quanto riguarda i suoni, ma di una semplicità che paga, tanto che l'album ebbe un gran successo. *Bajo el signo de Caín*, la perfezione, è il giusto mix tra il "commerciale di classe", l'eleganza dei suoni e il pop raffinatissimo. E quest'ultimo, *Laberinto*, è l'apice finora raggiunto da Miguel, un disco particolarissimo, una perla di gran valore, all'interno di una discografia altrettanto pregiata.
Oltre alla già citata "Un día después la historia sigue igual", altri piccoli tesori sonori sono contenuti in questo album. "No encuentro un momento pa' olvidar", ad esempio, è talmente bello e struggente che per sfruttare al meglio l'ascolto quasi desidereresti di essere nel pieno di una delusione sentimentale, dato il tema affrontato: la difficoltà di dimenticare qualcuno a cui si vuole bene e di non volerlo neanche fare. Lo stesso dicasi per "Azul de Louïe", "Agua clara" e "¡Ay!", dove si toccano momenti di grande raffinatezza e classe oltre ad essere molto emozionali. Da ascoltare bendati e sognare. Questo forse è uno dei messaggi che vuole darci Miguel con questo disco, ricco di emozioni e paesaggi sonori. Tanto che sulla retrocopertina del CD è riportata una sua foto bendato e, nello stesso tour, si esibiva bendato cantando "Un día después la historia sigue igual". Nel disco non mancano comunque momenti "più leggeri", come la già citata "La autorradio canta" e "Te buscaré", forse il brano più ritmato dell'intero lavoro. "Corazón tocao" e "Tesoro (pudo ser tu nombre...)" sono brani altrettanto validi che

completano un album che vendette bene, ma non trionfò come il precedente. In Spagna il punto più alto raggiunto in classifica fu il sedicesimo posto.
Ma la musica, discografici – ahimé – a parte, non è un numero, è emozione.
E infatti i fan più attenti hanno a cuore questo disco.
La versione italiana dell'album è nuovamente curata da Lucio Fabbri e tra i coristi della stessa segnaliamo Stefano Belisari (meglio conosciuto come Elio) e Paolo Panigada degli Elio e le Storie Tese, Alex Baroni, Silvio Pozzoli, Antonella Melone, Moreno Ferrara e lo stesso Fabbri (in un solo brano, "Ti chercherò").

LABERINTO (ALBUM, 1995)

***Edizione spagnola*: Laberinto** - 1995
Agua clara / Tesoro (pudo ser tu nombre...) / No encuentro un momento pa' olvidar / Corazón tocao / Azul de Louïe / Un día después la historia sigue igual / Te buscaré / La autorradio canta / ¡Ay! / Sequía

***Edizione italiana*: Labirinto** - 1996
Acqua chiara / Sento che il tuo nome / Non ho modo di dimenticare te / Cuore che non ha / Guardo il blu / Se / Ti cercherò / L'autoradio / Mai / Ho sete

***extra tracks*:**
Este mundo va / Amor entero / Nunca sabré / De l'eau claire / Trésor / Pas envie de t'oublier / Mon porte bonheur / La roue tournera / Le bleu de Louïe

Singoli estratti:
No encuentro un momento pa' olvidar / Tesoro (pudo ser tu nombre...) / La auto-radio canta / Este mundo va / Te buscaré / Amor entero / L'autoradio / Sento che il tuo nome
TRACK BY TRACK:

"Agua clara" (M. Bosé/R. Cullum/S. McLelland)
altre versioni: **"Acqua chiara"** (M. Bosé/R. Cullum/S. McLelland/L. Ferrario/M. Grilli) in italiano / **"De l'eau claire"** (M. Bosé/R. Cullum/S. McLelland) in francese

«"Acqua chiara" è dedicata all'elemento del nostro corpo e dell'universo che più mi affascina» (Miguel Bosé, *Corriere della Sera*, 1995). «Subisco il fascino di quello che è più forte di me, che non posso controllare: l'aria, il vento, il fuoco, l'acqua, la terra. È la sensazione

di essere in corsa con un avversario che non potrai mai raggiungere, ma che ti sorride, non ti è nemico. È anche la mia complicità con la natura. La musica che ho fatto in questi dieci anni è molto cinematografica: ha atmosfere, inquadrature, controluci, cambi focali» (Miguel Bosé, da *TV Sorrisi e Canzoni*, 1996).
«È la storia di un fiume durante il suo viaggio, contaminato dall'uomo. Allo stesso modo di un amore, che quando cresce diventa grande, contaminato, e non si può bere così come l'acqua del fiume» (Miguel Bosé, promo CD *Laberinto*).

"Tesoro (pudo ser tu nombre...)" (M. Bosé/R. Cullum/S. McLelland)
altre versioni: **"Sento che il tuo nome"** (M. Bosé/R. Cullum/S. McLelland/L. Ferrario/M. Grilli) in italiano / **"Trésor"** (M. Bosé/R. Cullum/S. McLelland) in francese

«Mi piaceva tanto l'idea di dare questa lettura ironica; prendemmo le migliori scene dei film di Bond e con Miguel Navarro illustrammo questa canzone, anche per sdramatizzarne un po' il testo» (Miguel Bosé, in *Sorpresa-Sorpresa*, programma TV spagnolo del 1996). Difatti il videoclip di questo brano fa il verso a James Bond.

"No encuentro un momento pa' olvidar" (M. Bosé/R. Cullum/S. McLelland)
altre versioni: **"Non ho modo di dimenticare te"** (M. Bosé/R. Cullum/S. McLelland/L. Ferrario/M. Grilli) in italiano / **"Pas envie de t'oublier"** (M. Bosé/R. Cullum/S. McLelland) in francese

«Quando termina una relazione perdi molte energie, tempo e sforzo. Prima di tutto per spiegare a se stessi il perché delle cose, e contemporaneamente per dimenticare questa storia. Finché non arriva il momento della consapevolezza, in cui si capisce che non è che non si può dimenticare, ma non si vuole dimenticare. Solo in quel momento hai la chiave di tutto e puoi cominciare a disfare il gomitolo di lana.
Bisogna sorpassare il pudore di pensare che la complicità di una relazione sia fatta solo di sentimenti, ma l'amore ha anche la parte carnale, che conta e che preoccupa le persone quando finisce un rapporto. E che qualcun'altro possa cancellare tutto quello che è stato dato sia a livello sentimentale che carnale. Spesso si tarda a dimenticare, perché è molto difficile slegarsi dalla complicità con l'altra persona» (Miguel Bosé, promo *Laberinto*).
Il videoclip del brano fu censurato da un'emittente messicana per i suoi contenuti. Il proprietario di un cinema pensò di proiettarlo in sala prima dell'uscita ufficiale, e come forma di ribellione regalò ai i ragazzi che vi parteciparono una t-shirt con scritto "Ho visto il video di Bosé".
«Tagliarlo no, eliminare un'idea o qualsiasi progetto creativo mi sembra un crimine, quindi o tutto o niente» dice Miguel in un'intervista a TVE riguardo al taglio della clip, che invece da "Billboard" ricevette il premio come miglior videoclip.
«Il problema è la morale, il video è un omaggio all'amore universale, parla di amore in generale, non di una coppia in particolare, non è un amore soltanto eterosessuale, può esser cantata da qualsiasi coppia, di qualsiasi genere. Le immagini sono coppie, che si amano,

coppie nella vita reale, che si amano, abbracciano, si accarezzano con una tenerezza e amore, con una bellezza assoluta.
Quello che spaventa la gente è l'amore. Vedere come la gente si ama. Non è il sesso.
Perché non c'è sesso, nulla di morboso, solo amore» (Miguel Bosé, RTVE, 1996).
Il brano venne utilizzato nella colonna sonora del film messicano *La habitación azul*, di Walter Doehner. Uno dei brani più belli, sia musicalmente che come liriche dell'album e della discografia di Bosé.

"Corazón tocao" (M. Bosé/R. Cullum/S. McLelland)
altre versioni: **"Cuore che non ha"** (M. Bosé/R. Cullum/S. McLelland/L. Ferrario/M. Grilli) in italiano

«È una canzone ironica, che parla di un professionista "recupera-cuori", uno psicologo che trova un cuore che non vuole amare, non sa voler bene, e fa una campagna pubblicitaria su se stesso, per vendersi, per dire che lui sarebbe capace di togliere il trauma a questo cuore, ma non è così. Molte volte i muri che non cadono sono quelli intorno ai quali vorremmo vivere, perché proprio per il fatto che non cada quel muro, crediamo di avere una personalità molto forte» (Miguel Bosé, promo *Laberinto*).

"Azul de Louïe" (M. Bosé/R. Cullum/S. McLelland)
altre versioni: **"Guardo il blu"** (M. Bosé/R. Cullum/S. McLelland/L. Ferrario/M. Grilli) in italiano / **"Le bleu de Louïe"** (M. Bosé/R. Cullum/S. McLelland) in francese

«Cielo che ci imprigiona in un cielo da cui non riusciamo a staccarci» (Miguel Bosé, *Radio Italia*). Un altro pezzo molto bello del disco, sognante, intimista.

"Un día después la historia sigue igual" (M. Bosé/R. Cullum/S. McLelland)
altre versioni: **"Se"** (M. Bosé/R. Cullum/S. McLelland/L. Ferrario/M. Grilli) in italiano

«È il brano che mi racconta meglio, che più mi rappresenta» (Miguel Bosé, *Radio Italia*).
Non a caso è uno dei brani più belli che Bosé abbia mai scritto in tutta la sua carriera, peccato il taglio ricevuto in fase di produzione, dai diciasette iniziali agli otto minuti di durata, certamente dovuto a scelte discografiche.

"Te buscaré" (M. Bosé/R. Cullum/S. McLelland)
altre versioni: **"Ti cercherò"** (M. Bosé/R. Cullum/S. McLelland/L. Ferrario/M. Grilli) in italiano

«La ricerca della donna da parte di un uomo attraverso parole, pensieri, qualsiasi cosa. Un po' gospel a livello musicale, come se fosse *Rocky Horror Picture Show*. Una canzone solare, allegra, che parla di gioia e di viaggi» (Miguel Bosé, promo *Laberinto*).
Forse il brano più ritmato dell'album, insieme a quello che segue, un andamento sostenuto che smorza un po' il tema generale.

"La autorradio canta" (M. Bosé/L. Ferrario/M. Grilli)
altre versioni: **"L'autoradio"** (M. Bosé/L. Ferrario/M. Grilli) in italiano / **"Mon porte bonheur"** (M. Bosé/L. Ferrario/M. Grilli) in francese

«"L'autoradio" è un'ironica presa in giro del lavoro dell'artista che porta a non mantenere le promesse d'amore» (Miguel Bosé, da *Corriere della Sera* del 1995).
«È una storia vera, avevo promesso a una donna di portarla al mare, ma per lavoro fui costretto a rinviare prima di una settimana, poi di un mese, fino a prometterle di portarla al mare il prossimo anno» (Miguel Bosé, *Radio Italia*).
Riguardo alla diversità evidente rispetto agli altri brani dell'album, egli afferma: «È il divertimento. Io sono capace e ho bisogno di divertirmi, di tirar fuori la mia parte di superficialità almeno una volta al giorno» (Miguel Bosé, da *TV Sorrisi e Canzoni*, 1996).
In Italia esce come primo di due singoli per la promozione del disco (il secondo sarà "Sento che il tuo nome"). Ottiene buoni risultati, ma non bissa il successo del precedente "Se tu non torni". Forse il brano troppo "easy" non conferisce all'album la giusta immagine. In Italia il successo fu discreto, in Spagna, pur venendo scelto come singolo fra i quattro prescelti (sei, se si considerano anche quelli della riedizione), si puntò come primo singolo al ben più incisivo "No encuentro un momento pa' olvidar".

"¡Ay!" (M. Bosé/R. Cullum/S. McLelland)
altre versioni: **"Mai"** (M. Bosé/L. Ferrario/M. Grilli) in italiano

«Parla della dittatura della paura. Una canzone claustrofobica e subacquatica sulle popolazioni che vivono ogni giorno con la paura e su come rompere questa paura ed essere liberi» (Miguel Bosé, promo *Laberinto*).
«"Mai" racconta il peso che si prova a vivere sotto la dittatura della paura. Mi sono ispirato ai Paesi Baschi, dove la gente respira paura e aria» (Miguel Bosé, da *Corriere della Sera*, 1995).

"Sequía" (M. Bosé/R. Cullum/S. McLelland)
altre versioni: **"Ho sete"** (M. Bosé/L. Ferrario/M. Grilli) in italiano

«Storia di come davanti ai quattro elementi l'uomo non può fare nulla, è talmente piccolo in confronto. Racconta di come per una totale costruzione ci vuole prima una totale distruzione. È un modo di riflettere sulla sopravvivenza dell'uomo» (Miguel Bosé, promo *Laberinto*).

"Este mundo va" (M. Bosé/L. Ferrario/M. Grilli)
altre versioni: **"Questo mondo va"** (M. Bosé/L. Ferrario/M. Grilli) in italiano / **"La roue tournera"** (M. Bosé/L. Ferrario/M. Grilli) in francese

Nasce come bonus track e singolo della nuova edizione, ma alla fine diventa il brano di maggior successo di tutto l'album, l'unico che verrà ripescato qualche volta in chiave live negli anni a venire. Il brano è ottimo, a metà tra lo stile dello stesso lavoro in questione e un'assetto sicuramente più commerciale.

"Amor entero" (M. Bosé/L. Ferrario/M. Grilli)
I suoni in questo pezzo si fanno ancor più leggeri, il ritmo più scanzonato. La canzone fu esclusa in principio forse proprio per questo motivo, perché lontana dalle intenzioni dell'album, successivamente ripresa per non appesantire troppo il lavoro. Diverrà anche singolo.

"Nunca sabré" (M. Bosé/L. Ferrario/M. Grilli)
Come sopra, prosegue il ritmo meno serioso, con delle melodie abbastanza leggere, ma di ottima fattura. Salvo qualche eccezione, assomiglia a tutti i brani composti dal duo Ferrario/Grilli hanno, che si caratterizzano per l'aspetto più solare e commerciale, rispetto alla vena più oscura e intimista del duo inglese Cullum/McLelland.

Note alla discografia

La ristampa in CD del 1996 riporta una diversa copertina rispetto a quella uscita in origine, traendo Bosé in una foto in primo piano che verrà riutilizzata in seguito per altre copertine di dischi per altri paesi e/o "best of".
Si intravede, sotto il titolo dell'album e il nome dell'artista, il disegno in piccolo, riproposto della cover originale di Emilio Farina.
L'inserimento dei tre nuovi brani va a discapito di altri tre, per un problema di durata complessiva del supporto CD, e ci riferiamo ai primi tre brani della versione originale, qui editati rispetto alle versioni originali. La ristampa di cui parliamo è legata solo al mercato latino, quindi della versione in spagnolo. In Italia non vi sarà alcuna ristampa, anzi dopo qualche anno il CD è andato fuori produzione. Questo non lo rende ancora raro come articolo, in quanto ancora reperibile senza grossi sforzi.

IL TOUR

Il tour spagnolo inizia a luglio del 1996 e dura fino a fine settembre; fu promessa qualche data in Italia durante la promozione dell'album, ma realmente non ce ne furono. Si andò direttamente in Sudamerica: il 31 ottobre in Ecuador, proseguendo per Perù, Messico, Guatemala, El Salvador, fino a fine novembre.
Il tour riprende a febbraio 1997: il 19 a Viña del Mar, Quinta Vergara, seguendo sempre a Viña il 21 e il 22 al Casino. E successivamente ancora Messico, Colombia e Venezuela, fino alla metà di marzo e Buenos Aires, in Argentina, e il 19 aprile al Teatro Opera.

In una recensione scritta per un giornale americano (credo il "New York Time", ma non ne sono sicurissimo) Peter Watrous, descrivendo il concerto a New York al Beacon Theatre, definisce Miguel Bosé il "David Byrne spagnolo".
L'11 settembre 1996, negli studi Cinearte di Madrid, fu registrato un unplugged per Cadena 40 Principales in Spagna, tra le più importanti radio del paese iberico.
Il Concerto di base, in acustico, durò circa un'ora e fu registrato in presa diretta. Alla produzione vi fu Sandy McLelland. Cullum, da quel che ho appreso, non era disponibile. Bosé cantò tre canzoni inedite, che furono escluse dall'album, perché, per suo volere, l'album non doveva essere troppo lungo e contenere solo dieci canzoni.
Da allora fu un delirio: telefonate da ogni dove dei fan in radio e ai vari media per sapere dove si potevano recuperare questi brani non pubblicati.
Allora Miguel prese le tracce registrate in radio e, dopo averle mixate, ripubblicò l'album *Laberinto*, che il 28 ottobre 1996 uscì in edizione limitata con tre bonus in più: "Este mundo va", "Amor entero" e "Nunca sabrè". "Este mundo va" diventerà una vera e propria hit e spesso sarà ripresa in futuri concerti, a discapito, ahimè, degli altri brani dell'album, poco rivalutati e mai più rispolverati in sede live, almeno fino ad ora.

Setlist tour "latino":
Amiga / Te amaré / Creo en ti / Manos vacías / Imagínate que te quiero / Morir de amor / Los chicos no lloran / Corazón tocao / Tesoro / Como un lobo / Salamandra / Un día después la historia sigue igual / Te comería el corazón / Sol forastero / Amante bandido / Si tú no vuelves / Nada particular / Te buscaré / Bajo el signo de Caín / Sevilla / L'autorradio canta / Partisano

Intervista a Emilio Farina, pittore, artista
(raccolta via mail il 30 agosto 2017)

Come è nata la sua collaborazione alla copertina dell'album *Laberinto*?
Con Miguel ci conosciamo da molti anni. Ho vissuto in quel periodo, negli anni'90, a Madrid.

Che significato ha esattamente la copertina?
Il significato della copertina, come da album, è "tantrico". Il labirinto sarebbe una combinazione dei due motivi della spirale.

Ogni brano all'interno del booklet è rappresentato da un'opera a tema: da cosa si è fatto ispirare, dai testi oppure ha lavorato diversamente?
Ogni brano era indipendente, ho lavorato da solo; successivamente, i brani sono stati usati. Il mio lavoro consiste in un collage e pittura su foto. Le foto sono state fatte a Londra in uno studio molto in voga.

Quanto c'è la mano di Miguel in questo suo lavoro?
Diciamo che ho dialogato molto bene con Miguel, è stato magnifico! Inoltre ho collaborato con Lucia Bosé per il suo Museo degli Angeli.

DETRAS DEL DINERO (EPISODIO SERIE TV, 1995)

Debutto alla regia dell'ormai famosissimo e apprezzatissimo Alejandro Gonzaléz Iñarritu.
Detras del dinero è il nome di una serie per la TV messicana Televisa, che il regista aveva proposto alla TV stessa. Il primo episodio, dal titolo "El Timbre", andò effettivamente in onda, poi però, per questioni contrattuali, il progetto non ebbe seguito. L'episodio pilot vede Miguel nei panni di un rapinatore bancario, Sebastián, poi ucciso dalla ragazza che lavorava al bancone della stessa filiale. Decisamente ottima l'interpretazione di Miguel, che in questi anni è migliorato tanto come attore, e di conseguenza anche le parti che gli affidano son degne della sua personalità.
Tra gli attori: Claudette Maille, Damian Alcazar, Juan Carlos Colombo. Musiche di Pedro Alberto Cárdenas.
Per il regista messicano Iñarritu questo fu un trampolino di lancio: solo pochi anni dopo sfornerà vari capolavori per il cinema, tra cui *Amores perros, 21 grammi* e *Birdman*. Non esiste un supporto commerciale di quest'episodio.

PECCATO CHE SIA FEMMINA (FILM, 1995)

Commedia francese diretta da Josiane Balasko, che è anche una delle protagoniste di questo film divertentissimo e consigliatissimo.
La bravissima Victoria Abril rende ancora più bella la pellicola, insieme con Alain Chabat e Miguel Bosé, che interpreta una piccola parte, quella di Diego, che dà la svolta finale del

film che non vi sveliamo, a beneficio di chi non l'ha visto. Le musiche sono di Manuel Malou.
Il tema del film ricorda un po' le tipiche situazioni "Almodovariane" per gli intrecci di temi legati al sesso e, soprattutto, all'ironia con cui i temi sono trattati.
Dalla retrocopertina della VHS edizione italiana, edita dalla Cecchi Gori Home Video, traggo i seguenti commenti che descrivono il film: «Il film di Balasko è una commedia lesbica per tutti ... la qualità migliore del film, spassoso, risiede nella freschezza comica con cui la regista-attrice prende di petto l'argomento: senza tabù lessicali o imbarazzi sentimentali» (Michele Anselmi, *L'Unità*).
«Victoria Abril è splendida, spudorata, istericamente sensuale e si fa doppiamente circuire, con un lampo di sfida nel volto» (Maurizio Porro, *Il Corriere della Sera*).
«Una commedia dai toni scoppiettanti» (*Ciak*).
Non esiste la versione italiana in DVD, ma gli amanti del digitale possono trovarla nella sua versione originale in francese *Gazon Maudit*, o anche nella versione inglese *French Twist*. Da una stampa coreana del DVD, dalla copertina riportiamo: «Hilarious!» (*Los Angeles Times*), «Sexy» (*San Francisco Chronicle*), «Great fun» (*Time Magazine*) «Funny Erotic» (*Entertainment Weekly*).

AMOR DIGITAL (CORTOMETRAGGIO, 1996)

Cortometraggio prodotto dalla Sotano Films per la regia di Ramón Margareto, dalla durata di dodici minuti circa.
Oltre a Miguel, tra gli attori abbiamo Cayetana Guillén-Cuervo, Nathalie Seseña e Isaac Cuende. Le musiche sono di Antonio Bravo e David Cerrejon.
«È una storia d'amore contemporanea tra un essere umano e una macchina. Non amo molto le "macchine", nel senso tecnologico del termine, però dobbiamo conviverci. E tantomeno mi piacciono le persone in un mondo così difficile come quello attuale. Ho voluto quindi "umanizzare" la macchina e al tempo stesso l'essere umano che invece è abbastanza "robotizzato"» (Ramón Margareto dal documentario sulla realizzazione del corto).

«Ramón mi chiese di registrare tutto in un giorno. Mi piacque molto lavorarci, l'idea era molto fresca e originale. Una storia d'amore urbana» (Miguel Bosé dallo stesso documentario).
Esmeralda, una sera recatasi a un bancomat, ascolta una voce senza capirne la provenienza. Dopo qualche istante appare nel monitor dello stesso una figura maschile, con caratteri umani, dal nome 558115 o, come la stessa macchina dice, "Cinco-Cinco". Interpretato da Miguel, questo personaggio, che riesce a parlare per un sovraccarico di energia nei circuiti del bancomat, fa innamorare la donna.
È un'idea che ha precorso i tempi. Nel 2013 *Her*, film di successo, trattò un argomento similare, quello dell'amore per la macchina e i computer da parte degli esseri umani. Nel 1996, periodo in cui Internet non era ancora alla portata di tutti, *Amor digital* fu una grande intuizione del regista. Essendo un cortometraggio, anche in questo caso non esiste la versione commerciabile.

OUI (IL N'Y A PAS QUE LE SEXE DANS LA VIE) (FILM, 1996)

Questo è un periodo molto pieno a livello cinematografico per Miguel, nonostante un nuovo album all'attivo da promuovere. *Oui* è un film francese, diretto da Alexandre Jardin, con musiche di Nicolas Jorelle. Tra gli attori Chiara Caselli, Pierre Palmade, Catherine Jacob, Jean-Marie Bigard.
Miguel interpreta un industriale lettone, Hugo, che viene tradito dalla compagna per un sordomuto: «Mi tradisce non perché io non la soddisfi sessualmente. Ma perché l'altro, seppur afflitto da eiaculazione precoce, le dà cio che io non le so dare: il dialogo. Nella vicenda sono coinvolte tre coppie di amici in vacanza» (Miguel Bosé, *Corriere della Sera*, 1995).
Purtroppo nel bel mezzo delle riprese una brutta notizia cade come una tegola per Miguel e i suoi cari. La Spagna e tutto il mondo perdono uno dei personaggi più amati di sempre. A causa di un infarto, l'8 maggio 1996, all'età di sessantanove anni, ci lascia il grandissimo torero, il maestro Dominguín. Miguel rientra sul set subito dopo i funerali.
«Dopo essere stato al funerale, sono tornato immediatamente sul set. I compagni di lavoro mi hanno accolto con un silenzio pesantissimo. E allora ho detto "Sono qui per ride-

re". Già, perché per fortuna, giriamo una commedia vitale e allegra, che descrive la ricerca della felicità» (Miguel Bosé, *Corriere della Sera*).
Oui, la cui prima si proietta a Parigi il 2 dicembre 1996, è un film che si interroga in allegria sul valore del sesso che non sa creare un rapporto solido.
È uscito in lingua originale sia in VHS che in DVD, a cura della Gaumont Video. Esiste una versione tradotta in spagnolo *¿El sexo es lo mas importante en la vida?* editata anche in VHS dalla TRI Pictures. La colonna sonora del film riporta sulla copertina del CD la locandina dello stesso, con Miguel insieme agli altri attori.

LIBERTARIAS (FILM, 1996)

Film di produzione spagnola diretto da Vicente Aranda, con musiche affidate a José Nieto, già noto in altre colonne sonore nei film in cui ha lavorato Miguel. È ambientato in Spagna nel 1936, all'inizio della Guerra Civile.
Miguel interpreta il segretario di Durruti, Jesus Arnal, insieme a Victoria Abril, Ana Belén, Adriana Gil e molti altri protagonisti.
Il film ottiene sei nomination al "Premio Goya" 1996 e il premio speciale della giuria al Tokyo International Film Festival nello stesso anno.
Del film esiste la versione d'epoca in VHS, ma tuttora circola nel mercato spagnolo l'edizione in DVD, a cura della Video Mercury Films. In America fu distribuito nel 2004 su DVD, con il titolo *Juegos de Guerra*, distribuito da Venevision.

MORDRE DANS TON COEUR

Mordre dans ton coeur è un lavoro pensato per il mercato francese, con brani adattati dall'attrice e cantante franco-uruguaiana Elli Medeiros, famosa soprattutto per il singolo del 1987 "A bailar calypso", ma anche autrice del famosissimo brano di Lio, "Amoureux Solitaires". La si ricorda assieme a Jacno (co-autore e arrangiatore del brano di Lio), con cui nel 1980 fondò un gruppo electropop, Elli & Jacno, dopo essere stata la leader nella seconda metà degli anni '70 di una band dal nome Stinky Toys, tra le prime band punk rock new wave francesi. Presero parte anche al "100 Club Punk Special", un festival di due giorni che si tenne a Londra nel 1976, dividendo il palco con Sex Pistols, Clash, Siouxsie and the Banshees, Buzzcocks, Damned e altri.

L'album *Mordre dans ton coeur* di Miguel Bosé è una sorta di "best of" della produzione periodo 93/96. Sono infatti tradotti in francese dieci brani, tratti dagli ultimi due lavori di Miguel, facendo uscire come singolo, anche se dopo quattro anni dalla sua originaria uscita, la versione francese della fortunatissima "Si tú no vuelves", qui "Ne reviens pas". La copertina ha la stessa foto-primo piano, ma con differenti sfumature, della "seconda" copertina di *Laberinto*. A breve sarà usato lo stesso scatto per un "best of" in Italia.

MORDRE DANS TON COEUR (ALBUM, 1997)

Mordre dans ton Coeur / Ne reviens pas / Trésor / Mayo / La roue tournera / Le bleu de Louïe / Pas envie de t'oublier / Mon porte bonheur / Rien de spécial / De l'eau claire

LE MARTYRE DE SAINT-SÉBASTIEN

Da sempre appassionato di teatro, affamato di conoscere e sperimentare nuovi mondi in cui cimentarsi, il 5 maggio 1997 Miguel approda all'Opera di Roma per dare voce a San Sebastiano con *Le Martyre de Saint-Sébastien* di Claude Debussy, su testi di Gabriele D'Annunzio. La versione è realizzata dal gruppo teatrale spagnolo La Fura dels Baus.
Dal 6 al 9 giugno lo spettacolo si ripeterà a Cagliari.
«Nella nostra versione il narratore è anche un medico. Perché se Sebastiano, ossessionato dal dolore, pensa col corpo, solo un uomo che vive nella familiarità col dolore ha la capacità "di leggere" quel corpo. Simbolista, ampolloso, denso di lirismo e tensione. Da declamare alla maniera della Comedie Francaise. Portavoce del pensiero di Sebastiano, il

Narratore diventa anche uno strumento dell'orchestra, e il parlato vive in fusione costante con la musica.
Con questo genere di esperienze intendo solo avvicinarmi a diverse forme di linguaggio artistico, così come è diverso il cinema e il teatro che faccio. Tutte linee di un discorso artistico che convergono nella mia carriera» (Miguel Bosé, *Corriere della Sera*, 3 maggio 1997).

Nel 2001 torna con lo stesso spettacolo nelle vesti del narratore a Napoli dal 12 dicembre fino al 16 al Teatro San Carlo. Il ruolo di Miguel è sempre quello del "Narratore-Medico", personaggio che non esiste nel testo originario.
«Questo Sebastiano è uno spettacolo dalle moltissime esigenze. Ho dovuto studiare molto e dovrò farlo ancora, ma non sono nuovo a queste esperienze. Ho già in passato interpretato *Pierino e il Lupo*, l'*Histoire de Babar* e quella *Du Soldat [documentato in un CD del 1994, nda]*. Sono state palestre fondamentali per la mia voce. L'interpretazione omosessuale del testo e del mito non ci è mai interessata. Sebastiano è solo un oggetto che riesce a creare desiderio. È un simbolo aspro di resistenza al potere, che vuole sodomizzare, addomesticare, nonostante ci sia un continuo tentativo in lui di dare una giustificazione alla carnalità. La società vedrà sempre, in quelli come Sebastiano, un pericolo. La sua normalità è diversa, rivendica la possibilità di esercitare la propria volontà. In questo tempo Sebastiano è un leader, un emarginato sui generis attorno al quale si potrebbero riunire Lorca, Che Guevara, Martin Luther King, Gandhi, i desaparecidos argentini, le vittime del nazismo. Tutto ciò che è politicamente scorretto» (Miguel Bosé, dall'intervista di Laura Valente inclusa nel t.b. dello spettacolo stesso distribuito al Teatro San Carlo).
Il 25 e il 26 gennaio 2002 al teatro Zarzuela di Madrid porta lo stesso spettacolo già proposto in Italia e certamente in altre città in Spagna.

ONCE MANERAS DE QUITARSE UN SOMBRERO

Il 16 marzo 1998 viene pubblicato un nuovo lavoro di Miguel Bosé indirizzato al mercato spagnolo e latino-americano.
Si tratta di un disco di cover di brani che hanno fatto parte della giovinezza del cantante spagnolo, scelti per essere stati reinterpretati in un personalissimo stile sotto la produzione di Greg Walsh, che vanta un curriculum di alto livello avendo prodotto già band come Heaven 17, Then Jericho, Tina Turner ma anche artisti nostrani come Lucio Dalla e Lucio Battisti. Lo stesso si occupa degli arrangiamenti insieme a Chris Cameron, altro numero uno per gli addetti ai lavori. Cameron nella sua carriera ha lavorato con tantissimi artisti importanti, solo per citare qualcuno: George Michael, Pet Shop Boys, Elton John, Tina Turner.
L'album, registrato e missato a Milano, Londra e Madrid, inizialmente pare dovesse intitolarsi *11 maneras de quitarse un sombrero*, in seguito cambiato in *"ponerse"*.
«Mi chiesero: "perché non realizzi un disco di cover con le tue canzoni preferite?" In un primo momento esitai. C'erano già tanti lavori di questo tipo sul mercato, e poi era complicato, perché ci sono centinaia di canzoni che mi piacciono in maniera particolare, per cui era difficile scegliere. Così, il direttore della compagnia, Iñigo Zabala, mi disse schiettamente: "Sì, ma non lo hai fatto tu, e son sicuro che se lo facessi lo faresti alla tua maniera, nel tuo stile". Al che decisi di dedicarmici, scegliendo un repertorio tipicamente latino e non internazionale. Da una prima selezione avevamo quaranta pezzi, dopo divennero diciotto, alla fine ne registrammo tredici di cui undici finirono nel disco. Le grandi melodie puoi arrangiarle come ti pare, funzioneranno sempre. Volevo adattare queste canzoni, che mi hanno segnato come persona e come artista, ad una produzione sonora vicina ai giorni nostri. In studio avevamo a disposizione molta libertà creativa. Greg, il produttore, è stata la scelta perfetta perché ha tutto il buono di un produttore inglese, con una grande esperienza alle spalle, ma con l'aggiunta di un chiaro approccio latino, in quanto vive in Italia. Mi propose Chris Cameron per gli arrangiamenti, un altro grandissimo, dal gusto raffinato, che aveva lavorato con tanti altri grandi tra cui George Michael. Fino a Greg,

nessuno aveva capito quanto mi piacesse essere "instradato". Greg mi spiegava le caratteristiche di ogni canzone, come doveva essere il personaggio che cantavo. Mi sforzavo sempre di capire cosa mi chiedesse di fare» (Miguel Bosé, c.s. *11 maneras de ponerse un sombrero*).

«Iniziammo con un lotto di venticinque canzoni classiche, molte della quali a me sconosciute, specie quelle in lingua spagnola. Le ascoltai. Alcune erano molto suggestive, altre sembravano vecchie, e la casa discografica mi chiese di dare al tutto, come filo conduttore, un suono nuovo, cosa per nulla facile. A nostro favore avevamo il fatto che erano canzoni meravigliose con testi altrettanto belli. "Alfonsina y el mar" ad esempio, ha un testo così descrittivo che è facile restituirle un paesaggio sonoro. Lo stesso lo troviamo in "Desafinado" e "Ne me quitte pas". Un concetto molto visivo. Fortuna che Miguel è un artista molto aperto e ciò mi diede anche molto spazio. Miguel è uno dei pochi artisti con cui ho lavorato che invece di cantare direttamente, dà alla canzone il concetto del personaggio che deve cantare, e da lì, la voce cambia assumendo personalità differenti e forme diverse di comunicare. Se ascolti "Ne me quitte pas" sembra quasi che tu riesca a vedere il luogo dove è seduto mentre canta, immaginando il mondo che ha intorno. Chris, inoltre, ha fatto un lavoro strepitoso agli arrangiamenti, basti ascoltare "La mer" per capire il livello. Miguel aveva chiaro sin dall'inizio l'idea finale del lavoro, le canzoni, i paesaggi, i colori. Si trattava di lavorare d'immaginazione senza sminuire la natura delle composizioni orginali» (Greg Walsh, c.s. *11 maneras de ponerse un sombrero*).

«Chris e Greg hanno subito capito i miei desideri iniziali di come dovevano essere trattate le canzoni, e sono andati persino oltre. Si trattava di canzoni che sono dei veri e propri classici con una grande storia dietro, per cui molto rispettabili, una sfida non semplice» (Miguel Bosé, c.s. *11 maneras de ponerse un sombrero*).

«Per interpretare le canzoni scelte quello che avevo in realtà era un cappello, che è come una canzone che suona differente ogni volta che te lo metti. Ogni traccia del disco è paragonabile ad una piccola colonna sonora» (Miguel Bosé, *El País*, 12 marzo 1998).

Come è noto, Miguel ha masticato arte e assorbito musica da ogni poro della propria pelle, dichiarando in un'intervista alla rivista "Luna" nel 1987, «Sono aperto a tutto, ascolto da Piquer ai Jesus and Mary Chain perché questo mi arricchisce molto». In questo lavoro Miguel ha scelto i brani che più lo hanno influenzato in gioventú, "strappandoli dalla propria anima", dandone una nuova. Non è un disco di semplici cover. La produzione e la cura nei dettagli è la stessa di sempre, aggiungendo nuove sonorità e arrangiamenti meravigliosi, passando dal pop al jazz con molta leggerezza. In Italia questo disco resterà inedito, reperibile solo d'importazione. Escludendo il live del 1990, è il primo album, da quando Miguel è arrivato nel nostro paese, musicalmente parlando, che un disco non viene pubblicato per il nostro mercato, e non sarà l'unico. Scelte della casa discografica, probabilmente, o dell'intero team di lavoro. Questo disco però, con i singoli giusti e la dovuta promozione, avrebbe potuto godere del meritato successo anche in Italia, e avrebbe conferito a Miguel quel valore aggiunto che qui, a volte, forse spesso, non è stato riconosciuto. Non a caso, per fare un esempio, solo un anno dopo Franco Battiato otterrà un grandissimo successo con l'album *Fleurs*, coverizzando artisti italiani e francesi, un concept molto simile a quello di Bosé. Certo, Battiato gioca in casa, ma se le etichette discografiche non propongono certi lavori di spessore, come nel caso in questione, è anche naturale che il pubblico più distratto rimanga fermo a determinati cliché. Con questo chiaramente non voglio dire che Bosé da noi non abbia alcuna considerazione, affatto, dal momento che questa è riconosciuta, eccome, da addetti ai lavori, tecnici e musicisti. A volte è una parte del pubblico che, pigra, ancorato ancora all'immagine di "Superman" degli esordi, non ha mai voluto cambiare idea. Questa poteva essere un'ottima occasione, specie dopo il grande successo di "Se tu non torni".
Alcune strategie di mercato, del resto, non valgono solo per l'Italia, perché sembra che Miguel abbia dichiarato al "El País" che di questo ultimo lavoro registrò una versione per il mercato francese, con brani di Serge Gainsgsbourg, Francis Cabrel, Yves Montand, che poi mai fu pubblicata. La conferma arriverà nel 2013 in occasione di un box rac-

colta *Colección definitiva,* in cui spunteranno due inediti in francese tratti da quelle sessioni.

11 MANERAS DE PONERSE UN SOMBRERO (ALBUM, 1998)

El amor después del amor / La mer / Causas y azares / Muro / La belleza / Sólo pienso en ti / Un vestido y un amor / Ne me quitte pas / Usted abusó (voçé abuso) / Alfonsina y el mar / Mentira Salomé - Palmera

***extra tracks*:**
Yolanda / Desafinado / Je l'aime à mourir / Les feuilles mortes

***Singoli estratti*:**
Muro / Sólo pienso en ti / El amor después del amor / La mer
La mer (remixes)

TRACK BY TRACK:

"El amor después del amor" (F. Páez)
Brano dell'argentino Fito Páez, tratto dall'album del 1992, che porta lo stesso titolo della canzone scelta da Miguel per aprire questo lavoro. «È come un canto ecclesiastico, un'idea ripetuta più volte, come una litania» (Miguel Bosé, c.s. *11 maneras de ponerse un sombrero*).

"La mer" (C. Trenet)
altre versioni: **"La mer"** – Pumpin' Dolls Radio Edit / **"La mer"** – Pumpin' Dolls Wet Dreams Club Mix

Classico di Charles Trenet, canzone scritta in un treno nel 1943 e registrata per la prima volta nel 1946. Uno dei brani più coverizzati al mondo, anche in altre lingue.
«Un'idea di Yann Barbot, della casa discografica, mi disse che sembrava scritta appositamente per me. L'abbiamo trasformata in un pezzo dance che si apre con una visione cinematografica molto descrittiva, dove puoi riconoscerne i luoghi, i colori e luci. Lo stesso vale per gli altri brani del disco» (Miguel Bosé, c.s. *11 maneras de ponerse un sombrero*).

"Causas y azares" (S. Rodríguez)
Tratta dall'album del 1986 del cubano Silvio Rodríguez, intitolato anche questo come la canzone riproposta.
«Di Silvio Rodríguez avevo tante canzoni che avrei voluto scegliere. Lo conobbi quando lavorammo alla colonna sonora del film *Sentados al borde de la mañana, con los pies colgando*. Mi intrigava molto la trama, l'ambientazione del brano, un po' come *Cronaca di una morte annunciata*, il libro di Gabriel García Márquez. La canzone è come un film noir» (Miguel Bosé, c.s. *11 maneras de ponerse un sombrero*). Curiosità: dal romanzo del 1981 di Gabriel García

Márquez a cui fa riferimento Miguel, nel 1987 sarà diretto un film da Francesco Rosi in cui tra gli attori troviamo Lucia Bosé.

"Muro" (C. Varela)
altre versioni: **"Muro (de noche)"**

Di Carlos Varela, da *Monedas al aire*, album del 1997 dell'artista cubano. La versione dell'album sul CD single è denominata "de día" per differenziarla dalla versione "notturna", appunto, "de noche" con arrangiamenti differenti, più "intimisti".
«Sono le canzoni che mi sono sempre piaciute e che non mai mi hanno mai abbandonato. "Muro", la canzone di Varela, mi impressionò molto, ho amici che sono scomparsi in mare, sulle strade di Miami, ma mi piacciono le persone che non vogliono rinunciare alla loro terra, che non vogliono fuggire e che praticano la resistenza passiva» (Miguel Bosé, da *El País*, 12 marzo 1998).
«Questa canzone mi perseguitò durante il tour di *Bajo el signo de Caín*. Ho molti amici cubani. Un amico musicista, con moglie e due figli, si sono buttati su una zattara e sono stati mangiati da uno squalo. Tanta altra gente è scomparsa o è stata portata in Africa e si stanno perderdo le tracce. È una canzone che mi tocca molto dentro. Non riesco a cantarla. L'ho fatto adesso, ma mi commuove e durante la registrazione son dovuto andare in bagno per riprendermi un po', lanciando un grido» (Miguel Bosé, c.s. *11 maneras de ponerse un sombrero*).

"La belleza" (L. E. Aute)
Splendido brano del 1989 del filippino-madrileno Luis Eduardo Aute, tratto dal suo album *Segundos fuera*. Sublime e sognante la versione di Miguel. Spesso utilizzato nei concerti, divenendo uno dei momenti più intensi ed emozionanti degli stessi.
«Aute è uno degli autori che sicuramente mi hanno influenzato maggiormente nello scrivere canzoni. L'ho scoperto con brani come "Aleluya n°.1", "Rosas en el mar" e molte altre. Le sue canzoni mi hanno influenzato soprattutto per il lato oscuro di intendere le cose. Nelle mie canzoni, anche le più allegre e ballabili, vi è sempre qualcosa di chiaroscuro. Mi muovo meglio nella notte, nell'oscurità» (Miguel Bosé, c.s. *11 maneras de ponerse un sombrero*). Aute verrà a mancare il 4 aprile 2020.

"Sólo pienso en ti" (R. García Blanca)
Cánovas, Rodrigo, Adolfo e Gúzman, gruppo sivigliano anche conosciuti come CRAG, sono gli autori di questo brano, incluso nel loro album *Señora azul* del 1974.
«Che grande band i CRAG! Che voci grandiose! Un po' i "Crosby, Stills, Nash & Young spagnoli". Quando formai il mio primo gruppo alla batteria c'era Juan Cánovas. Dopo ho conosciuto José Mari Gúzman, che firmò per la CBS nello stesso mio periodo, e infatti canta i cori in tutti i miei album. "Sólo pienso en ti" rispetto alla versione originale suona con una intenzione curiosa: come un uomo che è capace di conquistare mentendo. Una canzone con molta ironia» (Miguel Bosé, c.s. *11 maneras de ponerse un sombrero*).

"Un vestido y un amor" (F. Páez)
Un altro brano di Fito Páez, anche questo tratto dall'album del 1992 *El amor después del amor*. Un pezzo molto coverizzato, tra i tanti artisti che ne hanno reso omaggio oltre a Bosé citiamo la versione di Caetano Veloso.
«"Yo no buscaba a nadie y te ví". Questo "te ví" lo cantai quaranta volte per cercare il tono giusto. La vissi male ma alla fine lo trovai. L'amore a prima vista, senza premeditazione. Fito Paéz è uno degli autori più geniali al mondo» (Miguel Bosé, c.s. *11 maneras de ponerse un sombrero*).

"Ne me quitte pas" (J. Brel)
Altro pezzo di cui esistono numerose versioni, vero e proprio classico della musica mondiale: "Ne me quitte pas", di Jacques Brel. La versione di Miguel è da brividi, per arrangiamento e interpretazione. L'originale, del 1959, è tratta dal quarto album del cantante belga *La valse à mille temps*, conosciuto infatti anche solo come *4*.
«Cercavo una canzone dove potesse uscire a pieno l'attore. Canzoni che si recitano, interpretano. E questa è la canzone perfetta. Sono soddisfatto del fatto che abbiamo raggiunto questo senso di solitudine, isolamento. Profondo silenzio. Molti credono che questa canzone si canti alla persona amata affinché non vada via, invece, se ne è già andata. L'ho lasciata in francese perché tradurre questo brano era praticamente impossibile. Durante il liceo francese ascoltai molta musica francese, come ad esempio "Le métèque" di George Moustaki. Fanno parte delle mie origini, sono molto familiari per me» (Miguel Bosé, c.s. *11 maneras de ponerse un sombrero*).

"Usted abusó (voçé abuso)" (P.A.C. Marquès/A. C. Jocafi)
Continuano i classici, stavolta del duo Antonio Carlos Jobim e Jocafi con adattamento in spagnolo di Bosé. Anche questo brano ha visto negli anni molte versioni, tra cui quella di Celia Cruz, Sergio Mendes, Stevie Wonder e molti altri. L'originale è contenuta nell'album del duo brasiliano *Mudei de Idéia* del 1971. «L'unico brano brasiliano che finalmente ha trovato collocazione nel disco, di tutte quelle pensate inizialmente. Uno dei brani più conosciuti della musica brasiliana di tutti i tempi. Ha un arrangiamento un po' più allegro dell'originale» (Miguel Bosé, c.s. *11 maneras de ponerse un sombrero*).

"Alfonsina y el mar" (A. Ramírez/F. Luna)
Brano di Ariel Ramírez e Félix César Luna, classificato come zamba, una danza tradizionale argentina, le cui origini sembrano però essere peruviane. La canzone trae ispirazione da un tema molto delicato, il suicidio di Alfonsina Storni, poetessa argentina, morta suicida in mare davanti alla spiaggia "La Perla" a Mar del Plata nel 1938, dove tutt'oggi una pietra ne ricorda la morte.
Ramírez non aveva conosciuto personalmente la poetessa, che era stata alunna di suo padre, Zenon Ramírez. Fu molto colpito dalle poesie della Storni, in particolare "Voy a dormir". Scrisse la musica di questo brano e mostrò le lettere al collega, Luna, il quale aggiunse il testo. Sono tantissime le versioni nel mondo di questo gioiellino poetico, la prima pubblicata sembra essere quella di Mercedes Sosa nel

suo album *Mujeres Argentinas* del 1969. In seguito sarà interpretata anche da Tania Libertad, Andrés Calamaro, Antonella Ruggiero, Eugenio Bennato e molti molti altri, soprattutto artisti jazz.
La versione di Bosé è da brividi, uno dei punti più alti di questo disco, per le emozioni intensissime proposte da questa versione molto intimista sorretta da arrangiamenti magnifici. Capolavoro.
«È uno dei primi ricordi di tragedia che io abbia sentito. Ha una melodia sorprendente. Greg mi disse: "È incredibile come i latini riescano a comporre hit dalla grande melodia, ma con degli arrangiamenti musicali complicati". Ed è la verità. Questo brano si muove ovunque, in tutte le direzioni. Per noi è una melodia naturale. Questo brano è divenuto un classico, tutto il mondo lo canta» (Miguel Bosé, c.s. *11 maneras de ponerse un sombrero*).

"Mentira Salomé/Palmera" (I. Piñeiro) / (A. Lara)
Un doppio "bolero". Il primo composto nel 1932 dal cubano Ignacio Piñeiro che suonava con i Septeto Nacional, band fondata nel 1927, il secondo dal messicano Agustín Lara, che dovrebbe aver visto la luce come prima volta su un suo disco del 1964, *Marimba*.
«È un omaggio a tutta la gente che mi ha fatto divertire, da Alaska y Dinarama ai Village People e a tutti gli artisti che hanno unito la giovialità e la festa latina. È una canzone superdance, un inno a tutte le drag queen» (Miguel Bosé, c.s. *11 maneras de ponerse un sombrero*).

"Yolanda" (P. Milanés)
Brano del 1982 firmato dal cubano Pablo Milanés, inserito nell'album *Yo me quedo*. Utilizzata come b-side del singolo promozionale "Sólo pienso en ti".

"Desafinado" (P. Milanés)
Composto dal brasiliano Antônio Carlos Jobim insieme a Newton Mendoça, e inciso per la prima volta da João Gilberto nel 1959 su un 78 giri, è un classico della bossa nova. Rivisitato spesso da altri artisti, tra i quali George Michael, Ella Fitzgerald, Coleman Hawkins, Miguel veste perfettamente la sua versione. Altro brano relegato a funzione di b-side, stavolta del singolo "La mer".

"Je l'aime à mourir" (F. Cabrel)
Brano di un cantautore francese, Francis Cabrel, del 1979, incluso nel suo album *Les chemins de traverse* che ne registrò anche versioni in spagnolo e italiano, rispettivamente con i titoli "La quiero a morir" e "Io l'amo così". La versione di Miguel, prevista per l'edizione francese del disco, verrà inserita solo dieci anni dopo come inedito delle sessioni delle registrazioni appartenenti a questo lavoro nel box celebrativo in edizione limitata *Colección definitiva*, uscito nel 2013.

"Les feuilles mortes" (J. Prévert/J. Kosma)
Brano del 1946, scritto da Jacques Prévert e Joseph Kosma, interpretato da Yves Montand per la colonna sonora del film *Mentre Parigi dorme*. Classico, divenuto uno standard jazz, coverizzato da moltissimi artisti negli anni a seguire, da Miles Davis a Chet Baker, Oscar Peterson, Grace Jones, Diamanda Galas, Mark Lanegan, Dylan, Clap-

ton e tantissimi altri. Molto bella anche questa versione di Miguel che come il precedente brano sarà ripescato anni dopo nell'antologia appena menzionata come inedito, in quanto mai pubblicato prima.

Note alla discografia

Uscito in piena era digitale è un album con poche emissioni e poche particolarità. Al di là del semplice CD e della musicassetta non vi sono particolari edizioni da segnalare, se non una prima e rarissima edizione in digibook.
Quattro i singoli estratti per la promozione, di cui uno, "La mer", in due diverse edizioni. Alcune extra-tracks qui menzionate si trovano come b-side di questi singoli.
L'edizione per gli addetti ai lavori contiene una cartella stampa con i brani commentati dallo stesso Miguel.

Intervista a Giovanni Boscariol, musicista, produttore, arrangiatore

(raccolta telefonicamente nel 2017)

Ciao Giovanni, tu hai collaborato con Miguel all'album *11 maneras de ponerse un sombrero*, raccontami: come è nata questa collaborazione?
La collaborazione è nata grazie al produttore dell'album, Greg Walsh, con il quale io ho fatto moltissimi dischi, e quando c'era da lavorare al disco di Miguel mi ha chiesto di seguire il progetto con lui e abbiamo iniziato a lavorare. Il tutto è nato così.

C'è qualche aneddoto che vorresti raccontare che riguarda questo periodo e/o la registrazione del disco?
È stata una bellissima esperienza perché erano tempi in cui si riusciva ancora a fare dischi con dei tempi giusti in studi di registrazione di qualità e non nei sottoscala degli artisti. Parliamo del periodo'97/98. Siamo stati in studio per quest'album quasi un anno. È stato un disco molto, molto impegnativo. L'album come sai è abbastanza complicato, perché ci sono tutte le canzoni che Miguel aveva scelto come rappresentative del suo percorso artistico, che sono quelle che lo hanno sempre ispirato nel corso degli anni. Però non le aveva mai eseguite prima. E lì ha voluto fare una cosa un po' celebrativo-commemorativa su dei brani già realizzati ad alto livello, e noi quindi abbiamo dovuto creare un mondo alternativo. Però sai, quando devi creare un mondo alternativo a una cosa bellissima è sempre un problema, in quanto è già bellissima di base, per cui diventa difficile, infatti la difficoltà di quell'album è stato proprio di dare un nuovo abito ai brani, rivestirli nuovamente partendo dal presupposto che erano già meravigliosi nella versione originale. Infatti, come avrai notato, sono tutte versioni molto particolari. Abbiamo fatto tante tan-

te ricerche, nelle programmazioni abbiamo preceduto Bjork di anni come impatto sonoro. Lavoro che poi è stato ripreso a fine anni '90 da diversi artisti di quel mondo lì.

Sai che pensavo la stessa cosa, quando ad esempio Battiato lanciò il disco di cover *Fleurs*, un po' sulla stessa scia, come se si fosse ispirato. Una mia idea, poi magari solo coincidenza...
Beh, ha ispirato sicuramente tanti artisti, poi questo disco, come ben sai, in Italia non è uscito, il mercato non ha ritenuto conveniente investire su un progetto di questo genere. Invece la casa discografica spagnola ci diede carta bianca, e davvero abbiamo lavorato tanto, in un anno abbiamo, come dicevo prima, fatto molte ricerche, molti studi, registrato diverse versioni dei brani. Sono stato insieme al produttore in Spagna per più di un mese a casa di Miguel a Madrid e in uno studio bellissimo sempre a Madrid; è stato veramente un bel lavoro, ho un ricordo bellissimo.

In effetti il prodotto finale è strepitoso, la produzione del disco eccelsa. Gran lavoro, un peccato che qui in Italia non sia uscito.
Certo. Disco che ha vinto molti premi tra l'altro. Qui non ci hanno creduto, anche perché avrebbe dovuto ricantare i brani in italiano e magari alcuni non avrebbero funzionato, insomma ci son state delle problematiche di ordine commerciale/artistico che non è il mio campo per cui non saprei dirti. Però se devo dirti la verità è uno degli album a cui mi è piaciuto di più lavorare, perché ti trovi a lavorare con musicisti strepitosi, in uno studio di registrazione veramente valido. Lo registrammo allo studio di Ron, Angelo Studio, la produzione era molto forte, insomma devo dire che conservo davvero un bel ricordo.

Ho visto che oltre alle programmazioni suoni l'organo hammond in "Sólo pienso en ti".
Sì, ci era venuto in mente di fare questa versione reggae. Io sono stato il tastierista dei Pitura Freska quando ero giovane. Greg lo sapeva e quando ho avuto questa idea, siamo andati avanti ed è nata così.

Il lavoro con Miguel come è stato?
Miguel, come ben sai, è un tipo molto riservato, è sempre stato educato, molto a modo, non l'ho mai visto sclerare come invece ho visto fare a molti altri artisti con i quali ho lavorato, per cui davvero conservo un bel ricordo. Miguel fu molto entusiasta del risultato perché io mi ero inventato un mondo sonoro che all'epoca non era ancora ben delineato, e lui si era proprio innamorato di questa cosa, infatti a fine registrazione fui chiamato da Miguel perché era rimasto colpito dal mio modo di lavorare, perché onestamente sì, c'era una produzione grandissima, un ottimo lavoro della casa discografica, un grandissimo produttore, ottimi musicisti, un grande album, in cui io ho dato davvero molto, e ad esser onesti tutte le sonorità elettropop che senti nell'album son tutte farina del mio sacco, tutti i loop, le elaborazioni audio, dei suoni sperimentali che ancora non aveva usato nessuno, che ti ripeto, hanno preso Bjork e tanti altri artisti; nel disco di Miguel ci ho messo davvero tutto. Infatti sono stato l'unico dei musicisti che ha passato un mese e mezzo a casa sua.

Tu hai lavorato con tantissimi artisti di prestigio, dai Simply Red a Renato Zero, Mannoia, Baglioni, Ron, davvero tanti; c'è uno a cui sei più legato?
Nessuno in particolare. Con loro ho maggiormente rapporti professionali, c'è sicuramente stima reciproca ma, come tutti, ogni artista ha i suoi pregi e difetti, non riesco a dirtene uno in particolare, voglio bene a tutti ma non ho uno in particolare. L'amicizia e i rapporti personali per me sono valori molto importanti. Ho ricordi molto belli, per carità, di tour, di trasmissioni televisive che ho fatto, dischi, ho tanti bei ricordi.

Ecco, il tour più bello in cui hai suonato?
Il tour con Baglioni. Per me quel tour è stato una sorta di miracolo, tuttora quando ascolto il disco lo penso.

Parli dell'acustico in cui suonava anche Paolo Costa?
Sì, quello lì.

Ma sai che ho intervistato anche lui e mi ha risposto allo stesso modo alla stessa domanda? Pazzesco *[intervista che troverete più avanti nel testo, nda]*.
Ecco! Vedi? Paolo inoltre è un mio grandissimo amico. Quel tour lì fu pazzesco, ogni volta che lo riascolto mi chiedo come cavolo ho fatto a fare quella roba lì. È magico, quel tour lì è stato magico. C'era un'intesa, una maturità, un Baglioni al meglio del suo top vocale, brani bellissimi, davvero mitico [disco *Acustico. 13.8-22.9.2000 Sogno di una notte di note*, Sony Music 2000, nda]. Furono registrate due serate per prenderne il meglio, ma alla fine una si utilizzò per il CD l'altra per il DVD, senza togliere nulla. Perché erano talmente belle entrambe che non riuscivano a scegliere e allora optammo per questa soluzione. Noi non abbiamo aggiunto niente. Mi è rimasto nel cuore quel tour lì.

Paolo Costa mi ha detto le stesse parole riguardo sia il disco che il ricordo del tour stesso. Quindi deve esser stato davvero così.
Son contento che ti abbia detto così. Infatti se tu parli anche con Elio Rivagli, Gavin Harrison, con Gianolio, Danilo Rea, abbiamo usato tutti strumenti acustici, hammond, fisarmonica. Un tour pazzesco, un audio pazzesco, un ricordo pazzesco. Era il 2000.

LORCA (CORTOMETRAGGIO, 1998)

Cortometraggio diretto da Iñaki Elizalde, con musiche di Mikel Salas. Incentrato sugli ultimi quattro giorni di vita del poeta Federico García Lorca, prima che venisse fucilato il 18 agosto del 1936. I motivi che lo portarono a questa

tremenda fine furono l'appoggio che diede alla Repubblica in epoca franchista e l'accusa di corruzione della gioventú. Ottima è dir poco l'interpretazione di Miguel nei panni del poeta in questo corto della durata di trentadue minuti, tanto da vincere il premio come miglior attore maschile al festival del cinema di Alcalá de Henares nel 1998.
Girato nelle zone della Navarra, tra gli altri attori troviamo: Juan Diego, Álex Angulo, Txema Blasco.
Prodotto da Tripin & Zapin Zinema. Miglior film nella XV settimana del cinema di Vasco di Victoria.
Essendo un corto, non ha un supporto dedicato alla vendita.

LO SGUARDO DELL'ALTRO (FILM, 1998)

Dopo due anni da *Libertarias*, Vicente Aranda ricontatta Miguel per quello che, eccetto qualche cameo negli anni 2000, sarà la sua ultima partecipazione ad oggi ad un film. In questo gli viene affidata una piccola parte, interpretando un personaggio chiamato Santiago. Insieme a Miguel, sono presenti: Laura Morante, José Coronado, Miguel Ángel García e la sua grande amica, Ana Obregon.
Come nell'altra pellicola di Aranda, le musiche sono affidate a José Nieto.
Il film è basato su un romanzo omonimo di Fernando G. Delgado, libro di gran successo, che ricevette il premio "Planeta" 1995. Il film invece vince il premio "Orso d'Oro" alla 48° edizione del Film Festival di Berlino.
Il film uscì anche in Italia, nelle sale e in seguito in VHS e in DVD distribuito da Medusa Video. È in commercio anche la versione originale in spagnolo (*La mirada del otro*) sia in VHS che DVD, rispettivamente per Manga e Via Digital.
Il regista Aranda, scomparso nel 2015 all'età di ottantotto anni, oltre al già citato *Libertarias*, aveva diretto diversi altri film tra, cui degni di nota, segnalerei *Amanti*, con Victoria Abril del 1991.

SÉPTIMO DE CABALLERÍA

Un'altra nuova avventura è alle porte per Miguel. Quando c'è da provare nuove emozioni, nuove esperienze, esplorare mondi nuovi lui è sempre in prima linea. Ed eccolo tornare alla conduzione di un programma televisivo, "Séptimo de Caballería". Questa volta un programma di certo più nelle sue corde. Il format infatti prevede ospitate a nomi illustri della musica mondiale, ma il valore aggiunto è che oltre a essere intervistati direttamente da Miguel, quindi da uno che conosce meglio di tutti che cosa significa essere cantante o musicista, gli artisti si esibiranno rigorosamente dal vivo. Miguel ottiene un grande successo, conducendo due edizioni fortunatissime, durante le stagioni 98/99 e 99/00. Ventotto i premi ricevuti, nazionali e internazionali.
Tra gli ospiti che calcheranno il palco di "Séptimo de Caballería" tutti i più grandi nomi del panorama spagnolo e latino, da Bunbury ad Alejandro Sanz, da Rapahel ad Ana Torroja, fino alla nostrana Laura Pausini. E inoltre moltissimi ospiti internazionali e di grande prestigio: Madonna, R.E.M., Mick Jagger, Elton John, Gloria Gaynor, Alanis Morrisette, Jackson Browne, Blur, Bryan Adams, Black Crowes, Santana, The Coors, Prince e tantissimi altri.
Miguel, tranne per qualche occasionale eccezione, non canterà durante la conduzione del programma. Qui è nelle vesti di presentatore e non vuole togliere spazio agli invitati.
Tra le poche volte in cui "infrange la regola", segnaliamo: il duetto con Alejandro Sanz in "Si tú no vuelves"; una strepitosa versione acustica di "No encuentro un momento pa' olvidar" con Vicente Amigo alla chitarra, che oltre ad essere godibilissima musicalmente lo è anche visivamente, grazie al ballo di Nacho Duato che "correda" la perfomance; il duetto che ha con Montserrat Caballé e sua figlia Montserrat Martí nella loro personalissima versione, da brividi, di "Sevilla", cantata accompagnati da un pianoforte.
Le due soprano, nella stessa puntata, interpretano sempre rigorosamente dal vivo anche "Duetto buffo di due gatti" di Rossini.
I R.E.M., invece, avevano stipulato un contratto rigidissimo di sei brani e soli dieci minuti di intervista, ma Michael

Stipe si trovò talmente a suo agio durante il programma che decise di restare in studio più tempo.
Madonna ha dichiarato di aver fatto il miglior passaggio televisivo nella sua carriera proprio da Miguel.
Per l'occasione Miguel organizzò una festa post trasmissione in onore della cantante, una festa di flamenco, a cui parteciparono ovviamente tanti vip, fra i quali Pedro Almodóvar; serata che pare la stessa Ciccone abbia definito "speciale"; in seguito, molti anni dopo, interessata ad aprire una scuola di flamenco a Los Angeles, in un'intervista radiofonica sembra abbia detto che si divertì talmente tanto quella notte che ballò sino alle quattro del mattino.
Tanti i momenti emozionanti e storici vissuti in due stagioni di grandissimo successo per Miguel.

LO MEJOR DE

Il 10 aprile 1999, terminata l'ultima registrazione per l'ultima puntata del programma "Séptimo de Caballería", Miguel rimane coinvolto con la sua Toyota Land Cruiser 4x4 in un incidente d'auto a Badajoz, in Estremadura, nel Sud-Ovest della Spagna: a causa di un colpo di sonno, uscì fuori strada.
Ebbe la peggio lui che guidava: si lesionò tre vertebre lombari, mentre Rebecca de Alba, una donna che viaggiava con lui, riportò solo qualche piccola contusione.
Questo lo porterà a rinviare alcuni progetti discografici, ma la cosa più importante è che si siano entrambi ripresi in perfetta forma.
Non prima però di essere stato fermo a riposo per alcuni mesi; la Warner, per sopperire al mancato appuntamento previsto, "inventa" un "best of" con due inediti e due brani remixati. Esce *Lo mejor de Bosé,* che infatti curiosamente in copertina lo ritrae all'interno della propria abitazione in pigiama e probabilmente ancora dolorante, come disse in una sua dichiarazione del tempo.
Due tracce inedite compongono l'album, due hit rivisitate in chiave "1999" e una serie di successi in versione originale a partire dal 1984 in poi.

«Quando iniziai a lavorare a questo disco, lo ascoltai per verificare se la masterizzazione fosse buona, e la grande sorpresa è stata capire come in questi quindici anni sono stato coerente e ho perseguito la stessa idea di produzione, scrittura, concetto, cosa che mi fa dormire tranquillo. Mai retrospettivo. Soprattutto i nuovi inediti non danno la sensazione di averli già ascoltati» (Miguel Bosé, da un'intervista televisiva in *Sol Música,* 2000).

LO MEJOR DE (ALBUM, 1999)

Amante bandido 99 / No hay ni un corazón que valga la pena / Nena 99 / Hacer por hacer / Muro / Sólo pienso en ti / Este mundo va / No encuentro un momento pa' olvidar / Nada particular / Si tú no vuelves / Los chicos no lloran / Bambú / Duende / Como un lobo / Partisano / Sevilla

Singoli estratti:
No hay ni un corazón que valga la pena / Hacer por hacer / Amante bandido 99 / Nena 99

TRACK BY TRACK:

"No hay ni un corazón que valga la pena" (M. Bosé/L. Ferrario/M. Grilli)
altre versioni: **"Maledette stelle"** (M. Bosé/L. Ferrario/M. Grilli) in italiano / **"No hay ni un corazón que valga la pena"** Jean Remix 2000

Uno dei due inediti di questa raccolta, un ottimo brano dal testo anche molto bello. Godibilissimo. Otterrà anche un discreto successo.

"Hacer por hacer" (M. Bosé/L. Ferrario/M. Grilli)
altre versioni: **"Un momento per me"** (M. Bosé/L. Ferrario/M. Grilli) in italiano / **"Hacer por hacer"** remixed by Jean / **"Hacer por hacer"** remixed by Pumpin' Dolls

Anche il secondo inedito è un pezzo di ottima fattura. Qui torna predominante la vena reggae che ogni tanto Miguel mescola al pop, con dei pezzi di ascolto immediato e molto godibili.

BEST OF (ALBUM, 1999)

Un momento per me / Questo mondo va / Se tu non torni / L'autoradio / I cieli dell'est / Los chicos no lloran / Lay down on me / Living on the wire / Ce la fai / Bravi ragazzi / Heaven / Miraggi / Ti amerò / You can't stay the night / Credo in te / Anna / Olympic games / Super Superman

Singoli estratti:
Un momento per me / Questo mondo va

Dopo alcune raccolte uscite per la CBS/Sony Music che raccoglievano solo materiale pubblicato fino al 1984, finalmente la Warner Italia pensa ad un "best of" completo, inedito nel nostro paese. Per la prima volta, infatti, in Italia abbiamo un greatest hits di Bosé contenente quasi tutti i singoli usciti da noi racchiusi in un unico CD (fatta eccezione per "Non siamo soli", grande mancante, e "Sento che il tuo nome"). Per l'occasione "Este mundo va" viene tradotta in italiano e diventa "Questo mondo va" (forse ripescata dalle registrazioni risalenti al periodo *Labirinto*?), diventando uno dei due inediti del progetto italiano, nonostante siano passati tre anni dalla sua pubblicazione in Spagna. "Hacer por hacer" diventa "Un momento per me" che viene accolta molto bene con diversi passaggi radiofonici. "No hay ni un corazón que valga la pena" in lingua italiana per ora resta ancora inedita e vedrà la luce solo nel 2008, con il titolo "Maledette stelle" nel box celebrativo *Bosegrafía*.

PILLOLE, CURIOSITÀ... ANNI '90

1990: Il 3 marzo Bosé con Victoria Abril presenta il galà d'inaugurazione di Telecinco, canale televisivo spagnolo gestito dalla Mediaset Espana Communicación, società del Gruppo Mediaset Italiano.

1991: Il 22 giugno, 40 Principales, network spagnolo, festeggia i suoi venticinque anni con due grandi concerti quasi simultanei nelle due più grandi città di Spagna, Madrid e Barcellona.
È la prima volta che nel paese iberico si effettua un evento del genere, una sorta di "Live Aid in piccolo" – data l'importanza storica

che ebbe il festival inglese – ma tanto piccolo mica tanto, in quanto seguitissimo dal popolo spagnolo.
Dall'Ippodromo Zarzuela di Madrid si esibirono in set di poco meno di un'ora l'uno gruppi del calibro di Gabinete Caligari, El Ultimo de la Fila e forse la band rock più importante mai esistita in Spagna con un successo stratosferico anche all'estero, gli Héroes del Silencio, band in cui militava l'attuale solista Enrique Bunbury, una delle più grandi rockstar ispaniche di sempre.
L'esibizione integrale di quella sera della band di Saragozza sarà successivamente riportata su DVD nel 2015 in occasione dell'edizione deluxe uscita per il 25° anniversario del loro secondo album *Senderos de Traición*.
Oltre ai set live, nella stessa arena si alternarono molti altri artisti per uno o due soli brani tra cui Greta y Los Garbos, Miguel Rios, Loquillo, Presuntos Implicados, Dunchan Dhu, La Unión e il nostro Miguel Bosé, che cantò una versione inedita "Si te cuentan que caí", arricchita da un coro di voce femminile, un piano e pochi altri strumenti. Un ottimo riarrangiamento del pezzo. Lo stesso Miguel, più tardi, sarà ospite sul palco di Barcellona dei Dunchan Dhu, per il brano "Palabras sin nombre" un brano del 1989 della band spagnola. Sarà l'unico artista a presenziare in entrambe le città grazie a un aereo speciale che lo porterà nella città catalana dopo aver finito di cantare a Madrid.
Il finale del concerto di Madrid è una festa. Il gruppo de La Unión chiama sul palco i Mecano, Mikel Erentxun, i Presuntos Implicados e Bosé per eseguire tutti insieme una versione in spagnolo del classico dei Doobie Brothers del 1973, "Long Train Running", da loro revisionato in "Tren de Largo Recorrido".
Curiosamente il gruppo La Unión registrerà alcuni mesi dopo a La Coruña, precisamente il 19 ottobre, un album live e, oltre a riproporre questo brano, darà anche il titolo a tutto il live album *Tren de Largo Recorrido*, che sarà pubblicato l'anno successivo dalla Warner.
Tra La Unión e Bosé c'è un bellissimo rapporto di amicizia, tanto che gli inviti reciproci sui propri palcoscenici saranno sempre più frequenti negli anni, da lì a poco infatti allo stadio di Barcellona, davanti a oltre 60 mila persone, la band invita sia Miguel che Mercedes Ferrer sul palco per una versione estesa di "Más y Más" e "Amante Bandido", con grande risposta del pubblico numerosissimo e grande complicità tra gli artisti stessi.

1994: nel numero di febbraio "EGM" (El Gran Musical, n. 401) riporta una copertina con Bosé "imbarazzato" che, con l'aiuto della tecnologia, sembra incinto. Il titolo dell'articolo è "Bosé quiere ser mamá", vale a dire, "Bosé vuol essere madre". Titolo e articolo successivamente strumentalizzato e volutamente non compreso dalla stampa. «Non c'è nulla di scandaloso, prima di leggere la rivista per intero non si dovrebbe fare commento alcuno. È un'illustrazione grafica dei cinque miti dell'uomo del futuro. Uno dei cinque miti è la curiosità che ha l'uomo e che avrà sempre, che è la possibilità di partorire. Gli altri sono il Centauro, che è l'uomo che conserva tutta l'animalità, il selvaggio, l'altro, l'uomo nomade, quello capace di allontanarsi da tutto il mondo, l'uomo "informazioni", che è quello che contiene tutte le informazioni possibili e l'ultimo l'embrione, perché in fondo desideriamo tornare dentro nostra madre rifugiandoci. È un bell'articolo, con una grafica molto bella» (Miguel Bosé, *TV y Novelas*, 1994).

1994: Rafa Sánchez de la Unión e Antonio Cortés compongono, arrangiano, mixano e producono *Las Botas Rojas* (*Le scarpe rosse*), un'opera rock basata sul racconto di Hans Christian Andersen *The little red shoes*. Tra i protagonisti Bimba Bosé, nipote di Miguel, figlia della sorella Lucia.
Esce un CD per la Warner, da cui sono estratti anche due singoli, "Confía en mi" il primo estratto con relativo videoclip ufficiale, in cui duettano Sánchez e Bimba, e "La cara oculta del pastel" del solo Sánchez. L'opera è dedicata alla memoria di John Lennon.
Al Palacio di Gaviria, a Madrid, a settembre si tenne una performance per promuovere questo lavoro, sotto la direzione di Miguel Bosé.

1994: Miguel recita, per un programma su TVE2, due poesie dal libro di Rafael Alberti del 1917: "A la pintura" e "Yo era un tonto y lo que he visto me ha hecho dos tontos".

1994: Il 1° luglio Bosé dirige l'opera *Los Bosques de Nyx*, con testo di Javier Tomeo al Festival di Mérida, ottenendo un grosso successo di pubblico al Teatro del Alba. Ad applaudirlo c'erano quasi tremila spettatori.
«Inizialmente questo progetto nasce da un'idea di Paco Suárez, direttore del festival e da Carlos Tristancho, che lavorando con Paco ha contribuito con molte idee al progetto. Entrambi volevano coinvolgermi, e mi sono rivolto quindi al drammaturgo Ronald Brauwer, che si è rivelato vitale, in quanto divenuto un vero ponte messaggero tra me e l'autore» (Miguel Bosé, da *El País* del 2 luglio 1994).
L'anno seguente, sempre a Mérida, la stessa opera sarà diretta per la televisione spagnola TVE.
«Una storia didattica che si svolge in uno spazio della memoria in cui tutti vogliamo entrare, un percorso tra la vecchia letteratura e la fantascienza del futuro, qualcosa che è possibile solo nella nostra testa» (Miguel Bosé, *El País*, 12 giugno 1995).

1995: durante la serata per il "Premio de Honor de la Música" 1995 viene premiato Joan Manuel Serrat, uno dei grandi cantautori spagnoli, e Miguel viene invitato sul palco a cantare "Lucia" in duetto con Rosario. Il brano menzionato originariamente era incluso nell'album *Mediterraneo* del 1971 di Serrat.

1995: Miguel adatta in spagnolo i testi dell'album di Luca Carboni, *Mundo*.

1996: Miguel apre una casa discografica, NMD (No More Discos), tra le cui produzioni abbiamo Nacho Novo y Castigados Sin Postre, Athanai, Sindacato del Crimen, Chonchi Heredia, e non ultimo il suo chitarrista Pedro Andrea con il suo debutto da solista *Trasparente*. Si tratta di lavori di nicchia, infatti l'etichetta non avrà un grosso seguito.
Nel 2000 infatti si unisce a Boozo Music, mantenendo quest'ultimo nome. Il primo disco lanciato sotto questa etichetta, con una sotto label chiamata Tacones Altos, sarà il singolo "Mi correo electronic... Oh!" di McNamara, duo di musica elettronica di Madrid. Verranno prodotti altri artisti, tra i quali Resonic, La Conektha, The Frogmen, Luis Miguélez.
L'anno successivo l'etichetta sarà costretta a chiudere, probabilmente a causa della crisi del disco, infatti la lettera "di dimissioni e saluti" di Miguel da questo progetto pare sia stata scritta l'11 settembre 2001.

1996: il 1° settembre nasce in Italia, ad opera di Gaia e Sandro, il fan club autorizzato da Miguel e dalla stessa Warner, nonché dal suo management, "Sotto il segno di Miguel". La fanzine correlata, chiamata "Labirinto", aveva il ruolo di informare i fan di tutto il mondo, in un'epoca in cui Internet non era ancora così diffuso, sulla produzione di Miguel Bosé e aggiornare riguardo eventuali tournée e info generali sulla sua carriera sempre più produttiva, sia a livello musicale, che cinematografico e teatrale. Cosa molto preziosa, specie per noi fan italiani, dato che nel nostro Paese, ultimamente era anche poco presente. Vi era anche la possibilità, finalmente, di reperire lavori su CD non pubblicati in Italia. Qualche anno dopo si tramutò nel sito ufficiale dell'artista spagnolo.

1997: 13 giugno, allo stadio San Nicola di Bari, Massimo Giletti conduce la cerimonia d'inaugurazione dei Giochi del Mediterraneo. Oltre alla parte strettamente atletica, si esibiranno diversi artisti, uno per nazione. Miguel viene scelto per la Spagna. Propone "Este mundo va", singolo da poco di grande successo in Spagna ma in Italia più che sconosciuto, in quanto ancora inedito, tranne per i pochi fan incalliti che avevano comprato d'importazione la versione ampliata di *Laberinto*. Da tenere presente che al tempo non esisteva YouTube o qualsiasi altra piattaforma per ascoltare brani senza l'acquisto del CD. Per questo ritengo strana la scelta di Miguel di proporre un brano poco noto al pubblico italiano. Oltre al cantante spagnolo, quella sera si esibiranno, sempre con un solo brano a testa, anche Al Bano, Demis Roussos, Cheb Kaled, mentre a fine cerimonia Antonello Venditti terrà un intero concerto.

GIRADOS

Girados. L'unione di due artisti in un unico spettacolo, un'unica "gira", come si dice tournée in spagnolo.
I due artisti sono Miguel Bosé e Ana Torroja, la ex-cantante dei Mecano.

«Tornare al tuo elemento naturale, come il pesce nell'acqua, è sempre ottimo per la salute, farlo in buona compagnia è entusiasmante. È come viaggiare con la valigia piena di domande e di tante sorprese in arrivo. Viaggiare con amici disposti a condividere tutto è un privilegio. Il mio privilegio ha un nome e cognome: Ana Torroja. Non mi sbaglio. So che vivrò qualcosa di grande e unico. So che imparerò a crescere, so che sarà possibile e questo non ha prezzo. Grazie a tutti, grazie Ana» (Miguel Bosé, t.b. ufficiale *Girados*).
Ana Torroja non andava in tour da circa sette/otto anni e doveva "riprendere la forma" ma soprattutto adeguarsi alle nuove tecnologie di palco, cambiate molto in pochi anni.
«Oggi dopo tanto tempo torno qui, da dove mai sarei voluta andare via, e già solo sapere che incontrerò il pubblico mi dà un'immensa allegria. Siete la mia energia, la mia illusione, il mio amuleto. Vi racconto un segreto: ci sono momenti magici nella vita in cui il destino fa la sua parte, e ciò che avevo sempre sognato è diventato realtà, e questa realtà si è convertita in un sogno dal quale non voglio più svegliarmi, questo sogno si chiama Miguel Bosé. Lo ammiro da prima che lui mi conoscesse, non c'è niente di meglio che far parte delle vostre vite in sua compagnia. So che quando tutto ciò sarà finito, sarò cresciuta, avrò appreso molto e terrò questo sogno come il mio tesoro più prezioso: *Girados*. Grazie» (Ana Torroja, t.b. *Girados*).

«Il progetto *Girados* era in preparazione da un po' di tempo, un'idea geniale della mia agenzia RLM. Credo che saranno momenti fantastici. Sono quattro anni che non faccio concerti; fare un programma televisivo e guardare tutti i giorni altri suonare dal vivo ha rafforzato la mia voglia di salire su un palco. Il live per me è la sublimazione di tutto il lavoro fatto in studio, non posso pensare a questa professione senza concerti, indipendentemente dagli applausi e dal pubblico, è il piacere di viaggiare, stare uniti con gli altri e quindi la famiglia che si crea e il palcoscenico che è la migliore delle terapie» (Miguel Bosé, intervista televisiva, *Sol Música*, 2000).

Le tappe del tour, che inizia a fine aprile 2000, toccano vari paesi: Colombia, Venezuela, Ecuador, Argentina, Cile, Guatemala, El Salvador, Costa Rica, Honduras, Perù, Puerto Rico, Santo Domingo, Uruguay, Stati Uniti (tra cui una data al celeberrimo Beacon Theatre), Messico, più ovviamente tutta la Spagna con una trentina di date.
Riferendosi al pubblico cileno in un'intervista poco prima del concerto a Viña del Mar: «Uno non si abitua mai a questo pubblico che è sempre di grande impatto, ti dà una grande energia, in un posto imponente, un pubblico, quello cileno, tra i più spettacolari al mondo, unico!» (Miguel Bosé, dal backstage del tour di *Girados* per la televisione ufficiale del festival, ultima data del tour).
C'è grande complicità tra i due artisti, Ana nella stessa intervista dice a Miguel in risposta alla domanda della presentatrice «Lo ammiro e amo tanto».
E Miguel, arrossito, «Grazie per tutto, per essere tanto paziente, amica, confidente e complice, buona compagnia, talentuosa, disciplinata... que te mataría!» risponde ridendo.

GIRADOS EN CONCIERTO (ALBUM, 2000)

Intro / Un año más / Hoy no me puedo levantar / Como sueñan las sirenas / Salamandra / Bambú / Nena / Muro / Mujer contra mujer / Ya no te quiero / Dulce pesadilla / Hacer por hacer / Si tú no vuelves / El siete de Septiembre / Duende / Barco a Venus / A contratiempo / Sol forastero / Nada particular / La belleza / Hijo de la luna / Amante bandido / Diosa del cobre / Corazones

Singoli estratti:
Corazones / Duende (live) / Nada particular (live)

TRACK BY TRACK:

"Corazones" (M. Bosé/A. Torroja/L. Ferrario/M. Grilli)
L'unico inedito registrato per festeggiare questa unione. Un brano molto pop e commerciale, dal facile ritornello, grazie al quale riscuotono un ottimo successo di pubblico.
La versione in studio è reperibile solo sul CD single promozionale, nell'album invece è inclusa la versione live.

Setlist tour:
Intro / Un año más / Hoy no me puedo levantar / Como sueñan las sirenas / Salamandra / Bambú / Nena / Muro / Mujer contra mujer / Ya no te quiero / Dulce pesadilla / Hacer por hacer / Si tú no vuelves / El siete de Septiembre / Duende / Barco a Venus / A contratiempo / Sol forastero / Nada particular / La belleza / Hijo de la luna / Amante bandido / Diosa del cobre / Corazones

7 VIDAS (EPISODIO SERIE TV, 2001)

Miguel è ospite nell'episodio "¿cuánto te acuestas?" nella serie TV *7 vidas*, ambientata a Madrid e trasmessa da Telecinco dal 1999 al 2006.

Bari, Stadio della Vittoria, 24 giugno 1980

Bari, Stadio della Vittoria, 24 giugno 1980

Qui e sopra: Milano, Palalido, 5 gennaio 1982

Milano, Palalido, 5 gennaio 1982

Bari, Jolly Hotel, 8 maggio 1983. In città per la manifestazione "Azzurro"

Parigi, Olympia, 9 maggio 1994, Fronte del teatro

Parigi, Olympia, 9 maggio 1994

Qui e sopra: Parigi, Olympia, 9 maggio 1994

San Sebastián, 9 giugno 2007

Siviglia , Auditorio Rocío Jurado, 27 giugno 2015

SERENO

Il 6 novembre 2001 viene pubblicato un nuovo intero album inedito, *Sereno,* registrato nella sua La Cuadra, uno studio situato e realizzato proprio nella stessa casa di Miguel. Prodotto da Peter Walsh, fratello di Greg, che aveva invece prodotto il disco di cover tre anni prima. Agli arrangiamenti nuovamente Chris Cameron.
La copertina dell'album, realizzata da Rafa Sañudo, ha dei colori molto forti, contrastanti.
«La musica che faccio è molto descrittiva. Come fossero piccole colonne sonore. Ogni canzone ha un suo mondo. Ogni storia necessita dei suoi personaggi, delle sue luci, della sua atmosfera. Sono un grande amante della pittura, però dato che non so dipingere, faccio musica» (Miguel Bosé, da *Billboard,* 28 aprile 2007, ma riferito ad un'intervista del 2002).
«La curiosità di questo disco è che è nato in un modo insolito. L'ordine delle canzoni del disco è esattamente l'ordine in cui sono nate. Cercammo in fase finale un modo migliore di inserirle, ma non c'era. Ho recuperato diversi amici, artisti, con cui ho lavorato molti anni fa. Escolar, ad esempio, che ha scritto l'unico brano non mio dell'album, "Mientras respire". Paolo Costa, il bassista, che già lavorò con me ai tempi di *Bandido* e la curiosità è che non l'ho chiamato io, ma l'ha fatto Peter Walsh, il produttore dell'album, perché solitamente Costa suona nei suoi progetti. Ed ancora Greg Walsh, il produttore esecutivo, Alessandro Benedetti, che è il tecnico del suono che in qualche modo è legato a me dai tempi di *Bandido.* Oltre alla dedizione che c'è stata in questo progetto, c'è stata una grande pre-produzione, che è per me fondamentale, a cui si è dedicato molto tempo. C'è stata molta magia. Perché l'ho composto e registrato a casa mia. Ho registrato e cantato negli stessi angoli di casa dove ho composto quel relativo brano. È la stessa abitazione dove Alejandro Sanz ha composto l'intero album *El alma al aire.* E tanti altri prima ci sono passati. Quindi un ambiente carico di musica. Ha una magia particolare, che ha l'aria di casa mia. Per questo si chiama *Sereno,* perché è il mio territorio. Il suono ha una dinamica che sembra come se fosse stato registrato tutto in diretta. Nei testi per la prima volta parlo di me, ma non perché lo avevo deciso prima, è

arrivato così, in maniera molto fluida e mi son detto, perché no? Lasciamolo andare così» (Miguel Bosé, da un'intervista tratta da una conferenza stampa per l'album *Sereno* del 25 ottobre 2001).

L'album si muove sempre più verso sonorità elettroniche, da diversi anni ormai il mondo musicale principale di Miguel Bosé. In questo lavoro troviamo canzoni più solari, come si denota anche dagli stessi colori della copertina, più dirette, certamente più commerciali e meno oscure e esistenziali dei due lavori precedenti. Del resto, il titolo parla da sé, *Sereno*. E forse è proprio la serenità la condizione che traspare maggiormente da questo disco, e le sonorità decisamente più orecchiabili ma sempre di gran gusto e classe, conquistano nuovamente i piani alti delle classifiche di vendita e quelle di gradimento del pubblico. Alcuni brani diventeranno veri e propri successi nella discografia di Miguel, da "Morenamía", a "Gulliver", "El hijo del capitán trueno", "Te digo amor" fino alla ballabile "Sereno". Un disco, almeno a detta di Miguel, per la prima volta autobiografico. L'artista ha infatti sempre sostenuto che i testi delle sue canzoni non traggono mai ispirazione da fatti della sua vita privata, probabilmente vero, probabilmente un modo per difendere la sua privacy, sacrosanta. Stavolta invece ammette che, serenamente, appunto, senza decisione presa a tavolino, spontaneamente ha raccontato di sé. Come diceva sei anni prima, "dal labirinto si esce sempre, ma prima bisogna perdersi dentro..." uscendone... sereni.

SERENO (ALBUM, 2001)

Puede que / Gulliver / Mirarte / El hijo del capitán trueno / Te digo amor / Tic tac / Mientras respire / Morenamía / La noche me gusta / Millones de km. de aquí / Sereno

extra tracks:
Morenamia

***Singoli estratti*:**
Morenamía / Gulliver / Te digo amor / El hijo del capitán trueno / Sereno / Sereno – remixes / Morenamia

TRACK BY TRACK:

"Puede que" (M. Bosé/L. Ferrario/M. Grilli)
Canzone dedicata alla figlia di Alejandro Sanz, Manuela, nata il 28 luglio 2001, pochi mesi prima della pubblicazione del disco, quindi durante il processo lavorativo. Lo stesso Sanz è invitato a cantare nel brano, un pezzo molto elegante dall'andamento lento e riflessivo.

"Gulliver" (M. Bosé/L. Ferrario/M. Grilli)
Uno dei singoli trainanti l'album, rock e pop elettronico sono ben miscelati, ottimo pezzo che riscuote grande successo.

"Mirarte" (M. Bosé/L. Ferrario/M. Grilli)
Non esce come singolo, ma è uno dei brani più interessanti e apprezzati dell'album. Spesso verrà riproposto negli anni nelle scalette live. Ha un'ottimo arrangiamento orchestrale dal grande pathos.

"El hijo del capitán trueno" (M. Bosé/L. Ferrario/M. Grilli)
«C'è un fumetto spagnolo, creato nel 1956, lo stesso mio anno di nascita, che si chiama *El Capitán Trueno*. È un fumetto d'avventura, che parla di un uomo vestito da guerriero medioevale e che ha una serie di personaggi intorno. A me piaceva molto questo personaggio e siccome mio padre viaggiava molto sostituii questa presenza eroica con mio padre. Quando scrissi questa canzone, mio padre non era più tra noi da qualche anno, ma mi successe una cosa strana. Io, che sono molto geloso della mia privacy e della mia intimità, non so perché, sentii la necessità di raccontarla e così, in chiave comica, raccontai la relazione che avevo avuto con mio padre. Allo stesso modo racconto la mia relazione d'amore con il mare» (Miguel Bosé, da *Joy*, 2007). Tra le voci al coro per questo brano troviamo Olfo Salvatore, il nipote di Miguel, figlio della sorella Lucia, fratello di Bimba. Si tratta di uno dei singoli dell'album, che ottenne molto successo. Tuttora tra i pezzi più acclamati tra i tanti della carriera di Miguel.

"Te digo amor" (M. Bosé/L. Ferrario/M. Grilli)
Altro singolo di successo tratto da questo disco, che che nel complesso incassa solo ottimi responsi. Ballata molto sdolcinata, ma che ottiene ottimi risultati come passaggi video/radiofonici e di pubblico.

"Tic tac" (M. Bosé/L. Ferrario/M. Grilli)
C'è sempre un brano scanzonato all'interno degli album di Bosé, dove al cantante piace un po' divertirsi e far divertire l'ascoltatore. Forse la palma in questo lavoro va proprio a questo pezzo.

"Mientras respire" (A. Marugán/L. G. Escolar)
Qui si torna ad un tono molto più serio, forse il brano più "triste" del disco, ma forse anche il più intenso. Atmosfere cupe, sussurrate. Ottimo l'apporto di Helen de Quiroga, corista fidatissima e bravissima di Miguel sin dal tour di *Laberinto*.

"Morenamía" (M. Bosé/L. Ferrario/M. Grilli)
altre versioni: **"Morenamia"** (M. Bosé/L. Ferrario/M. Grilli) in italiano

Il primo singolo che lancia l'album, ed è già classico. Immancabile ormai nei set live di Miguel, insieme a "Bambú" è una delle canzoni che lo stesso Miguel ha spesso definito "Porno-pop" per via del testo. «È una canzone piccante. Parla di una relazione particolare. Quando uno è sereno e ha autorità su se stesso, hai dentro di te una grande forza e sei invulnerabile» (Miguel Bosé, m.o. "Morenamía").

"La noche me gusta" (M. Bosé/L. Ferrario/M. Grilli)
L'album in generale ha una matrice molto elettronica, con uno sguardo al pop di classe e questo pezzo ne è la prova. Lo annovero tra i pezzi più belli del disco.

"Millones de km. de aquí" (M. Bosé/L. Ferrario/M. Grilli)
Come sopra, elettronica, pop, ottimi arrangiamenti, bellissimo pezzo. Tra i miei preferiti.

"Sereno" (M. Bosé/L. Ferrario/M. Grilli)
altre versioni: **"Sereno"** Dr. Kucho weekend remix / **"Sereno"** Xpansul Junio in Rhodes / **"Sereno"** Xpansul Vocal Edit mix / **"Sereno"** Tony Rox Rap mix / **"Sereno"** Pumpin'Dolls Heavy Duty Club mix / **"Sereno"** Pumpin'Dolls Disbreak Dub / **"Sereno"** Wally Lopez Super Weekend remix

Qui si balla, ci si scatena un po'. Per il finale di questo lavoro Miguel sceglie un brano molto ritmato, molto dance, che sarà scelto anche come singolo. Otterrà come tutti gli altri singoli emessi un grande successo.

Note alla discografia

Di questo lavoro esiste solo una versione, in lingua spagnola. A parte la prima emissione in CD regolare, jewel case, durante il tour esce un'edizione, denominata *Edición special gira,* in doppio CD digipack, contenente nel secondo bonus disc undici tracce con vari successi di Miguel, tra cui anche la title track "Sereno" ed altri pezzi, remixati. Cinque i singoli scelti per la promozione dell'album, che ottiene un grande successo. Di "Sereno" esce anche un CD single "remixes" e due edizioni in maxi single in vinile per i DJ. "Morenamia" in italiano esce solo su CD single, sia per la vendita che per la diffusione a scopo promozionale, cartonato cardsleeve, così come per l'edizione spagnola. La versione americana dello stesso invece è ha un formato cartonato slipcase.

IL TOUR

A marzo 2002 inizia il tour americano, che prosegue poi in Spagna per tutta l'estate, per poi ritornare in America.

Tra le tante date da segnalare quella del 22 aprile 2002, in cui Miguel canta davanti a diecimila spettatori, all'Auditorio Nacional de México, esibendosi per ben due ore e un quarto di concerto, con ventitré brani in scaletta, tra cui la versione "a cappella" di "Sevilla", omaggiando il pubblico di numerosi bis.

Setlist tour (incompleta):
Mirarte / Bambú / Te comería el corazón / El hijo del capitán trueno / Nada particular / Partisano / Te digo amor / Si tú no vuelves / Millones de km. de aquí / Nena / Puede que / Gulliver / Amante bandido / Morenamía / Creo en ti / Te amaré / Sereno / Sevilla

Intervista a Paolo Costa, musicista, bassista

(raccolta telefonicamente nel novembre 2017)

Ciao Paolo, la tua collaborazione con Miguel è iniziata con l'album *Bandido*, come precisamente?
Sì, certo. La mia collaborazione con lui è durata tanti anni ma molto a "singhiozzo". L'unione arrivò grazie a Roberto Colombo. In quel periodo io suonavo in un gruppo che si chiamava Luti's Band e facevamo un sacco di brani in sala prove, eravamo pischelli, nel 1983 avevo solo diciannove anni, facevamo tanti pezzi, ma eravamo molto pasticcioni, non riuscivamo a dargli un ordine di arrangiamento. Non avevamo neanche le armi per farlo. Ci venne questa malsana idea di cercare un arrangiatore, ma per noi e nella nostra testa bacata era diverso da come era nella realtà, l'arrangiatore delle volte era un produttore che ti arrangiava il disco per uscire col disco, invece noi pensavamo agli arrangiatori solo come figure tali, e poi si poteva andare a suonare dal vivo, ma non funziona così. Solo che ne eravamo ignari. Per cui cercammo Colombo, perché ci era piaciuto come aveva lavorato con Alberto Camerini, ad esempio, perché faceva delle cose particolari, usando l'elettronica, e fu sorpreso dalla nostra richiesta. Lui ci disse che stava registrando un album allo studio Symphony in viale Monza a Milano, però ci disse di registrare un paio di provini nei ritagli di tempo, al mattino ad esempio, prima di cominciare i lavori, e quel disco che lui stava registrando lì era proprio *Bandido* di Miguel Bosé. La registrazione era ad uno stato già abbastanza avanzato, ma evidentemente ero piaciuto a Roberto. Io ascoltavo cose molto particolari, come i Japan, i Brand X e cose di questo genere per cui suonavo anche in un modo un po' particolare. Roberto mi disse: "Ho due brani del disco su cui il basso c'è già in realtà *[suonate da Loris Ceroni, nda]*, ma non sono convinto del tutto del risultato, vuoi provarci tu?" La mattina dopo, emozionatissimo, mi presento con il mio Ibanez, non ricordo il modello, lo stesso che al tempo usava anche Sting, e ho fatto delle cose un po' strane ma che per me erano normali. Anche se dopo, riascoltandole, ho capito perché Roberto Colombo si è legato un po' a me, infatti lo chiamo il mio "Pigmaglione totale". Mi ha dato fiducia, mi ha un

po' formato, spesso mi cancellava delle cose che facevo per farmi capire dove sbagliavo. Uno era "Amante bandido", l'altra "Sevilla". Con Miguel è stato un lusso particolare. Persona molto educata, squisita, viene da una famiglia di una certa caratura, si vede che è uno che ha cultura, una persona semplice ma molto raffinata.

Bello constatare che lo dicono in tanti di voi all'unanimità. Un conto è sentirlo e percepirlo da fan, da voi che ci avete lavorato, una conferma.
E non ci siamo messi d'accordo *[ride, nda]*.

Secondo step. Arriva il momento di *Los chicos no lloran*.
Lì c'erano dei miei amici tra gli autori, Ferrario/Grilli che già erano prodotti da Colombo per il loro gruppo e mentre facevano ascoltare dei loro pezzi a Roberto, questi ne sceglieva alcuni, dicendo loro che erano adatti per Miguel. Quindi il duo si è messo a scrivere direttamente i pezzi per Miguel, con il gruppo non andò molto bene. Il disco fu registrato a Grignasco, dove aveva lo studio Roberto Colombo. E poi abbiamo registrato una parte e mixato all'Excalibur a Milano, che era l'ex studio Symphony di cui ti parlavo prima. A livello artistico successivamente Miguel si è separato da Colombo, e poi fui chiamato da Greg Walsh per *11 maneras de ponerse un sombrero*. Greg aveva prodotto *Don Giovanni* di Battisti, e nasceva come fonico di Geoff Westley, che era il produttore di *Una giornata uggiosa*, sempre di Battisti. *11 maneras de ponerse un sombrero* fu registrato a Garlasco, nello studio di Ron.

Infatti suona la chitarra acustica nel brano "Muro".
Certo, era lì, era casa sua! Ricordo c'era anche Giovanni Boscariol alle tastiere, che è stato mio compagno di tour con Ramazzotti per due anni, Chicco Gussoni alla chitarra. Ricordo facemmo un lavoro durissimo in quanto Greg è uno molto pignolo nel lavoro, siamo stati delle volte anche sino alle cinque del mattino a registrare il basso.

Per poi arrivare a *Sereno*.
Lo registrammo a casa sua, a Madrid che era una meraviglia. Lì Peter Walsh, il produttore, fratello di Greg, aveva allestito con un assistente italiano, si chiamava Alessandro, lo studio in un pollaio. A trenta metri dalla casa di Miguel c'era un caseggiato che era appunto un pollaio, l'hanno svuotato e creato lo studio di registrazione. Era estate, eravamo lì in calzoni corti. Una sera Miguel cucinava e a fianco a lui c'erano tre o quattro donne di servizio che gli passavano le spezie. La scena era questa: le donne di servizio che lo guardavano e lui che lavorava in cucina *[ride, nda]*. A lui piaceva molto cucinare. Lo faceva spesso. Una sera ci chiese gentilmente di arrivare puntuali a cena alle 8:00 di sera e di metterci i calzoni lunghi, Senza aggiungere altro. Noi lavoravamo tutto il giorno, io Peter Walsh e l'assistente, ed eravamo sempre in tenuta estiva e mai Miguel ci aveva chiesto una cosa del genere. Entriamo in casa, c'era diversa gente, e io al mio fianco avevo seduto a tavola Felipe, il principe, figlio di Carlos. C'era anche la ragazza a cui è dedicata "Morenamía". L'aneddoto bello in realtà era la casa di Bosé. Ha un cassetto pieno di disegni di bambole fatti col gessetto, tutti firmati Picasso. Per mandarlo a letto la sera gli faceva i disegnini.

Picasso lì era di casa, andava a dare il bacio della buonanotte alla sorella. Ricordo sul caminetto c'era un piatto, lo presi per guardarlo per curiosità, vi era dipinto un uovo con una forchetta ed un coltello, quando leggo la firma Picasso lo ripongo subito a posto, pensai "dovesse cadermi...". Una casa piena di arte. Poi il padre era il Super Dominguín. In giardino c'era una statua con un toro davanti alla piscina, tutta una "figata", ma non la "figata" da ricco, una "figata" di arte. C'è una sala tutta in bianco e nero con delle piastrelline, con delle micro-sculture che son tutte bellissime. Nulla di sfarzoso, non c'è nulla d'oro, tutto molto vivibile, un po' alla spagnola.

Una bella esperienza quindi lavorare con Miguel.
Certo. Adesso non ci lavoro da qualche anno, ma siamo molto amici, quando ci vediamo è come se ci fossimo lasciati il giorno prima. Ricordo la sera del concerto a Milano, quello del tour del 2007, ci siamo visti all'aftershow, c'era anche Roberto Colombo, c'era Lucia Bosé e c'era anche mia madre, che mi aveva accompagnato. Quando Miguel si rende conto di ciò, dice riferito alle due mamme "Presentiamole!". Purtroppo mia mamma è venuta a mancare a dicembre dello scorso anno *[quindi nel 2016, nda]* per cui conservo questo bellissimo ricordo perché per mia madre era un mito la Bosé, puoi immaginare.

Oltre che musicista, per Miguel sei stato anche autore. Su *XXX* sei nei crediti di "Como un lobo" e "Over my head".
Esatto. La Luti's band dove suonavo poi era diventata Tomato, suonammo anche ad un "Festival di Sanremo", nel 1992 *[con "Sai cosa sento per te" incidendo anche l'album che porta il nome della band, nda]*. Ci dedicammo a fare un po' anche gli autori, infatti lavorammo al brano di Taffy, che era anche la sigla di Deejay Television *[il brano "Walk into the daylight" del 1984, nda]*, facemmo diverse cose dance, poi abbiamo suonato con Garbo.

"Como un lobo" divenuto un classico tra l'altro. Bella anche la versione in inglese.
"Lay down on me", sì, vero, molto bella. Molto semplice ma davvero bella. Lì c'era anche tra gli autori Giorgio Vanni, che era il cantante dei Tomato, ed ora, non so se conosci la sua nuova carriera, fa le sigle dei Pokémon. Il "Cristino D'Aveno" [ride, nda].

In una fanzine dedicata a Bosé negli anni '90 in un'intervista dici che sei tra gli autori di "Mayo" ma non compari nei crediti, confermi?
Con Ferrario/Grilli abbiamo fatto un sacco di provini, adesso son passati tanti anni, non lo ricordo, ma se l'ho detto all'epoca, sarà così. Se non ricordo male, quel pezzo deriva da alcuni provini che avevamo fatto inizialmente per Teresa De Sio, sai quando butti giù delle idee fatte così abbozzate, e dopo anni forse lo abbiamo ripreso e utilizzato per Miguel, probabilmente all'epoca non ci ricordavamo che avevo partecipato anche io, quindi non ho preteso niente nei crediti, ce ne saremo resi conto dopo, se l'ho detto è stato giusto per dare una "giustizia divina" ma nulla di che. Però son passati tanti anni adesso, non ricordo tutto.

Certo. Tu hai collaborato con tantissimi artisti, anche sul fronte live. Con Miguel no. Sul palcoscenico quale è stata l'esperienza live che ti è rimasta più a cuore?
Il live con Baglioni, l'acustico del 2000. Quello secondo me è il più bel live che Baglioni abbia fatto, l'unico dove non è stato ritoccato nulla, non ci sono sequenze, nessun contributo registrato audio, tutto suonato vero, e quel disco lì sia come viaggio che come audio è stata una grande esperienza per me. C'era una band strepitosa, da Danilo Rea a Gavin Harrison, molto affiatata perché erano circa cinque anni che suonavamo insieme, abbiamo quindi fatto questa roba particolare riarrangiata. L'unico disco che noi musicisti di Baglioni riascoltiamo dopo anni è quello lì. Son legato molto anche a Franco Battiato, il live de *L'imboscata* del 1997 fu un'esperienza fantastica, anche perché con noi suonava David Rhodes, il chitarrista di Peter Gabriel, ed io ero un suo grande fan, puoi immaginare. Franco anche è un personaggio di un'educazione antica, di quelli che non ce ne sono più. Uno di quelli che dà del "voi" anche se conosce l'interlocutore da trent'anni. Con Manlio Sgalambro, suo autore dei testi, si conoscevano da quarant'anni, si davano del "voi". Per dirti, la vecchia scuola dell'educazione. Adesso invece...

Immagino che alcuni delle nuove leve neanche ti guardano in faccia quando ti parlano...
Ma infatti. Io ho fatto la trasmissione con Baglioni e Fazio, "Anima mia" [Rai 2, 1997, nda] e lì passarono personaggi del calibro di Sting, Inti-Illimani, Michael Bolton, che erano davvero molto tranquilli e rilassati. Invece spesso trovi alcuni italiani, non tutti eh, ma alcuni che pretendono, non ti guardano neanche in faccia, neanche ti salutano, non faccio nomi *[in realtà li fa dopo che gli giuro di tenerli per me, ma appunto manterrò il segreto, nda]*. Sting, per dirti, ogni volta ci salutava uno alla volta.

Tornando a Bosé, tu hai iniziato suonando soltanto due soli brani in *Bandido*, come dicevamo. Tra l'altro i più famosi del disco e tutt'oggi presenze fisse nei live di Miguel; che effetto ti fa dopo tanti anni? Te lo saresti immaginato?
Mi fa molto piacere. Vuol dire che ha funzionato bene il produttore, Colombo, innanzitutto, lui è quello che sceglie e spesso il merito finale va spesso a lui. Nel caso specifico poteva anche fregarsene e dire "i bassi li ho già fatti, ciao!" invece tentava sempre di fare qualcosa in più, in prospettiva dell'emozione. Per me un inizio di carriera fantastico, dovrei solo ringraziare Miguel, a cui sono molto legato. Infatti quando mi hai contattato per quest'intervista ho detto subito sì perché si trattava di Miguel, poi per tante altre cose, i miei abitavano in Venezuela, quindi son molto legato al mondo "spagnolo" per cui a tutto il "pacchetto Miguel" sono molto legato.
Adesso ricordo, io suono anche il basso in un singolo fuori album, quello che fece con Benny *["Si puedo volverte a ver" del 2003, nda]*. Lì c'è un esperimento che fece Peter Walsh. Abitando in Germania, non poteva venire in Spagna o farci andare lì, allora fece fare la parte di batteria da Ged Lynch, il batterista di Peter Gabriel. Mi inviò

la base del pezzo più la batteria di Lynch. Io a Milano registrai il basso e inviai il tutto a Londra a David Rhodes, che fece la sua parte di chitarra, da lì poi spedito il brano nuovamente in Germania da Peter, che mixa il pezzo e lo invia a Miguel che ci cantò su. Per cui è stato un pezzo fatto via Internet.

EL FORASTERO (FILM, 2002)

In questo film di Federico García Hurtado, Miguel recita una particina di soli pochi secondi, quella del turista. Tra gli attori, l'amico Nacho Duato, Carlos Sobera e Neus Asensi. Le musiche sono di Manuel Villalta. Mai visto alcun supporto per il commercio di questa pellicola, non ne si esclude totalmente l'esistenza ma finora non è mai stata reperita.

OPERAZIONE TRIONFO

Altra avventura televisiva per Miguel, stavolta per la TV italiana, quattordici anni dopo Sanremo. Dal 4 settembre al 4 dicembre 2002, su Italia 1, tutti i mercoledì Miguel é chiamato a condurre insieme con Rossana Casale "Operazione Trionfo", uno dei primi talent show canori del nostro paese, format che l'anno precedente aveva riscosso enorme successo in Spagna con il nome "Operación Triunfo", in cui Bosé partecipò come ospite.

«Abbiamo chiamato Miguel come conduttore perché ha competenze specifiche, perché conosce bene il programma e perché è persona sensibile e garbata, in grado di entrare in sintonia coi ragazzi sia sul piano umano sia su quello professionale» (Gian Maria Tavanti, uno degli autori del programma, *Telepiù*, n. 35, 2002).

«Non sono un presentatore, faccio gaffes, questo programma è diverso, è come interpretare un film per me» (Miguel Bosé, *Il Messaggero*, 2002).

«Se la trasmissione ottenesse soltanto la metà del successo che ha avuto in Spagna sarebbe già un trionfo! La prospettiva di poter tornare in Italia mi ha fatto accettare immediatamente l'offerta. Mentre in Spagna ero solo un ospite d'eccezione, qui avrò l'onore di essere il maestro di cerimonie

di questo reality show» (Miguel Bosé, *Onda Tivu Magazine*, n. 36, 2002).
«Bosé è la mia gioia, ci sentiamo spesso per telefono e ci conosciamo da vent'anni. C'è molta stima reciproca, ci assomigliamo perché non accettiamo compromessi» (Rossana Casale, *TV Sorrisi e Canzoni*, n. 36, 2002).
«Quando sono arrivato in Italia, una delle prime persone che ho conosciuto nell'ambiente musicale è stata proprio Rossana. Carissima amica, grande professionista» (Miguel Bosé, *TV Sorrisi e Canzoni*).
Miguel, dopo alcuni anni di silenzio, aveva ripreso popolarità in Italia, grazie anche al suo modo "inedito" di condurre il programma, che piaceva, era molto divertente e spontaneo, tanto che non rinunciava a dire una "parolaccia", questo anche per via della differenza di linguaggio che c'è tra la nostra lingua e lo spagnolo. Diventò famoso il suo "mucha mierda" che da noi suona male, ma in Spagna non è altro che un augurio di fortuna, il nostro "in bocca al lupo". Famosa la sua frase di incoraggiamento "Corri, corri, corri…!" ai ragazzi in gara, e i suoi pianti quando qualcuno di loro doveva abbandonare la trasmissione per via dell'eliminazione, tanto che fu preso di mira dalla satira, ricordiamo l'imitazione di Fabio De Luigi.
Molti gli ospiti illustri che si alterneranno nel corso della trasmissione, tra cui: Phil Collins, Céline Dion, Renzo Arbore, Gino Paoli, Anastacia, Tom Jones, Michele Zarrillo e Dionne Warwick, la cui ospitata Bosé definì "il momento più emozionante dell'intera stagione".
Ad aggiudicarsi l'edizione di "Operazione Trionfo" fu il napoletano Bruno Cuomo, che vinse un contratto per un primo disco con la Warner, edito nel 2003.
Federico Russo, tra i ragazzi in gara, è quello che ha avuto più fortuna e meritato successo nel corso degli anni a venire. Già con delle esperienze radiofoniche alle spalle prima del reality, oggi è un noto conduttore radiofonico e televisivo.
«Non canto quando faccio il conduttore, sarebbe una volgarità terribile», ha spesso dichiarato Miguel Bosé durante la conduzione del programma. Scelta nobilissima. Così come a "Séptimo de Caballería", centellinò le sue esibizioni.
Questo però non gli permetterà di utilizzare la trasmissione come trampolino di rilancio nel nostro Paese, che quasi

certamente era l'intento iniziale della sua partecipazione al programma. Infatti a novembre 2002 esce il singolo in italiano di "Morenamia", a cui sarebbe dovuto seguire l'album *Sereno*, cantato interamente in italiano, che fu infatti registrato o, quanto meno, furono iniziate le registrazioni. La stessa Casale durante il programma disse che avrebbe partecipato ai cori dell'album in versione italiana. Evidentemente, una volta terminata la trasmissione, il singolo non ricevette l'interesse sperato e probabilmente la casa discografica cestinò il progetto. Un'occasione persa, quella del rilancio discografico nel nostro Paese per il cantante spagnolo ma, si sa, il mercato è spietato e purtroppo spesso va avanti chi ha meno etica e se ne infischia di fare una scelta anziché un'altra. Però aggiungerei che qualche responsabilità l'ha avuta anche la promozione dello stesso singolo. Pochissimi furono i passaggi radiofonici e il videoclip fu trasmesso solo in qualche network. Da negoziante di dischi, faticai non poco per reperire alcune copie del CD single per me e per il negozio. Fu un'uscita in sordina, che non destò interesse alcuno per un album di cui quasi nessuno sapeva nulla. Con un'adeguata promozione avrebbe invece fatto tutt'altra impressione, non essendo peraltro "difficile" e "intimista" come *Laberinto*, bensì solare, melodico, un pop di classe che avrebbe funzionato, eccome! Difatti alcuni anni dopo la stessa "Morenamía" arriverà in Italia su un'altra pubblicazione (vedremo a breve) in spagnolo e riscuoterà molto successo, quasi come fosse un brano nuovo. Stranezze del mercato...

POR VOS MUERO

Dopo una meritata pausa di circa un anno, Bosé torna nel suo studio di registrazione, La Cuadra e data la sua passione di sempre, la musica classica e l'opera, concepisce un disco che sognava da molto tempo: un disco orchestrale. Chris Cameron stavolta è il produttore dell'intero lavoro, Pepo Scherman è l'ingegnere del suono e agli arrangiamenti troviamo Fernando Ortí e Nicolás Sorin, entrambi compositori di musica per colonne sonore. Quest'ultimo è il figlio del regista argentino Carlos Sorin, vincitore del "Goya" 2002 con il film *Piccole storie*.

L'album fu registrato tra La Cuadra e lo studio Sintonía di Madrid, eccetto le parti orchestrali registrate a Londra con il contributo della London Session Orchestra.
«In questo disco io partecipo come autore solo nel brano "El illusionista" per una parte, e come mediatore in "Por vos muero". Le altre sono tutte canzoni di giovani autori. Quello che è stato richiesto come tema è di creare delle colonne sonore per ogni storia, ognuna è un piccolo copione che illustriamo attraverso la musica» (Miguel Bosé, da *Tentaciones*, magazine americano, vol. 5, issue 52, maggio 2004).
«È un lavoro concepito come una colonna sonora, che va a illustrare le differenti storie di ogni canzone incluse nell'album, il potere che può avere una colonna sonora.
Immagina *La mia Africa*, il film, senza colonna sonora. Ha un potere per rafforzare le emozioni, descrivere le cose, ognuno vede ciò che vuole e si emoziona in quel momento» (Miguel Bosé, da *Los CaballeroS del Siglo XXI*, intervista di Carlos Fuentes, 2004).
Miguel non si lascia sfuggire un'occasione così. Mette la firma su soli tre brani, scegliendo altri autori per dare ad ogni storia un'impronta propria. Ogni canzone deve narrare una storia a sé, con la musica e con le liriche. Non si tratta di un'unica colonna sonora, ma di tante che viaggiano insieme, così come queste storie vorrebbero far viaggiare l'ascoltatore. Siamo di fronte a un capolavoro discografico che nella discografia di Miguel non ha uguali, né simili. Un progetto unico. Un sogno realizzato da Miguel. Un lavoro realizzato per far sognare gli ascoltatori. Un disco intensissimo a livello emotivo.
La copertina, altrettanto poetica, ritrae Miguel in un completo nero elegantissimo con un mazzo di fiori sulla riva di un mare. La casa discografica italiana non ritenne il prodotto adatto al nostro mercato e i fan dovettero recuperarlo solo tramite importazione. Da noi nessun accenno, né notizia alcuna di questo capolavoro di Miguel, che avrebbe dato ancora una volta modo agli ultimi detrattori rimasti di poter avere un'altra opinione su di lui come artista.

POR VOS MUERO (ALBUM, 2004)

El ilusionista / Olvídame tú / Levántate y olvida / Amiga (gracias por venir) / A una Dama / Amiga / Vagabundo / De momento no / Habana (con Alejandro Fernández) / Por Vos muero

***Singoli estratti*:**
Olvídame tú / Vagabundo

TRACK BY TRACK:

"El ilusionista" (M. Bosé/A. Sanz)
«Durante la lavorazione di *Laberinto* Alejandro Sanz mi diede questo brano, mi piacque molto, ma rimase nel cassetto per anni. Quando lo ripresi gli mancava quella parte cinematografica che cercavo per questo album e chiesi ad Alejandro se potessi contaminarla, e lui mi rispose che me l'aveva regalata e ne potevo fare quel che volevo. È una canzone triste. C'è molto del *Concerto di Aranjuez* e della tragedia à la Puccini allo stesso tempo» (Miguel Bosé, c.s. *Por vos muero*).
«Credo che la tragedia contenga una sua parte di bellezza, così come ce l'hanno la malinconia o la tristezza, tutto ha la sua parte di bellezza. Inoltre ci tengo a dire che abbiamo lavorato sulla musica per far diventare la bellezza ancora più straziante. Ha un'esplosione vulcanica che può essere talmente devastante, ma che tuttavia mantiene tale bellezza. Tutto ha la sua parte di bellezza, in questo caso la mancanza d'amore. Durante l'ascolto di questo disco, ognuno lo utilizzerà a proprio modo e immaginerà cose differenti. È molto bello se lo immagini come una storia di Isabelle Allende *[riferendosi al giornalista che durante l'intervista aveva paragonato il brano ad un libro della scrittrice cilena, nda]*. Mi sembra che sia il migliore complimento. Ognuno deve far propria ogni canzone e utilizzarla come meglio crede, con la sua fantasia e immaginazione. È importante questo, ed è il modo migliore per personalizzare ogni canzone» (Miguel Bosé, *Tentaciones*). Un altro capolavoro nella discografia di Miguel. Uno dei pezzi più emozionanti da lui mai interpretati.

"Olvídame tú" (D. Ascanio/N. Palau)
«È un brano che ha un'enfasi à la Elton John del periodo di *Goodbye Yellow Brick Road* misto a *Tommy*, opera rock degli Who.
Conosciamo tutti Nacho Palau, ma nessuno sapeva che scrivesse. Un testo molto bello, contemporaneo e poetico, unito al talento eclettico di David Ascanio, fanno di questo brano una ballata molto contemporanea. È il primo singolo» (Miguel Bosé, c.s. *Por vos muero*). Infatti è un brano molto romantico, come evincibile dal titolo, che ottiene grande successo e diventerà classico della discografia di Miguel.

"Levántate y olvida" (P. Andrea)
«Abbiamo fatto qualcosa di molto operistico. Nella seconda parte

del brano canta con me Esther González. È un dialogo, una scena abituale del cinema classico come l'opera. Entrambi hanno ereditato questo dalla tragedia greca» (Miguel Bosé, c.s. *Por vos muero*). Altro brano che alza il livello dell'album, la teatralità che traspare in tutto l'album è davvero cosa eccellente.

"Amiga (gracias por venir)" (A. Q. Rodríguez)
«Un bolero almodovariano con un po' di tango. Il brano parte con l'immagine di un viaggio in autobus di una donna, partita da un quartiere periferico una mattina molto presto, per andare a trovare una sua amica che è in carcere. La detenuta chiede all'amica di diventare la madre di sua figlia. È il sacrificio di una madre che preferisce che la figlia cresca con una mamma in una "casa normale" alla vergogna di vivere senza sua madre, sapendola in carcere. Alla fine del brano abbiamo lasciato una lunga coda orchestrale, nella quale l'amica nell'autobus comincia a rendersi conto dell'incarico ricevuto e a sentire la sensualità di una maternità che le apre le porte a una vita di speranza. Scende dall'autobus, si chiudono le porte e il brano termina» (Miguel Bosé, c.s. *Por vos muero*).
Il brano più cinematografico dell'album. Se lo ascolti facendo attenzione alle parole non puoi restarne impassibile. L'immaginario descritto è fatto talmente bene con la musica e i testi che è quasi come vedere un corto mentre ascolti il brano. È l'intento di Bosé: creare piccole storie da immaginare, sognare.

"A una Dama" (F. O. Salvador)
«Rischiosa, coraggiosa. Molto galante. Questa canzone la trasportai in un mondo di sogni rosa e pastello, molto Hollywood o molto Disney. Immagina dei riflettori accesi su un Cary Grant o come in una pellicola di Fred Astaire, *Cappello a cilindro*. Me lo immagino appoggiato al piano e disposto a interpretare una canzone di auguri per il compleanno di qualcuno fino a chiederle di sposarlo.
Alle mie amiche piace molto ascoltarla perché si dicono cose che noi uomini non diciamo più ormai da tempo. Ferndano Ortí è come Armando Manzanero, un innamorato dell'amore». (Miguel Bosé, c.s. *Por vos muero*).
Canzone romanticissima. Testo molto bello e poetico, ideale per una elegante dedica alla persona amata.

"Amiga" (L. G. Escolar)
«Il tempo non passa mai per una grande canzone. Abbiamo usato un arrangiamento in stile Ennio Morricone con un'arpa à la *Cavalleria Rusticana*.
Una canzone che ho cantato tante volte a cappella, a cui ho sempre tenuto molto e che oggi, dopo molti anni, si difende ancora bene. Quello che ho fatto è stato resuscitarla. Una canzone di grandissima malinconia, una delle mie preferite di sempre» (Miguel Bosé, c.s. *Por vos muero*).
Dall'album d'esordio, qui ripresa in una nuova veste, resuscitata, usando le parole di Miguel, trova in questo lavoro il suo "abito" migliore. Brano e arrangiamenti fantastici danno nuova vita a questo classico di Miguel.

"Vagabundo" (D. Ascanio Orozco)
«Canzone notturna. Sotto la base abbiamo progettato un arrangiamento di un paesaggio immaginario, come delle nubi che vanno via spinte dal vento. Nella terza strofa la musica si apre, sembra lirica, e diventa una fusione d'archi à la Gorecki o Mahler. Una bella immagine, una storia di tenerezza, la tenerezza degli uomini. Mi proposi di cantarla come quando noi uomini ci raccontiamo le cose tra di noi. È la storia di un mendicante di amore» (Miguel Bosé, c.s. *Por vos muero*). Il secondo singolo scelto per la promozione dell'album. Un brano sussurato, anch'esso elegante, sognante.

"De momento no" (M. Bosé/J. F. Ojea)
«Questa canzone ha a che fare con il suono della scuola russa di Rimsky-Korsakov, Prokofiev ed anche dello statunitense Samuel Barber o della *Sinfonia Fantastica* di Berlioz, un compositore così cinematografico creatore di sfondi sonori con strumenti situati fuori dalla sala alla ricerca dell'effetto stereo» (Miguel Bosé, c.s. *Por vos muero*).

"Habana" con Alejandro Fernández (L. M. Felipe)
«Una canzone d'amore per un'idea, per una terra. Piena di nostalgia. Contiene il maggior numero di elementi, di cori, di orchestrazioni che abbiamo utilizzato nel disco. Le immagini sono le strade, la gente, le spiagge. Inoltre in questa canzone ho voluto inserire il modo in cui i messicani cantano e raccontano il loro folklore. E qui entra Alejandro Fernández, nel ritornello c'è la parte lirica e sul finale si conclude con una ondata epica operistica *à la* Andrew Lloyd Weber, come nel brano "Don't cry for me, Argentina"» nel film *Evita* (Miguel Bosé, c.s. *Por vos muero*).
L'unico brano che contiene un po' di ritmo vicino come stile a una bachata soprattutto nel ritornello, riuscendolo ad inserire in un pezzo molto orchestrale. Duetto con Alejandro Fernández, cantante e musicista messicano.

"Por Vos muero" (G. de la Vega/L.V. Beethoven/M. Bosé)
«Credo che l'ispirazione funziona come se il compositore fosse un medium, così mi è successo per questa canzone. Stavo leggendo *Por Vos Muero*, la biografia su Nacho Duato, perché mi avevano chiesto di intervistarlo, e precisamente quando inizio a leggere il sonetto di "Por Vos Muero" di Garcilaso de la Vega, che era il titolo di uno spettacolo che facemmo io, Nacho e Alberto Igliesias, inizia quel secondo movimento dell'Imperatore e improvvisamente mi rendo conto che il testo inizia a adattarsi perfettamente, verso per verso. Fu sorprendente, perché sicuramente avevo letto questo sonetto altre volte, anche ascoltando la versione del concerto di Glenn Gould al piano. Tuttavia, solo in questo momento preciso, nel quale stavo pensando ad altro, nacque la *Por Vos Muero* che ho registrato. E l'ho cantata immaginando di essere solo, e immaginando di scrivere una lettera d'amore, una lettera di devozione». (Miguel Bosé, c.s. *Por vos muero*).
Miguel utilizza infatti il sonetto di Garcilaso de Vega e la musica di Beethoven per questo brano la cui fusione rende meraviglioso il finale di questo disco altrettanto meraviglioso.

Quattro anni prima di questo disco, precisamente nel 2000, Miguel prestò la sua voce per lo spettacolo di Nacho Duato "Paso a paso con Nacho Duato", narrando su un testo di Garcilaso de la Vega, con musica antica spagnola del secolo XV e XVI diretta da Jordi Savall. Infatti, parte del testo finale poi fu ripreso da Miguel per questo disco.

Note alla discografia

Al momento della pubblicazione il CD esce oltre che in regolare jewel case anche in una bellissima edizione digibook. Successivamente uscirà una versione digipack denominata *Edición especial*, contenente un bonus DVD con un'anteprima di quello che sarà il DVD di imminente uscita *En concierto por vos muero* e i videoclip dei due singoli usciti in CD cardsleeve a livello solo promozionale. Di questa edizione speciale vi è anche una edizione promozionale cardsleeve con cinque brani estratti tratti dal concerto ma su CD, versioni live che su formato CD non si trovano altrove, per cui una bella chicca. Inoltre dell'album esiste un'altra edizione promozionale su CD cardsleeve, un CD interattivo con videoclip, foto promozionali, bio dell'artista.

IL TOUR

«Il progetto *Por vos muero* è stato strepitoso, è stata come un'università. Entrare nelle radici di una musica che in un principio era la musica classica. Poter lavorare con tutte le sonorità di una orchestra sinfonica credo sia il sogno di chiunque faccia musica, il tour fu fantastico. Suonammo solo dieci concerti perché, a parte a Città del Messico dove ne facemmo quattro, con le altre dovemmo provare con orchestre sinfoniche sempre differenti. Fu un lavoro molto duro, ma il risultato è stato ottimo e potete vederlo nel DVD che è un documento che rimarrà per sempre. Un'esperienza meravigliosa. L'album lo registrai con gente molto esperta nella composizione di musica classica e di arrangiamenti. Fernando Ortíz, pianista del mio gruppo, Nicolás Sorin, il grande Chris Cameron e Pepo Scherman come ingegnere» (Miguel Bosé, da un'intervista televisiva in *Sol Música*, 2005). Tour di poche date, dunque, ma il più bello di Miguel. È vero, l'assoluto non esiste mai, ma questo live ha qualcosa di magico, di sorprendente. Intimità, teatralità, emozioni, la-

crime, gioia, tutto si racchiude all'interno di questo concerto, un vero traguardo e sogno realizzato per Miguel.
Centouno elementi di orchestra (di cui trenta coristi) più la band del cantante spagnolo accompagnano Miguel in questo viaggio da brividi, decisamente irripetibile, con versioni anche dei vecchi brani, per l'occasione riarrangiati orchestralmente. Uno dei punti più emozionanti dell'intero set live è l'interpretazione vocale, musicale e teatrale durante "El ilusionista", ma sono perle ineguagliabili anche il riarrangiamento di "Sevilla", "La belleza", "Amiga" e la stessa "Por vos muero" dove Miguel indossa per il gran finale un lungo abito rosso e, come nella copertina del disco originale, ha con sé un mazzo di fiori.

Setlist tour:
La mer / Muro / Levántate y olvida / Amiga (gracias por venir) / A una Dama / Mentira Salomé / El ilusionista / Nada Particular / La belleza / Amiga / Si tú no vuelves / Vagabundo / Olvídame tú / Mirarte / Sevilla / Te amaré / Linda / Por vos muero / Partisano

Intervista a Maurizio Sgaramella, musicista, batterista

(raccolta telefonicamente nel settembre 2017)

Ciao Maurizio, la tua collaborazione con Miguel inizia con il tour di *Sereno* e poi continua sia nel disco che nel tour successivo di *Por vos muero*, giusto?
Sì.

Come è nata questa collaborazione?
Il tour di *Sereno* l'ho fatto perché al tempo Miguel aveva la stessa agenzia di un altro artista spagnolo, Alejandro Sanz, con cui avevo fatto due tour mondiali. Quando iniziò il tour di *Sereno*, appunto, Bosé aveva già una band fissa, ma l'album era un po' diverso dal solito, era prodotto da Peter Walsh, in maniera differente dai suoi precedenti, così decise di cambiare buona parte della band. Gliene serviva una un po' più avvezza a lavorare con i computer, con la tecnologia dal vivo, perché i suoni erano differenti dai suoi suoni classici. Miguel venne in qualche occasione come ospite durante il tour con Sanz, mi conobbe, poi, forse anche per il fatto che fossi italiano, mi scelse per suonare in questo tour. Devo dire che l'album era molto bello, conoscevo già gran parte della band, così accettai subito. Dopo questa tournée mi fu chiesto di suonare sui pezzi nuovi dell'album che era in preparazione, *Por vos muero*, per arrangiare la parte musicale, non gli archi o la parte orchestrale, perché lì ci vuole un altro tipo di esperienza. Registrammo quindi il disco insieme a Madrid, con Chris Cameron, che in quel periodo arrangiava artisti come George Michael, che venne in studio e insieme registrammo le parti

ritmiche, poi presero il tutto e lo portarono a Londra, dove registrò la London Symphony Orchestra. Il disco andò bene. Si programmò un mini-tour, perché era difficile portare l'orchestra sinfonica in tour mondiale, con una decina di date in tutto. La cosa stabile era la band elettrica, mentre in ogni posto si sceglieva l'orchestra sinfonica del luogo. E ovviamente, avendo fatto il disco, fui chiamato per il tour, anche perché non era semplice incastrare la band con centouno elementi d'orchestra. Non mi era mai capitato di suonare con un'orchestra così numerosa, è una sensazione straordinaria.

Lo ricordo bene, io ho visto la data di Girona, l'ultima del tour, e per me è stato probabilmente il concerto più bello della mia vita. Oltretutto credo che Miguel ci tenesse molto a questo progetto.
Sì, non lo fa nessuno, montarlo è una cosa difficilissima. Il maestro d'orchestra spesso si affidava a noi, perché sì, c'era l'orchestra, ma c'era anche il computer. Quindi io mi dovevo barcamenare fra la rigidità del computer, con cui non puoi andare fuori tempo, e il dover seguire l'orchestra, che allo stesso tempo fa fatica ad andare a tempo con gli strumenti. Era una cosa tecnica molto difficile da incastrare, per cui io ho faticato parecchio su questo tipo di lavoro. Ricordo in particolare sul pezzo "Partisano" che l'arrangiatore, insieme alle percussioni, arrangiò il finale in un certo modo. Se ti ricordi, sul finale rimangono solamente batteria e percussioni. Ho dovuto quindi arrangiare le bombe della guerra, perché il brano parla di questo, per cui tutti i suoni scuri che senti, come se fossero bombe che cadono, erano in realtà tutta una parte scritta da imparare a memoria. Ogni sera era uguale e in quel frangente suonavamo solamente io e tutta la parte percussiva, cioè il timpanista, i due rullantisti, quelli che suonavano i piatti. E io dovevo suonare in pratica le bombe che cadevano. Se lo riascolti con attenzione, tutti i suoni scuri che senti, escludendo quelli più chiari, sono tutti fatti dall'arrangiatore che ho dovuto seguire e imparare a memoria. Mettere insieme tutto questo, credimi, non è stato assolutamente facile. È stata un'esperienza bellissima. È una di quelle cose che fai una volta nella vita, non mi ricapiterà più di suonare con centouno elementi d'orchestra.

Purtroppo temo che neanche lui lo rifarà, dico temo perché concordo sul fatto che sia stata un'esperienza unica anche per i fan.
No, infatti. Poi Miguel è uno che cambia pelle. Non è un artista che segue un filone. Cambia spesso anche le band, dopo un paio di tour. È il suo modo di creare musica, pur mantenendo i pezzi storici nel repertorio. Noi dovevamo dare lo stesso colore del disco nuovo ai pezzi vecchi, riarrangiarli tenendo presente che vi erano sonorità diverse. Una bella esperienza quella con Miguel, mi è piaciuta molto. Lui poi ha un atteggiamento molto cameratesco con la band, non è l'artista classico che suona con la band e basta, si involucra molto, passa molto tempo con i musicisti, ti invita a casa sua, ti offre da mangiare, ti invita spesso persino nella sua stanza, crea questo clima con tutti, anche con i tecnici, tutti.

Certo. Hai qualche ricordo che ti lega a lui o alle tournée?
Sì. Durante il tour di *Sereno* siamo stati a Guayaquil, in Ecuador, nella stagione dei monsoni. La mattina mi sveglio e mi arriva dal tour

manager una comunicazione che dice: "mettiti una tuta, Miguel vi vuole vedere tutti giù, dovete lavorare". Lì per lì pensai: "La tuta? Ma che diavolo sarà successo?". Scendo e mi rendo conto che tutta la strumentazione, e quindi tutti gli strumenti di ognuno, una parte del mixer, una parte delle luci, tutto ciò che viaggiava sempre con noi - perché c'è una parte di tecnologia che viaggia con te in tour, l'altra te la fanno trovare sul posto - praticamente tutto ciò era stato messo in uno scantinato dell'hotel che si era allagato completamente. Un qualcosa di allucinante. L'acqua, ad esempio, usciva dalle tastiere tecnologiche, impressionante, e pensammo: "come suoniamo stasera?". Al che ci siamo messi tutti, musicisti e tecnici, persino tutta la manovalanza del posto, a risolvere il problema, Miguel compreso, che si occupava anche di coordinare il tutto e ci portava anche da mangiare. Smontammo tutti gli strumenti, li asciugammo, l'hotel ci fornì non ricordo quanti phon, asciugamani, asciugammo tutto. Il pomeriggio alle quattro rimontammo tutto e funzionava tutto. Siamo andati a fare il soundcheck, durante questo è venuto giù un altro monsone. Si è allagato tutto il palco. Io onestamente me la sono scampata, perché suonando la batteria ero su un palchetto rialzato, ma gli altri avevano i piedi nell'acqua, Miguel compreso, fili elettrici compresi. Gli spettatori hanno passato metà concerto sotto un diluvio pazzesco, con certi goccioloni tropicali che cadevano, hanno preso tanta di quell'acqua che erano fradici, ma ti dico, nonostante ciò non si è mosso nessuno, sono rimasti lì tutto il tempo.
Finito di piovere è salita l'umidità, son comparsi dei calabroni di dieci centimetri mai visti in vita mia, Miguel se ne mangiò due mentre cantava *[scoppia a ridere, nda]*. Non poteva fermarsi mentre cantava e ne inghiottì un paio. Infatti vedevo che tossiva e chiedeva l'acqua, ma non capivo cosa stesse accadendo. Uno mi attaccò in fronte, lasciai un attimo le bacchette, per un secondo e mezzo infatti ci sarà stato il silenzio, non potevo suonare, chissà che tipo di mosquitos erano.

Bello constatare ancora una volta l'umanità di Miguel, tutti i suoi musicisti ne parlano bene, intendo soprattutto il clima che si ha nella band, bello lavorare così, come fosse uno della band.
Certo, la spiegazione sta nel fatto che è cresciuto all'ombra del suo papà, in un ambiente molto autoritario. Un esempio: a casa sua guardavo un quadro di Picasso e mi dico: «Beh, lui i soldi per comprare un Picasso li avrà», e gli chiesi: «Bello questo quadro Miguel, cosa raffigura? Chi è questo ragazzino?». Lui mi rispose: «Quello sono io». Capisci? Picasso gli aveva fatto un quadro. Lui quando è arrivato al successo è voluto arrivare dall'altra parte, non dal lato dell'autorità. Se leggi il testo "El hijo del capitàn trueno", lì spiega che ha conquistato il mondo come lo conquisterebbe una sirena, non uno squalo. In parallelo, lo squalo era il padre, lui la sirena. È sempre stato molto ammaliatore con tutti, famosi e non. Per essere un artista di questa levatura, è molto accessibile. Ce ne sono tanti che sono meno famosi, ma meno accessibili. A volte anche per timidezza, a volte no. Ma tante volte è un sistema di difesa, a volte non sai cosa succede a un artista quando magari è meno disponibile, sono tanti i fattori, magari lo becchi nella giornata in cui è stanco, o gli hanno perso le valigie, questo lavoro mi ha insegnato a essere molto tollerante.

***Sereno, Por vos muero*, anche il successivo *Velvetina*: lavori che potevano avere un loro seguito anche da noi, non sono mai usciti, un peccato, che ne pensi?**
Perché Miguel l'apoteosi in Italia l'ha fatta forse con le sue canzoni meno belle, quando era molto giovane. Questo alone all'epoca ha segnato una traccia. Attenzione che l'Italia è un paese piccolissimo rispetto ad alcuni paesi sudamericani, dove ci vogliono sei mesi per fare un tour. Lì è una superstar. In Italia non è arrivato tutto questo come doveva. Che poi ci lavora da noi comunque, ma non alla stessa maniera. Ha fatto molta TV anche negli ultimi anni, vedi "Amici".

Da noi purtroppo questo sembra che vada a ledere la carriera di un artista. In un certo ambiente musicale almeno.
È cambiato il lavoro negli ultimi anni. Ormai non si può prescindere dal nuovo modo di lavorare con le tecnologie attuali con i social. Un tempo, ad esempio, se facevi un errore, passava inosservato. Oggi invece sei ripreso e pubblicato da chiunque continuamente, quindi non solo devi essere sempre bravo a suonare, ma stare attento a come ti comporti, a ciò che dici, a come lo fai.

VELVETINA, IL CAPOLAVORO "ELETTRONICO"

Il 31 dicembre 2004, in un programma della TV spagnola, dopo essersi esibito cantando "Olvídame tú", Miguel Bosé preannuncia l'uscita di un nuovo lavoro. «Un disco diverso, molto particolare e molto differente da quello che state ascoltando adesso», riferendosi a *Por vos muero*.
Anche questo fu registrato tutto a La Cuadra, che si conferma essere una sorta di "Factory - Made in Spain".
Originariamente l'idea era quella di far uscire un doppio disco, insieme a *Por vos muero*, in quanto pensati quasi contemporaneamente.
La notte e il giorno. Le origini, le sue radici, il primo (*Por vos muero*); il presente e il futuro, quello che sarà il nuovo Bosé, il secondo (*Velvetina*).
Per la troppa differenza fra i due lavori, d'accordo con la casa discografica si decise di non lanciarli contemporaneamente, ma di immettere sul mercato un disco per volta.
Alla fine credo che questa scelta sia stata la migliore; certo, l'idea del doppio disco era ottima e molto originale, ma forse così si è avuto il tempo di assimilarli meglio, disco per disco, canzone per canzone, e si è potuto dedicare ad

ognuno un tour completamente differente; col doppio come avrebbe fatto?
Con *Velvetina* si passa dai suoni di un disco orchestrale, legato al mondo della musica classica, ad uno legato al futuro, quello dell'elettronica, da un lavoro di un team composto da molte persone e tanti autori a quello di due sole figure: Bosé e Antonio Cortés.
Velvetina è un album intimista, introspettivo, sperimentale ma allo stesso tempo ballabile, dai ritmi dance, trip-hop, chill out, drum and bass. Ancora un nuovo lato di Bosé, sempre alla ricerca di nuovi mondi musicali. Si tratta di un video album, perché il messaggio arriva non solo attraverso la musica e i suoi testi, ma anche tramite immagini video.
«Tutto iniziò a fluire quando io e Antonio Cortés, il produttore, capimmo il territorio sonoro che stavamo esplorando. Lo avevamo chiaro in mente. Ci facemmo trasportare per necessità verso due territori ben definiti: quello emozionale, personale, più poetico e l'altro, più legato alle notizie, alla guerra, al potere della parola. Lo facemmo senza fretta, ma anche senza pause, fu un anno di intenso lavoro.
Graficamente vorrei trasmettere due tipi di anatomie: quella organica e quella meccanica. Viviamo in un periodo in cui possiamo parlare di questo. L'evoluzione tecnologica si mette a disposizione di ciò, dell'arte. Ho voluto approfittare di questo e trasferirlo in un disco che non solo contiene tredici canzoni, ma anche tredici videoclip, ognuno differente, realizzato da un'ottica diversa» (Miguel Bosé, da *Plan B*, magazine di Bogotà, n.5, 2005).

Il lavoro – che sarà in vendita dal 1° febbraio 2005 in Spagna, dal 7 in Sudamerica e dall'8 negli Stati Uniti – non verrà né pubblicato né promosso in Italia, evidentemente poco incline a proporre un Miguel Bosé sempre più innovatore, al passo coi tempi.

«Questa avventura è stata sognata, scritta, composta, costruita insieme con Antonio Cortés. La nostra collaborazione comincia assieme alla nostra grande amicizia, dai tempi di *Laberinto*. Prima ci conoscevamo solamente, ma c'era una curiosità reciproca. Poi, da *Sereno*, prese il volo la nostra assoluta complicità.

Questo è stato un progetto realizzato liberamente, seguendo esclusivamente l'impulso delle necessità: quella di scrivere canzoni che non fossero legate a nulla, né a strutture standard. Andammo in cerca dell'istinto perduto, di suoni fatti su misura, di storie da rivendicare. Componemmo quello che avremmo voluto ascoltare ma che non trovavamo da nessuna parte. Incrociammo vari orizzonti. Il viaggio durò un anno esatto. Da un autunno all'altro, chiusi nello studio La Cuadra. *Velvetina* è il mio ritratto, il più recente. *Velvetina* è quello che sono oggi e desidero essere, la mia faccia più riservata che nasce per voi. Antonio Cortés è il mio specchio. *Velvetina* è la mia scommessa più forte e radicale. Piena di fessure, angoli, passaggi e chiavi occulte. *Velvetina* va fluido proprio come piace a me, attraversando territori ai quali appartengo da sempre, raccontato in varie lingue. *Velvetina* arriva carica di un'ironia che combatte la disperazione per rinnovare le speranze. Niente si perde definitivamente, tutto è da qualche parte nascosto e c'è da scoprirlo, questo è il mio credo. *Velvetina* ha anche curve e fianchi e parla d'amore quando non vuole parlare di cose peggiori. *Velvetina* non crede nella guerra e disprezza chi la fa, tanto meno che quelli che la fanno abbiano le soluzioni. *Velvetina* esige la pace subito, e rispetta i semi su tutte le cose, e mostra cura per tutte le forme di vita. *Velvetina* è libera di pensare quello che le viene in testa, si arrabbia con quello che è "politicamente corretto" e ogni mattina, al risveglio, decide cosa mangiare a colazione, quindi chi e cosa dovrà essere durante tutto quel giorno. Di notte dorme e non smette di sognare. *Velvetina* è adorabilmente lucida. *Velvetina* è testarda come uno gnu. *Velvetina* sarà la mia compagna per i prossimi anni perché sono pazzo d'amore per lei» (Miguel Bosé, c.s. *Velvetina*).
Antonio Cortés, musicista madrileno, arrangiatore e produttore, membro fondatore del progetto Blue Alien's Temple dice: «L'aver potuto realizzare questo lavoro in maniera quasi interamente elettronica è stato molto differente e positivo nei diversi aspetti. L'elettronica ha offerto molteplici possibilità a livello creativo, tecnico, di suoni... Così ne è scaturita una gran diversità e ricchezza di suoni, colori e sfumature» (Antonio Cortés, c.s. *Velvetina*).
«Il nome dell'album venne fuori da un'improvvisazione di un brano, che si intitola "Celeste amor", nel suo finale chill

out realizzammo diversi loop, uno ci piacque più degli altri e in questo momento, mentre improvvisavamo, apparve la parola Velvetina. Antonio mi disse: "bella questa parola, suona bene, cos'è?" Ed io risposi: "non lo so". Successivamente, quando cercavamo un titolo per l'album questa parola risultò molto speciale, e la utilizzammo» (Miguel, Bosé intervista televisiva, *Sol Música*, 2005).
L'album riporta in copertina un Miguel Bosé ritrattro da David Delfín, importante stilista e disegnatore spagnolo, ed è un chiaro tributo ai Kraftwerk, padrini della musica elettronica. Anche nel linguaggio è un disco inusuale, per la maggior parte è cantato in spagnolo, ma nei testi delle canzoni sono mescolate parole in inglese, portoghese, italiano, tedesco, francese. È un disco molto coraggioso per Miguel che ha molto a cuore il progetto. Un'ennesima sfida alle leggi del mercato, con un disco che forse è il più difficile della sua carriera. Non sarà capito da tutti, purtroppo. La stampa, anche quella più severa, apprezzerà molto il lavoro, mentre il pubblico è diviso tra quelli, come il sottoscritto, che lo ritengono uno dei lavori più belli della sua carriera, e altri – forse abituati al "Bosé più commerciale" – che non comprenderanno appieno le sonorità incluse in questo lavoro. Per questo motivo le vendite del disco non bisseranno quelle di *Sereno*, ma nella discografia di Bosé avremo per sempre questa gemma che è il ritratto dell'Artista degli anni Duemila, sempre in prima linea nella sperimentazione e nell'innovazione. Brani come "Ójala ojalá" (grandissimo pezzo d'apertura dell'album!), "Hey Max", "Ella dijo no" rivelano un nuovo volto musicale di Miguel. Lo stesso dicasi per "La tropa del rey", "Down with love", "De la mano de Dios" e "May day". Non mancano i pezzi più "lenti e melodici", il più suggestivo è sicuramente "Celeste amor". Un lavoro che si gusta meglio guardando i tredici videoclip realizzati e inclusi nel DVD.
Non so se un progetto simile era stato mai realizzato da qualcun altro prima, certo è che Miguel Bosé, a ventotto anni dal suo album d'esordio, sforna in soli due anni due capolavori, diversissimi tra loro, ma entrambi eccellenti.

VELVETINA (ALBUM, 2005)

Ójala ojalá / Aún más / No se trata de / Hey Max / Celeste amor / Ella dijo no / De la mano de Dios / La tropa del rey / Verde canalla / Paro el horizonte / Down with love / Tu mano dirá / May day / Ella dijo no (remix)

Singoli estratti:
Down with love / Ella dijo no / May day

TRACK BY TRACK:

"Ójala ojalá" (M. Bosé/A. Cortés)
Video realizzato da Diego Postigo, belga, di Bruxelles.

«Ebbi la piena fiducia per come accolse l'idea del video, la sua presenza ed esperienza scenica facilitò e apportò durante le riprese molte idee. Il video rappresenta Miguel come portavoce di un esercito comunicatore, la cui arma migliore è l'uso della parola. La maggior fonte di ispirazione fu l'estetica avanguardista russa degli inizi del secolo scorso, specialmente il lavoro di Alexander Rodchenko ed El Lisitzky» (Diego Postigo, c.s. *Velvetina*).
«Tutto quello che esiste, esiste perché lo nominiamo, e lo nominiamo perché in qualche modo, in qualche momento, lo necessitiamo. Nelle nostre voci c'è il potere di nominarlo, di renderlo possibile. La parola è un privilegio di tutti e per tutti è uguale. "Dai la tua voce ora!"» (Miguel Bosé, da booklet CD *Velvetina*).
«Le parole contengono una forza occulta e potente. Pronunciate con la esatta intenzione danno una potenza inimmaginabile, mentre lasciate in gola marciscono. Saperle usare è un dovere. Stare zitti è un peccato. "Dai la tua voce!". Di questo si tratta. E farlo in tutte le lingue, su tutti i fronti in forma solidale è tanto necessario quanto urgente. Chiediamo pace e amore, senza tregua» (Miguel Bosé, c.s. *Velvetina*).

"Aún más" (M. Bosé/A. Cortés)
Video realizzato da Javier Chillon e Jaime Barnatan, entrambi di Madrid e ispirato a *1984* di George Orwell.

Dicono (c.s. *Velvetina*): «Affrontammo la creazione del videoclip come una sfida, cercando la creazione di un mondo futuristico con tutto quello che comporta: abbigliamento, attrezzi, arredamento, cercando una storia che sorprendesse più volte durante la clip, introducendo dettagli che lo spettatore potesse scoprire guardandolo di nuovo. Oltre la sfida del video c'era da presentare Bosé come il cattivo orwelliano. Quando girammo la sua parte, Miguel portò elementi visivi e concettuali che non avevamo pianificato inizialmente e che arricchirono il risultato finale».
«La volontà può trasformare in eroi o santi gli uomini più normali. La volontà si ha o si fabbrica. I suoi sintomi sono di dominio spirituale e provocano trance ogni volta più intensi e lunghi. Quando la volontà di essere è grande, l'estasi si ottiene solo nel sacrificio. San Sebastiano ci insegnò molto su questo» (Miguel Bosé, c.s. *Velvetina*).

"No se trata de" (M. Bosé/A. Cortés)
Video realizzato da Miguel Alcarria, di Barcellona.

«Fu un'esperienza stupenda. Ci conoscevamo da anni già, avevo già lavorato a diversi suoi video nel montaggio, e successivamente realizzato "Este mundo va". Il giorno prima delle riprese ero sulla terrazza quando vidi due mosche nel pieno atto sessuale, avvicinai la camera a due centimetri, non si fermarono. La mattina dopo mostrai il video a Miguel, che disse che era una premonizione e che doveva apparire nel clip. Così fu. Sembra un'immagine studiata, scientifica, ma assolutamente spontanea. A parte ciò, Miguel è sempre molto professionale, ha portato molta freschezza nel progetto e, oltre al talento artistico, mi piacerebbe far notare la sua vitalità, il suo entusiasmo che ti contagia durante le riprese» (Miguel Alcarria, c.s. *Velvetina*).
«Speculare su quello che si è potuto essere e non lo si è, è un esercizio di perdita di tempo che ad alcuni stolti piace praticare. Ricordare è lecito, ma a condizione che non diventi un'abitudine malsana. Non si tratta di dirsi le cose in faccia, ma di dirle in tempo» (Miguel Bosé, c.s. *Velvetina*).

"Hey Max" (M. Bosé/A. Cortés)
Video realizzato da Jaume de Laiguana, di Barcellona.

«L'ho realizzato *[il video, nda]* basandomi sul mondo della fotografia, utilizzando due tipi di macchine fotografiche: Polaroid 690 e Nikon FA. Ho cercato di essere il più purista possibile con il materiale fotografico, rispettando gli effetti che lo stesso materiale mi offriva, senza nessun tipo di manipolazione postuma. Al momento del montaggio ho usato le fotografie generando piccoli movimenti. La fiducia che Miguel mi ha dato e la sua forte personalità mi hanno permesso di lavorare liberamente, senza alcun tipo di paura su "quello che diranno", dando come risultato un lavoro totalmente onesto» (Jaume de Laiguana, c.s. *Velvetina*).
«Tutti siamo emigranti e stranieri allo stesso momento. La xenofobia e il razzismo sono fanatismi esenti di cultura. Non si giustificano in nessun caso. Son concetti da bandire una volta e per sempre. La nuova e futura tendenza è l'ibridazione. Evitiamo le umiliazioni che a turno hanno preso tutti gli imperi. Impariamo dalla storia» (Miguel Bosé, c.s. *Velvetina*).
«Con Juame de Laiguana, per il video di "Hey Max", utilizzammo la fotografia come linguaggio, avevamo oltre cinquemila foto fra cui scegliere, il video è una metafora sull'immigrazione. Credo sia uno dei video più belli che io abbia visto ultimamente» (Miguel Bosé, *Sol Música*, 2005).

"Celeste amor" (M. Bosé/A. Cortés)
Video realizzato da Antonio Cortés e Grec Alcol, entrambi di Madrid.

«Durante le riprese tutto andò in maniera molto fluida, grazie anche alla straordinaria capacità di Miguel come attore» (Grec Alcol, c.s. *Velvetina*). Dalla cartella stampa si evince che con questo video si è voluta sottolineare la dualità e la lotta interna dell'uomo attraverso la solitudine del personaggio in un qualsiasi giorno della sua vita.

«L'amore ha infinite forme e attraverso queste si dà. Anche se apparentemente differenti, tutte convivono in una sola e unica naturalezza che le rende ugualmente degne. Benedici quindi l'amore, lì dove, quando e come si consegna, lo farà sempre con naturalezza... Così, chi sei tu, mortale di merda, per mettere in discussione i privilegi che dà un Dio? Chi sei tu, mortale di merda, a censurare quello che non puoi capire? L'amore è incapace di negarsi a nessuno. Neanche a te, mortale di merda che la pensi diversamente. E credimi, questo, non ti rende rispettabile» (Miguel Bosé, CD *Velvetina*).
«La passione, con la sua cieca solitudine, è la croce preferita e il rifugio prediletto di quelli senza amore. Il fuoco della schiavitú per amore è il desiderio carnale più ambito» (Miguel Bosé, c.s. *Velvetina*).

"Ella dijo no" (M. Bosé/A. Cortés)
altre versioni: **"Ella dijo no"** remix
Video realizzato da Alicia Reginato e Benet Román, rispettivamente della California e di Barcellona.

Dice Alicia: «Lavorare con Miguel è stato semplicemente "Veni, Vidi, Vici" ... sa quando apportare idee al progetto e quando darti spazio. Girai la narrativa del video prima di conoscerlo per girare il playback e la scena finale. Miguel creò un personaggio allo stesso tempo sessuale, demoniaco e di una perversione profonda. Ai miei occhi il tutto fu così forte che mi ruppe tutti gli schemi circa gli artisti musicali, alla fine mi resi conto che lui era molto più di tutto questo».
Il video parla di una donna che affronta un tormento esistenziale e personale, illustrato attraverso un'insaziabile sete sessuale.
«Basato in alcuni passaggi su *Il collare della colomba*, trattato sull'amore e gli amanti di Ibn Hazm di Córdoba, questa storia, carica di febbre e erotismo, di causa ed effetto... È un racconto per morire d'amore» (Miguel Bosé, c.s. *Velvetina*).
«"Ella dijo no" è un video molto aggressivo, brutale, con un erotismo allucinante, però allo stesso modo c'è molta poesia. E ho scelto delle donne per raccontarlo perché parla di loro» (Miguel Bosé, *Sol Música*, 2005).

"De la mano de Dios" (M. Bosé/A. Cortés)
Video realizzato da Diego Postigo.

«La storia si basa dal punto di vista di uno spettatore che osserva una scena difficilmente ubicata nel tempo, e ciò che sta intorno è puro, e rivela un'immagine cruda e sincera del personaggio. La fonte d'ispirazione del video senza dubbio è stato il testo della canzone, piena di sincerità e molto suggestiva» (Diego Postigo, c.s. *Velvetina*).
«Dicono che la tolleranza esiste e che se non si è ancora mostrata, lo farà quando sarà il tempo» (Miguel Bosé, c.s. *Velvetina*).
«"De la mano de Dios" parla di quando ti rendi conto che l'abitudine diventa una cosa molto bella, però è da vedere con altri occhi, meno inquieti e più tolleranti. E tutto ciò si carica di tenerezza. Così è quando sei capace di salvare una relazione e di intendere l'amore. Questa probabilmente è la più grande forma d'amore, che si avvicina molto all'amicizia» (Miguel Bosé, da *Psychologies Magazine España*, 2005).

"La tropa del rey" (M. Bosé/A. Cortés)
Video realizzato da Sean Mackaoui, anglo-libanese, nato in Svizzera, poi vissuto a Madrid.

«Molto facile lavorare con Miguel, più che una commissione di lavoro sembrava un lavoro fatto tra amici, con totale libertà. Invece di optare per la cosa più ovvia, usare la videocamera, decisi di usare le cose che faccio generalmente, le animazioni a base di collage» (Sean Mackaoui, c.s. *Velvetina*).
«Diciamo un NO rotondo e definitivo alle guerre. Questo è un ritratto molto doloroso, passato, presente e futuro. Che muoiano le guerre e che viva per sempre la pace. Questo è il messaggio» (Miguel Bosé, c.s. *Velvetina*).

"Verde canalla" (M. Bosé/A. Cortés)
Video realizzato da Manuel Huerga, di Barcellona.

«Lavorare con Miguel è la cosa più semplice del mondo, girammo tutto in un giorno, una domenica, in un ambiente familiare. L'idea di questo video deriva dal fatto che a casa ho una sala di proiezione di cinema, e pensai che il tema della canzone dovesse avvolgere Miguel in un mondo onirico, di ricordi visualizzati in forma di immagini astratte. All'inizio pensai di utilizzare solo il verde, utilizzando un effetto infrarosso, ma alla fine ebbe la meglio la vistosità dei colori» (Manuel Huerga, c.s. *Velvetina*).
«I ricordi si cristallizzano col tempo. La memoria ne conserva alcuni con l'olfatto. Solo quelli che non si dimenticano tornano. Così come succede con tutto quello che non si risolve nel tempo. Per stare in pace con loro devi dipingerli con un certo senso dell'umorismo verde. E questi meritano un bolero-tango in stile Philadelphia Sound» (Miguel Bosé, c.s./CD *Velvetina*).

"Paro el horizonte" (M. Bosé/A. Cortés)
Video realizzato e diretto da Inés Enciso, di Madrid.

«Mostrai parte del progetto in una prima riunione, giudicò il tutto con molto rispetto, mi impressionò il suo coraggio quando ci diede fiducia, e mi sentii molto a mio agio nell'avere molta libertà. La nostra proposta era quella di giocare con immagini che occupassero la metà dello schermo, lasciando l'altra metà nera, così da creare una chiara linea di orizzonte. Il tutto miscelato con i piani di Miguel che canta e che diventeranno a schermo intero» (Inés Enciso, c.s. *Velvetina*).
«Non esistono orizzonti senza volti che lo osservano o volontari disposti a camminare qualunque cosa serva. Benedetto sia l'audace a cui nessun orizzonte può essergli lontano. Perché si fida solo del suo istinto. Sia benedetto due volte» (Miguel Bosé, c.s./CD *Velvetina*).

"Down with love" (M. Bosé/A. Cortés)
Video realizzato e diretto da Juan Torán, francese.

«Miguel mi disse che era stato colpito dalla biografia di Nacho Vidal, così chiamammo quest'ultimo per sapere se avesse voglia di collaborare. Mi fece molto piacere sentire che il progetto gli piaceva e che ne fosse onorato. Mi propose di portare con sé una sua amica

attrice francese, Katsumi, così vennero insieme. Avevo così due figure che potevo confrontare: da un lato l'eleganza e la sofisticatezza glam di Miguel e dall'altra la bellezza della forza e l'animalità di Nacho, ho giocato con questi due poli che si cercano ed incontrano. Grande cantante e attore Miguel, ha una gran disciplina, capisce quello di cui necessiti in un secondo e te lo riproduce alla perfezione tutte le volte che glielo chiedi. Sorprendente la maniera di cantare sott'acqua per diverso tempo, peccato che non si vede nel montaggio finale del video» (Juan Torán, c.s. *Velvetina*).
«Un'ode al pene e ai suoi effetti. La canzone fa l'amore con i suoi ritmi, il suo testo, la sua ironia. Ispirata da uno dei miei grandi eroi, Nacho Vidal» (Miguel Bosé, c.s. *Velvetina*).
Il videoclip sarà censurato in alcuni paesi a causa di alcune immagini di nudo incluse nel video, che però non risultano per nulla volgari, sono molto peggio quelle che vediamo in TV, e non solo, tutti i giorni.

"Tu mano dirá" (M. Bosé/A. Cortès)
Video realizzato e diretto da Benet Román, di Barcellona e Alicia Reginato.

Dice Benet: «Spesso con i musicisti uno dei problemi che incontriamo è che hanno poca cultura visuale, Miguel Bosé invece, quando in questo paese non si sapeva ancora cosa fosse un videoclip, ne aveva già girati due con Andy Warhol. È un ARTISTA. La musica di questa canzone mi ha portato alle immagini del cinema muto di Méliès e i suoi magici trucchi, mescolati con la faccia del terrore di una ragazza che associo sempre al film di Stanley Kubrick *Shining*. La caratterizzazione dei personaggi nasce dal teatro Butoh giapponese e il montaggio si può includere nel puro stile Chris Cunningham».
«I semi sono parametri di vita. Uno non si ferma a pensare che ognuno di essi sono un miracolo, carichi di progetti di vita di impensabili dimensioni. Ma la responsabilità finale sta all'uomo, e così il suo destino. Questa storia è una favola ecologica dedicata a tutti i bambini» (Miguel Bosé, c.s. *Velvetina*).

"May day" (M. Bosé/A. Cortés)
Video realizzato e diretto da Joan-Lluis Arruga, che già aveva lavorato con Miguel.

«Con Joan-Lluis Arruga ho iniziato a lavorare nel 1990 con il videoclip di *Los chicos no lloran* e, a partire da lì, quasi tutto il materiale video che ho fatto l'ho fatto con lui, una quindicina di videoclips insieme. Egli è inoltre il realizzatore di "Séptimo de Caballería", per questo non poteva rimanere fuori da questo progetto. A parte l'amicizia, ha un proprio linguaggio e lui ebbe l'idea delle marionette in questo video. È sempre creativo e pieno di humour» (Miguel Bosé, *Sol Música*).
«Divertentissima esperienza, sempre piena di improvvisazioni, come sempre. La fonte di ispirazione al video è stata la facilità di Bosé di creare personaggi» (Joan-Lluis Arruga, c.s. *Velvetina*).
«La gioventù crede di esser immortale. Va vissuta rapidamente, perché dura quel che dura, il suo splendore è fugace come il profumo di una rosa. Dopo arrivano gli anni in cui l'unica opzione è rassegnarsi a essere un fiore di loto maturo con la sua dura realtà» (Miguel Bosé, c.s./CD *Velvetina*).

Note alla discografia

Miguel è il primo artista spagnolo a pubblicare il suo disco in un riproduttore audio video portatile. Il "Creative Zen Portable Media Center Velvetina edition", una edizione limitata per la Spagna, caricata con tredici audio e tredici video del nuovo album, più una sezione fotografica dell'artista. Anche di questo lavoro uscirà a livello promozionale un CD interattivo con contenuti speciali diretti alla stampa. Tre i singoli usciti, con le varie edizioni a seconda del paese. L'edizione americana del singolo in CD di "Ella dijo no" ad alcuni fortunati dava in omaggio un condom promozionale che riportava sulla confezione la copertina dell'album. Il CD album in jewel case contiene solo l'album, il digipack anche il DVD con tutti i videoclip.

IL TOUR

Il tour di *Velvetina* risulta anch'esso molto innovativo, dall'impatto elettro-rock forse come mai nei suoi concerti.

L'album, in effetti, meritava una tournée altrettanto di classe, iniziata in Guatemala, e successivamente proseguita negli Stati Uniti e Sudamerica, poi in Spagna, a giugno, e poi di nuovo in America.

Lo show inizia con Miguel al centro del palcoscenico e la band chiusa alle spalle, in una grande struttura a cerchio, fatta di tanti piccoli pannelli quadrati che poi si rivelano essere dei monitor, che diventano grande schermo quando il palcoscenico si apre.

L'interpretazione di Miguel è molto teatrale, serpeggia sensualmente in maniera quasi epilettica, quasi ingabbiato e bloccato; vi è solo un piccolo varco che questa sorta di gabbia gli offre, aprendosi e chiudendosi a piccoli scatti a ritmo del brano.

Terminato il primo brano, "Tu mano dirà", Miguel spinge le due "porte" e si apre lo scenario, la band al completo è visibile e parte il brano che apre l'album in promozione, "Ójalà ojalá", e qui è rock puro! Il resto è visibile sul DVD uscito per l'occasione, a beneficio di chi avesse perso l'opportunità di vederlo live.

«Nel tour di *Velvetina* non ho cantato alcuni classici come "Amante bandido" e una parte del pubblico, a fine concerto, ha provato a chiedere i soldi indietro, cose pazzesche» (Miguel Bosé, da un'intervista del 2015 durante la promozione di *Amo*, nel programma *Los viernes a lo show* su Antena 3). David Delfín curò anche la grafica di tutto il merchandise del tour.

Setlist tour:
Scaletta del DVD En concierto gira Velvetina, *registrato in Messico. Durante il tour Miguel fece alcuni cambi nella scaletta; all'inizio, ad esempio, a Madrid e certamente anche nelle altre date in Spagna "Amante bandido" non era prevista nei brani da eseguire, ma c'erano, qui mancanti, "Sevilla" e "Este mundo va".*

Tu mano dirá / Ójala ojalá / Gulliver / Mirarte / La tropa del rey / Mientras respire / Hey Max / El hijo del capitán trueno / Bambú / Morenamía / Si tú no vuelves / Nena / Te comería el corazón / Olvídame tú / Nada Particular / Amante bandido / Ella dija no / Te amaré

PAPITO

Terminato il tour del 2005 Miguel si prende una pausa. Il disco ha avuto recensioni ottime e lodi anche dalla stampa specializzata più snob, che sino ad allora si era mostrata restia a riconoscere il talento del cantante spagnolo, che intanto è già alle prese con la scrittura di un un nuovo album. Si vociferava di un "Velvetina 2" in fase di scrittura, non sappiamo se davvero avrebbe mantenuto questo titolo, certamente avrebbe conservato l'indirizzo musicale, dati i risultati soddisfacenti. Invece manager e discografici fecero un po' di pressione per festeggiare i trent'anni imminenti di carriera, partendo dal primo grande successo *Linda*, il primo album, escludendo quindi i due singoli passati quasi inosservati del 1975 e 1976.
«Non è stata una mia idea, quella di celebrare i trent'anni di carriera. Stavo scrivendo i pezzi per il mio nuovo disco e mi sono venuti a dire che dovevo festeggiarli. All'inizio ho detto "no, non disturbatemi" *["non è nella mia indole festeggiare", diceva spesso infatti in altre interviste, pare che disse "no" per tre volte almeno, nda]*, poi ho pensato che fosse qualcosa che dovevo a me stesso, per trovare un aggiornamento, una dimensione nuova. Ho riascoltato tutto quello che avevo fatto in ordine cronologico. È stato un rischio, perché non sapevo in che stato avrei trovato il materiale e come ne sarei uscito.

Ho riscoperto il ragazzo di diciannove anni che faceva la musica della sua età. Mi sono ritrovato, non mi sono mai sentito scomodo, ho ripercorso una crescita, un'evoluzione. Dopo il periodo di "Bravi Ragazzi" e l'album che ne è seguito l'anno dopo, si risvegliavano in me delle melodie che finalmente mi appartenevano, invece con quelle di "Bravi ragazzi" non ho avuto niente a che fare, si stava creando un mio linguaggio. E la crisi potenziata da questi due album è scoppiata. Ho avuto la fortuna di trovare Roberto Colombo, e abbiamo creato in clandestinità un team di lavoro da cui è nato *Bandido*. Da quel momento in poi si può dire che inizia la mia carriera, il mio linguaggio, il mio marchio, diversi da quella prima fase adolescenziale, e grazie a *Milano-Madrid [o* Made in Spain, *nda]* che è stato il discrimine tra una fase e l'altra» (Miguel Bosé, *Rolling Stone,* dicembre 2007).
Ne esce fuori un progetto super ambizioso.
Miguel invita suoi amici colleghi e decide di rivedere alcuni suoi successi, ricantandoli con loro, dandone una veste completamente nuova.
«È stato come invitare degli amici a casa, da notare che spesso sono gli altri a iniziare a cantare, non io. Ho voluto che stabilissero loro un tono» (Miguel Bosé, *Rolling Stone*).
Papito è stata una vera e propria festa. Lo si avverte dal clima amichevole e familiare che c'è dentro ogni canzone che lo rappresenta e in ogni dichiarazione di chi vi ha preso parte. A tal proposito, "Telva", rivista spagnola, nel n. 815 del 2007 chiede agli amici di Miguel che hanno partecipato a questo ambizioso progetto cosa ammirano maggiormente di lui e cosa invece odiano. Le risposte:

Bimba Bosé: «Odio come cucina, lo fa così bene... Però adoro come mente, lo fa molto meglio».
Alejandro Sanz: «Ammiro più di qualsiasi cosa che sa riconoscere che sono migliore di lui. Ciò che odio di più, è che a volte ne dubita».
Ricky Martin: «Di Miguel mi piace che è un grande artista e mi ha dato sempre il suo appoggio. Cosa mi piace meno? Non saprei dirlo!».
Alaska: «Ciò che amo più di Miguel è la struttura ossea dei suoi zigomi e la sua capacità camaleontica. Ciò che odio? Che ha una copertina firmata da Andy Warhol ed io no».
Laura Pausini: «Mi piace il suo carisma, la sua personalità musicale. Inoltre la sua sensibilità, cosa molta rara da trovare oggi. È molto testardo».

David Summers: «Ammiro di Miguel la capacità di mantenere l'illusione in ogni progetto che inizia e di sentirsi come un bimbo. Ciò che odio? Sinceramente odiare è di cattivo gusto e ti definisce un essere mediocre».

Non solo colleghi quindi, infatti Miguel preferirà chiamarli amici. Avrebbe potuto optare per altre scelte, ma successivamente sostenne che in un duetto la complicità e l'amicizia giovano di molto al brano stesso che si interpreta. Per una prova ulteriore dell'amicizia tra Bosé e tutti gli ospiti, Miguel si tatua sul corpo virtualmente il viso di ogni cantante che ha preso parte al progetto e da questa idea nasce la copertina di *Papito*, firmata nuovamente da David Delfín.
«Quando iniziò quest'avventura, per curiosità e vista l'enormità dell'impresa, (probabilmente il progetto discografico più grande mai realizzato in Spagna) decidemmo di prendere nota dei numeri... Solo per realizzare il CD n.1, la cui registrazione durò più di 10 mesi, viaggiai per più di 80.000 km in aereo e il resto dell'équipe più di 130.000 km. Son stati utilizzati 80 biglietti aerei, 152 alloggi in hotel e 38 macchine a noleggio. Si fecero 15.000 chiamate al telefono e si inviarono più di 10.000 e-mail per coordinare tutto il progetto.
Si registrarono 2.977 piste digitali durante 2.234 ore in 19 studi differenti di registrazione, ripartiti in 8 città del mondo: Madrid, Cadice, Londra, New York, Los Angeles, Austin, Miami e Panama. 7 produttori di diverso tipo, 13 ingegneri del suono, 25 aiutanti e 87 musicisti, oltre computer ed altro.
Si consumarono 4.000 litri di acqua, 500 litri di Coca-Cola, 800 litri di birra con i suoi relativi effetti, circa 83 litri di tè, 150 di caffè, 62 bottiglie di whisky e solo 2 di rum, ancora 30 kg di cioccolato, 300 di pasta e 163 cartoni di tabacco.
Per questo e per non vantarsi, né annoiarsi, molti altri numeri. Ora, ciò che non sappiamo, è quante volte i nostri lavoratori fecero l'amore durante questo lasso di tempo. Ci sembrò corretto non indagare...» (Miguel Bosé, CD *Papito*)

Papito esce in tutto il mondo il 20 marzo 2007. In Italia l'11 maggio.
Vende oltre tre milioni di copie al mondo, in Italia circa duecentocinquantamila. Il disco torna a far parlare di Bosé in Italia, dove il suo ultimo lavoro inedito era rimasto *La-*

birinto a cui era seguito solo un *Best of*. Finalmente ottiene il dovuto riguardo: *Papito* è l'album internazionale più venduto nel 2007 nel nostro Paese e in merito ai tanti anni di assenza dalle nostre scene (o forse era l'Italia a essere assente dalle sue?).

«Decisi di scrivere le canzoni che cantavo. Questo ai discografici italiani non piacque, ogni volta che proponevo un disco nuovo, che aveva già avuto successo in Spagna ed altri paesi latini, mi rispondevano che "non c'era il pezzo". Strano paese, l'Italia. Basti pensare ad Alberto Sordi: il suo più grande successo è stato quello di fare Sordi, la Loren faceva la Loren, Manfredi faceva Manfredi e così via. Sordi era un attore straordinario, ma il pubblico italiano è così: quando scopre un personaggio lo vuole uguale in eterno. Il pubblico latino invece vuole essere sempre sorpreso. È molto audace. Una cultura che si reiventa costantemente. Persi il mercato e fui costretto a cambiare aria. Non è assurdo che un brano come "Si tú no vuelves", canzone già famosissima, una melodia bestiale, fu rifiutata dai discografici italiani dicendo che era una ballata e che le radio non l'avrebbero passata?» (Miguel Bosé, *la Repubblica*, 4 novembre 2007)

Infatti pare che già nel 1994 la Warner italiana non ritenne il brano adatto come singolo di lancio e non voleva farlo uscire come tale. Miguel, già conscio del successo ottenuto nei paesi latini si oppose, ed ebbe ragione, l'album andò fortissimo sia nel '94 e ancora nel '07 lo stesso singolo, rivisitato per l'occasione con Shakira, ha trainato questo lavoro, *Papito*, a risultati soddisfacenti, oltre ogni previsione.

Anche altri brani, precedentemente bistrattati, nella nuova veste di questo nuovo lavoro hanno finalmente raggiunto il successo meritato. Vedi "Morenamía" e "Sevilla", che grazie ai passaggi radiofonici hanno avuto la giusta visibilità anche da noi, seppur con qualche anno in ritardo.

«Non do colpa all'Italia, ma siete troppo ancorati alle formule. Un artista per voi deve essere sempre fedele a se stesso, altrimenti lo abbandonate. Sordi è sempre Sordi, Baglioni è sempre Baglioni, io ho cambiato genere, così ho perso il pubblico italiano» (Miguel Bosé, *Oggi*, n. 28, 2007).

Grazie a questo disco in Italia sembrava esser stati catapultati nei primi anni '80, quando Miguel era sempre presente. In radio, oltre alla gettonatissima "Si tú no vuelves", ruotavano spesso anche gli altri singoli dell'album. In TV e nelle riviste musicali si parlava spesso e bene di questo disco. Un bel "vanto" per i fan italiani che non lo avevano mai mollato e un'occasione per le nuove generazioni che non lo avevano mai ascoltato. Il disco in effetti ha una produzione straordinaria, e supera le aspettative in Italia e nel mondo.

PAPITO (ALBUM, 2007)

Edizione spagnola:

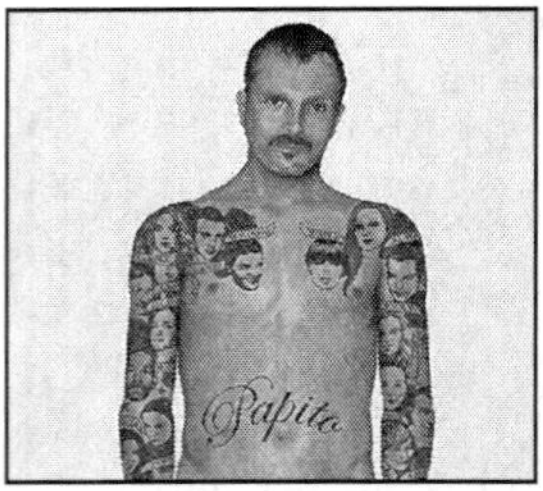

"Morenamía" con Julieta Venegas / "Si tú no vuelves" con Shakira / "Bambú" con Ricky Martin / "Nada Particular" con Juanes / "Amante Bandido" con Alaska / "Sevilla" con Amaía Montero / "Nena" con Paulina Rubio / "Te amaré" con Laura Pausini / "Los chicos no lloran" con David Summers / "Como un lobo" con Bimba Bosé / "Olvídame tú" con Ivete Sangalo / "Este mundo va" con Leonor Watling / "No encuentro un momento pa' olvidar" con Sasha Sokol / "Hay Dias" con Alejandro Sanz / "Lo que hay es lo que ves" con Michael Stipe

Bonus disc edizione deluxe:
"Si puedo volverte a ver" con Benny Ibarra / "Encadenados" con Chavela Vargas / "Agua y sal" con Mina / "El sitio de mi recreo" con Antonio Vega / "La vida es bella" con Noa / "El verano más triste" con Carlos Berlanga / "Mia" con Armando Manzanero / "Habana" con Alejandro Fernández / "Corazones" con Ana Torroja / "Hojas secas" con Mikel Erentxun / "Manos vacías" con Rafa Sánchez / "Cada día" con Hotel Persona / "Carla" con David Ascanio / "Donde alcance el sol" con Pedro Andrea / "Si todos fuesen iguales a tí" con Rosa León

Edizione italiana:
"Morenamía" con Julieta Venegas / "Si tú no vuelves" con Shakira / "Bambú" con Ricky Martin / "Nada Particular" con Juanes / "Amante Bandido" con Alaska / "Sevilla" con Amaía Montero / "Nena" con Paulina Rubio / "Te amaré" con Laura Pausini / "Los chicos no lloran" con David Summers / "Como un lobo" con Bimba Bosé / "Olvídame tú" con Ivete Sangalo / "Este mundo va" con Leonor Watling / "Hay Dias" con Alejandro Sanz / "Lo que hay es lo que ves" con Michael Stipe / "Agua y sal" con Mina / "La vida es bella" con Noa

extra tracks:
"Hacer por hacer" con Gloria Gaynor

Singoli estratti:
Si tú no vuelves / Nena / Como un lobo / Morenamía

TRACK BY TRACK:

"Morenamía" con Julieta Venegas (M. Bosé/L. Ferrario/M. Grilli)
Prodotta dal venezuelano Andrés Levin (già con Diana Ross, David Byrne, Tina Turner, Carlinhos Brown, e molti altri).
«Puro porno-pop. Dedicato a una donna che mi aveva lasciato; il sesso non è poi tutto quello che si dice e non è altro che il più personale tempio di una serie di conoscenze. Julieta con la sua voce mostra in maniera eccellente questo tipo di spontaneità che rimane immune a quello che la gente dirà» (Miguel Bosé, c.s. *Papito*).

"Si tú no vuelves" con Shakira (M. Bosé/L. Ferrario/M. Grilli)
Prodotta da Carlos Jean, già produttore di Bebe, Fangoria ed altri.
«Shakira è una che ha il dono di illuminare tutto quello in cui lei entra, incluso le canzoni come qualsiasi altra cosa» (Miguel Bosé, c.s.*Papito*).
«La mia canzone preferita di Miguel, la più bella mai stata scritta in spagnolo. Ma non solo, una delle cinque canzoni più belle di sempre della storia della musica» (Shakira, c.s. *Papito*).

"Bambú" con Ricky Martin (L. Ferrario/M. Bosé/M. Grilli)
Torna alla produzione Sandy McLelland.
«Basata su una storia realmente accaduta in un'epoca in cui pensai di fare qualcosa che avesse a che fare con il sesso. Decisi che non c'è nulla di più diplomatico che il "politicamente corretto" per quella fragile e astuta ragione del fatto che l'ipocrisia non potrà mai pretendere che il vouyerismo sia una delle parti del suo patrimonio. Ricky Martin, che innanzitutto è complice della mia vita da decenni, doveva esserlo in una storia che non conosceva, e per l'istinto che gli dei gli hanno donato, entrò in questa senza peccato» (Miguel Bosé, c.s. *Papito*).

"Nada Particular" con Juanes (M. Bosé/R. Cullum/S. McLelland/A. Ross/Toulson-Clarke)
Prodotta anche questa da Andrés Levin.
«Guerra civile nella ex Jugoslavia. Fu il paesaggio dell'ispirazione e il riconoscere che la solidarietà è un patrimonio scomodo per l'area politica. Volli comporre un inno, un'isola nel mezzo del mare, dove il diritto a vivere in pace non sia utopia. Per questo non immaginai che Juanes, cavaliere pieno di credibilità e onestà per aiutarmi in questa crociata» (Miguel Bosé, c.s. *Papito*).

"Amante Bandido" con Alaska (M. Bosé/E. Aldrighetti/O. Avogadro/S. Cossu/P. Ameli)
Prodotta da Carlos Jean.
«Alaska, che vive lo stesso mio mistero mediatico visionario e avanguardista fin dagli anni 70, fu dal primo istante la Regina degna di condividere il trono in questa canzone, semplicemente questione di coerenza» (Miguel Bosé, c.s. *Papito*).
«Miguel è un'icona. "Amante Bandido" è una canzone che tutto il mondo conosce e per questo è una storia individuale per ciascuno che la ascolta. È come rivisitare quello che Miguel in quel momento ha voluto dire, provocare con questa canzone, nei giorni nostri» (Alaska, video promo *Papito*).

La maggior parte dei brani sono stati scelti dagli artisti, non da Miguel, che aveva lasciato carta bianca ai suoi amici/colleghi. L'unica eccezione sembra sia stata fatta con Alaska, dandole questo brano per la sua immagine trasgressiva ma anche per aver trascorso un periodo insieme, quello della movida spagnola. Miguel considerò Alaska la sua regina.

"Sevilla" con Amaía Montero (M. Bosé/E. Aldrighetti/O. Avogadro/S. Cossu)
Prodotta da Nicolás Sorin, il brano, è cantato con Amaía Montero, al tempo cantante del gruppo La Oreja de Van Gogh.
«Per me non ha senso non essere un qualcosa nato da un crimine passionale. Amaía Montero ha avuto il coraggio di offrirsi per tracciare questa linea delicata che unisce il nord e il sud di un paese, di un regno che non esiste, e per questo è disposta a dialogare senza sosta. Il mio rispetto» (Miguel Bosé, c.s. *Papito*).

"Nena" con Paulina Rubio (M. Bosé/E. Aldrighetti/V. Ieoravante)
Prodotta da Carlos Jean.
«Una canzone elegante, galante e quindi antica, anacronistica, come sembra che oggi sia l'educazione, ma non a mio modo di intendere. Una canzone pura, che vuole far arrossire e spogliare, a ogni momento, la femminilità di sempre. Paulina è stata scelta per la missione. Se lei non riesce a nobilitare le intenzioni maschili e goffe di questo gioco, nessun altro potrà farlo» (Miguel Bosé, c.s. *Papito*).
«La prima canzone che ballai in una discoteca fu questa. Tutto il mondo canta questa canzone e quando mi proposero di cantarla mi emozionai molto" (Paulina Rubio, dal video promo lavorazione dell'album).

"Te amaré" con Laura Pausini (J. C. Calderón/M. Bosé)
Prodotta da Sandy McLelland.
"Fu il primo testo d'amore che scrissi. Fu concepito per pura speranza. Ancora oggi mi emoziona la sua disperazione, la sua sincerità. Senza sapere che a migliaia di chilometri, in Italia, c'era una bambina di soli sei anni destinata a diventare una star, che ascoltava sempre con sua madre questa canzone. Laura Pausini, mi colpì al cuore, e piansi durante le registrazioni» (Miguel Bosé, c.s. *Papito*).

"Los chicos no lloran" con David Summers (M. Bosé/L. Ferrario/M. Grilli)
Prodotta anche questa da Andrés Levin.
«Grazie a Dio sono cresciuto circondato da donne, con tutte le loro conseguenze, tanto che uno dei testi più deboli che ho scritto è dipeso dalla sua melodia per raggiungere il successo. Benvenute siano la musica, le donne e anche la ribellione. Se qualcosa è stato importante, decisivo nella mia vita complicata, sono state le lacrime, le donne e la musica. Le emozioni sono il territorio comune di tutti noi. Piangere non è solo lecito, è necessario e consigliato. È salutare. Per questo mi serviva esser accompagnato da qualcuno che appoggiasse questa teoria con ancora più credibilità di me. David Summers, del gruppo Hombres G, era perfetto per questo» (Miguel Bosé, c.s. *Papito*).

"Como un lobo" con Bimba Bosé (M. Bosé/G. Vanni/C. D'Onofrio/P. Costa/M. Tazzi/M. Ogletree)
Prodotta da Carlos Jean.
«La bugia è un altro modo, una forma pubblica di riconoscere che dall'altra parte c'è la verità. Non è una scusa, è qualcosa di umano. È un modo per mettersi da un lato o l'altro. Ciò scatena l'animale che c'è in noi, che sembra essere l'unica cosa che segna i destini, che siamo fatti di carne. Bimba è l'autorità di questo dolore, di questa "realtà Bosé" che non si può, né si deve spiegare, avviene per naturalezza, nobilita tutte le radici, il tronco, le foglie...» (Miguel Bosé, c.s. *Papito*).

"Olvídame tú" con Ivete Sangalo (D. Ascanio/N. Palau)
Prodotta da Sandy McLelland.
«È l'ultimo desiderio di un condannato a morte, una richiesta di compassione. Se c'è qualche speranza, si trova nella preghiera disperata, perché nella capacità di riconoscersi ferito c'è molta sensualità. Ivete Sangalo ce l'ha e la fa passare attraverso le sue corde vocali. La sua voce è una sauna per la quale nessuna pelle è preparata» (Miguel Bosé, c.s. *Papito*).

"Este mundo va" con Leonor Watling (M. Bosé/L. Ferrario/M. Grilli)
Produzione di Andrés Levin.
«La teoria che tutto è già scritto è pura matematica. Abbiamo la possibilità di evitarlo, che è qualcosa di personale, intimo, e ciò non influisce sul destino di nulla e nessuno. Semplicemente lo rimanda. Leonor Watling è la bellezza per eccellenza. Per questo è capace di essere al di sopra dei tempi e di questo mondo che va dove vuole andare» (Miguel Bosé, c.s. *Papito*).

"No encuentro un momento pa' olvidar" con Sasha Sokol (M. Bosé/R. Cullum/S. McLelland)
Prodotta da Sandy McLelland.
«Tra l'essere innamorati e che qualcuno ti interessi c'è la linea sottile del letto. Piangere, non aiuta a dimenticare. Quando qualcosa non può essere fatto la cosa più onesta da fare è riconoscere che è impossibile, o ancor più onesto che non si vuole fare. Non c'è cura per il dolore, solo una ranchera. Sasha Sokol *[del gruppo Timbiriche, nda]* è la prova umana, che per superare il dolore non c'è miglior modo che arrendersi a questo, e così lo canta» (Miguel Bosé, c.s. *Papito*).
«È la mia preferita. Mi trasporta in luoghi con delle emozioni molto forti, è una canzone erotica, passionale, però allo stesso tempo sofferente, perché si parla di separazione, di "non saper dimenticare"» (Sasha Sokol, v.p. *Papito*).
«È una canzone che contiente molto sudore, molto erotismo, ha il feeling della ranchera, ma non ha la formula di una ranchera» (Miguel Bosé, v.p. *Papito*).

"Hay Dias" con Alejandro Sanz (M. Bosé/F. Ortí)
Prodotta da Carlos Jean, è uno degli inediti dell'album.
«La differenza tra le belle e brutte giornate può dipendere da piccoli dettagli e dal fatto che alcuni incidenti possono farci male nel

profondo dell'anima. Con Alejandro, mio amico fraterno, abbiamo deciso di cantare ciò di cui generalmente tacciamo» (Miguel Bosé, c.s. *Papito*).

"Lo que hay es lo que ves" con Michael Stipe
(M. Bosé/M. Stipe/R. Cullum/S. McLelland/A. Ross/S. Toulson-Clarke)
Produzione di Andrés Levin.
«Senza inganno. Questo è tutto ciò che c'è e non ci sarà mai più. Viaggerò migliaia di leghe per arrivare alla tua porta e mi darai da mangiare dalla tua mano. Non è amore quello di cui parlo, è poesia, la mia ultima e disperata poesia. Per parlare di questo ho contattato un angelo, Michael Stipe, il più disponibile a farsi male di tutti quelli che sono sopravvissuti all'amore. Il più sublime, il più tenero, il più terribile...» (Miguel Bosé, c.s. *Papito*).
«Michael Stipe ha scelto "Lo que hay es lo que ves" perché fa parte dell'album di uno dei dischi di musica spagnola che gli ho passato quando ci siamo conosciuti, circa dodici anni fa. Pensa sia un pezzo dal grande respiro» (Miguel Bosé, *Rolling Stone*). Infatti Stipe amava molto l'album da cui ha scelto personalmente questo brano. Dopo il loro incontro, il 4 novembre 1998 a "Séptimo de Caballería", in cui i R.E.M. si esibirono in un concerto di quasi due ore (in TV fu trasmessa solo una parte) i due artisti diventarono molto amici, infatti trascorreranno anche alcune vacanze insieme.
«Un grande onore per me che Miguel mi abbia chiesto di lavorare a questo pezzo di cui sono innamorato. Miguel ha un grande senso dell'umorismo ed è molto profondo. Inoltre è molto autocritico, un grande uomo». (Michael Stipe, v.p. *Papito*)

extra tracks:
L'album esce anche in edizione deluxe doppio CD, includendo nel bonus disc duetti registrati appositamente per questo progetto ed altri già editi in album precedenti, alcuni di Miguel stesso, altri facente parte la discografia di altri artisti.

"Si puedo volverte a ver" con Benny Ibarra (M. Bosé/Benny/P. Walsh)
Duetto già edito nell'album di Benny Ibarra *Llueve luz*, lavoro del 2003, anno in cui uscì anche un'edizione del brano su CD singolo promozionale.

"Encadenados" con Chavela Vargas (C. A. Briz)
«Il duetto con Chavela Vargas è stato registrato sette anni fa, poco dopo abbiamo avuto un diverbio, e lei non lo inserì più sul suo disco. Come era prevedibile, ci riconciliammo dopo tre giorni, ma era troppo tardi per includerlo» (Miguel Bosé, da *Woman*, rivista spagnola, n.174, 2007).

"Agua y sal" con Mina (G. Donzelli/V. Leomporro/S. Cerri)
Versione in spagnolo del duetto che Mina cantò con Adriano Celentano nel 1998 per il loro album di grande successo *Mina Celentano*. Pubblicato per la prima volta in questo lavoro di Miguel, successivamente sarà pubblicato anche nell'album di duetti della stessa Mina *Todavia*. «Avevamo avuto un contatto già diversi anni fa, poi non se

ne è fatto più nulla. Ora è arrivato il momento giusto» (Miguel Bosé, *Che tempo che fa*, 2007).
«La prima volta che ho ascoltato Mina è stato grazie ai miei cugini e zii milanesi che in Spagna portavano i 45 giri dall'Italia, ricordo che il brano era "Insieme". Quando si venne a sapere che avevo fatto questo duetto con Mina, soprattutto in Sudamerica mi dissero "non so se ti rendi conto, hai fatto un duetto con un pianeta, una costellazione"» (Miguel Bosé, da *Unici*, programma TV, 2015).

"El sitio de mi recreo" con Antonio Vega (A. Vega)
Brano di Antonio Vega, originariamente uscito come singolo nel 1992 e due anni dopo incluso nel suo secondo lavoro *Oceano de sol*. Miguel lo aveva già cantanto in un CD a scopo benefico nel 2003, *Infancia olvidada*, un album in cui diversi artisti (tra cui Victor Manuel, Ana Belen, Joaquín Sabina) si sono uniti in difesa dei diritti dei bambini. Per l'occasione *Papito* la ricanta con l'autore originale.

"La vida es bella" con Noa (Noa/G. Dor/N. Piovani adapt R. & N. Dìaz)
Duetto già edito nell'album di Noa *Blue touches blue*, del 2000.
"La vida es bella" è la versione in spagnolo della più nota "Beautiful that way", colonna sonora del film *La vita è bella* di Roberto Benigni, in duetto con Miguel in spagnolo. In alcune occasioni in TV l'hanno anche interpretata dal vivo. Esiste una versione promozionale del singolo in CD.

"El verano más triste" con Carlos Berlanga (C. Berlanga)
Duetto già edito nell'album *El angel exterminador* del 1990 di Carlos Berlanga, che purtroppo ci lascerà il 5 giugno 2002.

"Mia" con Armando Manzanero (A. Manzanero)
Tratto dall'album di duetti del cantante messicano *Duetos – lo mejor de*, uscito nel 2000. A mio parere uno dei migliori duetti. Purtroppo anche Manzanero ci lascerà il 28 dicembre 2020 all'età di ottantasei anni.

"Habana" con Alejandro Fernández (L.M. Felipe)
Duetto già edito nell'album *Por vos muero*.

"Corazones" con Ana Torroja (M. Bosé/A. Torroja/L. Ferrario/M. Grilli)
Già edito tratto dal progetto *Girados*.

"Hojas secas" con Mikel Erentxun (M. Erentxun/M. Bosé)
Duetto già edito tratto dall'album *Los chicos no lloran*, con la collaborazione del cantante dei Dunchan Dhu, Mikel Erentxun.

"Manos vacías" con Rafa Sánchez (E. Cid/L. Bolin)
Già edito in *Los chicos no lloran*, questa volta con il cantante de La Unión, Rafa Sánchez.

"Cada dìa" con Hotel Persona (S. Olsdal/D. Amen)
Stephen Olsdal, il bassista dei Placebo, forma un progetto parallelo alla band di Brian Molko, gli Hotel Persona. Nasce un brano cantato in duetto con Miguel Bosé e che viene pubblicato per la prima vol-

ta su *Papito*. Un anno dopo anno sarà incluso anche nell'album di Olsdal, intitolato *In the clouds*.

"Carla" con David Ascanio (D. Ascanio)
Un altro inedito, che rende l'edizione speciale di *Papito* imperdibile, è il duetto con David Ascanio, "Carla", che l'anno successivo includerà questo brano nel suo album d'esordio *Quién da +*.

"Donde alcance el sol" con Pedro Andrea (P. Andrea)
Duetto già edito, tratto dal progetto *Liberando expresiones*, pubblicato nel 2003 per celebrare i 25 anni di Amnistía Internacional España. Al fianco di Miguel, Pedro Andrea, per tanti anni suo fedele chitarrista. Successivamente incluso nell'album solista di Andrea *Alas* uscito nel 2004. Curiosamente *Alas* contiene anche una versione propria di "Levántate y olvida", scritta per Miguel dal chitarrista per l'album *Por vos muero*, qui interpretata dall'autore originale.

"Si todos fuesen iguales a tí" con Rosa León (V. de Moraes/A.C. Jobim/D. Trueba)
"Se todos fossem igual a vocé" è la versione originale composta dal duo Moraes/Jobim per l'album *Orfeu de Conceição* del 1956, cantata con Roberto Paiva in portoghese. Un classico della bossa nova, brano in seguito coverizzato da tantissimi artisti in svariate versioni, qui adattata in spagnolo per un album di Rosa León pubblicato nel 1992 *¡Ay amor!*.

"Hacer por hacer" con Gloria Gaynor (M. Bosé/L. Ferrario/M. Grilli)
Duetto prestigioso con la grandissima Gloria Gaynor, che sarà pubblicato solo l'anno dopo in una ristampa in edizione speciale dell'album *Papito*.

Note alla discografia

L'album esce in Spagna e nei mercati latini in due edizioni: la standard e la doppia digipack con i duetti bonus, tra cui alcuni inediti, registrati per l'occasione, altri ripescati da collaborazioni precedenti. In Italia non esce la deluxe edition, ma saranno incluse due canzoni tratte da questa edizione e incluse come bonus (quelle con Mina e Noa) a discapito di "No encuentro un momento pa' olvidar".
A un anno dalla pubblicazione, nel 2008, esce una versione speciale dell'album con copertina a sfondo rosso anziché bianco, uscita anche in edizione speciale con DVD contenente lo speciale TV trasmesso da TVE per la promozione di *Papito*, che vedeva anche numerosi ospiti d'eccezione. Come bonus nel CD audio è incluso il duetto con Gloria Gaynor. Due i singoli su CD cardsleeve promozionale: "Como un lobo" e "Nena", quest'ultimo anche in DVD singolo, sempre

promozionale, ed ancora, sempre promo, un CD contenente cinque tracce dell'album. In Italia la Carosello emette tre singoli su CD promo, senza copertina fotografica, a livello collezionistico poco interessanti, in quanto sembrano dei veri e propri CD-R. Anche la versione promozionale dell'album viene emessa con la stessa modalità, che peraltro è abbastanza diffusa negli anni 2000 a causa di una rapida trasformazione subita dalla diffusione e dalla distribuzione musicale che di qui a breve lascerà il posto ai file audio.
Nel 2010 la Carosello, grazie al ritorno in Italia di Miguel Bosé, contemporaneamente a *Cardio*, stamperà anche il precedente successo *Papito*, entrambi in doppio vinile picture disc (è la prima volta che succede per un lavoro di Miguel), limitati a cinquecento pezzi di tiratura. La Warner invece, nel 2016 emetterà sul mercato il vinile classico di *Papito*.

PAPITOUR

«Durante la tournée canterò il repertorio di una vita. Dopo lo metterò da parte per un po'. Con *Velvetina* si è aperta una storia che voglio costruire, che mi appassiona, e che non si deve confondere con questa. Sono energie differenti. È un cambio che fu fatto in maniera radicale, però in alcun modo possono convivere le due cose» (Miguel Bosé, da *Joy*, 2007). Il tour riscuote talmente successo che dura tre anni, le date in programma sono tantissime. In Spagna è una vera e propria festa. Nel corso di tre estati consecutive Miguel batte ogni zona della Spagna, esibendosi davanti a un pubblico composto di gente di ogni età, che canta con lui i successi di trent'anni. Lo stesso accade in Sudamerica e negli Stati Uniti e finalmente, dopo tredici anni, il 5 dicembre 2007 Bosé torna a calcare i palchi italiani con una data al DatchForum di Assago di Milano.
Nel corso del tour si susseguiranno vari ospiti sul palco di Miguel. Ad esempio a Madrid, a Las Ventas, il 21 giugno, saliranno sul palcoscenico Bimba Bosé, Rafa Sánchez, Alaska, Leonor Watling e Ana Torroja. Da questa serata sarà tratto un CD live con DVD dal titolo *Papitour*, che sarà disponibile in tutti i negozi di dischi il 7 dicembre del 2007, anticipato dal singolo "Te amaré" come promo radiofonica.

La copertina del disco riprenderà quella di *Papito*, solo con sfondo nero stavolta.
Il 20 settembre, a Barcellona, con Bimba Bosé, Julieta Venegas e Ana Torroja, al duetto di "Los chicos no lloran" partecipa El Follonero, comico e presentatore televisivo, che ora usa il suo vero nome Jordi Évole. Quella credo sia stata la prima volta di El Follonero su un palcoscenico, di sicuro così numeroso.
A Milano, Laura Pausini, acclamatissima, giocava in casa, cantando "Te amaré" metà in spagnolo, come nel disco, e metà in italiano.
In Messico tante altre ospitate, tra cui Benny alle grotte di Cacahuamilpa, cantando la loro "Si puedo volverte a ver", accennando sul finale "Como un lobo". Nella stessa serata, Sasha Sokol viene chiamata a sostituire la Pausini, cantando "Te amaré".
Tre anni di tour, instancabili. La setlist "base" della tournée rimase per i tre anni molto solida, dando spazio a tutte le maggiori hit di Miguel di questi trent'anni, rispolverando per l'occasione brani che non venivano eseguiti live probabilmente da altrettanti anni, o quasi. Emozioni fortissime quindi per i fan, perché il "Papitour" diventa un vero e proprio viaggio di ricordi per ognuno, quelli di una vita.
A Milano la scaletta variò di poco da quella proposta in Spagna, da segnalare il fatto che fu l'unica nazione dove cantò "Bravi ragazzi", dato il successo che la hit del 1982 ottenne da noi. "Voy a ganar" invece fu suonata in Cile, a Viña del Mar, per le stesse ragioni, il brano lì, è amatissimo.
Da segnalare, riproposta solo nel terzo e ultimo giro del tour, su richiesta di Bimba Bosé, fu messa in scaletta "Shoot me in the back", cantata a duetto proprio con la nipote. Un ennesimo regalo per i fan di vecchia data.
Sempre nel pieno del terzo round del tour di *Papito*, il 2 luglio 2009 per MTV Day 2009, a Madrid, Bosé prende parte al concerto di Kylie Minogue, che lo ospita sul proprio palco per cantare insieme "Como un lobo" presentandolo al pubblico come "your icon!".

Setlist tour:
Sereno / Duende / Nena / El hijo del capitán trueno / Bambú / Gulliver / Salamandra / Sevilla / Este mundo va / Mirarte / Partisano / Sol forastero / Amiga / Teorema / Creo en ti / Morir de amor / Linda / Don Diablo / Super Superman / Te amaré / Los chicos no lloran / Manos vacías / Morenamía / Como un lobo/ Si tú no vuelves / Nada particular / La belleza / Olvídame tú / Corazones / Amante bandido / Nena /Shoot me in the back (solo nella terza parte del tour).

SPECIALE "BILLBOARD"

"Billboard", nel numero 24 di novembre 2007, dedica a Miguel Bosé una copertina prestigiosissima e un altrettanto importante servizio composto da sedici pagine, tre articoli, di cui uno dove viene accostato a talenti come Madonna e David Bowie, un altro è un'intervista allo stesso Miguel e uno in cui ci sono dati e aneddoti riguardanti la sua carriera. Il tutto è arricchito da pagine intere che la Warner, la Carosello Italia, la On Stage, la Ocesa e tanti altri omaggiano per i trent'anni di carriera di Miguel.

Uno di questi riporta e ricorda che Bosé ha venduto circa 15 milioni di dischi, 5 con la CBS, 10 con la Warner. Di questi, 3 milioni venduti solo in Spagna. Il corrente album *Papito* invece, è arrivato al milione di copie, di cui 300 mila in Spagna e 200 mila in Italia (dati riferiti sino al novembre 2007, mese di pubblicazione dell'articolo, infatti solo *Papito* raggiungerà i 3 milioni di dischi venduti, arrivando in italia a superare le 250 mila copie).

Quando raggiunse il milione di copie vendite Bosé, scherzando in una o più trasmissioni televisive, disse, promettendo, che si sarebbe fatto un tatuaggio vero, riferendosi a quelli finti della copertina, qualora avesse raggiunto i 2 milioni. Superato di gran lunga il traguardo non ha comunque mantenuto la promessa, ma data la portata del pegno da pagare, lo comprendiamo e perdoniamo.

Altri dati importanti di vendite, riferiti sempre al 2007, riportavano tra i dischi di Bosé più venduti fino ad allora, *Bajo el signo de Caín*, che superò il milione di copie, e la compilation *Lo mejor de Bosé*, che raggiunse quota 1 milione e 100 mila.

«Lui è un artista nel vero senso della parola. Credo, dal profondo del mio cuore, che lui abbia contribuito molto per tutti noi con la sua musica, il suo talento e la sua qualità umana» (Ricky Martin).

«Non conosco un altro artista pop che ha rivoluzionato la musica per tre decenni. Oggi se vai ad un concerto di Bosé trovi tre generazioni di fan. È un artista che non solo ha segnato le tendenze musicali, ma anche la moda, lo stile, la danza. È tremendamente originale» (Mario Ruiz).

«Un artista completo, instancabile, sempre alla ricerca della perfezione, senza dubbio una delle influenze maggiori latine di tutti i tempi» (Iñigo Zabala, presidente della Warner Music Latin America).
«Ha rischiato molto durante la sua carriera, quando lui era famosissimo ha fatto un cambio radicale e costantemente ha fatto cose che erano in anticipo sui tempi. È così che sostieni una carriera di trent'anni e hai il rispetto delle nuove generazioni» (Rosa Lagarrigue).
Nella stessa rivista Rose gli regala una pagina di ringraziamenti a suo nome e della sua agenzia, la RLM, per i trent'anni di carriera e per i quaranta di amicizia tra di loro:

«Thousands and thousands of miles.
Hundreds and hundreds of concerts.
Millions of records...

So many journeys, experiences and dreams together...

But, the most precious to me, is your friendship
during the past 30 years...

Oops! 40 years...

Miguel, merci.

Je t'aime.

Rosa Lagarrigue»

«Abbiamo studiato insieme danza e andavamo spesso a ballare insieme. Miguel ha sempre amato l'arte e il teatro. Nel 1973, quattro di noi andammo a vivere e a studiare danza a Londra. Un anno dopo Miguel tornò in Italia e Francia per girare dei film. Siamo rimasti sempre in contatto. Diventai successivamente la sua manager. Poi, nei primi anni '80, continuò con un manager italiano *[Maurizio Salvadori, nda]*, ma siamo sempre rimasti amici e in contatto» (Rosa Lagarrigue). Miguel tornerà nel roaster della Lagarrigue nel 1993.
«Indipendentemente dallo stile e dal soggetto, un disco di Bosé ha un tocco e un colore particolare. Non c'è una formula esatta, ma si può riconoscere l'amore di Miguel di miscelare i suoni naturali con il mondo dell'elettronica, combinando elementi ed emozioni tradizionali latine con una vasta gamma di altri stili musicali. La sua estensione vocale è molto ampia, notevole. Il feeling, la sensazione, è tipicamente latina, ma c'è sempre una quantità di parte anglosassone in ogni sua performance» (Peter Walsh).

«Non è un progetto pianificato da me. È stata la mia casa discografica, la Warner, a propormelo, io stavo lavorando al mio nuovo album di inediti. Non amo festeggiare i compleanni, figuriamoci trent'anni di carriera.
La mia carriera è basata sul rischio, è atipica. Non ha seguito norme e regole.
Quando ho chiesto ai miei amici cosa ne pensassero, erano davvero entusiasti. Molti di quelli che duettano con me nell'album sono cresciuti con la mia musica e loro erano molto eccitati di celebrare il tutto al mio fianco.
Al che mi sono seduto a casa, ho ascoltato tutta la mia discografia in ordine cronologico, tutti i miei ricordi, i profumi, luoghi e persone, aneddoti sono ritornati a galla. Ho trovato un ragazzo di dicianove anni che faceva la musica che si fa a quell'età, a venticinque quella di venticinque, a trenta quella di trenta... ma soprattutto una grande coerenza per quanto riguarda lo sviluppo di un linguaggio molto personale e produzioni musicali particolari.
La mia vita e la mia musica son cresciute parallelamente. La musica che ho fatto in determinati momenti mi rifletteva. C'è molta coerenza e onestà. E la gente lo avverte questo e ti rispetta anche se qualche volta ho fatto dei passi falsi. Qualche album funziona, un altro no, ma se tu lo fai onestamente la gente aspetta il prossimo tuo lavoro, e l'altro ancora. E soprattutto... dove sarei oggi senza la mia équipe?» (Miguel Bosé).
«Ho sempre amato Miguel, sin da piccolo. Quando Mariano Pérez (presidente della Warner Spain) mi offrì di distribuire questo disco, volai subito a Madrid, e ascoltai qualche traccia con lui e Rosa Lagarrigue, ed io dissi subito "Se lo realizziamo in Italia con queste canzoni, diventa n. 1". Lasciammo alle radio la decisione di scegliere quale singolo trasmettere, inviammo l'album scrivendo "Mandate il brano che volete". Il risultato fu pazzesco, tutte le radio dapprima trasmisero "Si tú no vuelves". La cosa curiosa è che quando Rosa e Mariano dissero a Miguel che io dissi "Lasciate fare a me, e diventerà n. 1" lui disse: "per favore non mi mentite, sono metà italiano".
Dopo un po' di tempo, tutti mi chiesero "come mai si vede in TV più Bosé che Romano Prodi?" Ebbe un successo pazzesco!» (Claudio Ferrante, presidente della Carosello).

Intervista a Pedro Andrea, chitarrista, cantante
(raccolta via mail il 10 settembre 2017)

Ciao Pedro, come hai iniziato a lavorare con Miguel?
Il suo direttore musicale mi chiamò per unirmi al tour del 1994.

Parlami un po' di Miguel, come persona, collega, e del tuo lavoro con lui.
C'è una frase che dice: "il potere non corrompe, smaschera". Nonostante la fama, i soldi, il successo e molte altre cose che fanno emergere il peggio di chi le ottiene, Miguel da subito ha dimostrato di essere una delle migliori persone che io abbia mai conosciuto nella mia vita. Si preoccupa per gli altri, ha la capacità di perdonare, di comprendere, di dare delle opportunità agli altri e di compiere gesti umani e molto generosi. È la verità.

C'è un aneddoto che ti ricordi in maniera particolare dei vari tour?
Ce ne sono tanti. Ricordo una volta ero distratto dai miei impegni lavorativi sul palco e mi feci prendere un po' dallo sconforto. Miguel, contrariamente a quello che avrebbero fatto molti artisti, mi chiese (non si impose) di concentrarmi di più, ed ebbe un atteggiamento paziente e affettuoso. Un atteggiamento da vero amico, non da capo.

C'è una canzone tra quelle che suonavi nei vari tour che ti piaceva maggiormente e, se c'è, una che avresti voluto suonare, dal repertorio di Miguel, ma che mai avete suonato per questioni di scaletta?
"Si tú no vuelves" quella che più mi piaceva, quella che avrei voluto suonare era "Márchate ya".

Sei stato parte di un tour magico, "Papitour", il più lungo di Miguel (io solo ho visto nove concerti a questo giro). Parlamene un po'.
In questo tour ho avuto modo di sentire tutto il catalogo delle emozioni: stanchezza, entusiasmo, nostalgia. Durato tre anni, e fu molto bello quanto faticoso.

Quali sono le tue maggiori influenze musicali?
Di ogni tipo, ma fondamentalmente rock.

Se Miguel leggesse questa intervista cosa vorresti dirgli?
Semplicemente questo: *semper fidelis*.

Intervista a Noa, musicista, cantante
(raccolta via mail il 6 aprile 2018)

Ciao Noa, tu hai duettato con Miguel in "La vida es bella". Come vi siete conosciuti?
Sono stata presentata a Miguel dalla mia casa discografica in Spagna nei primi anni'90. Il nostro primo incontro fu in un programma TV che lui conduceva, "Séptimo de Caballería", e sin dal primo istante fui catturata dal fascino di Miguel, dalla sua cordialità e umanità. Nonostante il suo status ed essendo la star affermata che è, è stato

molto solidale con me, che ero un'artista praticamente sconosciuta, sin dal primo momento, offrendomi visibilità nel suo programma. Più in là è nata l'iniziativa di riunirci per registrare la versione spagnola di "Beautiful that way".

Avete cantato dal vivo questo brano in alcune apparizioni televisive, che ricordi hai di quel periodo?
I miei ricordi del tempo passato con Miguel sono molto positivi. È un cantante meraviglioso, con un gran senso dell'umorismo, gentile, generoso, amorevole, un artista incredibile con un gran cuore, un uomo premuroso e naturalmente stupendo. Ero così felice quando ho saputo che è diventato padre.

Se dovesse leggere questa piccola intervista, cosa gli vorresti dire?
Miguel non lo vedo da qualche anno e devo dire che mi manca. Miguel... incontriamoci... ho un grande abbraccio per te!

CARDIO

Dopo tanto revival, tanti concerti in giro per il mondo, si torna in studio di registrazione. Si riprende il percorso su cui si stava lavorando prima della "festa Papito". Forse molti brani di quel "Velvetina 2" sono stati accantonati per sempre, forse qualche idea è stata riutilizzata per il nuovo lavoro, non sappiamo. Di fatto è che Miguel registra e produce un nuovo album negli studi PKO di Madrid insieme a Nicolás Sorin, con la co-produzione di Pepo Scherman, intitolato *Cardio*.
«Molti potrebbero pensare che è un disco che ha a che vedere con l'emozione, i sentimenti. Cardio in greco antico vuol dire "cuore", da sempre si dice "lì è il posto dove vivono le emozioni", no! È un muscolo, nulla più. Che si muove a seconda degli impulsi. È un album che non ha nulla a che vedere con *Papito*. È un disco che mi soddisfa moltissimo, e che mi assomiglia moltissimo» (Miguel Bosé, da *Primopiano*, servizio di Andrea Conti).
Il disco mantiene sonorità elettroniche tanto care a Miguel, ma è molto diverso dal disco del 2005, è più solare, allegro, meno "sperimentale", sicuramente di maggior impatto, più diretto, ma si sa, Miguel si reinventa sempre, e anche qui sforna un lavoro di tutto rispetto, fresco, grintoso, una reale

botta di vita, che viene direttamente dal "cardio", utilizzando un gioco di parole.
"Billboard" pubblica un'ottima recensione del disco, "scomodando" David Bowie come termine di paragone per il brano "¿Hay?" che, secondo la rivista, sembra riecheggiare il periodo "Ziggy Stardust". Si tratta del resto di uno dei brani più belli dell'album. "Dame argumentos" e "Y poco más" sono due canzoni dal ritmo molto sostenuto, così come "Estuve a punto de...", il primo singolo estratto, e "Eso no", in cui risuona il Bosé dei primi anni 80. Lo stesso Miguel dirà che in questo disco si possono riscontrare molte fasi della sua carriera, e l'assetto rock del brano in questione riporta ai pezzi del Bosé di *Más allá*, anche nel cantato, ovviamente il tutto in chiave moderna. Non mancano i nuovi volti di Miguel, che in "Júrame" è alle prese con un rap. "Cardio", "El perro" e "Ayurvédico" sono brani elettro-pop molto solari, quest'ultimo nei cori ha dei richiami al periodo *Chicas!*. "A mí me da igual" rispolvera la vena reggae, non nuova a Miguel, "Por ti" e l'emozionantissima "La verdad" completano un album molto soddisfacente, vario, positivo.
Il 18 febbraio 2010 Miguel torna al "Festival di Sanremo", ma stavolta in qualità di ospite. È la prima volta che viene ospitato sul palco della kermesse sanremese, escludendo la stagione in cui lo ha presentato anche cantando al Palarock. Per l'occasione Miguel propone in anteprima al Teatro Ariston il singolo "Por ti" in lingua spagnola. Inoltre, dato che ogni ospite portava una cover di un brano storico che aveva partecipato alla manifestazione canora, Miguel sceglie "Non ho l'età (per amarti)" di Gigliola Cinquetti, con cui la cantante, oltre a vincere il "Festival di Sanremo" nel 1964, vinse anche l'"Eurovision Song Contest".
Miguel motivò questa scelta dicendo che aveva ascoltato questo brano quando era molto piccolo e divorava i molti 45 giri che i parenti gli portavano a casa, tra cui molta musica italiana. In quegli anni non era facile reperire dischi, ancor più da un paese all'altro, e a maggior ragione in paesi come la Spagna.
Cardio in Italia esce due mesi dopo il festival sanremese, il 16 aprile, mentre il 9 marzo è disponibile in Spagna e paesi latini.

L'album ottiene grande successo in Spagna, in tutta l'America Latina e anche negli Stati Uniti, dove, qualora ce ne fosse bisogno, Miguel persegue sempre di più la fama di superstar. In Italia non gode della stessa promozione del disco precedente: se ne parla, ha una buona visibilità, in prenotazione è disco di platino, ma successivamente l'interesse svanisce nel vuoto. Neanche il singolo "Per te", cantato in italiano, ottiene il risultato sperato.

CARDIO (ALBUM, 2010)

Edizione spagnola:
Estuve a punto de... / Júrame / Dame argumentos / Por ti / A mí me da igual / Cardio / El perro / ¿Hay? / La verdad / Ayurvédico / Y poco más / Eso no / Santo veneno (iTunes)

Edizione italiana:
Per te / Estuve a punto de... / Júrame / Dame argumentos / Por ti / A mí me da igual / Cardio / El perro / ¿Hay? / La verdad / Ayurvédico / Y poco más / Eso no

Singoli estratti:
Estuve a punto de... / A mí me da igual / Per te

TRACK BY TRACK:

"Estuve a punto de..." (M. Bosé/N. Sorin)
altre versioni: **"Estuvo a punto de…"** Brian Cross Deep Love remix

«La chitarra elettrica di questo brano è molto indie, molto sporca. Sfrontata, volutamente stonata. Ma non chiamatelo rock: il rock non mi appartiene, non lo so fare. Dire che questo è un disco rock solo perché ci sono le chitarre sarebbe come dire che la fede è patrimonio esclusivo della chiesa cattolica» (Miguel Bosé, *Rockol*, 9 aprile 2010).
«Parla di come a volte per davvero poco si possono evitare di commettere grandi errori, se seguiamo le nostre intuizioni le cose andranno sempre bene» (Miguel Bosé, v.p. *Cardio*).

"Júrame" (M. Bosé/N. Sorin/C. Fernández)
altre versioni: **"Júrame"** Armin van Buuren remix

«Questa canzone serve a ricordare che con la volontà si può fare di tutto. Io e Juanes, alla fine, siamo rimasti soli *[si riferisce alla giornata a L'Avana nel 2009 per il concerto per la pace, "Paz sin fronteras", nda]*: c'è chi ha avuto paura, di fronte alle minacce degli anticastristi, gli sponsor si sono ritirati. Ma su una e sull'altra sponda, a Cuba come in Florida, le nuove generazioni sono per l'apertura del dialogo» (Miguel Bosé, *Rockol*).

«È la canzone di un patto tra me e Juanes per non perdere le forze per andare avanti, e parla della volontà. Se c'è la volontà, le cose si possono fare e si possono cambiare» (Miguel Bosé, v.p. *Cardio*).

"Dame argumentos" (M. Bosé/N. Sorin)
altre versioni: **"Dame argumentos"** DJ Tiësto remix

«È la storia di una rottura di una coppia che non funziona più né con i ricordi, né con il tentare di rivivere le cose, passando per l'avvocato, ma non funziona comunque...» (Miguel Bosé, *Primopiano*)
«Canzone molto dark ma molto divertente, parla di una separazione di una coppia, e le sue quattro fasi, dalla bontà a quando la fai a pezzettini, con un finale molto "gore"» (Miguel Bosé, v.p. *Cardio*).

"Por ti" (M. Bosé/N. Sorin)
altre versioni: **"Per te"** (M. Bosé/N. Sorin/L. "Jovanotti" Cherubini) in italiano / **"Por ti"** Brubaker XL remix

«L'unica ballata del disco e la canzone con il ritornello più corto del mondo, che è "Por ti". Costruita con poche parole, non più di cinquanta. Che bello e che terapia è dire a qualcuno che si fa qualcosa "por ti"! E che bello quando ce lo dicono! Così come a noi piace fare regali, dobbiamo accettare che gli altri li facciamo a noi. Dare e lasciarsi voler bene» (Miguel Bosé, v.p. *Cardio*).
«Quando la casa discografica mi ha proposto la traduzione, sapevo che solo Jovanotti conosceva bene me e lo spagnolo per fare un lavoro accurato. È stato così, anzi ha inserito una piccola variazione che ha dato ancora più senso al testo. L'avessi vista prima, avrei riadattato anche la stesura originale» (Miguel Bosé, *Rockol*).
Bosé ha definito spesso Jovanotti un grande poeta urbano, per la sua capacità comunicativa, soprattutto nei testi delle sue canzoni.

"A mí me da igual" (M. Bosé/N. Sorin)
«Una canzone reggae divertente, la chiave è nel linguaggio, un linguaggio errato a livello sintattico, un disastro. Non rispetta nessuna regola. Con molte parole inventate» (Miguel Bosé, *Rockol*).

"Cardio" (M. Bosé/N. Sorin)
altre versioni: **"Cardio"** Roger Sánchez Release Yourself remix

«Canzone didattica, che dà il titolo all'album. Mi sembrava una buona parola, basata sul concetto di moda, perché tutte le canzoni hanno il loro personaggio ed è una specie di passerella e ci sono tanti personaggi diversi e "Cardio" parla di stare attenti ai ritmi del cuore. Perché a volte ci raccontano delle cose sbagliate e volte dobbiamo dare a ogni cosa il proprio nome. Tutte le cose hanno un nome, a volte un tono, che altre volte è più importante. Per apprendere bene una conversazione, ci sono le preposizioni» (Miguel Bosé, v.p. *Cardio*).

"El perro" (M. Bosé/N. Sorin)
altre versioni: **"El perro"** Wally López remix

«La storia di un cane. È una metafora. Un uomo-cane. Un uomo che parla e che si sente come un cane. Un cane che non vuole più muovere la coda, non vuole più cercare un proprietario, non può sopportare più il senso di essere un oggetto, a cui non mi va più bene la carezza del padrone. E che fa? Si libera del guinzaglio e va a cercare un amore, dove? In una discoteca» (Miguel Bosé, v.p. *Cardio*).

"¿Hay?" (M. Bosé/N. Sorin)
«È la prima canzone che è nata per questo disco o almeno la prima che ho deciso che doveva farne parte. Stavo rileggendo *Cime tempestose* di Emily Brontë, e sono rimasto affascinato dal personaggio Heatcliff, un personaggio molto tormentato, un tipo "Byron". Così è il protagonista di questa canzone molto straziante, come quando uno si aggrappa alla mano dell'amante per non cadere nel precipizio» (Miguel Bosé, v.p. *Cardio*).

"La verdad" (M. Bosé/N. Sorin)
«La canzone più lunga dell'album, perché necessitavo del tempo. Parla del tempo, parte dal passato, con un pianoforte che suona lontano come fosse in un corridoio sperduto che passa dal presente, entra nel futuro, torna al presente che ricorda il passato. Si chiama "La verdad", ma questa parola non viene mai pronunciata nella canzone, ma la verità è ciò che conta per chi sta raccontando questa storia. La struttura del brano è un omaggio alla canzone dei Beatles "One day in the life" che è una delle canzoni più spettacolari che io possa ricordare» (Miguel Bosé, v.p. *Cardio*).

"Ayurvédico" (M. Bosé/N. Sorin)
altre versioni: **"Ayurvédico"** Carl Cox Ragga mix

Parla della dieta che lo ha portato a dimagrire oltre venti chili, dopo gli eccessi dovuti al tour di Papito, appunto la dieta ayurvedica, l'unica canzone autobiografica di questo lavoro, insieme a "Júrame". «Fa riferimento alla medicina indiana, la dieta ayurvedica, basata sulle spezie, dieta che ho fatto per depurarmi. La canzone è come una ricetta» (Miguel Bosé, *Rockol*).

"Y poco más" (M. Bosé/N. Sorin)
«Guarda con preoccupazione alla crescita di potere di organizzazioni religiose come l'Opus Dei. Da lì deriva quel clima claustrofobico che non ti lascia respiro, quel suono entomologico che prima ricorda una confraternita di formiche e poi una marcia militare. Mi sono ispirato alla storia di una mia segretaria, che faceva parte di quell'organizzazione. Quando scoprì il sesso se ne andò, ma poi ha lasciato il fidanzato ed è rientrata nei ranghi. Un po' come quelli che cercano di smettere di fumare e poi ci ricascano con amarezza. È evidente che il letto le manca. Organizzazioni come quelle ti catturano quando hai quattordici/quindici anni e pochissima autostima: ci si rifugia in una comunità, dove ti assegnano un numero e ti senti protetto. Purtroppo in Spagna sta prendendo piede, finanzia scuole e università che formano la classe dirigente. Rispetto ai legionari di Cristo, comunque, anche l'Opus Dei è acqua di rose» (Miguel Bosé, *Rockol*).
«Parla del fanatismo religioso, che è una cosa negativa. Un fanatico religioso perde la propria personalità, la sua anima, perché segue

tutti i vari comandamenti senza ragionarci su. La canzone finisce di botto, come quando esci da una di queste associazioni e ti sembra di essere uscito da un'apnea, finalmente ti accorgi che respiri» (Miguel Bosé, v.p. *Cardio*).

"Eso no" (M. Bosé/N. Sorin)
altre versioni: **"Eso no"** Ferry Corsten remix

«Un suono molto, molto britpop. In parte ortodosso, in parte no. Da questa mescolanza, *Cardio* ricava il suo carattere la sua personalità. Un omaggio esplicito a una vecchia passione, il glam dei T-Rex» (Miguel Bosé, *Rockol*).
«Un omaggio ai T-Rex, a Marc Bolan che era un genio. Band che ho molto amato nel periodo in cui ero molto giovane e vivevo a Londra. Era il momento del glam, del gay power. Canzone molto divertente, quella che mi mette più di buon umore di tutto il disco» (Miguel Bosé, v.p. *Cardio*).

"Santo veneno" (M. Bosé/N. Sorin)
Bonus track inizialmente disponibile solo per chi acquistava l'album su iTunes, successivamente pubblicata in un'edizione speciale dell'album.

Note alla discografia

L'album esce in Spagna anche in edizione speciale digipack con DVD allegato. In Italia invece, conterrà il brano in italiano "Per te". Dopo alcuni mesi, sull'onda del successo del disco, per il mercato latino viene pubblicata un'edizione deluxe in CD contenente, oltre a "Santo veneno" e "Per te", nove remix di brani dello stesso disco firmati da DJ importantissimi: Brian Cross, Carl Cox, Roger Sánchez, Wally López, Ferry Corsten, Above & Beyond, Armin Van Buuren, DJ Tiësto e Brubaker e un DVD.
Dopo tanti anni, esce un album in vinile per Bosé. La Carosello, contemporaneamente a *Cardio*, stampa anche il precedente successo *Papito*, entrambi in doppio vinile picture disc, limitati a cinquecento pezzi di tiratura.
Questa volta nessun singolo promozionale verrà stampato e distribuito, i due scelti per il mercato latino saranno destinati solo per il mercato digitale, con relativa copertina. In Italia, invece, la Carosello distribuirà il singolo "Per te" senza copertina fotografica, in un formato molto simile a un CD-R.

IL TOUR

Nuovo tour nel 2010. In Italia, consci del successo di tre anni prima a Milano al DatchForum di Assago, si pensa di bissare e raddoppiare. Infatti erano previste due date, il 21 ottobre al Palalottomatica di Roma e il 23 al Mediolanum Forum di Milano, ma circa un mese prima arriva la notizia dell'annullamento delle stesse, senza precise motivazioni. Poiché l'album in Italia non bissò il successo di *Papito*, non ci fu probabilmente una prevendita biglietti adeguata. Ma intanto il tour altrove andava a gonfie vele, in virtù anche di una struttura del palco possente e molto all'avanguardia, che un po' ricorda le tecnologie usate già in maniera similare dagli U2. A memoria, è forse la scenografia più costosa che abbia utilizzato Miguel, il cui trasporto forse non coprivano i costi di due date in Italia. Ne sarebbe bastata solo una, o forse le ragioni dell'annullamento furono altre? Chissà…
Sta di fatto che il tour riscosse molto successo nei paesi latini, terminando nel mese di marzo 2011 a Madrid con cinque date consecutive al Teatro Coliseum. Finalmente, il 5 aprile 2011 viene pubblicato in CD e DVD il concerto registrato a Madrid il 16 settembre 2010, sotto il nome di *Cardio Tour*.

Setlist tour:
Ayurvédico / Cardio / Nena / Dame argumentos / Júrame / Morenamía / El perro / Por ti / Down with love / Ella dija no / Si te cuentan que caí / Si tú no vuelves / Sevilla / Mirarte / Eso no / Como un lobo / Nada particular / ¿Hay? / Estuve a punto de… / Bambú / Ójala Ojalá / Amante bandido / Te amaré

PAPITWO

Il 4 settembre esce in tutto il mondo *Papitwo*, in Italia invece dovremo attendere un mese, esattamente il 2 ottobre, dove si venderà anche nelle edicole nel tentativo di bissare lo straordinario successo del precedente album di duetti.
Viene registrato in sette mesi, anziché negli undici inizialmente previsti, ma in Italia non potè godere della promozione che ricevette il primo. Si muove molto bene in prenotazione, grazie anche a qualche ospitata in TV, ma in seguito se ne parlerà poco, si preferisce evidentemente concentrare la promozione in paesi dove la risposta e l'attenzione verso l'artista è sicuramente più ricettiva. Forse anche perché molti dei brani rivisitati risultavano in Italia totalmente inediti,

anche se in parte lo erano anche alcuni del primo capitolo dedicato ai duetti. Nei paesi latini, invece, per quanto non registri gli stessi numeri del precedente, si difende molto bene. Lì Miguel è amato, seguito, tanto da lasciarsi scappare una promessa, un eventuale "Papithree". Azzarda anche dei nomi con cui gli piacerebbe duettare, tra cui Nek e il Maestro Franco Battiato tra gli italiani, Dave Gahan e Caetano Veloso per la scena internazionale. Ad oggi, tuttavia, questo "ter" non è ancora stato realizzato.
«Un nuovo progetto della saga *Papito*. Dal primo progetto rimasero fuori molte canzoni famose, ed era un peccato. E quando mi dissero che c'era l'opportunità di farne un secondo dissi immediatamente di sì. Se hai un rapporto di amicizia con chi vai a creare un duetto lo si sente nel brano, se non lo hai può venire un brano perfetto tecnicamente, ma si sente che è freddo, manca quell'alchimia, quella chimica che un duetto tra due amici può dare. Infatti la filosofia del duetto è che l'invitato faccia la canzone sua e che inizi a cantare» (Miguel Bosé, dal *Documental making of Papitwo*, 2012).
Anche questa copertina è opera di David Delfín (che disgraziatamente ci lascerà il 3 giugno del 2017). La produzione è curata dallo stesso Bosé, che si attornia di altri valenti produttori come Martin Terefe, Carlos Jean, Andrés Levin, Nicolás Sorin, Roberto "Brubaker XL" Rodríguez e Fernando Orti. Andy Bradfield come ingegnere del suono.
La formula è la stessa, vincente, di cinque anni prima. Gli ospiti chiamati a duettare con Bosé sono nomi illustri soprattutto per il mercato latino, da Joacquín Sabina a Pablo Alborán, Malú, Ximena Sariñana. Due italiani rappresentano il nostro paese: Jovanotti e Tiziano Ferro. Superospite e grande amica di Miguel, come da "regola del progetto", l'attrice Penélope Cruz. Tre nomi vengono richiamati dal primo capitolo: Alejandro Sanz, Juanes e Bimba Bosé.
«En mis discos hay tres personas de mi familia: Bimba, Alejandro y Juanes» (Miguel Bosé, *Elle,* rivista spagnola, n. 311, 2012).

PAPITWO (ALBUM, 2012)

"Linda" con Malú / "Aire soy" con Ximena Sariñana / "Creo en ti" con Juan Luis Guerra / "Decirnos adiós" con Penélope Cruz / "Con las ganas de decirte" con Helen de Quiroga / "Partisano" con Juanes / "Puede que" con Pablo Alborán / "Mirarte" con Jovanotti / "Sol forastero" con Joacquín Sabina / "Te digo amor" con Dani Martín / "Amiga" con Tiziano Ferro / "Shoot me in the back" con Bimba Bosé / "Duende" con Aleks Syntek / "Te comería el corazón" con Alejandro Sanz

Bonus disc edizione deluxe:
"Sea lo que sea será" con Above & Beyond / "Wrong in the right way" con Spankox / "Switch" con Frank Quintero / "Amor del bueno" con Reyli / "Lo noto" con Hombres G / "De mi lado" con Ana Torroja / "Iruten ari nuzu" con Kepa Junkera / "Encontrarás" con Natasha St-Pier / "Si no pueden quererte" con Natalia Lafourcade / "Dance! Dance! Dance!" con Marlango / "Espinita" con Albert Hammond / "Morir de amor" con Raphael / "Tres palabras" con Tania Libertad e Phil Manzanera / "Tómbola" con Ana Belén

Singoli estratti:
Linda / Aire soy

TRACK BY TRACK:

"Linda" con Malú (Facchinetti/Negrini/L. Gómez Escolar)
«È meraviglioso cantare un brano di così grande successo e molto importante per la carriera di Miguel che è una persona molto speciale e che ammiro tantissimo» (Malú, *Documental Papitwo*).

"Aire soy" con Ximena Sariñana (M. Bosé/R. Giagni)
«Registrai la canzone varie volte, tanto che alla fine me ne innamorai sempre di più e diventò sempre più mia. Io e Miguel abbiamo un rapporto speciale, lui è stato come un padrino per me, sin dal mio primo disco mi ha sempre appoggiato» (Ximena Sariñana, *Documental Papitwo*).

"Creo en ti" con Juan Luis Guerra (J. L. Perales/M. Bosé)
«Scelsi questo brano e mi fu chiesto un arrangiamento in bachata. Chiesi conferma e mi assicurarono di sì, Miguel mi disse "non preoccuparti, io faccio la mia parte e tu mi segui" e devo dire che il risultato finale è meraviglioso» (Juan Luis Guerra, *Documental Papitwo*).

"Decirnos adiós" con Penélope Cruz (E. Cruz)
«Con Penelope Cruz avevo in mente un paio di brani da *XXX*, ma una sera ero a cena da lei, e chiese al fratello Edoardo di suonare un suo pezzo con la chitarra. Cominciò a cantarlo con tanta passione e in quel momento pensai che potevamo farlo insieme. Così è

stato. Inoltre la storia di questa canzone è molto cinematografica, abbiamo realizzato un bellissimo videoclip» (Miguel Bosé, *Raro*, n. 250, 2013).
«Penelope mi diceva sempre che quando era giovane portava nella sua cartella foto mie ritagliate da un articolo di "Elle", la rivista, e diceva "chi mi avrebbe detto che quando nell'autobus, andando a scuola, guardavo le tue foto, un giorno avremmo cantato insieme?"» (Miguel Bosé, *Elle*, rivista spagnola, n. 311, 2012).

"Con las ganas de decirte" con Helen de Quiroga (J.M. Montes/O. López)
Doveroso un duetto "ufficiale" con la fedelissima, bravissima e simpaticissima Helen de Quiroga. Da tanti anni al fianco di Miguel, meritava un duetto vero e proprio, tutto suo. Non viene scelto però un brano classico della carriera di Miguel, forse perché giustamente Helen vi aveva già cantato più volte durante i numerosissimi concerti insieme, ma uno dei due inediti del progetto. «Ci conosciamo da tantissimi anni. La prima volta Miguel fu ospite in un programma TV in cui lavoravo e già da allora sentii qualcosa di magico e speciale con lui. Registrare questo brano con Miguel è stato emozionante, per me lui è come un fratello. Per me lui ha fatto moltissimo, gli voglio davvero molto bene e questa che ne è uscita è una canzone preziosa e meravigliosa» (Helen de Quiroga, *Documental Papitwo*).

"Partisano" con Juanes (M. Bosé/R. Giagni)
Un altro classico del repertorio di Miguel, con un amico "più che classico" ... Juanes!

"Puede que" con Pablo Alborán (M. Bosé/L. Ferrario/M. Grilli)
«Cantare questa canzone per me è stato un privilegio, un lusso. Io e mia sorella siamo sempre stati fan di Miguel, andavamo a quasi tutti i suoi concerti. Oltre ad un grande artista che ha saputo sempre reinventarsi, ho conosciuto un grande uomo, molto generoso» (Pablo Alborán, *Documental Papitwo*).

"Mirarte" con Jovanotti (M. Bosé/L. Ferrario/M. Grilli)
«Lorenzo ha scelto un pezzo coraggioso, insolito, e l'ha reso poderosissimo. Più che un brano mio sembra suo. Con un ritornello incalzante, fortemente rock» (Miguel Bosé, da *Gay.TV*, 18 febbraio 2013).

"Sol forastero" con Joacquín Sabina (M. Bosé/L. Ferrario/M. Grilli)
«Quando registrò il primo *Papito* mi chiesi "Perché non mi ha chiamato?". A me piace molto lavorare con gli amici, soprattutto se questi hanno molto talento come Miguel. È stato un piacere partecipare a questo brano. Mi piace molto la parola "forastero", mi sento straniero in tutti i posti del mondo, ma allo stesso tempo non sono straniero da nessuna parte» (Joacquín Sabina, *Documental Papitwo*).

"Te digo amor" con Dani Martín (M. Bosé/L. Ferrario/M. Grilli)
Questa versione con Dani Martín dà più modernità al brano, a mio parere gli conferisce una veste più attuale e più suggestiva e lo rende ancor più interessante.

"Amiga" con Tiziano Ferro (L. G. Escolar)
«Tiziano canta un brano che è legato a una sua storia d'amore con una mia fan, una ragazza che fece una tesi di laurea su di me. "Amiga" era la colonna sonora del loro amore» (Miguel Bosé, da *Gay.TV*). «Miguel è un classico, ha cambiato la musica spagnola, l'ha portata per il mondo, un grande artista, riuscendo a cambiare e innovarsi nel corso degli anni. In Italia nel suo momento di maggior successo, io avevo il suo disco 45 giri "Bravi ragazzi", che diventò un inno per i Mondiali di calcio, era il 1982. Successivamente negli anni '90 e '00, così come cambiava la musica, così cambiava Miguel, essendo lui sempre il n. 1. Questa canzone è stata la colonna sonora di un'amicizia molto profonda. Parla dell'amicizia e di quanto questo sia apprendere e insegnare all'altra persona a vivere e migliorarsi. Devo ringraziare Miguel per aver fatto sì che diventasse un po' mia. Quando mi chiamò per questo progetto risposi subito di sì, ma purchè fosse questo il brano da cantare per me» (Tiziano Ferro, *Documental Papitwo*).

"Shoot me in the back" con Bimba Bosé (F. Arbex)
«Adoro questa canzone da quando ero molto piccola e l'ho scelta per questo. La canzone più dance del repertorio di Miguel per cui vado pazza. Già avemmo l'opportunità di proporla live nel tour precedente di *Papito* ma volevamo immortalarla in un disco» (Bimba Bosé, *Documental Papitwo*).

"Duende" con Aleks Syntek (M. Bosé/M. Ansell)
«*XXX* è il mio disco preferito di Miguel, un disco di culto per me. E "Duende" mi colpì subito quando l'ascoltai la prima volta, perché è una canzone con un forte impatto a livello di suoni, un techno pop d'avanguardia. Miguel è una leggenda irripetibile della musica contemporanea, è una scuola di come fare le cose a modo tuo, ha insegnato a tutti noi l'autenticità di esser personali e originali, di creare la propria storia, di certo Miguel è l'artista più originale all'interno della musica pop e d'avanguardia della musica spagnola rivoluzionandone l'estetica stessa. La maggior parte della mia formazione musicale la devo a lui. Inoltre è un grande uomo» (Aleks Syntek, *Documental Papitwo*).

"Te comería el corazón" con Alejandro Sanz (M. Bosé/R. Cullum/S. McLelland/A. Ross)
«Ho scelto di cantare questa canzone perché è una gran canzone. Ad ogni modo anche brani come "Linda" fanno ormai parte della storia della Spagna e del popolo spagnolo» (Alejandro Sanz, *Documental Papitwo*).

extra tracks:
Anche *Papitwo* esce con la stessa formula del precedente album di duetti, con il disco in versione standard contenente i grandi successi di Miguel rivisitati con altri artisti e l'edizione doppia, in cui nel bonus disc sono inclusi altri duetti, alcuni inediti, altri estratti da lavori precedentemente pubblicati. Le edizioni speciali hanno dato la possibilità ai fan di ascoltare i duetti, senza necessariamente comprare

un disco per ogni brano che era inserito in album di altri artisti, cosa abbastanza dispendiosa per un collezionista incallito.

"Sea lo que sea será" con Above & Beyond (J. Grant/T. McGuinness/P. Siljamäki/M. Bosé)
Nel 2011 Miguel canta in un brano di un gruppo di musica elettronica, trance, gli Above & Beyond. Un brano molto bello, che Miguel non perderà occasione di inserire qui nella versione deluxe del suo *Papitwo*, omaggiandoci della versione in CD di questo favoloso brano difficilmente reperibile in precedenza, in quanto disponibile solo in formato digitale, tranne che per l'edizione argentina dell'album *Group therapy* del duo inglese. Esiste un promo videoclip in un DVD altrettanto promozionale del video relativo.

"Wrong in the right way" con Spankox (A. Carollo)
Si tratta di un brano inedito, un progetto molto interessante che vede Miguel tornare a cantare in inglese in un brano molto dance e ritmato, di Spankox, aka Agostino Carollo. Non uscirà un singolo fisico, ma solo digitale, in cui è inclusa anche una versione extended.

"Switch" con Frank Quintero (F. Quintero)
Duetto già edito nell'album di Frank Quintero *Guerreros de la luz*, del 2011.

"Amor del bueno" con Reyli (Reyli)
Duetto già edito nell'album di Reyli *Bien acompañado*, del 2011. Il CD uscì anche in una edizione deluxe con due CD e un DVD contenenti il videoclip del brano cantato con Miguel, di cui esce anche un CD singolo promozionale.
Il brano originale del solo Reyli era incluso nella versione originale dell'album *En la luna*, lavoro di debutto del cantante messicano.

"Lo noto" con Hombres G (D. Summers)
Duetto già edito nell'album degli Hombres G *En la playa*, del 2011.
Il brano originale, "Lo noto" era stato pubblicato originariamente nel 2003 dalla band di David Summers. Gli Hombres G pubblicano nel 2011 un album di brani riarrangiati con ospiti, e questo viene ricantato proprio con Miguel. È disponibile anche il videoclip nell'edizione speciale con DVD.
«La prima volta che ho ascoltato musicalmente gli Hombres G è stata con "Milagro en el Congo", e mi sorpresero molto con il loro sound molto fresco, davvero mi impressionarono tanto» (Miguel Bosé, m.o. "Lo noto").
«Abbiamo conosciuto Miguel nel 1986, in un programma televisivo che si teneva a Lloret de Mar, mentre promuoveva il suo singolo "Nena". Dopo aver cantato si diresse verso di noi per salutarci, risultando una persona molto disponibile e incantevole, e da lì diventammo amici» (David Summers, m.o. "Lo noto").
«Quando mi diedero la lista delle canzoni da cui poter scegliere non ebbi alcun dubbio, "Lo noto" è uno dei migliori pezzi che abbiano mai scritto, e infatti quando tornarono con questo brano, dopo anni di silenzio, ebbero un grandissimo successo» (Miguel Bosé, m.o. "Lo noto").
«Siamo molto contenti del risultato, perché quello che desiderava-

mo era che Miguel fosse Miguel, e per lui è stato molto facile e inevitabile. Ha dato alla canzone un colore personale che è molto unico» (David Summers, m.o. "Lo noto").

"De mi lado" con Ana Torroja (F.L. Sánchez)
Nel 2010 Ana Torroja pubblica *Sonrisa*, il suo quinto lavoro da solista e nel brano "De mi lado" si ritrova, musicalmente parlando, con Miguel, che due anni dopo coglie l'occasione per inserirlo in questo suo progetto.

"Iruten ari nuzu" con Kepa Junkera (Traditional/K. Junkera)
Album uscito nel 2008 per il cantante di Bilbao, Kepa Junkera. *Extea*, doppio CD contente tra i tanti ospiti anche Bosé, che ripropone anche questo pezzo rendendolo più facilmente reperibile per i suoi fan.

"Encontrarás" con Natasha St-Pier (L. Florence/P.Obispo/M. Bosé)
Duetto già edito. Adattatamento in lingua spagnola del brano "Tu trouveras" della cantante canadese, ad opera dello stesso Miguel. Il brano originale, del 2002, era incluso nell'album *De l'amour le mieux*, l'anno dopo pubblicato interamente in spagnolo con il titolo sempre di *Encontrarás*. Il duetto tra i due si trova anche come CD singolo sia adatto alla vendita che promozionale.

"Si no pueden quererte" con Natalia Lafourcade (Agustín Lara)
Homenaje a Agustín Lara, un tributo al cantante messicano ad opera di Natalia Lafourcade, che tra i vari ospiti per il suo disco (uscito nel 2012) sceglie anche Miguel per il brano "Quién me roba tu amor", qui con il testo (e titolo) adattato dalla stessa Natalia.

"Dance! Dance! Dance!" con Marlango (A. Pelayo/L. Watling)
Prestigiosa collaborazione con i Marlango, jazz band di Madrid. Un brano stupendo, che avrebbe meritato molto di più. Ottima la performance di Miguel. Album uscito nel 2007, sotto il titolo *The electrical morning*. Circa un anno prima, in una trasmissione TV su TVE1, insieme alla band menzionata Miguel interpretò dal vivo un loro brano del 2005, "Shake the moon", a sua volta incluso nell'album *Automatic imperfection*. Performance eccellente, da brividi, che meriterebbe pubblicazione.

"Espinita" con Albert Hammond (N. Jiménez)
Duetto già edito nel 2010. Albert Hammond pubblicò "Espinita" come 45 giri nel 1978, incluso anche nell'album che portava il suo nome. Nel suo album *Legend*, del 2010, ricanta questo brano con Miguel.

"Morir de amor" con Raphael (J. L. Perales/M. Bosé)
Duetto già edito nell'album *50 años despues* di Raphael. Nel 2008 per i suoi 50 anni di carriera, Raphael chiama a sé il meglio degli artisti latini, da Sanz a Bunbury, Juanes, Bisbal, Alaska, Manzanero ecc. Con Miguel duetta "Morir de amor".
L'anno successivo pubblica *50 años despues en directo*. Il concerto di Madrid del 26 giugno 2009 viene immortalato in questo CD con DVD, così come lo stesso duetto con Bosé da studio, qui proposto in chiave live.

"Tres palabras" con Tania Libertad e Phil Manzanera (O. Farres)
Cover del cantautore cubano Osvaldo Farres, famoso anche per aver composto "Quizás, quizás, quizás", incluso nell'album di Tania Libertad *Boleros de hoy* del 1991, reperibile sia in CD che vinile.

"Tómbola" con Ana Belén (A. Guijarro/A. Algueró)
Il 25 gennaio 1997, durante la cerimonia di premiazione al Palacio de Congresos di Madrid dei "Premi Goya", il più importante riconoscimento cinematografico spagnolo, Miguel canta "Tómbola" con Ana Belén, brano di Marisol che dà il nome al film omonimo del 1962, diretto da Luis Lucia Mingarro, da cui è tratto.
Nel 2008 la Belén includerà questo video nella versione speciale doppio CD con DVD *Los grandes éxitos...y más*, mentre la versione audio apparirà nell'edizione speciale a due dischi di *Papitwo*.

Note alla discografia
L'album esce come il primo della saga *Papito* sia in formato a un CD che doppio deluxe (stavolta anche da noi in Italia). Poche le emissioni da menzionare per questo lavoro, se non che il singolo "Linda" esce solo per il mercato digitale, "Aire soy" invece, solo a scopo promozionale, ha una sua pubblicazione su CD con copertina a formato 7" in Messico.

IL TOUR
Il tour di *Papitwo* riprende la formula dei festeggiamenti del "Papitour" e quindi della rivisitazione dei successi di un'intera carriera. Sono trascorsi cinque anni dalla pubblicazione di *Papito*, per cui stavolta si festeggiano i trentacinque anni di carriera. Grande festa e grande successo in Spagna e nei paesi latini. In Italia, dato l'annullamento per il tour di Cardio dei due concerti previsti e i numeri molto deludenti, non si terrà alcuna data. La scaletta dei concerti è molto simile a quella del tour di cinque anni prima: si punta sui grandi successi e quindi sulle hit più conosciute, fatta eccezione per qualche piccola variante, l'aggiunta di alcuni brani che non cantava da molti anni dal vivo, ad esempio "Aire soy" e "Te diré".

Setlist tour:
Mirarte / Duende / Nena / Aire soy / Sol forastero / Los chicos no lloran / Partisano / Olvídame tú / Gulliver / Te diré / Morir de amor / Don Diablo / Creo en ti / Amiga / Linda / Puede que / Sevilla / Bambú / Nada particular / Morenamía / Hacer por hacer / Como un lobo / Si tú no vuelves / Estuve a punto de... / Amante bandido / Te amaré / Por ti

Intervista a Spankox, musicista, cantante, produttore

(raccolta via mail il 19 febbraio 2018)

Ciao, come è nato il brano "Wrong in the right away"?

Il brano è nato a Miami, l'ho scritto in spiaggia. Era un giorno di marzo 2011, e in quei giorni c'era il mio brano "So true" che era nella top ten di "Billboard" negli Stati Uniti e, al mio ritorno in Italia, mi ha chiamato l'editore di Miguel, che mi ha detto che mi avrebbe voluto incontrare, perché aveva sentito il brano e io ero libero già l'indomani per poterci andare. Ovviamente non potevo andare a mani vuote, ho prodotto e inciso il brano durante la notte. L'ho cantato, arrangiato, avevo già una minima base, però quella sera lì ho creato una forma che fosse almeno presentabile. Miguel era un idolo per me, non potevo andare impreparato, era un'opportunità molto bella. Arrivato a Madrid, il giorno dopo mi è venuto a prendere l'editore di Miguel e nel viaggio in macchina gli ho fatto ascoltare il brano e lui mi ha detto che secondo lui era molto forte. Arrivati a casa sua, eravamo sul divano a chiacchierare di musica, mi fece i complimenti per "So true", che gli era piaciuta tantissimo, infatti io avevo inserito in questo brano una citazione della melodia di "Si tú no vuelves", per questo eravamo entrati in contatto. "So true" l'avevamo firmata insieme. Prima di andare via mi chiese se volessi lavorare a un brano per il suo nuovo album. Io gli risposi che un brano lo avevo già, dal mio telefono gli feci ascoltare quello che avevo registrato e cantato da me, a lui piacque subito, voleva subito inciderlo e inserirlo nell'album di imminente uscita, *Papitwo*, su cui stava lavorando. In ventiquattro ore gli ho inviato la versione cantata da me, in pochi giorni mi ha inviato la versione cantata da lui, nella quale era rimasto il mio coro, che lui aveva usato per farne una specie di duetto, infatti l'album era un disco di duetti. Il resto è diventato storia. Ho prodotto il brano, mixato, ne ho fatta un'altra versione, ma la versione che avevo fatto prima di andare a Madrid è rimasta quella originale. Storia, perché ha vinto anche una nomination al "Grammy".

Sì, al "Latin Grammy Awards" del 2013 come produttore, giusto?

Giusto, infatti la grande sorpresa è stata che *Papitwo* ricevette la nomination ai "Grammy Music Awards" come album dell'anno, quindi volai a Las Vegas e mi trovai lì seduto insieme ad artisti come Shakira, Marc Anthony, gente incredibile. L'album non vinse il premio "album dell'anno", che invece andò a Marc Anthony, ma io ricevetti la nomination come produttore e autore, ma anche quella di co-artista, perché avevo anche cantato nel brano. Bella soddisfazione.

Dopo tanti anni, grazie a questo brano abbiamo risentito Miguel ricantare in inglese: è stata una tua decisione?

Sì. L'avevo registrato così, presentato a Miguel fatto e finito, già con la melodia e il testo in inglese. Infatti io sono specializzato nel fare pezzi in inglese, i miei brani son quasi tutti in inglese.

Forse in Italia il pezzo è passato un po' inosservato, meritava di più secondo me.
Ha ricevuto ottime critiche, davvero positive. Forse sì, avrebbe meritato di più, ma l'Italia non è un paese facile, il singolo poi uscì in concomitanza con tanti altri brani molto forti, ma è bello vedere che ancora oggi su Spotify è molto apprezzato.

A parte sul CD album non è mai uscita una versione del singolo su supporto fisico, vero?
No, solo il singolo in forma digitale. Mentre oltre a *Papitwo* dopo fu inserito il brano anche sul mio album, anche perché i CD single fisici non esistevano quasi più. Avremmo dovuto girare un video per questo singolo, tutto era pronto, dovevamo girarlo ricordo un mercoledì, io dovevo volare a Madrid insieme ad altre persone per realizzarlo, ma il giorno prima Miguel ebbe un impegno o un problema per cui il video non si è mai fatto. Infatti c'è ancora lo storyboard, lo avevo proposto a Miguel, sai, nella musica tutto può succedere, chissà magari anche a breve.

Come è stato lavorare con un artista del calibro di Miguel?
Un sogno che è diventato realtà. Sin da bambino l'ho sempre ammirato, e collaborare e fare un disco con lui è stato un sogno che si realizzava. Io ne avevo un altro, nel 2001 ho fatto il remix di "Ti prendo e ti porto via" di Vasco Rossi, brano con il quale vinse il "Festivalbar". Anche lavorare per lui è stato fantastico per me, è sempre stato un mito. Miguel comunque è persona splendida e lavorare per lui è stato un onore.

Credi che ci sarà un seguito, anche se Miguel spesso cambia spesso partner di lavoro?
Me lo auguro, spero proprio di sì. La musica riserva sempre delle belle sorprese, anzi se Miguel dovesse leggere questa intervista fammi sapere, chissà che non esca qualcosa...

Me lo auguro e te lo auguro, in bocca al lupo per tutto!

PERSON OF THE YEAR

Il 20 novembre 2013, presso il Mandalay Bay Convention Center di Las Vegas, Miguel riceve il titolo "2013 Latin Recording Academy Person of the Year" dalla Latin Academy of Recordings Arts & Science per il suo impegno sociale nella lotta contro la povertà e l'AIDS e le sue tante azioni di beneficenza.
In precedenza, a essere nominati "persona dell'anno" dall'Academia Latina de la Grabación, erano stati: Caetano

Veloso, Shakira, Carlos Santana, Placido Domingo, Gloria Estefan, Julio Iglesias e altri.
Sono tanti gli amici a omaggiarlo quella sera e molti sono gli artisti e i personaggi noti, sia sul palco che in sala: Juanes, Ana Torroja, il regista messicano Alejandro González Iñarritu, Laura Pausini, Carlos Santana, Alejandro Sanz, Julieta Venegas, Draco Rosa, Carlos Vives, Ricky Martin e molti altri. Anche la madre, Lucia, sale sul palco per omaggiare il figlio, che ironizza per via dei suoi capelli blu e del vestito dello stesso colore dicendo: «Non è un enorme pillola di Viagra e neanche un puffo: è mia madre», facendo ridere tutta la sala con il suo umorismo.
Accompagnati da un'orchestra composta da circa venti elementi, si susseguono sul palco vari artisti in un vero e proprio tributo personale al cantante spagnolo, che dalla platea assiste emozionatissimo allo spettacolo.
Tra i brani eseguiti: il trio composto da Santiago Cruz, Alex Cuba e Gian Marco ha suonato in acustico "Linda", la Pausini "Te amaré" dicendo a fine brano: «Sono molto felice Miguel, ti devono festeggiare tutti, tu sei il personaggio de los años... degli anni!»
«Questo premio è un onore perché ci sono pochi che premiano il nome e cognome; da un lato il "Miguel cittadino" e dall'altro il "Bosé artista", che è colui che paga le bollette. Un artista è un seme. Le cose non si realizzano in cinque minuti» (Miguel Bosé, c.s. *Amo*).
Il giorno seguente, nella stessa location sarà presentata la 14° edizione dei "Latin Grammys", tra i cui partecipanti vi è lo stesso Miguel che si esibisce proponendo: "Te amaré" (con la Pausini), "Nada particular" (con Juanes), "Bambú" (con Ricky Martin), "Amante Bandido" (da solo).

AMO

Miguel, ormai lo abbiamo capito, è persona che pensa sempre al futuro. Passati i premi, si mette subito al lavoro per un nuovo album di inediti.
Il 4 novembre 2014 in Spagna e in tutto il mercato latino e americano esce *Amo*. In Italia dovremo aspettare il 27 gennaio 2015.
La produzione è a cura di Andrew Frampton (sei brani), Andrés Levin (quattro) e Brubaker XL (uno solo). L'album è registrato principalmente tra Los Angeles, Londra e a La Cuadra di Madrid, alcuni brani anche a New York e a Oslo.
«A quanto pare, questo è il disco "più Bosé" che abbia fatto da anni, così dicono. E poiché non so bene quello che vogliono dire, bene, allora mi fido» (Miguel Bosé, c.s. *Amo*).
«Ho messo tutte le mie passioni nella copertina, la biologia, l'architettura, la geometria, l'astrofisica. Ho sempre avuto una curiosità insaziabile. Da piccolo non c'era la TV o Internet, ma avevo una gran libreria, leggevo anche i vocabolari» (Miguel Bosé, *TV Sorrisi e Canzoni*, n. 4, 2015).
«*Amo* è dedicato al privilegio di non sapere, al poter imparare senza fine, all'insaziabile dono della curiosità che rovista dappertutto» (Miguel Bosé, dal booklet CD *Amo*).
«*Amo* è un disco che mi rappresenta oggi, è l'essenza di tutto quello che sono stato, il risultato della somma delle varie essenze. Un disco molto solido, molto colorato, molto positivo. Viaggia dall'infanzia ad oggi, toccando diversi temi con una profondità in fondo molto infantile che è la dimostrazione di aver raggiunto una certa maturità. La copertina del disco parla già molto di ciò che si ascolterà all'interno, è un riassunto delle cose che hanno fatto di me l'uomo che sono oggi, tutti i miei interessi, quello che ho scoperto sin da quando ero bambino, l'aritmetica, la biologia marina, il mondo animale, quello vegetale. È molto "Bosé" anche nella produzione, nei suoni che vengono dall'informatica, non sono molto acustico» (Miguel Bosé, da *Unici*, programma TV, 2015).
L'album, che si muove sempre nel mondo dell'elettronica, è stato definito come il "più Bosé", probabilmente perché rispetto ai due precedenti, *Velvetina* e *Cardio*, ha dei motivi e delle melodie tipiche del Bosé più orecchiabile, più vicino a *Sereno*; non a caso la maggior parte dei brani sono composti

da Bosé insieme al duo Ferrario/Grilli che firmarono proprio quell'album. "Encanto", il primo singolo estratto da *Amo*, è un brano dal grande impatto sonoro e visivo (magnifico il videoclip). Probabilmente il singolo più azzeccato di Bosé degli ultimi vent'anni almeno, considerati tutti i parametri che deve possedere un singolo. Il secondo singolo estratto, "Libre ya de amores", è un brano più melodico e dal sound più commerciale che ottiene infatti un grande successo di pubblico, come altri brani dell'album molto amati dai fan, tra cui la stessa title track, "Amo", "Solo sí", "Tú mi salvación" fino a "Sí se puede". "Los amores divididos" merita menzione a parte, in quanto è un brano magnifico sia a livello lirico che sonoro. Scrivere pezzi di questa portata, a quasi quarant'anni dal debutto, non è da tutti. Ciò conferma ancora una volta le qualità dell'artista Bosé, e che il trio Bosé/Ferrario/Grilli è ancora vincente.

AMO (ALBUM, 2014)

***Edizione spagnola* - 2014**
Encanto / Libre ya de amores / Amo / Solo sí / Tú mi salvación / Sí se puede / Los amores divididos / Respirar / Un nuevo día / I miss your face / Domingo / Aparece el sol y llueve (esclusiva iTunes)

***Edizione italiana* - 2015**
Encanto / Libre ya de amores / Amo / Solo sí / Tú mi salvación / Sí se puede / Los amores divididos / Respirar / Un nuevo día / I miss your face / Domingo / L'incanto / Liberi da ore / Amo / Brividi

Singoli estratti:
Encanto / Libre ya de amores / L'incanto

TRACK BY TRACK:

"Encanto" (M. Bosé/L. Ferrario/M. Grilli)
altre versioni: **"L'incanto"** (M. Bosé/L. Ferrario/M. Grilli) in italiano

«*Amo* è ricco di brani gloriosi che avvolgono e portano lontano. Questo è uno di quelli. Arrangiamenti spettacolari accompagnano Miguel mentre lui ci fa pensare all'amore, non a una storia d'amore, ma al concetto d'amore. L'amore è un tiranno, un imperatore cinese, una figura arrogante e autoritaria che non ammette discussioni. Tutti in ginocchio prima di parlare. Ti priva del sonno ma continua a farti sognare. Tuttavia l'amore ha un tallone d'Achille, la sua umanità, che rimane nascosta nella memoria dove l'amore è compassione» (c.s. *Amo*).

"Libre ya de amores" (M. Bosé/L. Ferrario/M. Grilli)
altre versioni: **"Liberi da ore"** (M. Bosé/L. Ferrario/M. Grilli) in italiano

«Gioiosa e positiva. Parla della cura dei dolori dell'anima. Parte in maniera forte, come tutti i brani dell'album. È la scoperta di quanto sia giusto vivere senza paura, senza relazioni che ci fanno soffrire alla follia, ma aperti ad altre storie, più costruttive» (c.s. *Amo*).

"Amo" (M. Bosé/L. Ferrario/M. Grilli)
altre versioni: **"Amo"** (M. Bosé/L. Ferrario/M. Grilli) in italiano

«Industrioso, diligente, studioso, meticoloso, coscienzioso... tutti questi aggettivi potrebbero essere riferiti a Miguel Bosé. "Amo" è una dichiarazione di principi, il suo credo, la sua difesa della conoscenza e della curiosità come cibi per la vita e fonte continua di gioia e stupore. Canta l'ottimismo e le infinite possibilità di rinnovamento, della possibilità di reinventare se stessi immergendosi nell'universo che ci circonda. Brubaker XL *[che già aveva remixato "Por Ti" per l'edizione remixes di* Cardio, *nda]* ha prodotto una versione da sette minuti del brano, che verrà pubblicato in futuro come extra track *[per il momento ancora inedita, nda]*» (c.s. *Amo*).

"Solo sí" (M. Bosé/L. Ferrario/M. Grilli)
altre versioni: **"Brividi"** (M. Bosé/L. Ferrario/M. Grilli) in italiano

«Dolceamara. Potrebbe essere una canzone d'amore molto triste, straziante in effetti, ma racchiude qualcosa di positivo: va bene stare da soli, ma allo stesso tempo mi manchi. Sono contento nella mia solitudine e so come viverla senza nevrosi, ma mi piace avere contatti con la persona che amo. Un apprezzamento delle relazioni sentimentali, di quanto ci arricchiscono e quello che ci offrono, anche se a volte possono portare sofferenza. Una buona descrizione dello stato emozionale, che arriva con l'esperienza e la consapevolezza dei propri limiti ed errori. Questo è il mio bagaglio e lo accetto, sembra volerci dire Miguel Bosé. Attenzione alla meravigliosa chitarra britpop di Andrew Frampton, suonata su una classica melodia italiana» (c.s. *Amo*).

"Tú mi salvación" (F. Ortí/M. Bosé)
«Una ballata classica. Non molti possono mettersi in gioco e cantare qualcosa di così classico e semplice, senza fronzoli e orpelli, in maniera così aperta e vulnerabile. Ma a volte bisogna lasciarsi andare» (c.s. *Amo*).

"Sí se puede" (M. Bosé/L. Ferrario/M. Grilli)
«"Dance-protest" è come Miguel, con un sorriso, definisce il genere di questa canzone. Il motto è di scatenarsi nel ballo e contemporaneamente impegnarsi attivamente in politica. Per prima cosa, ci si esprime e si butta fuori tutta la rabbia attraverso il sudore, in modo

che poi si possa pensare con la mente più sgombra e spingere per un cambiamento dello status quo. È il potere che la pop music mette al servizio del cambiamento sociale, usando voce e corpo come primo passo per accrescere la consapevolezza. Il testo non lascia spazio all'ambiguità. Bosé non nasconde il suo malcontento per la situazione politica, incolpando i potenti per una situazione economica e sociale che è ingiusta ed iniqua» (c.s. *Amo*).
«Mai immaginai una Spagna così. "Si se puede" è una canzone di protesta dance. Mai prima d'ora ero stato così esplicito, né avevo fatto una canzone di denuncia» (Miguel Bosé, da *S moda*, supplemento de *El País*, n. 11, 2014).

"Los amores divididos" (M. Bosé/L. Ferrario/M. Grilli)
«Prodotto da Brubaker XL. Gli arrangiamenti e la ricchezza del suono affascinano l'ascoltatore. "Avremmo potuto essere", ma non è stato, canta lui. Un altro brano emozionale, che sviluppa una favola pre-raffaelita in cui la notte, che agisce da intermediaria, unisce le coppie e si rammarica della loro separazione. Cercando di riunire gli amanti perduti, la luna lancia i suoi incantesimi per cercare di guarire quello che è stato rovinato dall'insicurezza e dalla goffagine degli amanti» (c.s. *Amo*).

"Respirar" (M. Bosé/L. Ferrario/M. Grilli)
«Parla della passione per la lettura. Miguel è stato uno di quei bambini che si portavano un libro e una torcia a letto per poter leggere di nascosto sotto le coperte. Tratteneva il respiro, come qualcuno che sta per immergersi, mentre divorava le pagine di Julies Verne, Asimov e Tolkien, tornando in superficie per prendere aria quando chiudeva il libro. Ma attenzione! I mostri che abitavano le pagine di quei libri che, da bambino, sembravano così distanti e fantastici, ora sono dietro l'angolo. La fantasia potrebbe diventare realtà» (c.s. *Amo*).

"Un nuevo día" (M. Bosé/L. Ferrario/M. Grilli)
«È l'ultima canzone ad essere stata composta per l'album, la visione di un viaggiatore che viene sorpreso un pomeriggio in un luogo non precisato del Sudamerica da un'intensa pioggia tropicale che sembra non avere fine. Gli eccessi della natura sono intimidatori, ma è importante ricordare che tutto, perfino un diluvio, è temporaneo e che qualsiasi momento, positivo e negativo, è seguito da un giorno nuovo. In questo modo non ci arrenderemo o resteremo bloccati nei momenti di sofferenza» (c.s. *Amo*).

"I miss your face" (A. De Gregorio/V. Ardelean/M. Bosé)
«Oltre ad essere un torero raffinato, coraggioso e seducente, il padre di Miguel era un uomo intelligente, colto, unico. Questo brano parla della sua assenza, della memoria di suo padre. È possibile che la paternità abbia portato Miguel a riflettere maggiormente sulla figura paterna e abbia riportato la sensazione di averlo vicino. Il pezzo è stato scritto con due giovani autori, di diciassette e diciannove anni, di cui Miguel parla con molto entusiasmo. "Non c'è cosa che dà più piacere dello scoprire nuovi talenti"» (c.s. *Amo*).

"Domingo" (M. Bosé/L. Ferrario/M. Grilli)
«Una riflessione sulla pigrizia da parte di un uomo che lavora moltissimo e non può fare a meno di comporre anche quando ozia un po' nel letto. È una di quelle canzoni che non riesci a far uscire dalla testa, e ti trovi a canticchiarla il lunedì, il martedì, il mercoledì... È interessante ricordare che poi i nonni di Miguel avevano questo nome (Domenico lato materno, mentre dal lato paterno il nonno era il famosissimo Domingo Dominguín, agente di toreri e attivista culturale, come si direbbe oggi)» (c.s. *Amo*).

"Aparece el sol y llueve" (M. Bosé/L. Ferrario/M. Grilli)
«Secondo Miguel, questa canzone è nata dall'incontro di due forme musicali completamente differenti: lo ska e la rivista. È la dimostrazione lampante che se Miguel non fosse un cantante, potrebbe essere sicuramente uno scrittore. La sua capacità inventiva fa quasi paura, come gli diceva sua madre Lucia quando era piccolo. È la storia di un artista trasformista che lavora di notte in un cabaret. Si traveste da donna in modo glamour, con piume e lustrini, ma quando torna a casa la mattina e si toglie i tacchi, l'unica cosa che desidera è vedere la sua ragazza. Ma i loro orari non coincidono, perché lei lavora di giorno e la loro storia finisce con l'essere una serie di frustrazioni quotidiane: quando arriva il sole, poi scompare la pioggia. Le luci del palcoscenico da un lato e la desolazione della solitudine domestica dall'altra» (c.s. *Amo*).
Questo brano è uscito solo per iTunes, peccato che almeno per ora, non è ancora stato pubblicato su supporto fisico.

Note alla discografia

L'album esce in CD digipack e jewel case. Data la ripresa della vendita dei dischi in vinile, *Amo* viene pubblicato anche in LP con CD allegato. La sola versione CD pubblicata in Italia godrà, oltre dell'intero lavoro in spagnolo, anche di quattro brani tradotti e cantati in italiano.
Due sono i singoli estratti su CD formato cardsleeve, "Encanto" e "Libre ya de amores".

IL TOUR

Il tour di *Amo* presenta scenograficamente un'altra innovazione nei concerti di Bosé, avvalendosi di uno spettacolo con una tecnologia molto all'avanguardia per le luci e per il suono. Miguel andò in Olanda e Belgio per la preparazione di questo tour, lavorando con aziende specializzate in scenografie e luci.
Sul palco erano disposte quattro colonne che trasmettevano immagini a tema, a seconda del brano eseguito; lo stesso si rifletteva su un megaschermo a fondo palco. Inoltre le

colonne erano mobili, si spostavano rendendo lo spettacolo unico e molto dinamico. Gli stessi elementi della band, i tre coristi, i due chitarristi e il bassista, oltre che lo stesso Miguel compreso, si muovevano continuamente sul palco insieme a queste colonne, mentre la batteria e la tastiera erano posti a differenza del solito in fondo al palco un po' nascosti, dato che le colonne erano poste a metà palco. Tour che è iniziato il 14 maggio 2015 a Puebla, in Messico, proseguendo a giugno in Spagna e America, continuando sino al 2016. Peccato che in Italia, dopo una massiccia promozione durata circa una settimana, non si è parlato più del disco, che ha venduto poco, tanto da non contemplarne una possibile data, per cui i fan più accaniti, che non volevano perdere un suo concerto, sono stati costretti ancora una volta ad andare all'estero. In scaletta, una chicca: non la suonava dal 1988, uno dei suoi brani più belli e come detto in "altra sede" uno dei miei brani preferiti e che mai avrei creduto di ascoltare dal vivo: si tratta di "Que no hay (xxx)". Viene suonato come primo pezzo dei bis. Peccato che fu escluso nella seconda parte del tour, dando spazio a classici più acclamati. Un'altra chicca ripescata dopo tanti anni e riproposta in questa sede è: "Horizonte de las estrellas".

Setlist tour:
Amo / Encanto / Libre ya de amores / El hijo del capitán trueno / Salamandra / Nena / Aire Soy / Horizonte de las estrellas / Solo sí / Te comería el corazón / Sevilla / Si tú no vuelves / Mi salvación / Dame Argumentos / Nada Particular / Partisano / Como un Lobo / Morenamía / Sí se Puede / Que no hay (xxx) / Bambú / Amante Bandido / Te amaré / Por ti

MTV UNPLUGGED

Terminata la promozione di *Amo* si ricaricano le energie, ma un grande evento è alle porte. Due settimane di prove servono alla band di Miguel per prepararsi a un attesissimo, straordinario altro pezzo da aggiungere al puzzle della storia di Miguel Bosé. Qualunque artista sognerebbe di poter parteciparvi e avere di conseguenza nella propria discografia un documento di questa portata. Grandissimi nomi della storia della musica ne hanno uno: Nirvana, George Michael, Pearl Jam, Alice in Chains, Placebo, Bob Dylan e molti al-

tri. Miguel è chiamato per suonare e registrare il suo *MTV Unplugged*. Già nel 1994 ci furono stati i primi tentativi di effettuarlo, ma a causa dei rispettivi impegni tra l'artista e gli organizzatori non se ne fece più nulla. Forse se ne riparlò nel 1996, ma stessa cosa, appuntamento rinviato.
Il 12 maggio 2016, negli studi TV Azteca Novelas, in Messico, finalmente si tiene il concerto e si registra questo documento storico, che permette a Miguel di entrare nell'olimpo di quelli che hanno registrato un *MTV Unplugged*. E credo che per un artista sia uno dei momenti della carriera più importanti e soddisfacenti.
Nelle dichiarazioni Miguel, alla vigilia della serata, sembra un po' preoccupato per il risultato, sottolineando che il suo mondo è lontano dall'acustico, essendo il suo, un mondo di musica elettronica, ma egli sa bene che quando una canzone funziona, funziona in tutti i modi, e l'unplugged ne è la prova. Oltre alla band di Miguel sul palco ci sono oltre venti musicisti che suonano: violini, violoncello, vibrafono, marimba, campane tubolari, pianoforte a coda.
Tantissimi gli ospiti chiamati per i duetti: da Sasha Sokol, a Fonseca, e ancora Juanes, Ximena Sariñana, Marco Antonio Solís, Pablo Alborán, Benny Ibarra, Alex González e Sergio Vallín dei Maná, Natalia Lafourcade. Per questa grande occasione Miguel in scaletta oltre ai suoi brani classici rivisitati in chiave unplugged, propone due inediti, "Dime qué dire" e "Estaré". Il risultato è eccellente, e poi Miguel in acustico acquista di intimità, di teatralità, sperando non rimanga un episodio isolato, anzi sarebbe bello assistere un domani a un tour totalmente acustico nei teatri, intimista, dove Miguel riesce a dare la massima espressività, sarebbe un sogno, magari ripescando anche brani che non suona da molto tempo.

MTV Unplugged (ALBUM, 2016)

"Nena" / "Como un lobo" con Sasha Sokol / "No hay ni un corazón que valga la pena" con Pablo Alborán / "Olvídame tú" con Marco Antonio Solís / "Dime qué diré" / "Si tú no vuelves" / "Bambú" con Fonseca / "Amiga" con Juanes / "Estaré" / "Amante bandido" / "Solo sí" con Benny Ibarra / "Nada particular" con Alex González e Sergio Vallín / "Gulliver" con Alex González, Natalia Lafourcade e Sergio Vallín / "Morenamía" / "La chula" con Ximena Sariñana / "Te amaré"

Singoli estratti:
Bambú / Gulliver

TRACK BY TRACK:

"Dime qué dire" (J. L. Guerra)
Il primo inedito previsto per questa serata magica, è una bachata scritta da Jean Luis Guerra, un brano molto sensuale e raffinato. Una grande sorpresa. Ottima l'interpretazione vocale di Miguel e notevole arrangiamento e performance di tutti i musicisti.

"Estaré" (M. Bosé)
Miguel firma da solo l'altro inedito del concerto. «È una canzone dedicata ai miei figli. Il messaggio che vorrei dare loro con queste parole è che se un giorno o anche in un solo momento dovessero sentire la mia mancanza, se sapranno cercare bene nel loro cuore, io ci sarò sempre. Dico cose nella canzone che solo se sei padre puoi comprendere appieno» (Miguel Bosé, da un'intervista a *Europapress.es*, 15 giugno 2017).

Note alla discografia
La crisi del mercato discografico determina una drastica riduzione delle edizioni particolari da menzionare. Cambiano i modi di ascoltare la musica, anche se, come visto per alcune pubblicazioni recenti, anche di questo live uscirà un'edizione in vinile contenente anche il CD e il DVD del medesimo concerto. In Messico escono, a scopo promozionale, i singoli "Gulliver" e "Bambú", entrambi cartonati, contenente il singolo sia su CD audio che DVD.

IL TOUR
L'album sarà supportato da un tour dal nome "Estaré – Gira 2017 – MTV Unplugged". Non sarà un Unplugged a tutti gli effetti, o non nel classico modo di concepire un concerto unplugged. Alla dimensione "puramente acustica" il set dedicherà una parte centrale dello spettacolo, che riproporrà alcuni successi dei primissimi anni della carriera. Per il resto lo spettacolo è abbastanza ritmato come sempre, con arrangiamenti elettroacustici, che richiamano l'album in promozione, ma la scaletta proposta si avvicina molto al "Papitour": una carellata di successi a partire dall'ormai quarantennale album *Linda*. In alcune città si susseguono anche vari ospiti, come per la saga *Papito*, ad esempio al

concerto di Madrid del 24 giugno del 2017, salgono a cantare con Miguel: Ximena Sariñana ("Aire soy"), Pablo Alborán ("No hay ni un corazón que valga la pena"), Vanesa Martín ("Si tú no vuelves"), e i Marlango ("Este mundo va").

Setlist tour:
Sereno / Duende / Nena / Aire soy / Amo / Mirarte / Nada particular / No hay ni un corazón que valga la pena / Amiga / Morir de amor / Creo en ti / Linda / Hojas secas / Super Superman / Don Diablo / La chula / Estaré / Como un lobo / Este mundo va / Morenamía / Si tú no vuelves / Gulliver / Bambú / Solo sí / Amante bandido / Hacer por hacer / Te amaré

Intervista a Nicolás Sorin, musicista, produttore, arrangiatore

(raccolta via mail il 17 gennaio 2018)

Ciao Nicolás, come è iniziata la tua collaborazione con Miguel?
Il tutto cominciò per via di un disco di un'opera orchestrale che avevo composto a Los Angeles nel 2001 e che arrivò tra le mani di Miguel attraverso una sua amica.
Alcuni mesi dopo, ricevetti una chiamata da parte della sua casa discografica, che mi diceva che Miguel avrebbe voluto conoscermi. Andai a Madrid e mi propose di lavorare come arrangiatore sul disco *Por vos muero* con la London Session Orchestra. Per me, che avevo solo 21 anni, era una grandissima opportunità lavorare a questi livelli.

Parlami della registrazione di due grandi lavori come *Por vos muero* e *Velvetina*, due dischi tra loro molto differenti ma di una qualità molto alta e pubblicati quasi insieme, in due soli anni, 2004 e 2005.
Già. Ero già a Madrid e nel bel mezzo delle registrazioni di *Por vos muero* Miguel mi dice che stava pensando a un prossimo lavoro totalmente differente. Fu pazzesco passare dal registrare con un'orchestra sinfonica a quella in studio con un computer. Imparai rapidamente ad adattarmi a questo tipo di situazioni.

Nel 2007 sei tra i produttori di *Papito*, disco di grandissimo successo. Oltre tre milioni di copie vendute in tutto il mondo. Come è stato lavorare a quel disco? Prima che fosse in vendita immaginavi un successo di questa portata?
Con *Papito* fu davvero un lavoro di squadra magistralmente diretto da Miguel. Un disco con quattro produttori e una dozzina di artisti. Già così, logisticamente è mostruoso. Un disco solido e conciso che dettò una certa tendenza per i duetti negli anni a venire.

Ci sarà un "Papithree"?
Magari!

Con *Cardio* il tuo contributo è maggiore, sei produttore e compositore di tutte le canzoni con Miguel. Che ricordi hai di quel periodo?

Cardio è un disco al quale tengo tantissimo. Ebbi l'opportunità di collaborare con Miguel sin dalla genesi delle canzoni. Fu un lavoro molto intenso ma divertente. Eravamo una macchina che produceva canzoni.

Un'altra tua grande produzione, l'ultima, *MTV Unplugged*. Lavoro di grande prestigio. Raccontaci qualcosa di questo meraviglioso progetto.
Fu un'esperienza incredibile e complicata allo stesso tempo. Sappiamo che Miguel ha un suono elettronico e che è molto difficile concepirlo in formato acustico. Abbiamo avuto poco tempo per mettere il tutto insieme, per questo fu fondamentale avere i suoi musicisti abituali per rendere il tutto più bello.

Ci sono aneddoti o ricordi su come è stato lavorare con Miguel artista e uomo?
Il primo che mi viene in mente è durante la registrazione di *Por vos muero* a Londra negli Air Studios. C'era poco tempo per la sessione e Miguel vide che non ero soddisfatto dell'arrangiamento che stava suonando l'orchestra. Miguel chiese del tempo extra, il che è molto costoso, così da permettermi di finire l'arrangiamento come io gradivo. Queste "piccole cose" ne fanno la persona che è.

BIMBA BOSÉ

Miguel incassa un successo dopo l'altro, è un ottimo periodo per lui, questi anni 2000 hanno portato tante soddisfazioni, dal successo straordinario di *Papito* al premio "Person of the year" fino al *MTV Unplugged*, giusto per citare alcuni dei passi salienti solo degli ultimi vent'anni.
Ma la vita si sa, a volte riserva anche brutti colpi da mandare giù, e diciamo che il 2017 non inizia nel migliore dei modi per la famiglia Bosé: il 23 gennaio Bimba Bosé ci lascia a soli quarantun anni, a causa di un tumore al seno contro cui lottava da circa tre anni. Miguel sulla rete social la ricorda così: "Buen viaje Bimba, mi complice, mi compañera, mi amor, mi hija querida. Guíame".
Per rispetto non vorrei dilungarmi molto sull'argomento, è inimmaginabile il dolore che avrà portato ai suoi cari, noi fan possiamo solo lontanamente comprendere. A nome di tutti i fan mi sento di mandare un fortissimo abbraccio a tutta la famiglia.
Sento molto la mancanza di Bimba, sarà perché siamo molto vicini come età, sarà perché vorrei solo dirle che non dimen-

ticherò mai il cuoricino e il sorriso che mi inviò quando le feci i miei più grandi auguri per quello che purtroppo stava passando, non immaginando come sarebbe finita, nonostante la sua grande forza d'animo e il suo ottimismo. A volte combattiamo contro cose più forti di noi, e non ci resta che accettarle, nonostante tutto.

"PREMIO ÍCONO", DIECI VOLTE VIÑA DEL MAR

«Stasera sarà molto speciale per me, sono emozionato come la prima volta» (Miguel Bosé, da *Facebook official*, 20 febbraio 2018, in occasione del concerto di Viña del Mar).
Così Miguel alla sua decima presenza a la Quinta Vergara (record assoluto di presenze, nessuno era mai riuscito prima a eguagliarlo), riceve un "Premio Ícono" che non è uno dei tradizionali "Antorcha" o "Gaviota", ma un quadro con un collage di foto, ognuna riferita a ogni partecipazione precedente di Miguel a Viña.
Oltre a Bosé, in questa prestigiosa edizione troviamo in cartellone Luis Fonsi, Prince Royce, Carlos Vives, ma anche i rockers svedesi Europe di Joey Tempest, che a riguardo dice: «Esotico e differente. Fu molto bello la prima volta qui a Viña, era la prima volta per noi di fronte al pubblico cileno in un doppio appuntamento nel 1990. Fu qualcosa di speciale, la cosa che ci sorprese maggiormente fu il pubblico, che ci ricevette molto bene, molto ospitale, comprese alcune persone che salirono sul palco a ballare con noi, fu pazzesco, un momento speciale. Trovammo tempo anche per visitare la città, un mercato nei pressi della spiaggia, i club notturni e un teatro piccolo dove facevamo le prove. Avevamo tanta voglia di tornare, ma non c'era stata finora occasione» (dal sito web *La Tercera*, circa un mese prima di riapprodare a Viña). Mic Michaeli, tastierista della band, durante una mia personale intervista a Londra prima di un loro show nel 2018 alla Royal Albert Hall nel backstage mi disse: «Concerto fantastico, molto bello, davvero. L'unica cosa strana per noi è che nel bel mezzo dello show i due presentatori sono saliti sul palco interrompendo il concerto per la premiazione, una cosa un po' particolare mentre stai

suonando, perché ti smorza il feeling, ma è stato un onore per noi ricevere quei due premi».

Setlist Viña del Mar 2018:
Sereno / Duende / Nena / Aire Soy / Mirarte / Nada Particular / Amiga / Morir de Amor / Creo en ti / Linda / Don Diablo / La Chula / Como un Lobo / Hacer por Hacer / Sevilla / Morenamía / Si tú no vuelves (feat. Ha*Ash) / Gulliver / Bambú / Amante Bandido / Te Amaré

"THERE IS A LIGHT THAT NEVER GOES OUT"

23 marzo 2020. Un'altra grandissima perdita. Questa volta la più grossa. Ci lascia anche la bellissima mamma di Miguel, Lucia Bosé. Una donna fantastica, dalla grande ironia. Ottantanove anni vissuti pienamente e con gran forza. Questa notizia, improvvisa, ci lascia tutti di ghiaccio e molto, molto tristi. L'ho incontrata l'ultima volta solo cinque mesi prima di questa brutta e terribile notizia, a Roma, in occasione del "Festival del Cinema". La sua simpatia, la sua voglia di vivere, il suo modo unico di vivere la vita, caratterizzò quel pomeriggio romano del 23 ottobre 2019, rallegrando tutti i presenti con i racconti di una vita.

LA CASA DE LAS FLORES (EPISODIO SERIE TV, 2020)

La casa de las Flores è una serie TV messicana di grande successo, nata nel 2018 per mano del regista Manolo Caro. Nella terza stagione, nell'ultimo episodio, intitolato, "Alloro", trasmesso in prima visione il 23 aprile 2020, vi è un cameo a sorpresa di Miguel Bosé in cui celebra l'unione di una coppia, includendo un importante messaggio d'amore dedicato a qualsiasi tipo di amore, senza alcun pregiudizio.

GUERRA DE LIKES (FILM, 2021)

Film diretto da María Ripoll, disponibile dal 12 marzo 2021 su Amazon Prime Video. Il cast comprende oltre agli attori Regina Blandón, Ludwika Paleta, Manolo Cardona, Miguel Bosé che con un cameo interpreta se stesso.

PILLOLE, CURIOSITÀ... ANNI DUEMILA

2000: Boris Izaguirre, conduttore televisivo venezuelano e uomo di spettacolo a tutto tondo, ormai una notorietà in Spagna, conduce per Telecinco "El Anfitrión", programma prodotto da General de Imagen, la stessa di "Séptimo de Caballería".

2000: Lucia Bosé insieme alla figlia Paola trasforma una vecchia fabbrica dove si produceva farina in un museo, un Museo degli Angeli. In questo progetto, la madre di Miguel metterà tutta la sua passione per gli angeli dedicandone un museo, probabilmente l'unico al mondo. Si trova a Turégano, località con poco più di mille abitanti, provincia di Segovia, distante poco più di 100 km da Madrid. Opere "donate" a lei da vari artisti di tutto il mondo, da Emilio Farina, Enrico Bressan, Fernando Calderón, Fausto Morillas Gonzales, Paco Lagares e altri. Purtroppo alcuni anni dopo, nel 2007, il museo sarà destinato a chiudere.
Nel 1998 la Emi Classics aveva pubblicato un CD *El canto de Los Angeles*, curato e diretto da Gregorio Paniagua, all'interno del quale vi sono immagini di quadri offerte per questo progetto dalla stessa Bosé che nello stesso dice «Gli angeli sono figure universali, tutte le culture del mondo ne hanno uno. Possono trasformarsi in un simbolo universale nella cui immagine ci riconosciamo tutti. Il battere delle loro ali, il tono della loro voce, le vibrazioni della loro presenza, praticamente la loro musica. Così, immaginai un mondo sonoro identico alla serenità che portano quando si avvicinano». Sempre per quanto riguarda il tema "Angeli", legato al "Mondo Bosé", citerei il libro pubblicato nel 1996, *Los ángeles: la empresa invisible*, con testi e contributi di Miguel Bosé, Lucia Bosé, Nacho Cano, Carlos Villarrubia, ed altri. Le illustrazioni sono a cura di Ginés Liébana.

2000: il 28 giugno allo stadio di Madrid, davanti a cinquantamila spettatori, al concerto di Alejandro Sanz sono invitati: Miguel, i Ketama, Niña Pastori, Malú e la ballerina di flamenco Sara Baras. Interpretano "Corazón partío", un classico di Alejandro del 1997, tratto dal suo quinto album *Más*.

2000: Messico: Joaquín Sabina, durante un suo concerto, invita sul palco Miguel per cantare insieme "Noche de boda / Y nos dieron las diez".

2003: *Diva, Divina* è un libro scritto da Begoña Aranguren e pubblicato da Booklet sulla vita di Lucia Bosé, che mette nero su bianco le confessioni fatte dall'attrice italiana.

2003: il 26 giugno alla Plaza de Toros Las Ventas a Madrid, durante il concerto dei Maná, davanti a quasi ventimila persone, Miguel, ospite, canta "Si tú no vuelves". Altri ospiti illustri della serata: l'italiano Zucchero, Miguel Ríos e il chitarrista di flamenco El Viejín.

2003: Pablo Sycet organizza una mostra, "Los colores de la música" composta da oltre cinquanta opere di ventisei musicisti spagnoli. Oltre ovviamente a Miguel Bosé, partecipano tra i tanti Luis Eduardo Aute, Camilo Sesto, Pedro Andrea, Alejandro Sanz, Carlos Berlanga. Per i collezionisti, esiste il catalogo con parte delle opere esposte durante la mostra.

2004: Nasce Casalobos, un'azienda che produce vini di altà qualità, nata da un'idea dell'ex giocatore del Real Madrid Manolo Manchis, che ha unito altri soci con la passione per il vino e della gastronomia, tra cui altri ex calciatori, Emilio Butragueño, Rafael Martín Vázquez, l'ex tennista Emilio Sánchez Vicario, e altri personaggi noti fino ad arrivare a ventidue soci, tra questi anche Miguel, non nuovo a questo tipo di investimenti, dal momento che già da una decina di anni era proprietario del Jamón Monsalud de Montáchez, un prosciutto di altissima qualità, tanto da ricevere nel 2011 il premio "La Espiga de Oro" quale miglior prosciutto iberico del mondo.

2004: Edith Salazar incide un album intitolato *Bolero... carta de amor y desamor*, includendo tracce in cui vari ospiti leggono una lettera. Tra questi è presente Lucia Bosé. Salazar oltre a cantare con Miguel in "Te quiero amor" è la corista negli album *Bajo el signo de Caín* e *Laberinto*. È stata anche tastierista e corista per circa sei anni in tour con Miguel a partire dal tour "Directo'90".

2005: Nel documentario televisivo *Mil y una Lolas* dedicato alla cantante, ballerina e attrice spagnola Lola Flores, tra i tanti personaggi vip a dare la propria testimonianza abbiamo anche quella del nostro Miguel.

2006: il DVD *Todos por lo mar* diretto da Fernando López Mirones, è un viaggio per gli amanti del mondo marino e della natura in generale, che viene pubblicato nel 2006, ma girato nei due anni precedenti. Miguel presta la sua voce per la versione originale in spagnolo come narratore. La sigla finale del documentario è il brano a noi più che noto "Mirarte". DVD realizzato e distribuito dalla Suevia Films.

2007: A Roma, per la premiazione dei "Wind Music Awards", Miguel riceve il premio come album internazionale più venduto in Italia nel 2007. Accompagnato sul palco dalla nipote Bimba canta "Como un lobo", così come era successo per i Latin Music Awards a Miami.

2008: Bimba Bosé è la leader e cantante di una band dal nome The Cabriolets. Insieme a Diego Postigo al basso e David Unisón alla chitarra incide il primo di tre album dal titolo *Demo*. Lo zio Miguel è tra gli autori nei brani "About love" e "Poco a poco".

2008: Il 9 giugno Miguel riceve il premio turistico "Girardillo de Oro" dal sindaco Alfredo Sánchez Monteseirín, per aver contribuito alla conoscenza nel mondo della città di Siviglia con la sua canzone omonima.

2010: "El gran solitario" è un racconto che Miguel scrive per un libro per bambini dal titolo *¿Te puedo leer un ratito?* (Roca Editorial) che racchiude altre storie firmate da altri nomi noti in Spagna, tra cui Boris Izaguirre. Il ricavato del libro sarà devoluto in beneficenza alla Fondazione Pequeño Deseo. Miguel non è nuovo nello scrivere novelle, spesso ha dichiarato di averne scritte molte poi bruciate. Nel 2008 sembrava fatta, aveva dichiarato che ne sarebbero uscite persino due, ma ad oggi, ancora nulla.

2010: Nel DVD di Eros Ramazzotti *21:00 Eros live world tour 2009/2010*, Miguel appare per pochi attimi nel documentario contenuto come extra "Appunti e note di un viaggio".

2011: Pilar Franco de Sarabia, direttrice di Harit Ayurveda Spa, il primo centro ayurvedico spagnolo, pubblica un libro *Equilibra tu peso, equilibra tu vida*, la cui prefazione è firmata proprio da Miguel Bosé.

2011: Il 27 aprile, tramite i suoi canali ufficiali Facebook e Twitter, Miguel comunica: «Ho una bellissima notizia da dare, sono padre di due bellissimi gemelli che ieri hanno compiuto un mese. Si chiamano Diego e Tadeo. Stiamo già a casa e stiamo bene. Sono l'uomo più felice della terra. Un abbraccio forte e a presto. Miguel».
Nel 2013 dichiarerà alla rivista "Shangay Express", rivista spagnola a distribuzione gratuita, di non avere due, ma quattro figli, Ivo e Telmo, arrivati a sette mesi di distanza dai primi due.
«Ho scelto la vostra rivista perché siete voi, perché la mia è una famiglia differente e la vostra rivista è soprattutto a distribuzione gratuita, se devo condividere qualcosa di questo genere, lo devo fare gratuitamente». Infatti Miguel non ha mai permesso a fotografi e/o giornalisti di avvicinarsi ai figli, cercando di rispettare e proteggere la loro privacy di minori, come è giusto che sia. Né vendendo, come molti altri personaggi dello spettacolo fanno sfruttando i figli, facili e ben retribuiti articoli sui rotocalchi di tutto il mondo. «L'intimità è l'ultimo rifugio. La mia professione è il 95% di quello che faccio, e tutto il mondo sa ciò che penso, costruisco, come mi relaziono... l'altro 5% è di Miguel, il cittadino, che ha una vita normale, molto casalinga, persino noiosa, mi dedico all'orto,

alla cucina, alla famiglia. Ma tutto ciò non mi deve mancare».
Nel 2018, a causa di tante notizie inevitabilmente trafugate, tra cui molto gossip di bassa leva, viene meno purtroppo anche parte di questo 5%, preziosissimo al cantante spagnolo. È confermata la notizia che il padre naturale di Diego e Tadeo è Miguel, mentre gli altri due bambini, Ivo e Telmo sono di Nacho Palau. I giornali e i media in generale coglieranno la palla al balzo per scatenarsi e dirne di ogni tipo, non aspettavano altro da tempo e per molto tempo ancora certamente cavalcheranno l'onda. Ad oggi Miguel non ha lasciato alcuna dichiarazione in merito e pertanto, per rispetto, ci limitiamo alla semplice notizia, solo per completezza di informazioni. Miguel ha passato tutta la vita sotto i riflettori, sin da bambino, inizialmente grazie alla celebrità dei suoi genitori, successivamente per la sua splendida e lunghissima carriera. Non ha avuto sempre un ottimo rapporto con una parte della stampa, soprattutto a partire da un certo punto della carriera. Media sempre pronti a ricercare scandali dove non c'erano, a fare domande inopportune, molto spesso sempre le stesse, da una vita. Morbose curiosità sulla vita privata che molti pretendono di pubblico dominio. Domande riguardanti malattie di cui la stessa stampa aveva deciso Miguel dovesse essere affetto, oppure come nel 1992, mentre era in Francia a lavorare ad un film, quando lo diedero addirittura per morto. La notizia è poi stata prontamente smentita prima attraverso un'intervista radiofonica e successivamente attraverso l'apparizione in una trasmissione TV, "Queremos saber" di Mercedes Milá, dove Bosé dovette giustificarsi anche del perché non potette farlo prima. Il medico che dirigeva l'ospedale dove si diceva fosse stato portato il corpo di Bosé affermò che tantissimi furono i giornalisti che entrarono di nascosto nella struttura nel tentativo di fotografare il cadavere dell'artista, ostacolando il lavoro dei medici. Ovviamente, Bosé in quell'ospedale non ci era mai stato. Nella stessa trasmissione TV, Miguel racconta un episodio accadutogli mentre era in viaggio su un aereo nel periodo in cui si diceva fosse malato di Aids: un passeggero riconoscendo il cantante al suo fianco, si fece cambiare posto. Insomma una bella dimostrazione di credulità e, soprattutto, di ignoranza verso un tema che è sempre stato a cuore all'artista, considerati gli eventi di beneficenza che spesso ha organizzato per combattere questa brutta malattia. Per questo e per altro, Bosé ha sempre cercato di difendersi dalla stampa, mettendosi a nudo quando c'è da lavorare, ma salvaguardandosi quel piccolo e sacrosanto spazio della sua vita privata. Bosé è nei tantissimi dischi che ha prodotto, nei film che ha interpretato, in tutte le forme d'arte in cui si è cimentato in tanti anni carriera, TV, teatro, poesia, scrittura... e questo è anche lo stile con il quale abbiamo pensato questo volume.

2012: A marzo Bosé è tra i giurati di uno spettacolo in Spagna che va in onda su Antena 3, "El Número Uno". Oltre a lui troviamo anche David Bustamante, Ana Torroja, Sergio Dalma e Paula Vázquez. Programma incentrato sulla musica a caccia di nuovi talenti con la particolarità e la differenza che i cantanti che arrivano qui dalle selezioni non sono "nuovi". Alcuni di loro potrebbero infatti avere all'attivo già dei dischi.

2012: Bosé partecipa come coach alla seconda stagione di "La Voz... México", insieme a Paulina Rubio, Jenny Rivera e Beto Cuevas. Programma andato in onda dal 9 settembre al 16 dicembre. In una delle sigle del programma Miguel canta "No volveré" con Jenny Rivera. Purtroppo la cantante messicana, che durante la sua "breve" carriera ha venduto più di un milione di dischi, è morta il 9 dicembre, vittima dello schianto del suo stesso aereo dopo aver tenuto un concerto a Monterrey.
Nello stesso anno, il 12 dicembre, durante un concerto a Oaxaca in occasione del "Papitwo tour", all'Auditorio Guelaguetza Migel le dedica "Amiga".

2012: "Cuéntame" (J. L. Armenteros). Si tratta di una canzone scritta da José Luis Armenteros per i Formula V, gruppo pop di Madrid, che pubblicò questa canzone nel 1969. Nel 2012 Miguel Bosé la riprende e ne fa una sua versione in perfetto stile "Bosé" per la sigla della serie TV spagnola *Cuéntame cómo pasó*. Inizialmente il brano è disponibile sul CD della soundtrack della serie TV uscito nel marzo del 2013, alcuni mesi dopo sarà anche incluso nel box antologico di Bosé *Colección definitiva*.
«Sono un fan della serie. Non riesco a guardarla sempre per problemi di tempo, ma mi piace molto, è una serie impeccabile, con una produzione altrettanto impeccabile. La canzone è molto divertente, molto conosciuta. Abbiamo incastrato la sua sonorità negli anni 80. Il merito va a Fernando Ortí che ha prodotto e arrangiato questo brano dandogli il giusto suono di quella decade, meglio non si poteva fare. Gli anni '80 sono gli anni più importanti della mia carriera, perché nasce il "vero Bosé", quello che mi ha portato ad essere qui, oggi. *Bandido* nasce negli anni '80. Precisamente nel 1984. Mi tolsi una pelle e ne misi un'altra. Un altro modo di far musica, descriverla, produrla, fare concerti. I migliori ricordi della mia carriera appartengono agli anni '80» (Miguel Bosé, da un'intervista a RTVE).

2012: Miguel Bosé scrive la prefazione al libro *El entrenamiento ideal* di Alberto Rey, personal trainer di molti personaggi celebri, edito per la casa editrice La esfera de los libros.

2013/2014: Miguel rifiuta l'invito di diventare giudice a "X Factor", vi partecipa solo come ospite per una serata nel 2012 e quando afferma, sottolineando la bravura dei ragazzi, che se avesse fatto lui i provini non lo avrebbero mai preso, Morgan replica: «Ma se hai un'estensione vocale pazzesca». Accetta però il ruolo di coach ad "Amici di Maria de Filippi" per due edizioni, durante le quali non manca di prendere parte a dei duetti degni di nota tra cui: "Magari" con Renato Zero, "La canzone di Marinella" con Cristiano De Andrè, e "Morenamía" con Emma Marrone.

2013: Bosé "divorzia" professionalmente da Rosa Lagarrigue, sua manager storica e mano destra per tantissimi anni, dalla fine degli anni'70, amici di una vita, si conobbero al liceo in Francia. È sua la RLM (Rosa Lagarrigue Management). Ora il management di Bosé è Ocesa Seitrack, agenzia di management messicana.

2014: Il 6 marzo Laura Pausini, in occasione della data zero del "20 The greatest hits world tour", invita alcuni ospiti sul palco del Madison Square Garden di New York, tra cui Miguel per cantare insieme "Te amaré". Tra gli altri ospiti della serata: Biagio Antonacci, Il Volo, Gloria Estefan, Ivete Sangalo.

2014: Juanes pubblica il suo sesto album, *Loco de amor*. Miguel scrive insieme al cantante colombiano i testi di quattro canzoni: "Laberinto" "Persiguiendo el sol", "Corazón invisible" e "Me enamoré de ti".

2015: L'8 e il 9 dicembre a Parigi, da Christie's si vendono due quadri all'asta, facente parti della collezione personale di Miguel Bosé, intitolati "Dollar Sign" e "Oxidation Painting" che furono regali di compleanno che Andy Warhol fece a Miguel. Infatti la cornice dei quadri stessi contiene una dedica all'amico cantante.
«È un grande onore per Christie's presentare le due opere di Andy Warhol appartenenti alla collezione personale di Miguel Bosé. Questi lavori rappresentano una fantastica testimonianza dell'amicizia tra il cantante e l'artista» (Etienne Sallon, direttore dell'asta, in *Artslife.com*, 29 novembre 2015).

2017: Miguel registra con la Berklee Latin Grammy Cultural Foundation Student una nuova e bella versione di "Este Mundo va". Non è disponibile però su nessun supporto.

2017: Il 24 giugno, allo stadio Vicente Calderón di Madrid, Alejandro Sanz, davanti a circa cinquantamila persone, in un concerto della durata di due ore e mezza circa, interpretando i suoi più grandi successi, invita sul palco diversi ospiti d'onore, tra cui Laura Pausini, Juan Luis Guerra, Malú, Juanes, Pablo Alborán, Manuel Carrasco e non ultimo Miguel, che duetta con Sanz "Me iré", brano originariamente tratto dall'album del 2000 *El alma al aire* di Sanz. Il concerto è documentato in un CD con DVD, dal titolo *+ES+El concierto*. Bosé è solo nella parte video, perché include l'intero concerto, mentre il CD solo un estratto.

2017: Il 18 novembre Vanesa Martín ospiterà Miguel sul palco per il suo concerto in Messico cantando insieme "Si tú no vuelves".

2017: Esce "Chavela", un interessantissimo DVD sulla vita della cantante messicana, Chavela Vargas, scomparsa nel 2012. Tra le testimonianze nel documentario anche quella di Miguel.

2017: Esce *A la manera de Vainica Doble*, un disco omaggio al duo scomparso formato da Gloria Van Aerseen e Carmen Santoja. Sono incluse rarità, versioni e duetti registrati per l'occasione o rimasti negli anni inediti. Tra i tanti nomi illustri che spiccano troviamo quello di Lucia Bosé in ben due tracce: "No hay cosa tan sabrosa como vivir de limosna" e "A la sombra de un banano".

2018: Il 19 aprile in Spagna viene lanciato *Lo que fui es lo que soy*, film documentario su Alejandro Sanz che vede la partecipazione, tra i tanti testimoni, anche di Miguel.

2018: a febbraio dal Mediolanum Forum di Assago di Milano inizia il tour di Jovanotti, che apre i suoi live con un'animazione del fumettista Manuel Frior riguardante Don Chisciotte, omaggiato da Miguel che recita in spagnolo l'adattamento teatrale di Corrado D'Elia.
«Sono sempre stato affascinato dal personaggio di Cervantes, poi ho scoperto che nel libro ha la mia stessa età, così l'ho scelto come spirito guida dello spettacolo. E ho chiesto a Miguel Bosé di prestare la sua voce al cavaliere errante» (Jovanotti, *TV Sorrisi e Canzoni*, n. 8, febbraio 2018).

2019: Il 13 aprile esce per il Record Store Day, giornata mondiale nata per la salvaguardia dei negozi di dischi indipendenti, la ristampa del 45 giri in edizione vinile colorato di "Amante bandido".

2019: Dal 24 marzo al 26 maggio Miguel è coach nella quarta stagione di "Pequeños Gigantes", reality show messicano dedicato ai bambini.

2019: *Sin ti* è un cortometraggio ideato da Miguel insieme a Luis Mandoki, regista, e Martín Hernández, in onore di tutte le mamme messicane che festeggiavano la loro giornata il 10 maggio 2019. Fa parte di una campagna di Fud, un'azienda leader alimentare messicana, per riconoscere l'operato delle donne che appoggiano sempre i propri figli. Colonna sonora del corto, il cui titolo per intero è *Sin ti: lo más difícil de ser madre es enseñarlo a vivir sin ti* è il brano "Te amaré", che Miguel dedica a sua madre aggiungendo in conferenza stampa «una canzone che appartiene all'amore, la più suonata in Spagna durante i matrimoni durante il primo ballo degli sposi e tra le più dedicate nel mondo latino». Secondo il regista, la canzone di Bosé, anche se antecedente di quasi quarant'anni, sembra scritta appositamente per questa storia. Miguel aggiunge: «mia madre resterà molto impressionata da questo, non le rendo mai omaggio e invece è importante farlo a chi ci ha donato la vita. Il miglior consiglio o ricordo che mi ha dato? Mi aprì la porta e disse: "Vattene da qui, è ora che inizi la tua vita"».

2019: L'8 settembre purtroppo ci lascia anche Camilo Sesto, il primo uomo che ha creduto musicalmente in Miguel, producendogli i primi due singoli. Avrebbe compiuto settantatré anni dopo pochi giorni.

2020: All'inizio dell'anno viene confermata la notizia della lavorazione di una serie TV dedicata alla vita di Miguel Bosé autorizzata dal cantante spagnolo. Le riprese, causa lockdown per via del COVID-19, sono state rinviate a inizio gennaio 2021.

2021: È confermata la partecipazione di Miguel Bosé come coach all'edizione di "La Voz...México" prevista per giugno 2021. Inoltre in un'intervista rilasciata a Carlos Fuentes ad aprile Bosé ha confermato la lavorazione imminente della serie TV, annunciando anche la pubblicazione di una propria autobiografia in uscita a novembre, promettendo nuovo materiale discografico e relativo tour per il prossimo anno. Per il 2021 invece, sono previste sole due date in Spagna a luglio, il 16 a Valencia, il 24 a Marbella.

BOSÉ AID, OLTRE L'ARTISTA... UN UOMO

Sono moltissime le azioni a scopo benefico di Miguel Bosé, sempre sensibile alle minoranze e ai popoli in difficoltà, ci vorrebbero pagine e pagine per elencarle tutte.
Il 17 maggio 2008 per la Fundación Alas di aiuto ai bambini latino-americani, si tiene un concerto allo Zocalo di Città del Messico, e Miguel canta con i Timbiriche "Mexico". Da solo interpreta "Morenamía".
«L'identità più preziosa che può avere un paese si vede dalle sue etnie. Questo è un progetto dedicato alla comunità in-

digena in Messico. Costruire in posti remoti dove i bambini dai tre ai quattro anni possono studiare, ricevere un'educazione, imparare a suonare uno strumento» (Miguel Bosé, da uno speciale su Vimeo su "Person of the year 2013").

PAZ SIN FRONTERAS 2008

Il 16 marzo 2008, sul ponte Simón Bolívar, frontiera tra il Venezuela e la Colombia situato di fronte alla città di Cúcuta, molti artisti latini, vestiti tutti di bianco, offriranno un concerto per la pace che diventerà storico di fronte a circa trecentomila persone. Miguel vi prende parte, e insieme a lui Alejandro Sanz, Jean Luis Guerra, Carlos Vives ed altri tra cui Juanes che ne è l'organizzatore.

PAZ SIN FRONTERAS 2009 (SECONDA EDIZIONE)

Il 20 settembre 2009 si bissa: concerto a L'Avana, davanti a un milione e mezzo di persone. Oltre a Juanes, Bosé e Velasco tra i vari artisti che ne prendono parte abbiamo Luis Eduardo Aute e Jovanotti.
«Più pubblico di noi lo hanno fatto solo i Rolling Stones a Rio de Janeiro e Rod Stewart a Copacabana» dichiarò Miguel. Parliamo di concerti gratuiti, da non confondere con i duecentoventimila successivi paganti di Vasco Rossi a Modena Park, superando il record detenuto dagli A-ha per il loro concerto del 1991 a Rio de Janeiro con i loro centonovantottomila ingressi. Sul web stesso c'è molta confusione nel dichiarare il concerto che ha il primato di pubblico, occorre distinguere per prima cosa se si tratta di evento a pagamento o meno.
«"Paz sin fronteras" è una fondazione in cui Juanes e io lottiamo per il diritto alla pace che sia considerato e codificato come diritto dell'uomo universale. Prima di fare il cantante volevo essere un oceanografo. L'immersione, la profondità, la difesa del mare e degli oceani per me è un privilegio, tanto da essere sul punto di lasciare la musica per il mare. Da qui Oceana *[organizzazione internazionale dedicata alla protezione e al recupero degli Oceani nel mondo di cui il cantante si farà portavoce, nda]*» (Miguel Bosé, Vimeo, "Person of the year 2013").

È padrino dell'inaugurazione del posto chiamato Los Niños Indignes de Zoogocho in Oaxaca. I bambini della sezione musicale omaggiano Miguel con una loro versione in chiave molto simile e vicina alla loro cultura di "El hijo del capitán trueno" e "Amante Bandido".

GALA SIDA

Il 1° dicembre è la giornata mondiale contro l'AIDS. Miguel ha spesso dichiarato di aver perso alcuni amici a causa di questo terribile male, e prendendo molto a cuore la causa organizza nel mese di dicembre, dal 2009 al 2018, un gala con moltissimi ospiti illustri, al termine del quale spesso teneva un concerto.

Il Gala era un modo per sensibilizzare la gente su un argomento delicato, negli ultimi anni quasi dimenticato. Un modo per finanziare i progetti di questa fondazione che lotta tutti i giorni per la battaglia contro questo male. Nel 2019 non si tenne, a causa di difficoltà legate al momento politico che si stava vivendo nella città di Barcellona, in cui era previsto. Tanti gli ospiti durante i suoi concerti all'interno del Gala, tra tutte le serate, ricordiamo quella del 2009 in cui Miguel invita sul palco Victor Manuel, cantando insieme "Sólo pienso en ti" dello stesso Manuel, da non confondere con l'omonimo che lo stesso Miguel scelse per *11 maneras de ponerse un sombrero,* che invece era dei CRAG.

Il 21 settembre 2011 si tiene in Messico il "Concierto Por la Paz" sponsorizzato da Coca-Cola e Miguel duetta "Morenamía" con Natalia Lafourcade. Tra gli altri partecipanti al concerto Sasha Sokol, Motel, Kinky.

PEACE ONE DAY CONCERT

Festival che si tiene ogni anno in Olanda in favore della pace e il 21 settembre 2013 Miguel vi partecipa con un miniset live, cantando: Partisano/Por ti/Si tú no vuelves/Nada particular.

RISEUP AS ONE

15 ottobre 2016. Un evento per non creare muri, ma ponti. Ovviamente il riferimento a Trump era evidente. Si riuniscono diversi artisti presso la frontiera di San Diego-Tijuana, vicino l'aeroporto Cross Border Express, una celebrazione della diversità e dell'unità. È il primo concerto che si tiene presso il confine e che può essere ascoltato sia a Tijuana, Bassa California che a San Diego, California. Partecipano Alejandro Sanz, Carlos Vives, Natalia Lafourcade, Julieta Venegas, Juanes, T Bone Burnett e molti altri.
Bosé interpreta "Bambú" con Fonseca e, dopo un messaggio rivolto al progresso e a votare con coscienza, propone "Nada Particular".

Nel marzo 2016 Miguel, fondatore e presidente onorario della fondazione "Patrimonio Indigena Mxm", inaugura "Casa del Niño" nello Yucatán e i bambini come sorpresa lo onorano con una versione in lingua maya di "Como un lobo".

Il 19 dicembre 2017 annuncia su *Facebook official*: «Cari amici, come vi avevo promesso oggi, 19 dicembre, nel primo anniversario della dichiarazione della pace da parte delle Nazioni Unite, vorrei condividere con voi questo libro che ho scritto insieme a David Fernandez Puyana.
Riunisce alcuni dei più bei testi scritti da importanti filosofi, scrittori, poeti, e pensatori dell'occidente dai tempi classici. È un gioiello unico, perché testimonia, fin dai tempi più remoti, quanto la pace fosse desiderata e appassionatamente rivendicata come la migliore opzione di progresso. Spero che gli possiate dare l'attenzione che merita, visto che ci riguarda tutti: grazie. Miguel».
In allegato al testo il pdf del libro, *The Right to Peace, past, present and future* (*La historia de la Paz en Occidente*) di Christian Guillermet Fernández, David Fernández Puyana, con il contributo appunto del nostro Miguel.

VENEZUELA AID LIVE

Il 22 febbraio 2019, oltre trenta artisti si riuniscono per un concerto storico nella città di Cúcuta per raccogliere fondi umanitari per le popolazioni del Venezuela. Miguel interpreta "Nada particular" e "Te amaré".

SPOT OF THE POPS!

Una popstar non poteva negarsi anche alle pubblicità di prodotti commerciali di vario genere, numerose sono le volte in cui Miguel ci ha "messo la faccia", fra i tanti: Y10, Piaggio, Donuts, colonia Vanessa, Renault, calzature Kelme, il profumo Chicas, le patatine Lays e la Superga che nei primi anni 80 regalava un poster del cantante per chi acquistava le scarpe da lui firmate. Invece per il San Marzano diventa colonna sonora con "Se tu non torni".
Nel 1983 è stato protagonista di uno spot per le emittenti televisive spagnole, Freixenet, un vino spumante spagnolo della Catalogna. Girano almeno tre versioni dello spot girato in occasione del Natale e Miguel è accompagnato da Shirley MacLaine. Bello sentirli entrambi cantare con la propria voce la canzone dello spot.

Milano, Palalido, 5 gennaio 1982

Milano, Palalido, 5 gennaio 1982

Pagine promozionali e biglietti di concerti d'annata

Poster e cartonati promozionali, poster e biglietti di concerti e, qui sopra, condom promozionale del CD *Velvetina*

In copertina su molte riviste italiane di successo (in alto: alcune foto promozionali).

Altre copertine dedicate da numerose riviste italiane.
In alto la fanzine "Labirinto" del fan club ufficiale "Sotto il segno di Miguel"

Riviste italiane e internazionali, libri, il calendario 1986, spartiti

Memorabilia varie:
t-shirt, cartelle stampa degli album, cartonati promozionali del film *El caballero del dragon*

LATIN ROCK NIGHTS
Giovannino
FRANCO MICALIZZI
MIGUEL BOSÉ
MIGUEL BOSÉ / MADE IN SPAIN
BOSÉPAP
Miguel Bosé
Por fin en Madrid el TOUR DE LA SALAMANDRA
MIGUEL BOSÉ
10 DE LA NOCHE
PLAZA de TOROS
¡CORRE LA VOZ!
MIGUEL BOSÉ
MIGUEL BOSÉ / MADE IN SPAIN
Miguel Bosé

Poster promozionali, concerti e biglietti d'annata

NONSOLOPAPITO: DUETS
(TUTTI I DUETTI PRIMA E DOPO PAPITO)

[In questo capitolo trattiamo i duetti realizzati per altri artisti e le collaborazioni esterne agli album di Miguel Bosé. I duetti realizzati e pubblicati per la prima volta su uno dei due album della "saga Papito" qui non vengono rimenzionati, mentre lo sono quelli che sono stati realizzati precedentemente e in seguito inseriti in uno dei due capitoli, Papito *o* Papitwo.*]*

DANIELA ROMO: "Pobre secretaria" (Difelisatti/M. Bosé)
Dall'album: *Daniela Romo* - 1983

Danilo Vaona, figura molto presente nei primi anni della carriera di Miguel, produce, tra i tanti suoi lavori, il secondo omonimo album di una cantante e attrice messicana, Daniela Romo. Vi è incluso un duetto con Bosé, "Pobre secretaria" di cui verrà girato anche un videoclip. Nel 1983 ovviamente oltre al vinile è disponibile sul mercato la musicassetta, il CD sarà stampato alcuni anni dopo. Il duo, in una trasmissione televisiva spagnola durante la promozione del disco, prepararò una sorpresa per il pubblico, cantando insieme dal vivo "Te amaré".

MATIA BAZAR: "La unica estrella verdadera" (C. Marrale/S. Cossu/S. Stellita/M. Bosé)
Dall'album: *Matia Bazar* (edizione spagnola) - 1988

Nel 1988 i Matia Bazar sono in gara al "Festival di Sanremo" con il brano "La prima stella della sera", che sarà l'unico inedito di una raccolta che avrà come titolo il semplice nome della band di Genova. L'album viene pubblicato anche in Spagna, dove il gruppo aveva già un discreto seguito, con l'aggiunta del brano sanremese in spagnolo, "La unica estrella verdadera" di cui Miguel Bosé ne adatta il testo, partecipando anche ai cori. Questo brano sotto il titolo "La unica estrella" sarà interpretato sempre nel 1988 dal trio femminile messicano Flans nel loro album *Alma gemela*. Sempre nel 1988, le Flans pubblicano una VHS dal titolo *El mundo de Flans* con contenuti tratti dallo speciale televisivo natalizio del 1986 di Televisa Channel 2. Miguel appare interpretando "Salamandra". Nella stessa serata aveva cantato anche "Duende" che non sarà inclusa nella videocassetta.

MIRANDA: "Amaia liberata" (M. Bosé/L. Ferrario/M. Grilli)
Dall'album *Miranda* - 1993

Duo composto da Javier Catalá e Moisés García. Il team Bosé/Ferrario/Grilli scrive per questo lavoro due brani: "Amaia liberata" (con Miguel in duetto) e "As de productores". I due brani usciranno anche come CD single promozionali di cui uno conterrà anche la versione in italiano di "Amaia liberata" in cui però non è presente la voce di Miguel. L'intero lavoro invece oltre al supporto CD esce anche in vinile.

MIGUEL BOSÉ/KENT NAGANO: Prokofiev/Pedro y el lobo/Poulenc/ Historia de babar – 1994
Miguel è la voce narrante di questo ambizioso e interessantissimo progetto diretto da Kent Nagano e con la partecipazione della Orchestre de l'Opéra di Lyon, che include la famosissima opera di Sergei Prokofiev. «Progetto che avevo fatto con la Royal Academy Orchestra, abbiamo fatto un mini-tour in teatro in Spagna. Mi è piaciuta molto l'esperienza e si pensò col tempo di dargli un supporto fisico» (Miguel Bosé, da un'intervista *Chile TV*, 1994).

LATIN ROCK NIGHTS: "28th Montreux Jazz Festival 1994"
Dall'album *Latin Rock Nights - 28th Montreux Jazz Festival 1994* - 1994

Compilation dal vivo tratto dal "28th Montreux Jazz Festival" del 1994. Tra i sette artisti presenti in questo CD, ognuno rappresentato da due brani, c'è anche Miguel Bosé con "Bajo el signo de Caín" e "Si tú no vuelves". Esiste anche un CD sampler di questo festival a sette tracce (con un solo brano di Bosé) e un piccolo opuscolo pubblicitario promozionale con la scheda del festival che presenta i gruppi partecipanti. In Canada invece, oltre al CD che riporta una copertina leggermente differente (con piccole foto degli artisti inclusi) è stata pubblicata la stessa tracklist in una rara VHS. Miguel si è esibito l'8 luglio allo Stravinski Hall.

MIKEL ERENTXUN: "Levanto el vuelo" (M. Bosé/M. Erentxun)
Dall'album *El abrazo del erizo* - 1995

Secondo album di grande successo del cantante dei Dunchan Dhu, con cui Miguel aveva già collaborato alcuni anni prima per il brano "Hojas secas".

CECILIA: "Mi querida España" (E. Sobredo)
Dall'album *Desde que tú te has ido* - 1996

Un album che contiene brani originali della cantante scomparsa e duetti inediti, tra cui quelli con Julio Iglesias, Ana Belén e ovviamente Miguel che interpreta questo brano del 1975, tratto dal terzo lavoro della cantante *Un ramito de violetas*. Uscito solo in CD e musicassetta.

VAINICA DOBLE: "¡Oh Jesus!" (G. Van Aerssen/C. Santoja)
Dall'album *Carbono 14* - 1997.

Lavoro che uscì sia in CD che musicassetta, nel 2014 hanno ristampato sia il CD che il vinile. Del duetto con Miguel ne uscì anche un CD single promozionale.

VICENTE AMIGO
Dall'album *Poeta* – 1997

Miguel Bosé è la voce narrante nell'album del chitarrista spagnolo di flamenco, già noto ai fan di Miguel per aver suonato, al tempo della realizzazione di questo disco, sugli ultimi due lavori di Bosé. Miguel recita dei poemi di Rafael Alberti in tre tracce dell'album, due intitolate "Pleamar (fragmento)", e la terza "Entre el clavel y e la espada (fragmento)".

TRIBUTO A NERUDA: "El tigre" (P. Neruda)
Dall'album *Marinero en tierra* - 1999

Tratto dal tributo al poeta cileno, a cui prendono parte tanti altri artisti tra cui Sanz, Calamaro, Sabina, e molti altri tra cui Miguel.

MILIKI: "El barquito de cáscara de nuez" (F. G. Soler)
Dall'album *A mis niños de treinta años* - 1999

Brano in cui, oltre a Miguel, partecipa Emilio Aragón. Originariamente inciso nel 1936 dal cantante messicano Francisco Gabilondo Soler, lo stesso autore di "Ratón vaquero", che abbiamo trovato in *Cosas de Niños*. Oscar Gómez, per questo album, *A mis niños de treinta años*, album più venduto in Spagna nel 1999, in occasione delle feste natalizie, ricevette il "Grammy" come miglior produttore per la categoria "Best Children Album".

"EL ÚLTIMO ADIÓS" (E. Estefan Jr./Gian marco) – 2001
Canzone scritta in omaggio per le vittime dell'attentato dell'11 settembre, uscita come CD single nello stesso 2001. Partecipano molti artisti oltre a Miguel, da Ricky Martin ad Alejandro Sanz, ed ancora Shakira, Gloria Estefan, Paulina Rubio e molti altri.

TITO DUARTE: "La cleptómana" (M. Luna)
Dall'album *La herencia del viego sabor* - 2003

Album uscito poco dopo la morte del musicista cubano Tito Duarte, morto nel 2003 proprio sul finale della realizzazione di questo album. Anche qui un contributo di Miguel.

NERUDA EN EL CORAZÓN: "Walking around" (P. Neruda/M. Bosé/N. Sorin) – 2004
Dall'album *Neruda en el corazón* - 2004

Altro tributo al poeta Neruda. CD che esce con un DVD allegato e che tra i vari artisti presenti oltre a Bosé in "Walking around" vanta il nostrano Lucio Dalla.

BENNY: "Si puedo volverte a ver" (M. Bosé/Benny/P. Walsh)
Dall'album *Llueve luz* - 2003

Collaborazione con l'amico Benny Ibarra. Del brano che interpretano insieme esiste anche un'edizione su CD singolo promozionale. Successivamente sarà incluso nella versione deluxe di *Papito*.

INFANCIA OLVIDADA: "El sitio de mi recreo" (A. Vega)
Dall'album *Infancia Olvidada* - 2003

Artisti uniti in difesa dei diritti dei bambini. Miguel interpreta un brano di Antonio Vega del 1992 "El sitio de mi recreo".
In questo CD del 2003, partecipano a scopo benefico anche Victor Manuel, Ana Belén, Joaquín Sabina. Il brano nel 2007 sarà ricantato da Miguel insieme a Vega per il progetto *Papito*.

QUE TE VAYA BONITO – un tributo a Mexico: "La media vuelta" (J.A. Jiménez)
Dall'album *Que ta vaya bonito - un tributo a Mexico* - 2005

Canzone molto vecchia di José Alfredo Jiménez, uno dei più importanti cantautori messicani. Qui riproposta da Miguel, in questo tributo al paese da lui tanto amato, il Messico. Contiene anche un DVD. Tanti gli artisti anche qui che ne prendono parte, solo alcuni nomi: Bunbury, Aute, Rosana, Revolver, Ferreiro.

LOS N°1 DE 40 EN CONCIERTO – 2006
Los 40 Principales, emittente radio famosissima in Spagna, celebra i quarant'anni di successo il 17 giugno 2006 con un grandissimo concerto allo stadio Vicente Calderón di Madrid, a cui prendono parte tantissime star del mondo latino, tra cui Miguel, che interpreta "Amante bandido", "Manos vacías" con La Unión e "Corazón partío" di Sanz con tutti i partecipanti. Il tutto è testimoniato in un doppio DVD.

ANA BELÉN: "Tómbola" (A. Guijarro/A. Algueró)
Dall'album *Los grandes éxitos...y más* - 2008

Il 25 gennaio 1997, durante la cerimonia di premiazione al Palacio de Congresos di Madrid dei "Premi Goya", il più importante riconoscimento cinematografico spagnolo, Miguel canta con Ana Belén "Tómbola", il brano di Marisol che dà anche il nome al film omonimo del 1962 da cui è tratto, diretto da Luis Lucia Mingarro.
Nel 2008 la Belén includerà questo video nella versione speciale doppio CD con DVD *Los grandes éxitos...y más*, mentre la versione audio apparirà nell'edizione speciale a due dischi di *Papitwo* nel 2012.

"AY HAITI!" (C. Jean/A. Sanz/Bebe/Juanes/D. Summers/Najwa/Estopa/La Mala Rodriguez/Macaco/A. Syntek) – 2010
In seguito al terribile terremoto del 2010 ad Haiti fu realizzato questo CD singolo totalmente a scopo benefico prodotto da Carlos Jean. Tra gli artisti che vi prendono parte oltre a Miguel e a quelli che già menzionati tra gli autori del brano: Hombres G, Shakira, Enrique Iglesias, La Oreja de Van Gogh e altri. Esiste un videoclip del brano.

VOCES UNIDAS POR CHILE: "Gracias a la vida" (V. Parra) – 2010
Viene pubblicata il 4 maggio 2010 questa canzone benefica, cantata da Voces Unidas por Chile, cover dell'omonimo brano della cilena Violeta Parra, morta suicida nel 1967. La sua canzone, molto popolare, negli anni è stata coverizzata anche da Mercedes Sosa e Joan Baez. A differenza di quanto riportato in Wikipedia, il singolo è uscito solo in forma digitale e non come CD singolo fisico. Realizzato con lo scopo di raccogliere fondi per l'associazione no-profit "Habitat for Humanity", per le vittime del forte e tremendo terremoto che ha colpito il Cile il 27 febbraio 2010.
Tra i vari artisti coinvolti, oltre a Miguel: Ricky Martin, la Pausini, Beto Cuevas (ideatore del progetto), Alejandro Sanz, Juanes, Michael Bublé, Julieta Venegas, Jean Luis Guerra, Shakira, Fher (dei Maná). Produzione affidata a Humberto Gatica.

REYLI: "Amor del bueno" (Reyli)
Dall'album *Bien acompañado* - 2011

Collaborazione con il cantante Reyli. Il CD esce anche in una edizione deluxe, con due CD e un DVD contenente il videoclip del brano cantanto con Miguel, e anche un CD singolo promozionale. Successivamente sarà incluso nella versione deluxe di *Papitwo*. Il brano originale del solo Reyli era incluso in *En la luna*, album e singolo di debutto del cantante messicano.

VICTOR MANUEL / ANA BELÉN: "No sé por qué te quiero" (V. Manuel)
Dall'album *Vivir para cantarlo* - 2012

Album di Victor Manuel tratto da un concerto in cui ripercorre la sua carriera con ospiti speciali. Bosé e la Belén offrono una versione intima del brano "No sé por qué te quiero" davvero emozionante. Oltre alla versione audio inclusa nel doppio CD di Manuel, esiste anche un'edizione con bonus DVD che include l'intero concerto. Nella discografia di Miguel, invece, lo troveremo nel 2013 nel box antologico *Colección definitiva*. Il brano "No sé por qué te quiero", Bosé e la Belén lo avevano già cantato insieme nel 2011 durante la trasmissione "Gala de Nochebuena" su TVE.

MARIA DOLORES PRADERA: "El rosario de mi madre" (M. Cavagnaro)
Dall'album *Gracias a vostros* - 2012

Nel 1965 la famosa cantante spagnola incise il brano "El rosario de mi madre" (canzone peruana) come 45 giri. Nel 2012 in un album di duetti la interpreta con Miguel. Pradera verrà a mancare il 28 maggio 2018.

TONY BENNETT: "Don't get around much anymore" (D. Ellington/B. Russell)
Dall'album *Viva duets* - 2012

Brano del 1940 di Duke Ellington, inizialmente solo strumentale intitolato "Never no lament". Due anni dopo Bob Russell dopo inserì il testo e fu cambiato il titolo. Bennett lo ripropone in duetto qui, con Miguel. Visibile anche in DVD nella versione speciale dell'album.

EL DISC DE LA MARATÓ: "Tornarem" (Jesús Rovira)
Dall'album *El disc de la Marató* – 2012

Disco uscito per il solo giorno del 2 dicembre 2012 unito a undici quotidiani nella loro edizione domenicale. Il ricavato in beneficienza per la lotta contro il cancro. Miguel canta in lingua catalana "Tornarem" con Virginia Martinez e Orfeó Català.

LUCA CARBONI: "Inno nazionale" (L. Carboni)
Dall'album *Fisico & politico* - 2013

Anno di duetti anche per Luca Carboni, con il suo album pubblicato anche in vinile. Bosé duetta con il cantante bolognese proprio lo stesso brano che originariamente si trovava nell'album *Mundo* di cui, nel 1995, proprio Miguel si occupò della traduzione in spagnolo. *Fisico & politico* esce sia in formato CD che LP.
«Abbiamo lavorato insieme anni fa per le traduzioni di un mio al-

bum e ci eravamo ripromessi di duettare insieme. Abbiamo rivisitato questo brano in chiave elettronica ma restando fedele all'originale. Miguel ha aggiunto delle parti che non c'erano, dei versetti molto belli» (Luca Carboni, da un'intervista a *Soundblog.it*, 2013)

LUCHO GATICA: "Sabor a mí" (A. C. Alarcón)
Dall'album *Historia de un amor* - 2013

Un brano del cantante messicano Alvaro Carrillo Alarcón, ripreso qui da Lucho Gatica, nell'album con varie collaborazioni *Historia de un amor*. «Il primo incontro con la musica? Ricordo esattamente il primo 45 giri acquistato: 'Moliendo cafè' di Lucho Gatica» (Miguel Bosé, *Grand Hotel*, n. 43, 26 ottobre 1984). Purtroppo, Lucho Gatica, cantante attore e presentatore televisivo cileno, ci lascerà il 13 novembre 2018.

PEPE AGUILAR: "Siempre en mi mente" (J. Gabriel)
Dall'album *MTV Unplugged* - 2014

Due anni prima che tocchi a Miguel, il cantante messicano impegnato nel prestigioso live unplugged per MTV, invita Miguel per il brano sopra descritto, che è una cover di Juan Gabriel, altro artista messicano.

ANA TORROJA: "El 7 de Septiembre" (I. Cano)
Dall'album *CX Conexión* - 2016

Doppio CD dal vivo per Ana Torroja, registrato il 3 dicembre 2014 a Città del Messico. Il brano che cantano insieme è "El 7 de Septiembre", incluso anche nel DVD allegato ai CD.

BRIAN CROSS: "Hielo" – 2016
Uscita solo in forma digitale questa collaborazione con il DJ e produttore di Barcellona. Tra l'house e il pop.

LOS ANGELES AZULES: "Las maravillas de la vida" (J. Mejia Avante/ Familia Mejia Avante)
Dall'album *De plaza en plaza – Cumbia Sinfonica* - 2016

Gruppo messicano, fondato inizialmente da otto fratelli conosciuti come la Familia Mejia Avante, molto conosciuto nei paesi sudamericani, incide questo brano nel 1995 nel proprio lavoro *Sin pecado*. Nel 2016, in un lavoro pieno di prestigiose collaborazioni, affidano a Miguel il compito di accompagnarli in questo viaggio.
L'album esce anche con un'edizione CD limitata con DVD documentario dove troviamo anche Miguel, che interpreta il brano menzionato e che, intervistato come gli altri ospiti, dice: «Avevo molta paura per questo progetto, dato che non è proprio il mio genere, ma mi sono divertito moltissimo».

LOS ANGELES AZULES: "Morir de amor" (J. L. Perales/M. Bosé) - 2018
Dall'album: *Esto sì es Cumbia* - CD

Un album di duetti per la band messicana che riospita Miguel insieme ad altri artisti reinterpretando, nel loro inconfondibile stile, "Morir de amor".

HA★SH: "Si tú no vuelves" (M. Bosé/L. Ferrario/M. Grilli)
Dall'album: *En vivo* – 2019

Album dal vivo per il duo le Ha★Ash. Nome che deriva dalla combinazione dei nomi delle due sorelle Ashley Grace e Hanne Nicole Pérez. Bosé è ospite sul palco del duo, cantando con loro il superclassico "Si tú no vuelves". Di questo concerto è stato pubblicato il doppio CD con il DVD.

COVERIN'...

Tantissimi i tributi a Bosé e le cover reinterpretate da altri artisti. Impossibile elencarli tutti, ne segnaliamo alcuni:

1978: Roberto Roldan canta "Amor mío, ¿cómo estás?". Il brano è incluso in alcune compilation di vari artisti dell'epoca. *Vacaciones en España 78* è una di queste.
1980: Il gruppo Parchis, composto da ragazzini e che ottenne molto successo in Spagna e in Sudamerica proponendo musica per bambini, incide una cover di "Don Diablo" inclusa nel loro album *Twist del colegio*. Brano che viene pubblicato anche come 45 giri.
1982: Il gruppo Noche Caliente interpreta una versione salsa di "Don Diablo" nell'album *Los éxitos más romanticos de ayer en ritmo de salsa*. Sarà pubblicato anche come singolo su 45 giri.
1982: La band Grupo Jubileo, in un album dedicato ai successi della musica spagnola, intitolato *Lo mejor de España*, include una cover di "Morir de amor".
1982: Carmen Cardenal propone in chiave "ranchera" il brano "Te amarè". L'album che lo contiene porta lo stesso nome della cantante messicana.
1982: Ray Conniff interpreta una propria versione di "Don Diablo" nell'album *Amor, amor*.
1984: Kisu, cantante finlandese di Helsinki, nel suo album *Musta Kissa* inserisce una cover di "Bravi Ragazzi" in lingua madre, intitolata "Sormus Sormeen" tradotta da Raul Reinman.
1984: Sempre dalla Finlandia, l'artista Kirka, il cui vero nome è Kirill Babitzin, propone una versione di "Te amaré" in lingua finlandese "Muistathan". La traduzione è ad opera di Jorma Remes, e il brano è incluso nell'album *Hengaillaan*. Questa versione successivamente sarà ripresa da altri artisti finlandesi, tra i quali Cocktail & Mikko Salmela nel 1993 e Tanssiorkesteri Pekkaniskan Pojat nel 2011.
1984: Patrick Samson canta in un album dal titolo *L'oro del Festivalbar* le venti canzoni che dal 1964 al 1984 hanno vinto la kermesse di Vittorio Salvetti, contenendo inevitabilmente "Olympic Games" e "Bravi ragazzi".
1987: Los Nikis, band punk spagnola, pubblica il suo secondo album, *Submarines a pleno sol* includendo due cover, una dei Velvet Underground, "I'll be your mirror", in versione spagnola intitolata "Yo soy tu sombra", e una di Miguel, chiamata semplicemente "Bandido".

1988: Peter Hammill, leader dei Van Der Graaf Generator, pubblica una sua versione in inglese di "Abrir y cerrar", intitolata "This book", nel suo album solista *In a foreign town*. Questa è definirsi una "quasi cover", considerato che il testo della canzone in inglese per Bosé lo aveva adattato Hammill stesso dallo spagnolo, ma non fu più pubblicato.
1988: Angel, cantante brasiliano, propone una versione in portoghese di "Te amaré", intitolata "Vou te amar". Incluso come lato B in un suo maxi singolo "Complô do amor".
1990: José Luis Perales, autore insieme a Miguel Bosé di "Morir de amor", pubblica una propria versione nel suo album *A mis amigos*.
1991: L'Orchestra Sinfonica de Tenerife Pop, in un concerto che sarà pubblicato in CD dal titolo *Espectacular pop en concierto*, esegue "Amante bandido" e "Sevilla" in un medley intitolato "La cobardia de un bandido en Sevilla", includendo nello stesso anche il tema "Esta cobardia".
1992: Caco Senante registra una versione salsa di "Sevilla", includendola nel suo album *Isleño*.
1992: Kike Elomaa, cantante finlandese, pubblica un singolo, "Kristoffer Kolumbus", il cui lato B è "Vain Vana Jää", una versione in lingua finlandese di "Morir de amor".
1994: La band messicana chiamata Ragazzi, nel loro primo omonimo album propone "Te amaré".
1995: La jazz band di Manchester, Carmel, include nel loro album *World's gone crazy* la cover di "Si tú no vuelves", intitolata "If you don't come back". La traduzione è molto fedele all'originale, al contrario della versione inglese dello stesso Bosé, che porta un titolo totalmente differente: "They're only words". Il brano uscirà anche come singolo in CD e Miguel sarà ospite nel videoclip della band.
1997: Il musicista americano David Young dei Celestial Winds nel suo CD solista *Beyond... Celestial Winds* propone una versione "andina" di "Lay down on me".
1997: Gli Amici di Roland, band torinese al tempo molto conosciuta per suonare cover principalmente di sigle di cartoni animati e telefilm, in un medley intitolato "Mix dance (Che fico, Disco Bambina, Super superman)" rendono omaggio a Bosé. L'album che lo contiene porta il nome della band.
2000: La band messicana Kabah nel loro album *Xne* propongono una versione elettronica di "Márchate ya".
2001: "Márchate ya" viene tributata anche in chiave hard rock/heavy metal dai Moderatto, nell'album *Resurrexión* della band messicana.
2002: Andrés Martínez nel suo album di cover *A corazón abierto* propone "Te amaré".
2003: I Mojinos Escozíos, band hard rock in chiave demenziale, un po' i nostri "Elio e le storie tese", coverizza "Super Superman" con la base di un brano degli AC/DC "Thunderstruck". Il risultato è strabiliante. Il pezzo parte con il riff storico della band australiana e poi al momento del cantato parte il testo della hit di Miguel che tutti conosciamo. Geniale! Tratto dal lavoro *Opera rock triunfo* del 2003. La stessa band pubblica nel 2007 *Pa pito el mio*, curioso tributo solo nella copertina a Miguel, dove ironizza sulla copertina originale di

Papito. Il chitarrista della band, Juan Ramón Artero, detto "Chicho", viene a mancare il 26 settembre 2020.

2005: Il duo spagnolo Amaral con il cantante messicano Chetes pubblica un singolo con una loro versione di "Si tú no vuelves", in seguito inclusa anche nei propri singoli album degli artisti, rispettivamente in una riedizione di *Pájaros en la cabeza* degli Amaral e *Blanco facil* di Chetes. Quest'ultimo la includerà anche in una versione live in un CD con DVD del 2018, *20-Live*, cantata stavolta insieme a Anita Alvarez de Toledo.

2006: Il duo latino Sin Bandera, composto da Leonel García e Noel Schajris, pubblica un album intitolato *Pasado*. Tra i brani la cover di "Si tú no vuelves".

2007: La soprano messicana Susana Zabaleta canta "Si tú no vuelves" nel suo album *Te busquè*.

2011: In Messico esce *Bossa Bosé* un tributo in chiave bossa nova, con alla voce Lucia e Gabriela Gómez. Un modo per riascoltare le hit del cantante spagnolo in una chiave differente. Un lavoro riuscitissimo.

2011: L'etichetta spagnola OK Records, all'interno di una collana intitolata *Kids collection – tributo intantil a...* pubblica un CD interamente dedicato a Miguel Bosé, contenente i maggiori successi del cantante spagnolo interpretati da Alfred Tapscott insieme all'Harmony Group. Nella stessa collana con altrettanti CD si rende omaggio anche a U2, Queen, Madonna, Roxette, Beatles, Abba, Michael Jackson e molti altri.

2012: Irene Grandi e Stefano Bollani incidono insieme un album omonimo di sole cover, fatta eccezione per due pezzi inediti. Tra gli artisti omaggiati: Radiohead, Pino Daniele, Veloso, De Moraes, ed altri. La versione iTunes conterrà una bonus track, la cover di "Se tu non torni", che i due artisti proporranno anche nel tour di promozione del disco.

2014: Alejandro Fernández nel suo live album *Confidencias reales* omaggia Bosé con una propria versione di "Te amaré".

2014: Il cantante cileno Vyero propone una versione electro di "Tesoro (pudo ser tu nombre...)" in un EP intitolato *Cover sessions*, disponibile solo in digitale.

2015: La cantante messicana Valeria, nome completo Valeria Sánchez Sustaita, nell'album *Bossa Lounge en español*, tributa Bosé con "Te amaré" e "Amante bandido".

2016: La band italiana Deluded by Lesbians, in un album tributo ai brani che hanno come tema "l'amore" rivisitati in chiave punk, includono una loro versione molto divertente di "Se tu non torni". Così come è molto divertente l'intero album, dal titolo *Fotoromanzi – l'amore ai tempi dei DBL*, che contiene anche cover di Gianna Nannini, Al Bano e Romina, Matia Bazar, Jovanotti e altri.

2016: Iván Ferreiro pubblica per il Record Store Day solo su vinile 10" *Perversiones catastroficas vol.1*, in cui è contenuta una versione di "Si tú no vuelves" solo piano e voce.

2017: Michele Zarrillo torna al "Festival di Sanremo" dopo nove anni di assenza con "Mani nelle mani", tratto dal suo nuovo lavoro *Vivere e rinascere*, in cui è contenuta una sua versione di "Se tu non torni", brano che verrà interpretato anche dal vivo dal cantante romano nella serata cover del festival canoro. «È una canzone che ho amato tanto nel 1994, mi ricorda un periodo molto bello della mia vita, anno in cui ho fatto il mio primo tour importante teatrale e tra una città e l'altra, in macchina, ascoltavo sempre questo pezzo. La porto nel cuore e poi è una canzone che mi piace molto, un quadro meraviglioso di natura, di sensazioni, di mancanze, quindi la canto con grande passione» (Michele Zarrillo, *Rockol*, 8 febbraio 2017).

2018: Cristiano Malgioglio pubblica un box formato da cinque CD, *International suite*, di cui uno contenente delle cover, tra cui il classico "Se tu non torni". Alcuni mesi prima della pubblicazione del CD, lo stesso Malgioglio aveva cantato insieme a Mara Venier questo brano, in occasione del programma "'90 Special", trasmesso su Mediaset. Lo stesso Malgioglio ha spesso dichiarato che aveva scritto negli anni'70 per Miguel e Ursula Andress un duetto dal titolo "Lovers", che però non ha mai visto la luce.

2018: Mikel Erentxun nel suo album dal vivo *Live at the Roxy* propone una cover di "Nena".

2019: Durante il tour del 2019 Calcutta, uno degli artisti di punta del momento della musica indie pop italiana, propone la cover di "Se tu non torni" in versione solo voce e tastiera.

2019: Un'altra che non si può definire propriamente una cover, in quanto è tra gli autori principali del pezzo originale, Sergio Cossu reinterpreta magistralmente in chiave strumentale "Siviglia" nel suo album *Falsopiano*. Consigliatissimo.

2020: Cristóbal Briceño y la Estrella Solitaria, dal Cile propongono una versione dance-elettronica di "Te amaré" nell'album *Más solitaria que nunca*.

2020: La rock band peruviana Dolores Delirio include una cover della gettonatissima "Si tú no vuelves" nel loro album *Nuclear*, venduto solo in digitale.

Messico, pubblicità del concerto a Guadalajara del tour del 2015

DISCOGRAFIA
riepilogo album fondamentali

Linda (1977)
Miguel Bosé (1978)
Chicas! (1979)
Miguel (1980)
Miguel Bosé (best Brazil) (1981)
Madrid (best Japan) (1981)
Más allá (Singolo / Stay the night / Tutti-frutti / Miguel Bosé) (1981)
Bravo muchachos (Bravi ragazzi) (1982)
Made in spain (Milano-Madrid) (1983)
Bandido (1984)
Salamandra (1986)
XXX (1987)
Los chicos no lloran (1990)
Directo '90 (1991)
Bajo el signo de Caín (Sotto il segno di Caino / Under the sign of Cain) (1993)
Laberinto (Labirinto) (1995)
Mordre dans ton Coeur (1997)
11 maneras de ponerse un sombrero (1998)
Lo mejor de (Best of) (1999)
Girados (2000)
Sereno (2001)
Por Vos Muero (2004)
Velvetina (2005)
Papito (2007)
Papitour (2007)
Cardio (2010)
Cardio tour (2011)
Papitwo (2012)
Amo (2014)
MTV Unplugged (2016)

VIDEOGRAFIA

Directo '90
Bajo el signo de caìn … tour '93/94
Girados en concierto (con Ana Torroja)
En concierto Sereno 2002
Los videos
En concierto por vos muero – 2004
En concierto gira Velvetina 2005
Los conciertos – 2005 (BOX 6-DVD)
Papitour - 2007
Cardio tour - 2011
MTV unplugged - 2016

FILMOGRAFIA

Gli eroi – film 1973
Vera, un cuento cruel – film 1973
Giovannino – film 1976
Garofano rosso – film 1976
Retrato de familia – film 1976
Oedipus Orca – film 1977
Suspiria – film 1977
La gabbia – sceneggiato 1977
California – film 1977
Sentados al borde de la mañana, con los pies colgando – film 1978
Cosas de Locos – film 1981
En Penumbra – film 1985
El caballero del dragon – film 1985
Il segreto del Sahara – sceneggiato 1987
L'avaro – film 1990
Lo más Natural – film 1990
Shangai Lilly – serie TV 1991
Tacchi a spillo - film 1991
Mazeppa – film 1993
La nuit sacrée – film 1993
La Regina Margot – film 1994
Enciende mi pasión – film 1994
Detras del dinero – serie TV 1995
Peccato che sia femmina – film 1995
Amor Digital – cortometraggio 1996
Oui (il n'y a pas que le sexe dans la vie) – film 1996
Libertarias – film 1996
Lorca – cortometraggio 1998
Lo sguardo dell'altro – film 1998
7 vidas – episodio Serie TV 2001
El Forastero – film 2002
La casa de las flores – serie TV 2020
Guerra de likes - film 2021

DISCOGRAFIA DETTAGLIATA PER COLLEZIONISTI

Necessiterebbe un libro a parte descrivere con cura tutta la discografia di Miguel Bosé, comprensiva di pubblicazioni uscite in tutti i paesi. Qui è stato raccolto il più possibile di cui si ha conoscenza.

Legenda:
p/s: copertina non fotografica
(promo sheet): alcune copie promozionali con inserto cartella stampa
poster sleeve: copertina apribile a poster
folder cover: il disco contiene una sovracopertina

1975/1976:

Singoli 7" (45 giri)

Soy SPAIN ARIOLA 13728-A (1975)
Soy USA PRONTO PR-6132 (1975) promo – mono – no p/s
Soy PANAMA ARIOLA 13.728 (1975) no p/s
Es tan fácil... SPAIN ARIOLA 16 572-A (1976)
Es tan fácil... SPAIN ARIOLA 0031 (1976) promo - Que este disco sea éxito
Es tan fácil... / Soy SPAIN ARIOLA 17541-A (1977)
Es tan fácil... / Soy CHILE ARIOLA CHARS-243 (1977)
Es tan fácil... / Soy COLOMBIA ARIOLA 18(0111)0005 (1977)

1977: Linda

LP/MC/CD

LP SPAIN CBS S 82051
LP SPAIN CBS 32639 (1985)
EP SPAIN PROMO CBS (Amiga) - 6 tracks (promo sheet)
LP MEXICO LP EPIC/CBS LNS 17180 blue label
LP MEXICO LP EPIC/CBS LNS 17180 yellow label
LP ARGENTINA CBS 19747
LP COLOMBIA CBS 14-1091 (Linda/Amiga)
LP COLOMBIA CBS 14-1091 (Linda/Amiga) - vinile rosso
LP ECUADOR CBS 331-0125
LP CHILE CBS 15198
LP VENEZUELA CBS DCS 814
LP USA CAYTRONICS CYS 1500
MC SPAIN CBS 40-82051
MC SPAIN VELERO 40-15725 (1985)
MC SPAIN CBS / SONY Music 5099748089243 (1995) (Linda/Chicas!)
MC COLOMBIA CBS 24-1091
CD SPAIN CBS / SONY Music 480892 2 (1995) (Linda/Chicas!)
CD MEXICO SONY Music CDDE-17180 (1994)
CD EU SONY Music 88697283572 (2008)
CD SPAIN WEA 9788498151725 (2008) Digibook - edizione editoriale El País
8 TRACK (stereo8) SPAIN CBS 42-82051
8 TRACK (stereo8) MEXICO CBS CTHO-17180

Singoli 7" (45 giri)

Linda SPAIN CBS 5086
Linda SPAIN CBS promo no p/s (in inglese)
Linda ARGENTINA CBS 22.891 no p/s

Linda HOLLAND CBS 5086
Linda HOLLAND CBS 5985 different cover (in inglese)
Linda GERMANY CBS S 5086
Linda GERMANY CBS S 5086 promo no p/s
Linda PERÙ EPIC 7130 no p/s
Linda MEXICO EPIC SC-71573 no p/s (due edizioni con label differenti)
Linda ECUADOR CBS 131-0193 no p/s
Linda SOUTH AFRICA CBS SSC 1640 no p/s (in inglese)
Linda BRAZIL EPIC 66371 no p/s (in inglese)
Amiga COLOMBIA CBS 43294 no p/s
Amiga BRAZIL EPIC SC-71632 no p/s
Amiga COSTA RICA CBS 11772 no p/s
Eres todo para mí CHILE CBS 11191 promo no p/s
Eres todo para mí ECUADOR CBS 131-0225 no p/s

1978: Miguel Bosé

LP/MC/CD

LP SPAIN CBS S 86063
LP SPAIN CBS S 86063 (promo sheet)
LP SPAIN LP CBS 32641 (1985)
LP SPAIN LP CBS 472932 1 (1992)
EP SPAIN CBS promo 6 tracks
LP USA LP CAYTRONICS CYS 1518
LP GREECE CBS 86063
LP HOLLAND CBS 86063
LP CHILE CBS 15246
LP MEXICO EPIC LSN-17207
LP COLOMBIA 14-1147
LP BRAZIL EPIC 144290
LP ECUADOR CBS 331-0215 different cover
MC SPAIN CBS 40-86063
MC SPAIN CBS COL 472932 4 (1992)
CD SPAIN CBS / SONY Music 472932 2 (1992)
CD EU CBS / SONY Music 472932 2 (2008)
CD MEXICO CBS / SONY Music CDDE-472932 (1994)
CD SPAIN WEA 9788498151700 (2008) Digibook - edizione editoriale El País

Singoli 7" (45 giri)

Amor mío, ¿ cómo estás? SPAIN CBS 6108
Amor mío, ¿ cómo estás? SPAIN CBS 6108 no p/s
Amor mío, ¿ cómo estás? MEXICO EPIC EC-55194 EP 4 tracks
Amor mío, ¿ cómo estás? COLOMBIA CBS 43346
Amor mío, ¿ cómo estás? CHILE CBS 11229 no p/s
Anna SPAIN CBS 6330
Anna SPAIN CBS 6330 promo – folder cover
Anna HOLLAND CBS 6293
Anna ITALY CBS 6293
Anna ITALY CBS JC 121 edizione juke box
Anna FRANCE CBS 6293
Anna GERMANY CBS 6293
Anna UK CBS S 6293 promo no p/s
Anna ARGENTINA CBS DEP-104 no p/s
Anna BRAZIL EPIC 46002
Anna MEXICO EPIC SC-71670 promo no p/s
Anna AUSTRALIAN CBS BA 222457 promo no p/s

Lucky guy SOUTH AFRICA CBS SSC 1773 no p/s
El juego del amor SPAIN CBS promo
Decir adiós COSTA RICA CBS 11882 no p/s

Maxi single 12"

Anna SPAIN CBS promo
Anna FRANCE CBS 6489 promo

1979: Chicas!

LP/MC/CD

LP SPAIN CBS S 86089 1st. ed. versione con superposter
LP SPAIN CBS S 86089 2st. ed.
LP SPAIN CBS LSP 13850 different cover
LP SPAIN CBS LPS 13871 – Ed. "Lo que esta sonando"
LP SPAIN CBS Test pressing
LP SPAIN CBS 32642 (1985)
LP SPAIN CBS COL 466560 1 (1992)
EP SPAIN CBS promo 4 tracks – (Especial discoteca)
LP ITALY CBS 86089
LP ITALY CBS 86089 Test pressing
LP HOLLAND CBS 86089
LP GREECE CBS 86089
LP USA CBS DIL 60301
LP CHILE CBS 15318
LP MEXICO EPIC LSN-17269
LP ECUADOR CBS 331-0295
LP BOLIVIA CBS 202202
LP COLOMBIA CBS 14-1253
LP VENEZUELA DCS-865
LP ARGENTINA CBS 19.991
MC SPAIN CBS 40-86089
MC SPAIN CBS - Ed. "Lo que esta sonando"
MC ITALY CBS 40 86089
MC HOLLAND CBS 40-86089
MC GREECE CBS 40-86089
MC COLOMBIA CBS 24-1253
MC CHILE CBS KCKG 4 466560
CD SPAIN CBS / SONY Music 466560 2 (1992)
CD EU CBS / SONY Music 466560 2 (2008)
CD SPAIN WEA 9788498151794 (2008) Digibook - edizione editoriale El País
8 TRACK (stereo8) ITALY CBS

Singoli 7" (45 giri)

Super Superman SPAIN CBS 7374
Super Superman ITALY CBS 7413
Super Superman ITALY CBS JC 145 edizione juke box
Super Superman GERMANY CBS S 7374
Super Superman JAPAN EPIC 07-5P-128
Super Superman HOLLAND CBS 7374
Super Superman PORTUGAL CBS 7374
Super Superman MEXICO EPIC SC- 71775 no p/s
Super Superman ARGENTINA CBS 23.078 no p/s (contiene le due versioni, inglese e spagnolo)
Shoot me in the back ITALY CBS JC 15017 edizione juke box
Shoot me in the back FRANCE CBS 7488

Shoot me in the back MEXICO EPIC SC-71749
Creo en ti SPAIN CBS 7424
Creo en ti SPAIN CBS 13877 - Ed. "Lo que esta sonando"
Creo en ti ARGENTINA CBS 23.102 no p/s
Creo en ti PORTUGAL CBS 7424
Creo en ti PERÙ CBS Columbia C S R-1101 no p/s
Creo en ti COLOMBIA CBS 421008 no p/s
Creo en ti CHILE CBS 11310 no p/s
Creo en ti ECUADOR CBS 931-0004 no p/s
Credo in te ITALY CBS 8022
Credo in te ITALY CBS JC 15014 edizione juke box
Creio em ti BRAZIL CBS 43507 (1981)
Pensa a me così/Friday night in Munich URSS ISSN 0130-2698 (1981) Russian magazine con 6 flexi disc formato 45 giri tra cui quello di Miguel

Maxi single 12"

Shoot me in the back FRANCE CBS 12-7488
Shoot me in the back CBS SPAIN 12.7495 (promo sheet)
Shoot me in the back CBS SPAIN Test Pressing – different version

La Misa Campesina: 1979

LP/MC/CD

LP SPAIN CBS S 86085 (promo sheet)
LP SPAIN CBS 462603 1 (1989)
LP FRANCE CBS 84279 1980 (La Misa Campesina du Nicaragua)
LP BRAZIL CBS 84.279
MC SPAIN CBS 40-86085
CD SPAIN CBS / SONY Music 476541 2 (1988)
CD NICARAGUA MÁNTICA-WAID 22320017
8 TRACK (stereo8) SPAIN CBS 42-86085

Singoli 7" (45 giri)

Canto de despedida SPAIN CBS 7296
Jesus dans ma rue FRANCE CBS 8531

1980: Miguel

LP/MC/CD

LP SPAIN CBS S 84274
LP SPAIN CBS 58412 Ed. "Circulo de lectores"
LP SPAIN CBS 32380 (1983)
LP SPAIN CBS COL 466559 1 (1992)
LP ITALY CBS 84336 Ed. con superposter
LP ITALY CBS 466559 1 (1988)
LP HOLLAND CBS 84368
LP ARGENTINA CBS 20.087
LP MEXICO EPIC LNS-17308
LP BOLIVIA CBS 20248
LP COLOMBIA CBS 14-1363 due edizioni, la prima riporta solo il nome dell'artista sulla copertina, la seconda anche il cognome
LP ECUADOR CBS 331-0343
LP PERÙ CBS S.E. 8500
LP VENEZUELA CBS DCS-934

LP USA CBS DML 60309
LP CHILE CBS 15328
LP COSTA RICA CBS 100610 (Morir de amor)
LP JAPAN EPIC 25-3P-257 (1980) (Madrid) con miniposter
LP BRAZIL CBS 138.215 (1981) (Miguel Bosé)
MC SPAIN CBS 40-84274
MC ITALY CBS 40 CBS 84336
MC ITALY CBS 40 CBS 466559-4 (1990)
MC PERÙ CBS S.E. 691
MC CHILE CBS 115328
MC COLOMBIA CBS 24 1663
MC MEXICO CBS CTTE 17308
MC BRAZIL CBS 16182 (1981) (Miguel Bosé)
CD SPAIN CBS / SONY Music 466559 2 (1992)
CD SPAIN WEA 9788498151749 (2008) Digibook - edizione editoriale El País
CD ITALY CBS 466559 2 (1990)
CD MEXICO SONY Music CDDE-466559 (1994)
CD MEXICO COLUMBIA CDEXX499024 (2000) "Serie de colección lo mejor del siglo XX"
MC MEXICO COLUMBIA CTEXX499024 (2000) "Serie de colección lo mejor del siglo XX"
8 TRACK (stereo8) USA CBS International DM8-60309

Singoli 7" (45 giri)

Ensayo MEXICO EPIC SC-71880 no p/s
Don diablo PERÙ SUPERSTAR 1824 no p/s - vinile verde e celeste
Give me your love JAPAN EPIC 07-5P-115
Olympic games ITALY CBS 8585
Olympic games ITALY CBS JC 15026 edizione juke box
Olympic games GERMANY CBS 8651
Je vais gagner FRANCE CBS 8652
Te amaré SPAIN CBS 8816
Te amaré GERMANY CBS 8816
Te amaré ARGENTINA CBS 23.163 no p/s
Te amaré PERÙ CBS Columbia CSR 1151 no p/s
Ti amerò ITALY CBS JC 15032 edizione juke box
Morir de amor SPAIN CBS 8382
Morir de amor SPAIN CBS 8382 promo – red cover
Morir de amor BOLIVIA CBS S- 30277
Morir de amor COLOMBIA CBS 42-1075 no p/s
Morir de amor COSTA RICA CBS 12301 no p/s
Morir de amor MEXICO EPIC SC-71833 no p/s
Morir de amor MEXICO CBS DMS-60007
Morir de amor PERÙ CBS COLOMBIA CSR 1126 no p/s
Morir de amor ECUADOR CBS 131-0374 no p/s
Morrer de amor BRAZIL CBS 43044
Morrer de amor BRAZIL CBS GP – 977 poster sleeve
Morir de amor ARGENTINA VEA Discos flexi-disc
Teorema PERÙ CBS COLOMBIA CSR 1169 no p/s
EP SPAIN CBS 4 tracks
EP MEXICO EPIC EC-55205 4 tracks
EP MEXICO EPIC EC-55212 4 tracks
EP CHILE CBS 12037 4 tracks

Maxi single 12"

Don diablo CBS promo
Give me your love JAPAN EPIC QY-3P-90017 promo
Give me your love JAPAN EPIC 22-3P-225 (10")

Cosas de Niños - 1980

LP/MC/CD

LP SPAIN CBS S 84669
LP SPAIN CBS 32550 (1984)
MC SPAIN CBS 40-84669
MC SPAIN CBS 40-32550 (1984)
CD SPAIN CBS / SONY Music 472393 2 (1992)
CD SPAIN CBS / SONY Music edizione book
CD SPAIN SONY Music (2007) (2007) slidecase

Singoli 7" (45 giri)

El trenecito SPAIN CBS 9305 con Ana Belén
Ratón vaquero SPAIN CBS 9553

1981: Más allá

LP/MC/CD

LP SPAIN S 85366
LP SPAIN S 85366 folder cover (promo sheet)
LP SPAIN S 85366 promo no p/s
LP SPAIN CBS 59816 Ed. "Circulo de lectores"
EP CBS promo 4 tracks (Especial discoteca - Márchate ya)
LP SPAIN CBS 32640 (1985)
LP SPAIN CBS COL 47229 1 (1992)
LP ITALY CBS 85370 (Singolo)
LP HOLLAND CBS 85407 (Stay the night) - con poster
LP FRANCE CBS 85564 (1982) (Miguel Bosé)
LP ARGENTINA CBS 20.250
LP ECUADOR CBS 331-0402 (1982)
LP ECUADOR CBS 331-0402 (1982) vinile blu
LP COLOMBIA CBS 14-1518
LP PERÙ CBS S.E. 8532
LP VENEZUELA CBS DCS-963
LP MEXICO EPIC LNS-17370
LP USA CBS Discos DML – 60322
LP CANADA CBS PFC-90674 (1982) (Miguel Bosé) Ed. francese
LP BRAZIL OPUS/ COLUMBIA 412.008 (Tutti-frutti)
LP AUSTRALIAN CBS SPB 237763 (Stay the night)
MC SPAIN 40-85366
MC ITALY 40 CBS 85370 (Singolo)
MC HOLLAND CBS 40-85407 (Stay the night)
MC FRANCE CBS 40-85564 (Miguel Bosé)
MC MEXICO CTTE 17370
MC COLOMBIA 24-1518
MC PERÙ CBS S.E. 757
CD SPAIN CBS / SONY Music 472929 2 (1992)
CD EU CBS / SONY Music 472929 (2008)
CD SPAIN WEA 9788498151787 (2008) Digibook - edizione editoriale El País
8 TRACK (stereo8) USA CBS International DM8-60322

Singoli 7" (45 giri)

You can't stay the night ITALY CBS A 1692
You can't stay the night ITALY CBS JC 15052 edizione juke box

You can't stay the night UK EPIC EPC A 2530
Quand ça va mal FRANCE CBS A1961
Que se yo SPAIN CBS A-2333
Que se yo SPAIN CBS promo
Márchate ya SPAIN CBS A-1692
Márchate ya PERÙ CBS Columbia CSR 1191 no p/s
Márchate ya ARGENTINA VEA Discos flexi-disc
What do ya say HOLLAND CBS A 1756
What do ya say AUSTRALIAN CBS BA 222932 no p/s
Tutti frutti BRAZIL CBS 43520
Tutti frutti BRAZIL CBS CP 1.008 promo poster sleeve
Tutti frutti BRAZIL CBS CP 1.008 promo no p/s
Si esto es amor SPAIN CBS A-2005
If you break my heart UK EPIC EPC A 2125
If you break my heart HOLLAND CBS A-2125
Te diré ARGENTINA CBS DEP-195 no p/s
Te diré MEXICO EPIC SC-71950 no p/s
Más allá MEXICO EPIC SC-71978 no p/s
Más allá COSTA RICA CBS 7012603 no p/s
Hermano mio PERÙ CBS Columbia CSR 1193 no p/s

1982: Bravo muchachos y sus grandes éxitos

LP/MC/CD

LP SPAIN CBS S 25126
LP SPAIN CBS 53124 Ed. "Circulo de lectores"
LP SPAIN CBS 32548 (1984)
LP SPAIN CBS 462604 1 (1988) (Grandes éxitos)
LP SPAIN CBS 472930 1 (1992) (Grandes éxitos)
LP ITALY CBS 85968 (Bravi ragazzi)
LP HOLLAND CBS 85968 (Bravi ragazzi)
LP COLOMBIA CBS 14-1637
LP ECUADOR CBS 931-0002
LP USA CBS DIL-60336
LP VENEZUELA CBS DCS-1006
LP PORTUGAL CBS 25126
LP PERÙ CBS S.E. 8572
LP MEXICO EPIC LNS-17405
MC SPAIN CBS 40-25126
MC ITALY CBS 40 CBS 58968 (Bravi ragazzi)
MC ITALY CBS 40 CBS 466562 4 (1990) (Bravi ragazzi)
MC COLOMBIA CBS 24-1637
MC PERÙ CBS CSC-5039
CD SPAIN CBS / SONY Music 472930 2 (1992)
CD AUSTRIA CBS 462604-2 (1988) (Grandes éxitos)
CD ITALY COLUMBIA 466562 2 (1990) (Bravi ragazzi)
CD AUSTRIA COLUMBIA 466562 2 (1990) (Bravi ragazzi)

Singoli 7" (45 giri)

Bravo muchachos SPAIN CBS A-2812
Bravo muchachos MEXICO EPIC SC-72001 no p/s
Bravo muchachos PERÙ CBS Columbia CSR 1220 no p/s
Bravi ragazzi ITALY CBS A 2450
Bravi ragazzi ITALY CBS A 2450 different cover - (album cover)
Bravi ragazzi ITALY CBS JC 15066 edizione juke box
Bravi ragazzi HOLLAND CBS A 2450

1983: Made in Spain

LP/MC/CD

LP SPAIN CBS S 25496
LP SPAIN CBS S 25496 promo – folder cover (promo sheet)
LP SPAIN CBS S 25496 promo (promo sheet)
LP SPAIN CBS COL 472931 1 (1992)
LP ITALY CBS 25450 (Milano-Madrid)
LP CANADA CBS PCC 90686 (Milano-Madrid)
LP COLOMBIA CBS 14-1681
LP COLOMBIA CBS 14-1681 (promo sheet)
LP PERÙ CBS S.E. 8601
LP MEXICO EPIC TVLNS-400
LP MEXICO EPIC TVLNS-400 promo – folder cover (promo sheet)
LP ARGENTINA CBS 20.399
LP ECUADOR CBS 931-0030
LP VENEZUELA CBS DCS-1037
LP USA CBS DML-60337
LP COSTA RICA CBS 1100774
MC SPAIN CBS 40-25496
MC ITALY CBS 40 CBS 25450 (Milano-Madrid)
MC CANADA CBS (Milano-Madrid)
MC MEXICO CBS LNTTV 400
MC MEXICO CBS 7509947293146 (1985)
MC ARGENTINA CBS 60.399
MC CHILE CBS KNKG-0145
CD SPAIN CBS / SONY Music 472931 2 (1992)
CD SPAIN WEA 9788498151695 (2008) Digibook - edizione editoriale El País
CD MEXICO SONY Music CDDE-472931 (1994)

Singoli 7" (45 giri)

Non siamo soli ITALY CBS A 3368
Non siamo soli ITALY CBS JC 15091 edizione juke box
Non siamo soli HOLLAND CBS A 3368
Fuego SPAIN CBS A-3429
Fuego PORTUGAL CBS A-3429
Fuego ARGENTINA CBS DEP 293 no p/s
Fuego MEXICO EPIC SC-72036 no p/s
La chula SPAIN CBS A-3664
La chula PERÙ CBS Columbia CSR 1270 no p/s
La chula MEXICO EPIC SC-72013 no p/s
La chula USA CBS DBS- 60036 no p/s
Te quiero amor SPAIN CBS A-3958

Maxi single 12"

Fuego SPAIN CBS A 12.3429
La chula SPAIN CBS A 12.3664

1984: Bandido

LP/MC/CD

LP SPAIN CBS S 26216
LP SPAIN CBS S 26216 promo – folder cover (promo sheet)
LP SPAIN CBS COL 466561 1 (1992)

LP EU SONY Music 888750863218 (2015)
LP ITALY CBS 26160
LP ITALY CBS 26160 promo folder
LP HOLLAND CBS 26160 (promo sheet)
LP COLOMBIA CBS 141773
LP ARGENTINA CBS 20.566
LP VENEZUELA CBS DCS-1.077 1st. ed.
LP VENEZUELA CBS DCS-1.077 2st. ed. Different cover
LP MEXICO EPIC TVLNS-405
LP ECUADOR CBS 931-0041
LP USA CBS DISCOS DML-60341
LP PERÙ CBS S.E. 8684
MC SPAIN CBS 40-2616
MC SPAIN CBS / SONY Music 466 561 - 4 (1992)
MC ITALY CBS 40 CBS 26160
MC COLOMBIA CBS 241773
MC MEXICO CBS LNTTV 405
MC VENEZUELA CBS 84-5543
CD SPAIN CBS / SONY Music 466561 2 (1992)
CD SPAIN SONY Music SM 5135832 (2003)
CD SPAIN SONY Music COL 466561 2 (1992) slipcase "El arte de"
CD SPAIN SONY Music 88697104472 (2007) slidecase
CD SPAIN WEA 9788498154949 (2008) Digibook - edizione editoriale El País

Singoli 7" (45 giri)

Sevilla SPAIN CBS A-4811
Sevilla ARGENTINA CBS ADEP 351 no p/s
Amante bandido SPAIN CBS A-4999
Amante bandido MEXICO EPIC SC 72.058
Amante bandido EU SONY Music 19075930327 (2019) Ed. "Record Store Day" - vinile colorato
Lento SPAIN CBS A-6149
Lento MEXICO EPIC SC 72074 no p/s
Horizonte de las estrellas PERÙ CBS Columbia CSR 1324 no p/s
Miraggi ITALY CBS A 4771
Miraggi ITALY CBS AJC 15133 edizione juke box
Miraggi HOLLAND CBS A 4771

Maxi single 12"

Miraggi HOLLAND CBS A 12-4771

1986: Salamandra

LP/MC/CD

LP SPAIN WEA 240945-1
LP SPAIN WEA 240945-1 promo – folder cover (promo sheet)
LP ITALY WEA 24 0941-1 (in inglese)
LP GERMANY WEA 240 945-1 (in spagnolo)
LP GERMANY WEA 240 941-1 (in inglese)
LP GERMANY WEA 242082-1 (in inglese) - different cover (promo sheet)
LP COLOMBIA WEA/PHILIPS 6107
LP VENEZUELA WEA 3121
LP ECUADOR WEA 91061
LP ARGENTINA WEA 89111
LP ISRAEL WEA BAN 240 941-1 (in inglese)
LP MEXICO WEA LWM-6511

LP MEXICO WEA LWM-6517 (in inglese) - different cover
LP USA WEA WM 42083
LP GUATEMALA WEA 240945-1
LP PORTUGAL WEA SPA 1590801 (in inglese)
MC SPAIN WEA ML 240945-4
MC ITALY WEA 24 0941-4
MC PERÙ WEA 2409451.8
MC CHILE WEA 195125
MC MEXICO WEA CSWM 6511 due differenti versioni, una al cromo
MC MEXICO WEA CSWM 6517 (in inglese)
MC ARGENTINA WEA
CD GERMANY WEA Spain 242083-2
CD MEXICO WEA 420832 4
CD EU WEA Spain 5186508425 (2008) digipack "essential albums"
CD SPAIN WEA 9788498151725 (2008) Digibook - edizione editoriale El País

Singoli 7" (45 giri)

Nena SPAIN WEA 248675-7
Nena SPAIN WEA 248675-7 promo - no p/s
Nena SPAIN WEA 248675-7 promo – folder cover
Nena GERMANY WEA 248675-7
Nena MEXICO WEA PRO-129 promo
Nena MEXICO WEA PRO-129 promo - no p/s
Nena/Amapola bésame SPAIN WEA 804 promo
Nena/Amapola bésame SPAIN WEA 805 (musicassetta) promo
Nena ECUADOR WEA 45-91070 promo no p/s
Heaven ITALY WEA 24 8674-7
Heaven ITALY WEA PROMO 261 edizione juke box
Heaven GERMANY WEA 248 674-7
Aire soy SPAIN WEA 248498-7
Aire soy ARGENTINA WEA DFW 084 promo no p/s
Aire soy MEXICO WEA PRO 183 promo no p/s
Living on the wire GERMANY WEA 248 561-7 (promo sheet)
Living on the wire – remix version ITALY WEA 24 8561-7
Living on the wire – remix version ITALY WEA PROMO 270 edizione juke box
Salamandra/Amapola bésame SPAIN WEA 809 promo
Salamandra/Amapola bésame SPAIN WEA 809 promo – copertina sfondo nero
Salamandra COLOMBIA WEA 23(0811)00001 promo no p/s
Amapola bésame SPAIN WEA 248574-7
Partisano SPAIN WEA 248412-7

Maxi single 12"

Nena GERMANY WEA 248 630-0 (promo sheet)
You live in me SPAIN 248549-0 promo no p/s
Living on the wire ITALY WEA 248559-0
Living on the wire GERMAY WEA 248541-0
Heaven ITALY WEA 24 8633-0
Aire soy SPAIN WEA 248497-0
Aire soy FRANCE WEA 248534-0 WE 221

1987/88: XXX

LP/MC/CD

LP SPAIN WEA 2 42260-1
LP SPAIN WEA 2 42260-1 (promo sheet)
LP SPAIN WEA 255386-1 (in inglese) promo

LP ITALY WEA 24 2318-1 (in inglese)
LP UK/GERMANY WEA 255 386-1 – UK WX153 (in inglese)
LP FRANCE/GERMANY WEA 255 386-1 FRANCE WE 381 (in inglese)
LP MEXICO WEA LDWI-6709
LP VENEZUELA WEA 3214
LP COLOMBIA WEA 23(0131)00033
LP ARGENTINA WEA 88084
LP USA WEA WM 242260 (in spagnolo)
LP USA ATLANTIC 81834-1 (in inglese)
LP CANADA WEA 25 53861 (in inglese)
LP ECUADOR WEA LP-910-85
LP SOUTH AFRICA WEA WIC 5101 (in inglese)
MC SPAIN WEA 242260-4
MC ITALY WEA 242318-4
MC ARGENTINA WEA 98084
MC CHILE WEA 194038
MC USA WEA WM 42260-4
MC MEXICO WEA CDWI-6709
MC GERMANY WEA 255 386-1
MC USA ATLANTIC 7 81834-4 (in inglese)
MC SOUTH AFRICA WEA ZWIC 5101 (in inglese)
CD GERMANY WEA Spain 242260-2
CD GERMANY WEA Spain 242260-2 (in inglese)
CD GERMANY WEA Spain 255 386 2 (in inglese)
CD GERMANY WEA Italy 242 318-2 1988 (in inglese)
CD EU WEA 5186508415 (2008) digipack - "essential albums
CD SPAIN WEA 9778498156103 (2008) Digibook - edizione editoriale El País
CD USA WEA 24260-2
CD USA WEA 81834-2
CD USA Tropical Storm/WEA 55386-2 (in inglese)
CD JAPAN WEA 25XD-1080
CD MEXICO WEA 422602 1

Singoli 7" (45 giri)

Lay down on me USA ATLANTIC 7-89090
Lay down on me GERMANY WEA 248 017-7
Lay down on me ITALY WEA 24 8017-7
Lay down on me ITALY WEA PROMO 315 edizione juke box
Lay down on me FRANCE WEA 248 017-7 WE 171
Lay down on me FRANCE WEA 248 017-7 WE 171 different cover
Lay down on me UK WEA YZ183 248017-7
Lay down on me – remix UK WEA YZ322 247506-7
Lay down on me CANADA WEA 24 80177 no p/s
The eighth wonder GERMANY WEA 247 250-7
The eighth wonder FRANCE WEA 247 250-7
The eighth wonder SOUTH AFRICA WEA PRO-271 no p/s
Corazón infame SPAIN WEA 248010-7
Corazón infame MEXICO WEA PRO 325
Como un lobo SPAIN WEA 248112-7
Como un lobo ECUADOR WEA 45-91100 no p/s
Como un lobo MEXICO WEA PRO 258 no p/s
Duende SPAIN WEA 247862-7
Duende SPAIN WEA PRO-294
Quieres América (I want you) MEXICO WEA PRO-241 promo no p/s

Maxi single 12"

Lay down on me GERMANY WEA 247 945-0
Lay down on me GERMANY WEA 247 945-0 (France WE 221) different cover
Lay down on me UK WEA YZ183T 247945-0
Como un lobo VENEZUELA WEA 90132 promo – mono / stereo no p/s
The eighth wonder MEXICO WEA SLDI-3089
The eighth wonder USA ATLANTIC 0-86573
The eighth wonder USA ATLANTIC DMD 1164 promo
The eighth wonder USA ATLANTIC DMD 1164 – 0-86573 Test Pressing
The eighth wonder FRANCE WEA 247201-0
The eighth wonder SPAIN WEA 247933-0
The eighth wonder CANADA WEA 247933-0
Duende VENEZUELA WEA Sonografica promo 90129 promo mono/stereo

1990: Los chicos no lloran

LP/MC/CD

LP SPAIN WEA 4281
LP GERMANY WEA 9031-71451-1
LP GERMANY WEA 9031-71451-1 folder cover (promo sheet)
LP MEXICO WEA LPXI-6966
LP URUGUAY WEA 71451
LP VENEZUELA WEA 90.041
LP USA WEA WM 71451-1
LP COLOMBIA WEA 23(0831)00117
LP ECUADOR WEA L.P. -91114
MC GERMANY WEA 9031-71451-4
MC MEXICO WEA CPXI-6966
MC GUATEMALA WEA 19031-71451-1
MC ARGENTINA WEA 98147
MC CHILE WEA 194052
CD GERMANY WEA 9031-71452-2
CD BENELUX WEA 5046615092 (2002) Ed. "Lo Mejor de los Mejores"
CD EU WEA Spain 5186547685 (2008) digipack "essential albums"
CD SPAIN WEA 9778498154932 (2008) Digibook - edizione editoriale El País
CD USA WEA WM 71452-2
CD USA WEA W2 71452
CD MEXICO WEA 714522 2

Singoli 7" (45 giri)

Los chicos no lloran SPAIN WEA 1.303 promo
Los chicos no lloran MEXICO WEA PRO 494 no p/s
Los chicos no lloran – remix ITALY WEA 9031-72440-7
Los chicos no lloran – remix FRANCE WEA 9031-72440-7
Bambú SPAIN WEA 9031-71361-7
Senza di te SPAIN WEA 1.347 promo
Manos vacías SPAIN WEA 1334 promo
Manos vacías MEXICO WEA PRO 520 no p/s

Maxi single 12"

Los chicos no lloran WEA GERMANY 9031-71933-0
Manos vacías VENEZUELA WEA Sonografica promo mono/stereo

1991: Directo '90

LP/MC/CD

LP GERMANY WEA 903174520-1 2-LP
LP VENEZUELA WEA 90-052-L 12 tracks (1-LP)
LP BOLIVIA WL 1173/2 8 tracks (1-LP)
LP COLOMBIA WEA 23(0877)00174/00175 2-LP
EP COLOMBIA WEA 23(0845)00001 (Directo 90 – Medley)
LP ECUADOR WEA LP 91124 (Directo '91) 12 tracks (1-LP)
LP GUATEMALA WEA 9031 75472-1 12 tracks (1-LP)
EP ARGENTINA WEA 0604 (Bosé/M.León) promo
MC GERMANY WEA Holland 9031-74520-4 1991
MC GERMANY WEA Holland 9031-76144-4 WE491 different cover – Ed. francese
MC CHILE WEA Holland 195340 – 1991 (Directo '91)
MC MEXICO WEA C2X1 7090
MC PERÙ WEA CN-WEA 0754724.5 (Directo '91) - 12 tracks
CD GERMANY WEA Spain 903174520-2
CD GERMANY WEA Holland 9031-76144-2 different cover – Ed. francese
CD SPAIN WEA 9788498151763 (2008) Digibook - edizione editoriale El País
CD MEXICO WEA 745202 9
CD VENEZUELA WEA 90.052-2
CD VENEZUELA WEA 74520-2 (2004)
CD USA WEA 74520-2

Singoli 7" (45 giri)

Madrid Madrid FRANCE WEA 9031-75667-7
Madrid Madrid GERMANY WEA 9031-75667-7
Nena - Directo '90 SPAIN WEA 1386 promo
Nena - Directo '90 MEXICO WEA PRO570 no p/s
Si te cuentan que caí SPAIN WEA PROMO 1.405
Amante bandido (live) USA WEA Prom#426 (1991) no p/s

CD single

Madrid Madrid GERMANY WEA Holland 9031-75668-2 WE 739 Ed. francese
Madrid Madrid GERMANY WEA Holland 9031-75667-4 WE 970 (musicassetta)

VIDEO:
Directo '90 VHS SPAIN 903175489-3
Directo '90 VHS MEXICO 75489
Directo '90 DVD MEXICO 5101113662 (2005)
Directo '90 DVD CHILE 5101113662 (2005)

1993/94: Bajo el signo de Caín

LP/MC/CD

LP GERMANY WEA 4509-92729-1
LP COLOMBIA WEA (7110) 092729
LP VENEZUELA WEA 90.076-L
LP ECUADOR WEA LP-91151
LP GUATEMALA WEA 4509-92729-1
MC GERMANY WEA 4059-92729-4
MC GERMANY WEA 4059-95970-4 WE 491 (Sotto il segno di Caino)
MC GERMANY EAST WEST 4059-95053-4 (Under the sign of Cain)
MC COLOMBIA WEA (7120) 092729

MC MEXICO WEA CPMI-7370
MC VENEZUELA WEA SONOGRAFICA 90.076
MC ARGENTINA WEA 4059-92729-4
MC CHILE WEA 195458 - 4059-92729-4
MC ECUADOR WEA CASS 91151
CD GERMANY WEA 4059-92729-2 (promo sheet)
CD HOLLAND WEA 5046739462 (2004) Ed. "La musica que a ti te gusta"
CD BENELUX WEA 5046600992 (2002) digibook con 3 bonus tracks
CD SPAIN WEA 9778498154963 (2008) Digibook - edizione editoriale El País
CD GERMANY WEA 4059-95970-2 (Sotto il segno di Caino)
CD GERMANY EAST WEST 4059-95053-2 (Under the sign of Cain)
CD USA WEA W2 92729
CD MEXICO WEA 927292
CD MEXICO WEA CDIX-7370
CD MEXICO WEA CM-7370

Singoli 7" (45 giri)

Si tú no vuelves SPAIN WEA 1.621 (promo sheet)
Nada particular GUATEMALA WARNER promo no p/s
Se tu non torni ITALY WEA PROMO 505 edizione juke box
They're only words UK WEA 4509-95446-7

CD single

Si tú no vuelves GERMANY WEA Spain 4509-92748-2 WE 739
Te comería el corazón GERMANY WEA Holland 4509-94595-2 WE 739
Te comería el corazón SPAIN WEA Holland 1736 promo different cover
Nada particular GERMANY WEA Spain 4509-93285-2 WE 739
Nada particular SPAIN WEA Holland 1751 promo different cover
Sol forastero GERMANY WEA Holland 4509-93577-2 WE 739
Sara EU WEA Holland 1689 promo
They're only words UK EAST WEST 4509-95447-2 3 tracks
They're only words GERMANY EAST WEST YZ802CDDJ promo 4 tracks
They're only words GERMANY EAST WEST 4509-95447-2 different cover - 3 tracks
They're only words UK EAST WEST 4509-95446-4 (musicassetta)
One touch GERMANY EAST WEST 4509-98054-2

VIDEO:

Bajo el signo de Caín ... tour 93/94 VHS HOLLAND 450998401 3 (1994)
Bajo el signo de Caín ... tour 93/94 DVD MEXICO 4509984012 (2005)
Bajo el signo de Caín ... tour 93/94 DVD CHILE 745099840129 (2005)

1995/96: Laberinto

CD/MC

CD GERMANY WEA 0630 12077-2
CD GERMANY WEA 0630 16731-2 (1996) edizione con 3 bonus tracks
CD GERMANY WEA 0630 12077-2 (2000)
CD SPAIN WEA 9788498151732 (2008) Digibook - edizione editoriale El País
CD GERMANY 0630 12470-2 (1996) (Labirinto)
CD ARGENTINA WEA 0630 16731-2 edizione con 3 bonus tracks
CD USA WEA 16731 2 edizione con 3 bonus tracks
CD MEXICO WEA SR16731-2 edizione con 3 bonus tracks
CD COLOMBIA WEA 0630 16731-2 (1997) edizione con 3 bonus tracks
CD ARGENTINA WEA 0630 12077-2
CD VENEZUELA WEA 90.117-2-D

CD USA WEA 12077-2
CD CHILE WEA 0630 12077-2 (2013)
CD GERMANY 3984-20940-2 (1997) (Mordre dans ton couer)
MC GERMANY WEA 0630-12077-4
MC GERMANY WEA 0630-12470-4 (Labirinto)
MC COLOMBIA WEA 16731
MC CHILE WEA 295002
MC CHILE WEA 195737 edizione con 3 bonus tracks
MC PERÙ WEA CSC-12077-4
MC MEXICO WEA ST 167314 edizione con 3 bonus tracks

Singoli 7" (45 giri)

L'autoradio ITALY WEA PROMO 545 edizione juke box

CD single

No encuentro un momento pa' olvidar SPAIN PR CD 114 promo
Tesoro (pudo ser tu nombre...) SPAIN PR CD 151 (1996) promo
La auto-radio canta SPAIN PR CD 226 (1996) promo
Este mundo va SPAIN PR CD 441 (1996) promo
Amor entero SPAIN PR CD 442 (1996) promo
Te buscaré SPAIN PR CD 522 (1997) promo
L'autoradio GERMANY PR CD 228 (1996) promo
Sento che il tuo nome GERMANY PR CD 376 (1996) promo
Ne reviens pas GERMANY PR CD 3984 20749 9 (1997) promo

1998: 11 maneras de ponerse un sombrero

CD/MC

CD GERMANY WEA 3984-20629-2 digibook
CD GERMANY WEA 3984-20629-2
CD SPAIN WEA 9788498151701 (2008) Digibook - edizione editoriale El País
CD VENEZUELA WEA 3984-20629-2
CD MEXICO WEA SR 20629 2
CD ARGENTINA WEA 3984-20629-2
CD CHILE WEA 3984-20629-2
CD USA WEA 20629-2
MC GERMANY WEA 3984-20629-4 WE 491
MC CHILE WEA 195925
MC MEXICO WEA 639842062947

CD single

Muro GERMANY WEA PR CD 1026 promo cardsleeve
Sólo pienso en ti GERMANY WEA PR CD 1091 promo cardsleeve
Sólo pienso en ti MEXICO WEA PCD 1132 promo cardsleeve
El amor después del amor GERMANY WEA 3333 00081 2 promo cardsleeve
La mer/El amor después del amor MEXICO WEA PCD 1158 promo cardsleeve
La mer GERMANY WEA 3333 000028 2 promo cardsleeve
La mer - remixes GERMANY WEA 3333 00071 2 promo cardsleeve
La mer - remixes GERMANY WEA 3984 24600 2 promo cardsleeve

1999: Lo mejor de / Best of

CD/MC

CD GERMANY WEA 3984 29812 2
CD EU WEA Spain 5419621192 - (2014) digipack "essential albums"
CD USA WEA 29812-2
CD COLOMBIA WEA 3984 29812-2
CD MEXICO WEA 298122 4
CD CHILE WEA 3984 29812 2
CD ARGENTINA WEA 3984 29812 2
MC GERMANY WEA 3984 29812 4
MC MEXICO WEA 2981248
CD / VHS SPV 003 (promo sheet)
CD GERMANY 3984274462 (Best of - italian edition)
MC GERMANY 3984274464 (Best of - italian edition)

Singoli 7" (45 giri)

Un momento per me ITALY WEA PROMO 579 edizione juke box

CD single

Amante bandido 99 GERMANY WEA PRO 1673 promo cardsleeve
Amante bandido 99 COLOMBIA WEA PRO 1673 promo cardsleeve
Nena 99 GERMANY WEA PRO 1818 promo cardsleeve
No hay ni un corazón que valga la pena GERMANY WEA PRO 1672 promo cardsleeve
No hay ni un corazón que valga la pena COLOMBIA WEA PRO 1672 promo
Hacer por hacer GERMANY WEA SP 002 promo cardsleeve
Hacer por hacer COLOMBIA WEA SP 002 promo
Hacer por hacer MEXICO WEA PCD 1244 promo
Hacer por hacer - remezclas GERMANY WEA 8573809422
Hacer por hacer - remezclas SPAIN WEA SP 005W cardsleeve
Un momento per me GERMANY WEA PRO 1375 promo cardsleeve
Questo mondo va GERMANY WEA PRO 1729 promo cardsleeve

2000: Girados en concierto

CD/MC

CD GERMANY WEA 8573 84915-2 2-CD
CD USA WEA 84915-2 2-CD
CD CHILE WEA 8573 84915-2 2-CD
CD MEXICO WEA 84915-0 2-CD
CD VENEZUELA WEA 6857384915-2 (2004) 2-CD
CD GERMANY WEA 5101108242 "Duplo" 2-CD / DVD
MC GERMANY WEA 8573 84915 4 2-MC
MC CHILE WEA 6 8573 849154 4 2-MC
MC MEXICO WEA 6 8573 849154 4 2-MC

CD single

Corazones BENELUX SP037W promo cardsleeve
Duende MEXICO PCD 1347 promo cardsleeve
Duende BENELUX SP047W promo cardsleeve - different cover
Nada particular BENELUX PCD 1369 promo cardsleeve
Nada particular MEXICO PCD 1369 promo cardsleeve

Nada particular COLOMBIA PRO 2403 promo cardsleeve
Amante bandido 2000 – remixes SPAIN WEA FFCDS03(CM)
Amante bandido 2000 – remixes MEXICO WEA 815642 9
Amante bandido 2000 – remixes GERMANY WEA SP015W
Amante bandido 2000 – remixes MEXICO WEA FFCDS03(CM) cardsleeve

Maxi single 12"

Amante bandido 2000 – remixes SPAIN WEA FFMX 03 (M)

VIDEO:

Girados en concierto VHS SPAIN 8573864393
Girados en concierto VHS MEXICO 8573864393/864393 6
Girados en concierto DVD EU73864392 (2001)
Girados en concierto DVD CHILE 8573864393 (2003)
Girados en concierto DVD MEXICO 8573864393 (2003)

2001: Sereno

CD/MC

CD GERMANY WEA 0927405482
CD BENELUX WEA 0927478652 (2002) Ed. special gira 2-CD digipack
CD SPAIN WEA 9778498154956 (2008) Digibook - edizione editoriale El País
CD CHILE WEA 0927405482
CD ARGENTINA WEA 0927405482
CD MEXICO WEA 405482 1
CD CHILE WEA 0927478652 Edición special gira 2-CD digipack
CD USA WEA 405482-2
MC GERMANY WEA 0927405484
MC CHILE WEA 809274054845
MC MEXICO WEA 4054845 1

CD single

Morenamía GERMANY WEA 0927421042 jewel case
Morenamía USA WEA PROM 1646 promo slidecase
Morenamía GERMANY WEA PRO2811 promo cardsleeve
Gulliver BENELUX WEA SP117W promo cardsleeve
Gulliver MEXICO WEA SP121W promo cardsleeve
Te digo amor BENELUX WEA SP142W promo cardsleeve
El hijo del capitán trueno BENELUX WEA SP188W promo cardsleeve
Sereno BENELUX WEA SP161W promo cardsleeve
Sereno – remixes BENELUX WEA 0927475842
Morenamia GERMANY WEA PRO3660 (in italiano) promo cardsleeve
Morenamia GERMANY WEA 5050466323729 (in italiano)

Maxi single 12"

Sereno – remixes BENELUX WEA 0927475840
Sereno – remixes BENELUX WEA 5046610730 different cover

VIDEO:

En concierto Sereno 2002 DVD EU 5101199012 - (2005)
En concierto Sereno 2002 DVD MEXICO 5101113672 - (2005)
Los videos DVD EU 0927431942 (2001)

2004: Por vos muero

CD

CD EU WEA 2564615262
CD EU WEA 2564615762 digibook
CD EU WEA SPN303W promo cardsleeve CD interactivo
CD EU WEA 2564619292 Ed. especial digipack CD / DVD
CD EU WEA SPN345W promo – Ed. especial sampler radio
CD GERMANY WEA "Duplo" CD / DVD
CD SPAIN WEA 9778498156097(2008) Digibook - edizione editoriale El País
CD USA WEA 61526-2
CD CHILE WEA 2564615262
CD VENEZUELA WEA 61526-2
CD ARGENTINA WEA 2564 61526-2
CD MEXICO WEA 106719 "Doble dosis" CD / DVD
CD MEXICO WEA 825646152629
CD MEXICO WEA 825646157624 digibook

CD single

Olvídame tú BENELUX WEA PC1679 promo cardsleeve
Olvídame tú CHILE WEA SP302W promo cardsleeve
Vagabundo EU WEA SPN320W promo cardsleeve

VIDEO:

En concierto por vos muero DVD EU 2564619302
En concierto por vos muero DVD ARGENTINA 2564619302
En concierto por vos muero DVD CHILE 2564619302

2005: Velvetina

CD

CD EU WEA 2564621292
CD EU WEA 2564620972 digipack CD / DVD
CD EU WEA SPN358W promo cardsleeve CD interactivo
CD SPAIN WEA 9788498151756 (2008) Digibook - edizione editoriale El País
CD USA WEA 62129-2
CD VENEZUELA WEA 2564621292
CD CHILE WEA 62129-2
CD CHILE WEA 2564620972 digipack CD / DVD
CD MEXICO WEA 2564620972 digipack CD / DVD

CD single

May day COLOMBIA WEA SPN357W promo
May day EU WEA SPN363W promo cardsleeve – different cover
Down with love EU WEA SPN354W promo cardsleeve
Ella dijo no EU WEA PCD1738 promo cardsleeve
Ella dijo no USA WEA PROMO 1850 no p/s
Ella dijo no USA WEA PROMO 1850 cardboard sleeve

VIDEO:

En concierto gira Velvetina 2005 DVD MEXICO 5101113682

En concierto gira Velvetina 2005 DVD CHILE 5051011136825
Los conciertos – BOX EU 5051011137020 - 6 DVD

2007: Papito

CD/LP

CD EU WEA 25646 99903
CD EU WEA 25646 99904 digipack 2-CD
CD EU WEA 82564691432 "RED"
CD EU WEA 25646 95122 (2008) "RED" CD / DVD
BOX EU WEA 25646 97068 leather bag – 3-CD / 2-DVD
CD BENELUX WEA 7509857315624 - 5 tracks promo cardsleeve
CD SPAIN WEA 9788498151824 (2008) Digibook - edizione editoriale El País
CD EU WEA Spain 5186574922 (2010) (Papitour) digipack - "essential albums"
CD EU CAROSELLO CARSH201 italian edition
CD ITALY CAROSELLO promo CD-R 16 tracks
CD EU CAROSELLO (2012) Ed. Mondadori editoriale italiana
CD MEXICO WEA 25646 99904 digipack 2-CD
CD USA WEA 260796 digipack 2-CD
CD ARGENTINA WEA 2564-699904 digipack 2-CD
CD USA WEA 69990-3
CD ARGENTINA WEA 2564 69990 3
CD CHILE WEA 2564 69990 3
CD COLOMBIA WEA 2564 69990 3
CD VENEZUELA WEA 2564 69990 3
CD USA WEA 512368 (2008) "RED" CD / DVD
LP ITALY CAROSELLO HCLPD 29 (2010) 2-LP Picture disc
LP EU WEA 2564695749 (2016) 2-LP
CD EU CAROSELLO CARDH210 (Papitour) CD / DVD - edizione italiana
CD USA WEA362172 (2010) (Papitour) CD / DVD
CD ARGENTINA 25646 97244 (Papitour) CD / DVD
CD MEXICO 25646 97244 (Papitour) CD / DVD

CD single

Nena EU WEA SPN 418W promo cardsleeve
Nena VIDEO MEXICO WEA 7509857315525 promo cardsleeve
Como un lobo BENELUX WEA 7509857319424 promo cardsleeve
Como un lobo ITALY CAROSELLO promo no p/s
Morenamía ITALY CAROSELLO promo no p/s
Te amaré (live) ITALY CAROSELLO promo no p/s

VIDEO:

Papitour DVD 25646-97246 WEA MEXICO
Papitour DVD 2564-69724 6 WEA Argentina
Papitour DVD 25646-97244 WEA SPAIN
Papitour DVD EU WEA 5051865525394 (2009) digipack - "Essential concerts"

2010: Cardio

CD/LP

CD EU WEA 2564682790 digipack
CD EU WEA 2564682790 CD / DVD – digipack
CD EU WEA 2564677123 2-CD DVD
CD EU WEA 2564677124 – Ed. deluxe longbox 2-CD / DVD

CD EU CAROSELLO 8034125840069 digipack – italian edition
CD USA WEA 523727
CD MEXICO WEA 2564682916
CD MEXICO WEA 2564676266 2-CD
CD MEXICO WEA 2564677123 Ed. deluxe NO longbox 2-CD / DVD
CD CHILE WEA 2564677123 Ed. deluxe NO longbox 2-CD / DVD
CD CHILE WEA 2564-68291-6
CD CHILE WEA 523727
CD ARGENTINA WEA 2564-68291-6
CD VENEZUELA WEA 2564682916
CD EU WEA 0825646751785 CD / DVD 2011 (Cardio Tour) – digipack
CD EU CAROSELLO 8034125841219 CD / DVD (Cardio Tour) – italian edition
CD ARGENTINA 2564-67517-8 (Cardio Tour) CD / DVD – digipack
CD CHILE 2564-67517-8 CD / DVD (Cardio Tour) – digipack
LP ITALY CAROSELLO HCLPD 30 (2010) 2-LP Picture disc

CD single

Per te CD ITALY WEA CD-R

VIDEO:

Cardio Tour DVD USA WEA 825646740734 2011

2012: Papitwo

CD

CD EU WEA 2564657728
CD EU 2564657727 2 - CD digipack
CD EU WEA Spain 5419716062 – (2016) digipack "essential albums"
CD EU CAROSELLO 8034125842254 italian edition
CD EU CAROSELLO 8034125842261 italian edition 2-CD digipack
CD EU CAROSELLO Ed. Mondadori editoriale italiana
CD ARGENTINA 2564 65600-7
CD ARGENTINA 2564-65772-7 2-CD digipack
CD MEXICO 0825646560073
CD MEXICO 2564657727 2-CD digipack
CD VENEZUELA 2564656007
CD VENEZUELA 2564657727 2-CD digipack
CD USA 532274
CD CHILE 825646 560073

CD single

Aire soy MEXICO WARNER 7509857341029 promo – folder cover

2014/2015: Amo

CD/LP

CD USA WEA 546227
CD EU WEA Spain 2564620204 digipack
CD CHILE WEA Spain 825646202041
CD COLOMBIA WEA Spain 825646202041
CD ARGENTINA WEA Spain 2564-62020-1
CD EU WEA 2564616401 digipack - italian edition

LP EU WEA Spain 2564607767 2014 2-LP / CD

CD single

Encanto SPAIN 7509857351424 promo cardsleeve
Libre ya de amores SPAIN 7509857352322 promo cardsleeve

2016: MTV Unplugged

CD/LP

CD SPAIN WEA 9029592000 CD / DVD digipack
CD USA WEA 557714 CD / DVD
CD MEXICO WEA 9029591999 con DVD digipack
CD ARGENTINA WEA 9029592000 CD / DVD digipack
LP SPAIN WEA 902958930 2-LP / CD / DVD

CD single

Bambú (live) SPAIN 7509857358522 CD / DVD digipack promo
Gulliver (live) SPAIN 7509857359628 CD / DVD digipack promo

2020:

Papito / Papitwo: CD EU WEA 0190295262952 "Originales" 2-CD

Best of the best - Compilation / Greatest hits

Tantissime le raccolte dedicate a Miguel Bosé, specialmente quelle pubblicate dalla Sony Music nei paesi latini risalenti al periodo CBS. Oltre a quelle già menzionate di seguito riportiamo quante più pubblicazioni possibile. Sono inclusi anche box commemorativi e/o altro.

16 AUTENTICO ÉXITOS - 1984
LP COLOMBIA CBS 141748
MC COLOMBIA CBS

14 AUTENTICOS ÉXITOS – 1985
LP MEXICO EPIC LSN-17497
MC MEXICO EPIC CTTE-7497
MC MEXICO EPIC CTEC-17497
CD MEXICO EPIC CDDE 17497 (2001)

SEVILLA Y OTROS GRANDES ÉXITOS - 1986
MC SPAIN CBS 40-15812 RC

LO MEJOR DE – 1987
LP COSTA RICA EMBASSY 1011213 "Serie de Oro"

DE BANDIDO A DUENDE - 1988
LP SPAIN WEA 244656-1
MC SPAIN WEA 244656-4
LP VENEZUELA WEA 90.027
CD GERMANY WEA 244656-2

DE PARTISANO A DUENDE 1988
LP MEXICO WEA LPXI 6820

MC MEXICO SONY Music CPXI 6820
CD MEXICO WEA 711832 1 -1993

12 GRANDES ÉXITOS - 1988
LP USA CBS DML-60367
MC PERÙ CBS CSC 5816 (1991)
CD USA CBS CD-80279 (1990)

GRANDES ÉXITOS - 1988
LP SPAIN CBS 462604 1 Versione aggiornata di 'Bravo muchachos'
LP SPAIN CBS 472930 1 (1992)
CD AUSTRIA CBS 462604-2 (1988)

I GRANDI SUCCESSI DI – 1988
LP ITALY CBS 461178 1

EN CONCIERTO CON COCA COLA – 1990
MC SPAIN WEA 05R

MORIR DE AMOR Y OTROS GRANDES ÉXITOS – 1991
MC SPAIN VELERO M. 465207-4 (Z)

AMANTE BANDIDO Y OTROS GRANDES ÉXITOS – 1991
CD SPAIN CBS/SONY Music 468257 2
MC SPAIN CBS/SONY Music 468257 4 (Z)

12 GRANDES ÉXITOS – 1991
MC CHILE COLUMBIA KJKG 1266

EL DISCO DE ORO DE MIGUEL BOSÉ – 1991
CD MEXICO SONY Music CDDE-463628
MC MEXICO SONY Music CTEC-463628
CD CHILE COLUMBIA 2-463628

LINDA Y OTROS GRANDES ÉXITOS – 1992
MC SPAIN CBS/SONY Music COL 4713324 (Z)

20 DE COLECCIÓN – 1993
CD USA SONY Discos CDL-81098/2-469607

QUERIDO MIGUEL – 1993
LP SPAIN EPIC/SONY Music EPC 472945 1
MC SPAIN EPIC/SONY Music 472945 4 (1992)
CD SPAIN EPIC/SONY Music 472945 2 with mini-book

20 GRANDES ÉXITOS - 1994
CD ARGENTINA COLUMBIA 2-470365 Versione ampliata di 'Querido Miguel'

EL LEGADO DE MIGUEL BOSÉ VOL. 1 – 1993
MC CHILE SONY Music KNKG 4-462077
CD CHILE SONY Music CCKG 2-462077 (1995) different cover
CD CHILE SONY Music KCKG 4-462077 (1995) different cover
CD CHILE SONY Music 2-462077 (1999) another different cover
MC CHILE SONY Music 4-462077 (1999) another different cover

EL LEGADO DE MIGUEL BOSÉ VOL. 2 – 1995
CD CHILE SONY Music KCKG 4-476033
MC CHILE SONY Music CCKG 4-476033
CD CHILE SONY Music KCKG 2-476033 (1999) different cover

MC CHILE SONY Music KCKG 4-476033 (1999) different cover

PERSONALIDAD 20 éxitos VOL. II – 1994
CD MEXICO EPIC/SONY Music CDMI-479756
MC MEXICO EPIC/SONY Music CTTI-479756

LO MEJOR DE LOS MEJORES – 1994
LP COLOMBIA COLUMBIA/SONY Music MI 473257
MC COLOMBIA COLUMBIA SONY Music M4 473257
CD COLOMBIA SONY Music M2 473257
CD COLOMBIA SONY Music M2 473257 Vol. 1 – different cover

COLECCIÓN DE PLATINO – 1994
LP COLOMBIA PE1 984478 "Circulo de lectores" 2-LP

PERSONALIDAD – 1996
CD USA SONY Music Discos CDB-82076

MIS 30 MEJORES CANCIONES – 1996
CD MEXICO COLUMBIA CDDE 486259
MC MEXICO COLUMBIA QSAT2 486259

CARA A CARA – (con Emmanuel) – 1997
CD MEXICO SONY Discos CDA-82502/2-486048
MC MEXICO SONY Music CTEC 486048

DISCO DE ORO – 1997
CD MEXICO SONY Music 7509946362829 "Econo"

BRAVO BOSÉ – 30 grandes éxitos – 1999
CD SPAIN SONY Music 4964842000 2-CD con miniposter
MC SPAIN SONY Music SMM 496484-4 2-MC con miniposter

COLECCIÓN GRANDES VOCES DEL SIGLO – 1999
CD COLOMBIA SONY Music M2 485810

2 EN 1 – 1999
CD MEXICO SONY Music 7509948 634320
CD CHILE SONY Music 5099748 634320

CREO EN TI – serie estelar - 2000
CD SPAIN SONY Music SMM 500850 2

MORIR DE AMOR – serie estelar - 2000
CD SPAIN SONY Music SMM 500851 2

DE ELLOS PARA ELLAS – 2001
CD MEXICO PUBLIVAL/SONY Music TCCD 987021

IDOLOS DE SIEMPRE – 2001
CD USA SONY Discos SMK-84252

IDOLOS DE SIEMPRE VOL. 2 - 1998
CD VENEZUELA COLUMBIA 20-981551

20 GRANDES ÉXITOS – 2001
CD CHILE SONY Music 2 470365
CD MEXICO SONY Music CDNP 505598 different cover

30 GRANDES ÉXITOS DE ORO – 2001
CD VENEZUELA SONY Music 20490439 2-CD

LO ESENCIAL DE... - 2001
CD MEXICO WEA 685738750924 Box 3-CD
CD MEXICO WEA 0685738750924 (2002) Box 3-CD different cover

I GRANDI SUCCESSI DI MIGUEL BOSÉ - 1993
CD HOLLAND SONY Music Italy COL 474308 2
MC HOLLAND SONY Music Italy COL 474308 4

I SUCCESSI DI MIGUEL BOSÉ - 2002
CD AUSTRIA SONY Music Italy COL 509533 2 – 2-CD
CD EU SONY Music Italy 88697136562 (2007) – 2-CD different cover
CD EU Sony Music Italy (2012) - 2-CD Ed. Mondadori editoriale italiana

PERSONALIDAD 20 éxitos – 2002
CD USA SONY Discos SMK 87468
CD MEXICO SONY Discos CDDEI-470596 (2003)
MC MEXICO SONY Discos ZRIT-00215 (1992)

SUS PRIMEROS ANOS EN CBS (1976-1979) – 2002
CD SPAIN SONY Music RO 51652 – 2-CD

DISCOGRAFIA BASICA SELECCIONADA – 2002
CD BENELUX WEA 5046617382 Box 3-CD
CD MEXICO WEA 5051442094725 Box 3-CD (2007)

IMAGEN – 2002
CD MEXICO SONY Music – Magazine con CD

TODO BOSÉ: de Salamandra a Sereno – 2003
CD BENELUX WARNER 5046704112 BOX 7-CD digipack

GIGANTES DE LA MÚSICA ROMANTICA - 2003
CD MEXICO SONY Music TCCD988827

MIS 30 MEJORES CANCIONES – 2003
CD CHILE SONY Music 2 507024

ANIVERSARIO – 2003
CD COLOMBIA SONY Music M2 503867

DISCO DE ORO – 2003
CD MEXICO SONY Music 7509898885629

COLECCIÓN ROMANTICOS LATINOS – 2004
CD CHILE SONY Music 5099798133828

LEYENDAS SOLAMENTE LOS MEJORES – 2004
CD USA SONY Discos SMK-93299

ÉXITOS ORIGINALES – 2004
CD MEXICO CHEDRAUI 7509898902524

20 ÉXITOS ORIGINALES - 2005
CD USA SONY Discos SMK 94024

TRILOGY – Edición especial limitada - 2005
CD EU WEA 5101101992 Box 3-CD

DE AYER A HOY – 2006
CD USA WEA 55003-2

MI DISCOGRAFÍA 1977-1984 - 2007
CD MEXICO SONY Music 886971239621 Box 7-CD

LO ESENCIAL - 2007
DVD + CD MEXICO SONY Music 828768071991

LO MÁXIMO DE MIGUEL BOSÉ -2007
CD COLOMBIA SONY Music 5099750367421

BOSEGRAFÍA - 2008
CD EU WEA 0825646928279 Box 10-CD / 2-DVD

RAREZAS - 2008
CD SPAIN WEA 9788498151800 Digibook - edizione editoriale El País

REMIXES - 2008
CD SPAIN WEA 9788498151817 Digibook - edizione editoriale El País

LO ESENCIAL – 2008
CD USA NORTÉ/SONY Music 8869 733212 2 digipack

LO ESENCIAL DE... – 2010
CD MEXICO SONY Music 886976013424 3-CD / DVD

MIS FAVORITAS – 2010
DVD + CD COLOMBIA SONY Music DV9300140 digipack

MORIR DE AMOR (SUS PRIMEROS ANOS: 1977-1984) - 2011
CD EU SONY Music 88697940062 BOX 7-CD

FRENTE A FRENTE – (con Miguel Gallardo) – 2012
CD COLOMBIA SONY Discos MS22300317 – 2-CD

ESENCIAL – 2013
CD EU SONY Music 88765451782 2-CD

COLECCIÓN DEFINITIVA – 2013
CD EU WEA 0825646365616 2-CD
BOX EU WEA 2564636560 4-CD / DVD

LOS NUMERO 1- 2013
CD COLOMBIA M2300402

ORIGINAL ALBUM SERIES - 2014
CD EU WEA 2564622497 BOX 5-CD

PERSONALIDAD - 2014
CD MEXICO SONY M. 888750428523 CD/DVD

PERSONALIDADES – 20 ÉXITOS ORIGINALES – 2016
CD COLOMBIA DISCOS MOZART CDPER 0284

L'UNICITÀ DI ESSERE MIGUEL BOSÉ

(dichiarazioni estrapolate dal programma TV *Unici*, Rai 2015, dedicato a Miguel Bosé)

«*Il capitano della versatilità*» (Neri Marcorè)

«*È la persona più interessante nell'ambito del nostro mestiere, perché non si limita al nostro mestiere. Ha mille aperture culturali, scientifiche, artistiche e vitali*» (Jovanotti)

«*Miguel è unico perché uno come lui non lo trovi. Ci sono persone che quando le incontri per strada ti suonano familiari. Per me Miguel lo è, e la famiglia è difficile che sia fatta di tante persone*» (Maria de Filippi)

«*Un uomo davvero gentile e dallo spirito davvero generoso*» (Noa)

«*Ricordo il concerto che tenne con Juanes per "Paz sin fronteras". Miguel era il gran maestro, quello che aveva in mano, quasi più di Juanes che l'aveva ideato, questa operazione di un milione di ragazzi cubani a Plaza de la Revolución. Tutto nasce dal disco* Papito» (Gianni Minà)

«*Per la Spagna è un rappresentante culturale, un classico della nostra storia*» (Verónica Echegui)

«*Ho visto Miguel per la prima volta a casa di Salvador Dalí, a Cadaqués, sulla Costa Brava. Arrivò in barca con il padre, Dominguín. Aveva circa diciassette anni. Miguel era molto carino ma molto intimidito dalla presenza talmente enorme del padre. Considerato che il padre era il più grande famoso torero in tutto il mondo. Il simbolo del maschio spagnolo, un "conquistadores", amato in tutto il mondo*» (Amanda Lear)

«*Miguel aveva già effettuato un capolavoro, diventare qualcuno avendo un padre così duro*» (Gianni Minà)

«*Miguel l'ho incontrato diverse volte. Da ragazzo con i 45 giri, poi quando ho cominciato a lavorare in radio ovviamente ho trasmesso i suoi successi e poi la cosa bella è stata quando in televisione sono diventato conduttore. Averlo tra i grandi ospiti del "Festivalbar" è stato come chiudere un cerchio. Parti da fan e poi arrivi a presentarlo al grande pubblico*» (Amadeus)

«*Unico nella sua storia. Quando ero adolescente tutte le ragazzine avevano il suo poster in camera. Questa sua ambiguità, questo suo ammiccare, sottintendere altro, mi è sempre molto piaciuto*» (Pino Strabioli)

«Sono suo fan della prima ora ma soprattutto del periodo dei dischi con la produzione di Roberto Colombo, album che hanno cambiato i suoni della musica pop, dischi molto sperimentali, pur rimanendo molto popolari. La sua presenza fa bene al mondo intero. Miguel è l'uomo con meno pregiudizi in assoluto che io conosca» (Jovanotti)

«Un eclettico. Mentre il suo pubblico tendeva a inchiodarlo in uno stile, quello della sua partenza, lui aveva una profonda cultura che voleva portare anche nella scrittura delle sue canzoni. Ricordo che mi disse di poter rinunciare al cibo, all'acqua e al sesso ma non a scrivere» (Mario Luzzatto Fegiz)

«Avevo i suoi poster in camera come tante ragazze dell'epoca. Ricordo che al tempo c'erano i programmi in TV con le classifiche e quando arrivava il turno di Miguel, quello che notavi in lui più degli altri era come si muoveva, era anche un ballerino, difficile non guardarlo» (Maria de Filippi)

«Il primo concerto in assoluto a cui ho assistito è quello di Miguel Bosé. Vinsi due biglietti per assistere a questo concerto, andai con mia cugina e mio zio che ci accompagnava. Un'esperienza fantastica, oltre all'emozione di vedere l'artista dal vivo per la prima volta fino a quel momento solo visto in TV, c'era il trovarsi in mezzo a tanti ragazzi, per me era uno spettacolo nello spettacolo» (Neri Marcorè)

«La sua popolarità ha qualcosa in comune con quella di Mick Jagger o David Bowie, nel senso che per moltissimi decenni la figura dell'androgino o del personaggio così un po' indeterminato dal punto di vista sessuale corrispondeva a una tendenza della coscienza collettiva a rifiutare i ruoli» (Mario Luzzatto Fegiz)

«Una persona estremamente sensibile. Ha due lati. Una è Miguel, che parla con te, e l'altro è Bosé quando va in scena. Per me era impressionante vedere la differenza, quando il pomeriggio mangiavamo il pollo nel cartoccio di alluminio era Miguel, la sera quando era truccato, vestito con queste lunghe giacche, era Bosé» (Maria de Filippi)

«È unico Miguel Bosé perché è inquieto. Nato in un modo, con una certa immagine, è scappato per tutta la sua carriera, quarantennale ormai, dalle immagini che il suo successo in qualche modo avevano precostituito. Ciò lo rende unico. Inoltre è davvero poliedrico. La sintesi di tutte le sue facce, musica, cinema, TV...» (Massimo Bernardini)

«È un intellettuale. Parla e canta in cinque o sei lingue. Non ha il fascino della voce ma il fascino di ciò che esprime quando si esibisce» (Gianni Minà)

«Miguel è stato un personaggio notevole negli anni'80, poi è cresciuto, si è evoluto, ha saputo creare un suo proprio stile, con una propria personalità. Un modo di essere che piace, anzi, crescendo non ha perso questo, ha aggiunto ciò che la maturità aggiunge con il tempo e l'esperienza» (Amadeus)

«Mi affascinano le sue trasformazioni, le tappe, i cambiamenti, le evoluzioni, questa sua necessità di sperimentare i linguaggi che forse noi in Italia abbiamo capito poco, relegandolo a quel fenomeno di quegli anni in cui spopolava al tempo di "Bravi ragazzi", invece se lo osserviamo con attenzione lui ha via via trasformato in maniera significativa la sua carriera» (Pino Strabioli)

«Anticipava la moda di band come Duran Duran e Spandau Ballet, basati sì, sull'immagine, ma che erano band composte da musicisti bravi con produzioni assolutamente di valore e di tutto rispetto» (Red Canzian)

«Ci sono molti artisti che raggiungono il successo ma che in realtà non è il loro intimo successo e questo fu il caso di Miguel che cambiò completamente direzione andando a realizzare dei dischi completamente diversi, molto più intimi, molto più suoi. Iniziò ad autoprodursi. Ebbe un momento di crisi su tutti i mercati, su tutti i paesi latini per circa due anni. Questo cambiamento fu accettato, così lui trasformò la sua produzione musicale. Oggi Miguel è il "David Bowie" del mercato latino» (Maurizio Salvadori)

Siviglia, 27 giugno 2015 - Auditorio Rocío Jurado

Parte della band in tour nel 1988: da sinistra: Alan Childs, Warren McRae, Larry Mitchell, Arturo Soriano

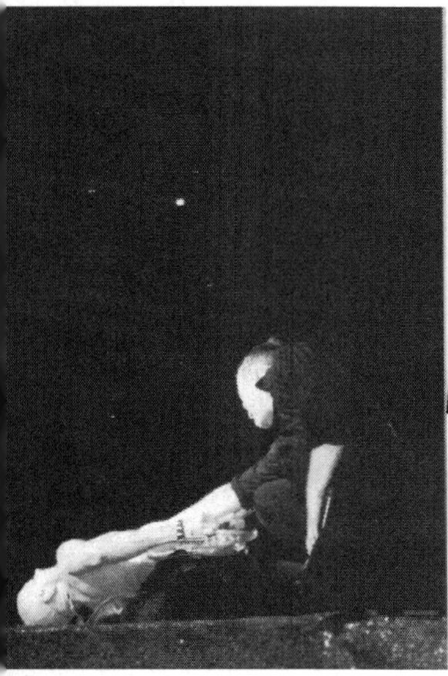

apitour del 2007, Madrid

Bosé con Maurizio Sgaramella e la moglie Jenny Bugna, nel backstage del tour Sereno, 2002. Palau Saint Jordi, Barcellona

Madrid, 16 novembre 2011: Miguel Bosé e Agostino "Spankox" Carollo insieme in studio per la registrazione del brano "Wrong In The Right Way"

M ALBUM ALBUM ALBUM ALBUM ALBUM ALBUM ALBUM ALBUM ALBUM
MIGUEL BOSE
LO QUE ESTA SONANDO
MIGUEL BOSE
Miguel Bosé
MIGUEL BOSÉ / MILANO - MADRID
MIGUEL BOSE
bajo el signo de Caín
bosé
Miguel Bosé
miguelbosé
na torroja • miguel bosé
gira en concierto
miguel bosé
velvetina
BOSÉ
Papito
L ALBUM ALBUM ALBUM ALBUM ALBUM ALBUM ALBUM ALBUM ALBUM

UM ALBUM ALBUM ALBUM ALBUM ALBUM ALBUM ALBUM ALBUM ALBU

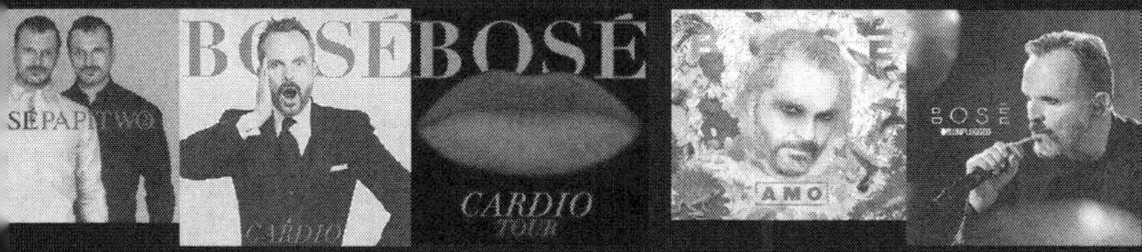

ALBUM ALBUM ALBUM ALBUM ALBUM ALBUM ALBUM ALBUM ALBUM

GOLI SINGOLI SINGOLI SINGOLI SINGOLI SINGOLI SINGOLI SINGOLI SING

GOLI SINGOLI SINGOLI SINGOLI SINGOLI SINGOLI SINGOLI SING

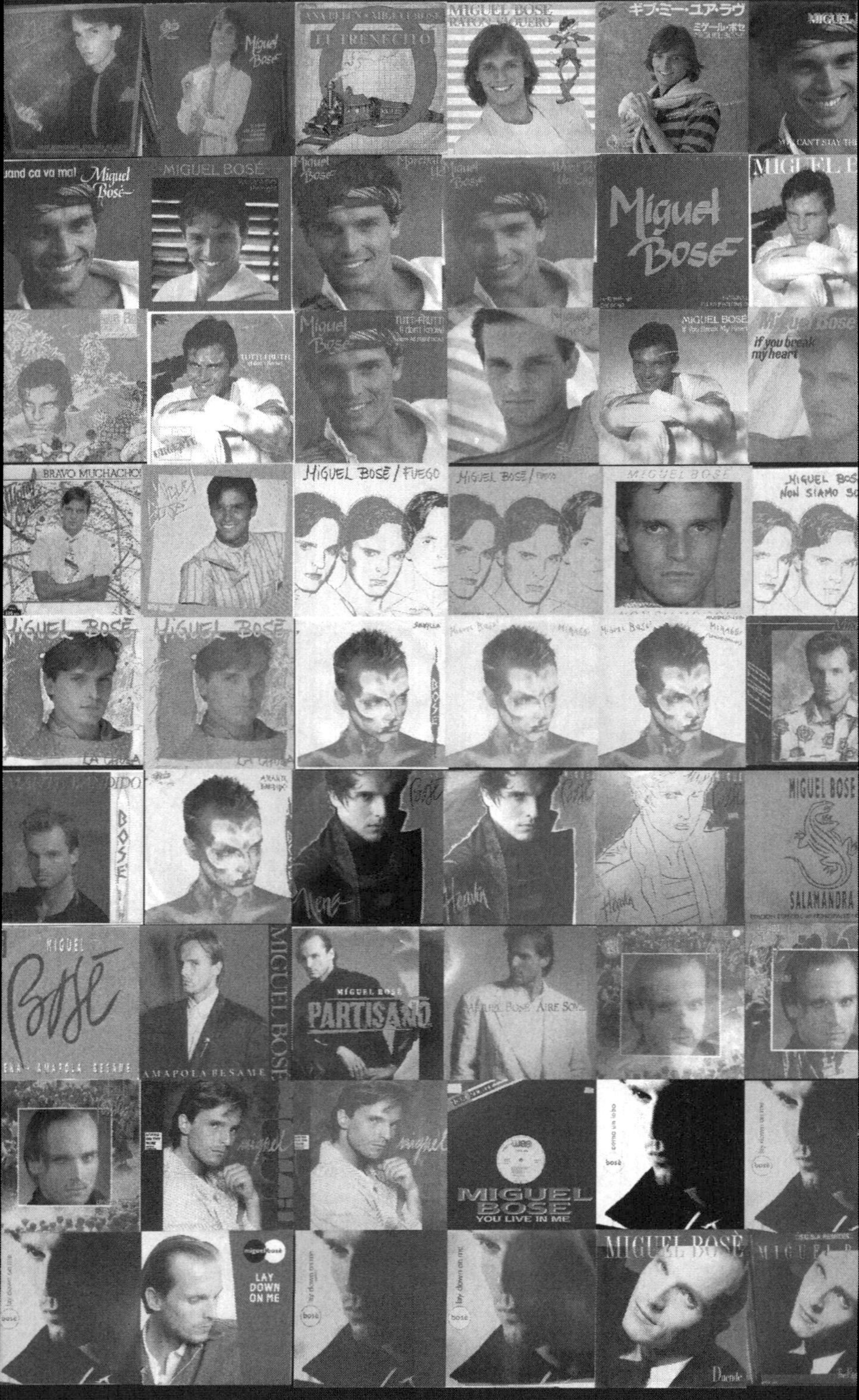

NGOLI SINGOLI SINGOLI SINGOLI SINGOLI SINGOLI SINGOLI SINGOLI SING

miguel bosè
THE EIGHTH WONDER
MIGUEL BOSÈ
CORAZON INFAME
MIGUEL BOSÈ LOS CHICOS NO LLORAN
MIGUEL BOS
Los Chicos No Llora
BOSÉ
DI TE
MIGUEL BOSÉ
MIGUEL BOSÉ
SI TE CUENTAN QUE CAI
MIGUEL BOSE
Directo 90
Miguel Bosé
MADRID MADRID
miguelbosé
BOSÈ THEY'RE ONLY WORDS
bosè
TE COMERIA EL CORAZON
bosè
NADA PARTICULAR
NADA PARTICULAR
bosè
bosè
para
bosè
Miguel Bosè
miguel bosè
La auto-radio canta
Miguel Bosè
la mer
remixes by pumpin' dolls
Bosè
Bosè
Pumpin' Dolls
The Groove Brothers
Abel "The Kid"
Bosè
roja • miguel bosè
duende
ana torroja • miguel bosè
nada particular
girados
CORAZONES
ana torroja•miguel bosè
duende
miguel bosé
miguel bosé

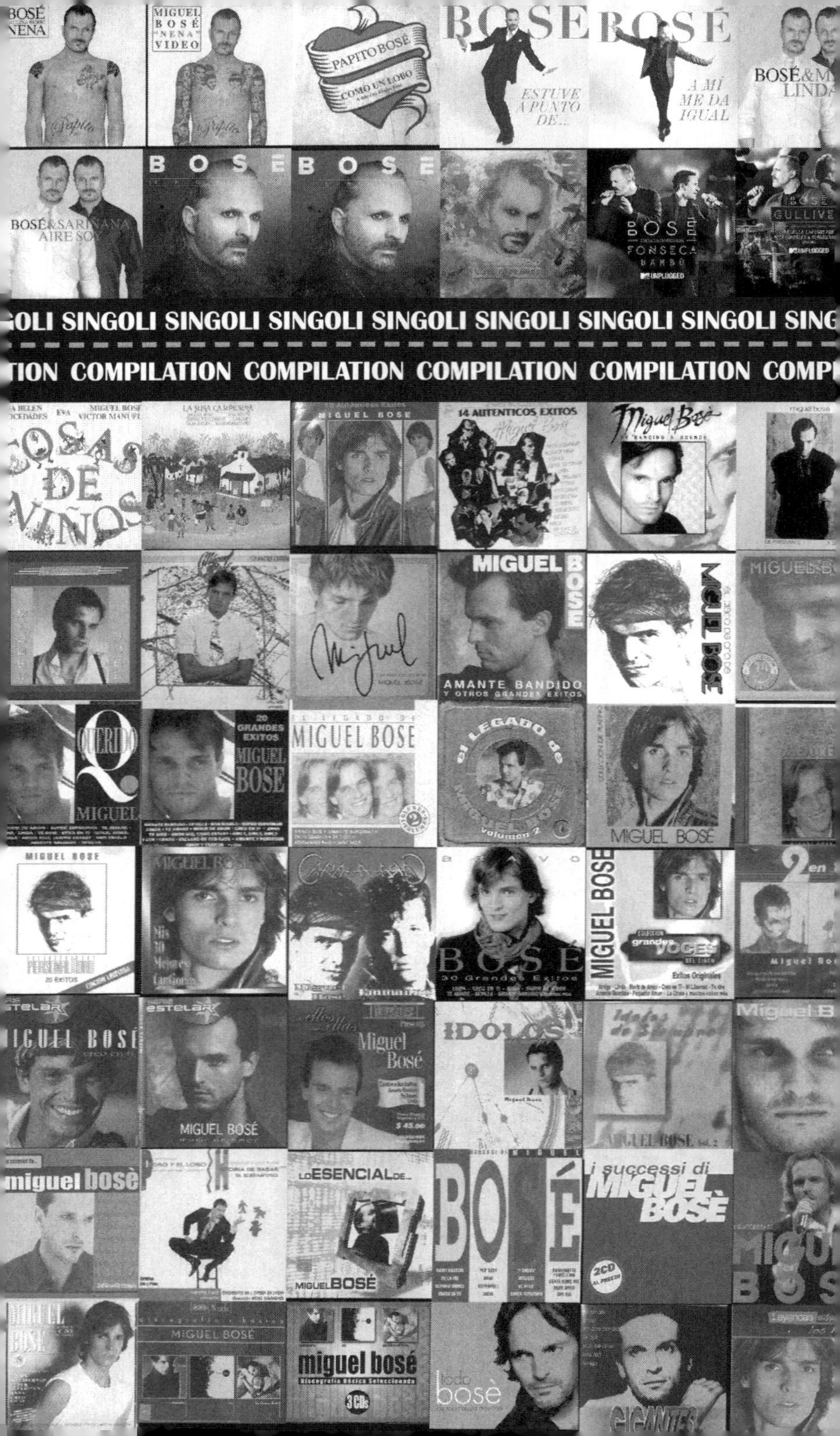

BOSÉ NENA
MIGUEL BOSÉ "NENA" VIDEO
PAPITO BOSÉ
COMO UN LOBO
BOSÉ
ESTUVE A PUNTO DE...
BOSÉ
A MÍ ME DA IGUAL
BOSÉ&M LINDA
BOSÉ&SARIÑANA AIRE SOY
BOSÉ
BOSÉ
BOSÉ FONSECA BANBÉ
MTV UNPLUGGED
GULLIVER
MTV UNPLUGGED
SINGOLI SINGOLI SINGOLI SINGOLI SINGOLI SINGOLI
COMPILATION COMPILATION COMPILATION COMPILATION
COSAS DE NIÑOS
MIGUEL BOSÉ
14 AUTENTICOS EXITOS
Miguel Bosé
MIGUEL BOSÉ
AMANTE BANDIDO Y OTROS GRANDES EXITOS
MIGUEL BOSÉ
QUERIDO MIGUEL
20 GRANDES EXITOS MIGUEL BOSÉ
EL LEGADO DE MIGUEL BOSÉ
el LEGADO de MIGUEL BOSÉ volumen 2
MIGUEL BOSÉ
MIGUEL BOSÉ
20 EXITOS
MIGUEL BOSÉ
Mis 30 Mejores Canciones
BOSÉ
30 Grandes Exitos
MIGUEL BOSÉ
grandes VOCES
Exitos Originales
2en 1
ESTELAR
MIGUEL BOSÉ
ESTELAR
MIGUEL BOSÉ
Miguel Bosé
IDOLOS
MIGUEL BOSÉ Vol. 2
miguel bosè
LO ESENCIAL DE...
MIGUEL BOSÉ
BOSÉ
i successi di MIGUEL BOSÈ
2CD
MIGUEL BOSÉ
MIGUEL BOSÉ
MIGUEL BOSÉ
miguel bosé
3 CDs
todo bosè
GIGANTES

MPILATION COMPILATION COMPILATION COMPILATION COMPILATION C

Madrid. Plaza de Toros de Las Ventas, 13 settembre 2000.
Party post-concerto del tour "Girados".

Bene, se siete arrivati alla fine del libro vuol dire che il Labirinto artistico di Miguel Bosé è stato di vostro interesse... oppure lo state sfogliando per curiosità al contrario e proprio a causa di questa foto lo abbandonerete sullo scaffale della libreria? Lo farei anche io, ma Marco, l'editore, ha insistito affinché pubblicassi questa immagine, io che invece alla fine sono molto timido ho combattuto fino all'ultimo prima di andare in stampa rischiando quasi di "far saltare la corsa", ma alla fine "ha vinto lui" e devo ammettere che quella foto immortala una serata magica, perché è stato il mio primo concerto visto all'estero, ma soprattutto perché è stata una delle volte in cui ho incontrato il nostro "mito". Perché la domanda che mi sorge spontanea, visto che siete arrivati fin qui "con me" è: eravate già fan "incalliti" come me del Sig. Bosé o "solo curiosi"? Ai primi spero di esser riuscito a svelare cose interessanti e perché no, inedite, e siccome sarete sicuramente il feedback più difficile, spero di avervi almeno appassionato con questo viaggio nella poliedrica carriera dell'artista Bosé. Ai secondi spero di averli incuriositi a tal punto di entrare in questo labirintico mondo. Ma soprattutto credo di aver dato una visione dell'artista più completa, spesso dai media relegata ai "soliti episodi". Avete visto invece che ne abbiamo fatta di strada in questi anni. Dico "abbiamo" perché chi lo ha seguito come me dai suoi primi passi è cresciuto insieme al suo percorso artistico.

A questo punto è doveroso un ringraziamento speciale innanzitutto all'artista Miguel Bosé, a cui questo libro è dedicato, per essere stato così influente nella mia crescita musicale e anche culturale. Devo a lui la mia passione per la musica e l'arte in generale (avevo solo cinque anni quando comprai il suo 45 giri "Super Superman" nel 1979, da cui iniziò tutto!). Ringrazio Marco Refe e il team di Crac che sin da subito hanno creduto in me e in questo progetto; Enzo Gentile per il suo contributo e la sua disponibilità per la sua preziosissima prefazione; Andrea Fumagalli (@andy_bluvertigo) per aver realizzato una splendida copertina; tutti i trentasei testimoni delle tappe di questo labirinto che ho intervistato personalmente nel corso di questi anni, rendendo ancor più piacevole e interessante il lavoro con il loro personalissimo contributo; chi ha fornito contributi fotografici e tutti quelli che in qualche modo hanno fatto parte di questo progetto.

Grazie,
Giovanni